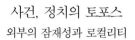

사건, 정치의 토포스
외부의 잠재성과 로컬리티

필자

장세룡(Jang, Syeyong) 부산대학교 한국민족문화연구소 HK교수
신지영(Shin, Jiyoung) 경상대학교 철학과 교수
문재원(Mun, Jaewon) 부산대학교 한국민족문화연구소 HK교수
김원(Kim, Won) 한국학중앙연구원 사회과학부 교수
조명기(Cho, MyungKi) 부산대학교 한국민족문화연구소 HK교수
이동연(Lee, Dongyeun) 한국종합예술학교 교수
오미일(Oh, Miil) 부산대학교 한국민족문화연구소 HK교수

부산대학교 한국민족문화연구소 로컬리티 연구총서 21

사건, 정치의 토포스-외부의 잠재성과 로컬리티

초판인쇄 2017년 5월 22일 **초판발행** 2017년 5월 29일
지은이 장세룡 신지영 문재원 김원 조명기 이동연 오미일
펴낸이 박성모 **펴낸곳** 소명출판 **출판등록** 제13-522호
주소 서울시 서초구 서초중앙로6길 15, 1층
전화 02-585-7840 **팩스** 02-585-7848 **전자우편** somyungbooks@daum.net **홈페이지** www.somyong.co.kr

값 23,000원 ⓒ 부산대학교 한국민족문화연구소, 2017
ISBN 979-11-5905-184-5 94300
ISBN 978-89-5626-802-6(세트)

이 저서는 2007년 정부(교육과학기술부)의 재원으로 한국연구재단의 지원을 받아 연구되었음(NRF-2007-361-AL0001).

부산대학교 한국민족문화연구소
로컬리티 연구총서 21

사건, 정치의 토포스

외부의 잠재성과 로컬리티

Topos of Events and Politics

장세룡 신지영 문재원 김원 조명기 이동연 오미일 지음

소명출판

사건의 자리에서 로컬리티의 역능을 만나다

1.

　로컬리티란 공·현존하는 로컬 사회의 구체적 경험이나 특수성을 다루는 문제만이 아니라, 그것이 로컬 안팎의 더 큰 사회구조 안에서 다양한 공간을 재구조화하고, 문화현상과 가치들이 사회적 관계 및 과정들과 상호작용을 맺는 관계로 설명이 가능하다. 이때 로컬은 투명하고 가시적인 근대적 공간이 아니라 불투명하고 비가시적인 경계지대로 이해함으로써 협상공간으로 사고할 기회를 제공한다. 이때 협상은 사건의 공간에서 새로운 정치가 작동할 기회를 제공한다. 새로운 정치는 그냥 주어지는 것이 아니라, 주체들의 적극적인 개입을 통해 만들어진다. 이러한 과정을 바디우의 논의를 빌려 사유해 볼 수 있다.

　바디우A. Badiou에 의하면 사건이란 기존의 상황이나 제도화된 지식과는 다른 것을 도래시키는 것이고 그래서 우리로 하여금 새로운 존재방식을 결정하도록 강요하는 것이다. 이 사건이 일어나는 지점이 '사건의 자리'이다. 우리는 사건의 중요성을 포착하여 그 사건을 상황의 실제적이고 근본적인 문제로 간주하는 '개입intervention'을 통해 상황 속에서 그 사건에 충실한 주체가 탄생한다. 여기에서 중요한 것은 사건이 발생하면 그 상황에 '충실 하는' 한에서 우리가 이전과 같을 수가 없다는 점이다. 사건은 이전 상황을 지배하던 법칙성의 체계에서 벗어나 사건이 만들어낸 진리를 추구하는 주체들을 탄생시킨다. 그러므로 바디우가 말하는 진리나 주체는 이러한 새로운 과정을 통해, 다시 말해 사건에 대한 충실성을 통해 탄생한다.

『사건, 정치의 토포스―외부의 잠재성과 로컬리티』연구팀은 새로운 주체가 탄생하는 이 사건의 자리를 로컬리티의 역동성과 연결시켰다. 로컬리티에 대한 인문학적 관찰은 물리적 경계로서의 로컬 / 로컬리티뿐만 아니라 인식적 경계에 대한 고찰로서 로컬 / 로컬리티를 소환하고, 특히 이 경계를 고착화한 질서, 제도를 탐문하여, 그것을 해체하려는 작업과 연결되어 있다. 이러한 경로 안에서 기존의 사회과학 영역의 로컬리티 개념을 재의미화하는 작업을 수행하면서, 근대 국민국가 안에서 외부화되었던 로컬(리티)를 소환하고, 그것의 잠재성과 역동성을 발견하고자 했다. 굳이 외부의 잠재성과 로컬리타라는 부제목을 부기한 것은 이 때문이다.

먼저 기획과정에서 사건, 정치, 외부 등의 개념을 어떻게 잡을 것인가에 대한 토론에서부터 시작했다. 역사, 문학, 철학 등 각각의 분과학문 영역에서 이미 통상적으로 사용하고 있는 개념들을 로컬리티와 연결시키면서 재맥락화의 필터를 통과해야 했었다. 특히 사건의 시간성 문제에 대한 토론 끝에, 완료형에 방점을 찍기보다 '아직 열려있지 않은 잠재태'로서의 사건의 내적형식에 주목하고 '그 이후'의 가능성에 무게를 두었다. 이는 앞에서 전제했듯이 '다른 것을 도래시키는 자리'로서의 '사건의 자리'에 의미를 두었기 때문이다. 이 자리에서 로컬은 내셔널-글로벌 자본의 직접적 공략 대상인 동시에 프랙탈한 공간 위상적 측면이 작용한다는 것을 증명하고, 로컬리티의 가능성을 역설하고자 했다. 이 과정에서 '국가, 자본에 가려져 있던 로컬리티를 재발견'하고 '로컬이 능동적으로 세계화를 주도하는 주도권local initiative'의 계기를 확보할 수 있다고 진단했다.

이 책의 저자들이 주목한 공간을 보면, 잊혀져 버려진(밀항 재일 조선인) 공간(사람)이거나 첨예한 갈등의 현장(밀양 송전탑, 제주 강정, 방리유)을 우선 추적하고 있다. 그리하여, 기억정치를 통해 사라진 사건, 정치의 장소들을 환기하고, 일자the one로 환원되지 않는 목소리, 여백, 틈을 확인하고자 했다. 이러한 틈은, 대안경제의 이름으로, 현장 할매의 목소리로, 토건재생에 맞선 공동체의 이름으로, 연대의 스크럼으로 곳곳에서 확인되기도 했다.

한편, 들뢰즈G. Deleuze는 내부화되지 않고, 환원되지 않고, 일반화되지 않는 공간을 외부라고 했다. 일반적으로 주변화되고, 변방화된 곳을 로컬리티의 이름으로 소환하면서 곧잘 로컬-외부는 쉽게 연결되었다. 그런데 분명한 것은 로컬은 내부화하는 힘과 외부화하는 힘이 상호 충돌하고 길항하는 현장이라는 점이다. 그러므로 외부가 로컬리티 연구의 가치 지향이 될 수는 있겠지만, 로컬에서 발견하는 모든 것은 외부이고, 모든 움직임은 소수이며, 모든 자는 주변인이라는 식의 등치는 가능하지 않고, 바람직하지도 않다. 그러므로 로컬을 외부와 배타적으로 연결시키지도 않을 뿐만 아니라, 특권화시켜 또 다른 준거점으로 만들 욕망도 없다.

그렇다면 왜 외부성과 로컬리티를 연결시켜 사유하고자 했을까? 우리는 외부성을 '내부화되지 않으려는 동력'으로 전제하고 그것의 운동성을 이야기 하고자 했다. 이러한 자리는 우리에게 주어진 감각, 관념적 질서를 거부하고, 가치전환을 통해 새로운 감각을 올려놓는 자리이며, 이때 이 자리에서 로컬리티의 역동성을 발견할 수 있기 때문이다. 하여, 우리가 사건의 자리라 명명한 그곳에서, 역설적으로 이전 상황을 지배하던 법칙성의 체계에서 벗어나 '다른' 시공간을 구상할 수 있는 계기를 전망할 수 있다.

2.

이러한 고민과 토론 끝에, 우리는 외부의 잠재성과 로컬리티에 대한 사유의 궤적을 탐문하는 1부를 구성하고, 외부성과 로컬리티, 자본과 결탁한 국가통치 권력에 대한 저항의 지점에 방점을 두고 정치적 장소를 모색하는 2부를 구성했고, 이를 벗어나는 체계 바깥의 문법을 상상하는 지대에 대한 가능성의 공간으로 3부를 구성했다. 그래서 외부의 잠재성과 로컬리티(1부), 사건의 자리, 정치의 장소(2부), 자본주의 담론의 바깥, 상상하는 로컬리티(3부)로 구성했다.

우선, 1부에서는 로컬리티의 안팎에서 다양하게 운동하는 힘들을 이해하려는 일련의 시도로서 외부성의 벡터를 재사유하는 고찰을 시론한다. 이 작업을 거쳐 외부성과 로컬리티가 상호작용하는 구조틀의 이해를 도모한다. 「사건, 정치의 토포스에서 로컬 서사와 로컬 주체」는 청도 삼평리 할매들의 고압선 철탑 설치 반대 투쟁과 성주와 김천의 사드배치 반대 투쟁을 중심에 두고 로컬-내셔널-글로벌 연계가 작동하는 가운데서 자신들이 로컬 주체이며 타자임을 자각하는 주체/타자로서 역동적 정체성을 생성하는 과정을 탐색하고 있다. 로컬 서사를 로컬 안팎의 구성원들이 담론을 생성하여 로컬리티를 재구성하는 작업이라고 전제하고, 로컬과 로컬, 로컬 내부 행위수행자가 사건의 우연성과 연동되어 행동하는 '상호주체'로서 로컬의 내부 모순과 갈등 그것이 내셔널리티-글로벌리티로와 연계되어 로컬리티를 생성하는 역동적 정체성을 탐색한다. 이 과정에서 로컬과 로컬리티의 잠정적 정체성과 그것의 유동하는 양상을 두고 다양한 서사의 전개가 드러날 것으로 파악하고 있다.

「로컬리티와 가치전환의 사유―들뢰즈의 공간 은유를 통하여」에서는 로컬리티 인문학의 문제 설정에 대한 검토를 그 출발점으로 하여, 들뢰즈의 공간에 대한 사유가 로컬리티라는 개념과 문제에 어떤 이론적 기여를 할 수 있는지를 진단하고 있다. 로컬리티 연구는 자본제적 신자유주의와 국가중심주의가 실현되고 구현되는 타자로서의 로컬이라는 위치에서 탈피하여 주체성과 능동성을 회복하는데 있다고 볼 때, 들뢰즈를 비롯한 현대의 철학은 종종 '외부'라는 개념으로 이 문제에 접목되어 왔다. 그러나 로컬과 외부를 즉각적으로 동일시하기는 힘들다. 이 경우 로컬은 다시 내부화되면서 억압의 본거지가 될 수 있기 때문이다. 그러므로 로컬을 고전적인 의미에서의 공간 개념과 등치시키려는 시도를 하기보다는, 들뢰즈적 의미에서의 새로운 공간 개념에 의해 다시 조명하는 것이 필요하다고 제안한다. 이 글은 로컬을 '외부'나 '매끈한 공간'

과 등치시키는 작업의 어려움을 드러내고, 오히려 로컬리티의 과제를 '가치 전환'이라는 새로운 공간 은유-과정과 관계라는 공간은유를 통해 설정하는 것이 필요하다는 점을 역설하고자 한다.

2부에서는 특히 국가통치에 의해 외부화된 장소(사건)들을 탐문하면서 포섭과 저항의 매커니즘을 추적해 나가는 데 초점을 둔다. 특히 1부에서 제기한 로컬 내러티브와 주체화 문제의 제 양상과 실천적 담론을 확인할 수 있을 것이다.

오늘날 세계-국가-지역 질서들의 교차가 끊임없이 변주하면서 로컬은 이전 근대국민국가의 외부로만 재현될 수 없다. 주체들의 교섭이나 관계망의 다양화 등으로 로컬의 형상 역시 하나로 수렴될 수 없다. 이러한 로컬의 변동은 지역문학 장의 변화와도 연결된다. 「사건, 정치, 로컬리티」에서는 오늘날 로컬에 대한 위치성에 주목하면서, 밀양 송전탑을 둘러싸고 갈등이 첨예하게 일어난 현장의 목소리들이 지역문학 장안으로 들어오는 과정들을 고찰한다. 하여, 비문학과 문학의 경계가 부딪치는 이러한 자리에서 문학의 영역을 어떻게 확장시켜 나가갈 수 있는가에 대한 방법론적인 사유를 하고자 한다. 일반적으로 장소의 기원에서 시작되어 모사의 진위에 집중하는 지역문학의 클리셰는 오히려 그 로컬의 전통적 방언성에 갇히게 된다. 지역문학의 새로운 지평은 지역 고유의 방언성에서 벗어나는 운동이 지속적으로 반복되는 데서 전망할 수 있다. 나아가 로컬의 핵심현장에서, 이미 확고한 문학적 경계를 흔들면서 돌출하고 있는 글쓰기들이 제기하는 질문들을 사유하면서, 문학에 대한 재사유를 이끌어 내고자 한다.

「밀항, 국경 그리고 국적 ─ 손진두 사건을 중심으로」는 1970년 한국인 원폭피해자 손진두의 밀항, 오무라수용소 수감과 수첩 재판을 통해 원폭피해자로 인정받게 된 맥락에 대해 분석하고 있는 글이다. 1945년 8월 피폭됐으나 한국으로 강제 송환됐던 원폭피해자 손진두는 1970년 밀항을 통해 일본에 입국해 8년에 걸친 법정투쟁 끝에 원폭피해자로 인정받게 된다. 이 사건은 한국인 원폭피해자가 일본 정부로부터 피폭자(히바쿠샤)로 인정을 받은 대표적 사건이다. 이 연구는 기존 연구에서 충분히 다뤄지지 못한 수첩재판을 둘러싼 일본 내 움직임에 주목하고자 한다. 첫 번째로, 왜 원폭피해자들의 '밀항'이 반복됐으며, 두 번째, 손진두 사건을 전후로 일본 시민사회의 변화를 식민주의 자각, 오무라수용소의 발견 그리고 출입국관리법 개정 반대를 둘러싼 '국경'에 대한 문제제기를 통해 살피고자 한다. 끝으로 1970년부터 1978년까지 이어진 손진두의 밀항과 재판투쟁이 왜, 어떻게 사회화가 되었는지 지원단체의 활동과 담론을 중심으로 살펴보고자 한다.

대혁명과 인권선언으로 대표되는 톨레랑스의 나라(우리나라에서 신화화 된 측면이 있음에도 불구하고) 프랑스가 심각한 내부문제로 고민하고 있다. 그 고민은, 하나는 경제위기 상황에서 계속 정부재정에 난관을 초래할 복지와 사회보장 정책, 다른 하나는 종족 및 인종 차별과 계층 사이에 불평등을 해결하기 위한 사회적 통합의 실현이라는 숙제에 실패하는 현실에서 비롯한다. 유럽 재정위기에 따른 경제난국이 계속되고, 사회적 갈등이 더욱 심화되는 상황은 프랑스 사회에서 사회적 배제exclusion sociale와 양극화를 자극하여 사회적 분절화fracture sociale를 더욱 가속화시켰다. 「사건의 토포스 '민감한 방리유」는 프랑스의 이민자 통합정책에서 공화주의와 라이씨떼^{laïcité}를 기조로 삼는 동화주의 정책이 추구하는 공공성과 평등의 원리가 현실에서 불평등 해소에 실패하고 문화들 사이의 갈등에 따라 발생하는 다양한 형태의 사회문제에 존재하는 커다란 간극을 목격한다. 그와 같은 문제가 집약적으로 드러나는 공간이 주로 북아프리카 출신 이민자로 구성된 집단 거주지로서 실업률과 범죄율이 높은 도시 외곽 지역 방리유^{banlieu}이다. 방리유는 현대 프랑스 사회의 현실과 고뇌를 집약한 프랑스 사회의 창이다. 이 글은 그러나 방리유 폭동이라는 '사건'에 치중하지 않고 사건의 장소라는 '토포스'를 통해서 사안의 본질에 접근을 검토한다.

3부에서는 특히 신자유주의적 경제질서가 일상화되면서, 잠식당하는 지금-여기의 삶의 장소를 비판적으로 고찰하고, 재영토화-탈영토화의 과정에 대한 비판적 전망을 제안한다.

「당위적 가치의 전유 그리고 배제와 전치의 정치─2000년대 제주를 중심으로」는 제주 4·3사건을 둘러싼 로컬의 기억갈등과, 가해자인 국가가 갈등의 해결사로 정치적 담론을 장악하게 된 전도^{顚到} 과정을 검토한다. 2000년을 전후하여, 정부는 제주 4·3사건의 해결을 시도하면서 제주를 세계평화의 섬, 국제자유도시로 지정했다. 국제자유도시 비전은 제주도를 철저하게 자본제적 신자유주의 체제로 편입시키는 것을 목표로 삼았고, 세계평화의 섬 비전은 전자를 위한 문화적 기반과 정서적 기반을 제공하는 역할을 맡았다. 이 두 비전은 50여 년간 제대로 거론조차 못했던 4·3사건에 관한 로컬기억의 갈등 해결과 맞물리고 있다. 4·3사건의 해결 요구와 두 비전은 먼저 제주 사회 내부에서 출발했고 진행 과정에서 국가가 담론을 장악했다. 이 과정에서 4·3사건의 가해자였던 국가는 제주가 제안한 평화를 주인기표로 장악한 주체 변신했다. 나아가 평화 선언의 주체이자 자본제적 신자유주의로 편입의 지휘자로 변모해갔다. 일련의 과정은 경제성과 윤리성이 맞교환되는 과정이었으며, 폭력의 책임자가 도리어 희생자의 범위를 제한하거나 선별하면서 신자유주의 정책의 구조적이고 문화적인 유연한 폭력으로 변모하는 과정이기도 했다.

「도시 젠트리피케이션과 '장소'로서의 문화생태—서울의 문화 로컬리티 사례들」은 도시 젠트리피케이션에서 문화적 전환이 어떤 이중적인 의미를 갖는지를 서울시에서 벌어지는 다양한 젠트리피케이션과 도시재생 사업들을 분석하면서 말하고 있다. 도시 젠트리피케이션에서 문화는 중요한 지위를 갖는다. 그런데 그 지위는 매우 역설적이다. 문화적 자원은 도시재생의 공간 활성화에 있어 중요한 수단으로 활용되고, 젠트리피케이션으로 인한 부동산 가치 상승의 기폭제가 되기 때문이다. 이 글은 문화자원이 어떻게 젠트리피케이션의 시장 논리에 흡수되는지, 아니면 거꾸로 젠트리피케이션 과정에서 문화적 전환이 어떻게 자본의 논리에 저항하는지를 테이크아웃드로잉, 세운상가도시재생, 서울아레나 프로젝트, 경의선 공유지 늘장 시민행동의 사례를 분석하면서 도시 젠트리피케이션의 양면성과 모순적인 관계를 조명하고 있다.

「상호부조 협동금융의 전개와 마이크로크레딧—지역 자활공제협동조합과 청년연대은행 토닥을 중심으로」는 제도권 금융이 실물경제의 선순환 수단으로 기능하기보다 투기·이윤의 목적으로 작동하는 약탈적 금융질서에 대항하여, 경제적 취약층이 스스로 출자금을 모아 상호부조에 기반한 협동금융을 실천하는 양상에 대해 고찰한 글이다. 국내 마이크로크레딧 사업은 주도층과 출자금 형성 방식을 기준으로 보면, 비영리시민단체 혹은 종교계 복지법인 등이 정부·기업의 보조금(지원금)이나 독지가의 후원금으로 기금을 조성하여 빈곤층에게 소액대출과 함께 창업·자활 지원서비스를 제공하는 데에서 출발했다. 그러나 최근 경제적 취약자들이 매달 소액을 불입하여 조성한 출자금으로 대출사업을 전개함으로써 생활의 파탄을 막고 경제적 자립의 단서를 모색하는 풀뿌리 마이크로크레딧이 전개되고 있다. 공제조합은 출자금이나 사업조직력 등에서 매우 취약한 상황이지만, 자율적이고 상호부조 형태의 '관계지향 금융'이란 점에서 주목해야할 사회적금융이다. 부산 늘품공제협동조합과 김해 우리가남이가공제조합, 청년연대은행 토닥을 사례로 상호부조 협동금융은 지역사회를 기반으로 '수평적이고 지속가능한 경제전략'을 실행하는 자율적 경제운동으로 주목할 부문이다.

3.

사건의 자리를 새로운 정치적 장소로 주목하고, 여기에서 로컬리티의 역동성을 (재)발견하고자 하는 작업은 녹녹지 않았다. 『사건, 정치의 토포스―외부의 잠재성과 로컬리티』는 학제 간 공동연구의 결과다. 문학, 문화연구, 역사, 철학, 역사 등의 분과학문 영역에서 사건과 토포스를 정치화하면서 로컬리티 연구와 연결시키고자 했다. 전체 연구의 방향을 잡고 나서 관련 연구에 대한 콜로키움, 세미나와 학술대회(2016.5)를 거치면서 원고가 다듬어졌다.

이 과정에서 사건의 자리로 주목한 로컬은 국가, 세계가 지니고 있는 지배력의 일방적인 구현지가 아니라 주체성이나 자율성을 지닌 공간으로 재인식하고, '지금 여기' 로컬리티의 역능을 발현해보자는 기획의 의도를 되잡았다. 외부화된 장소, 잊혀진 사건의 자리를 들추어 탐문하면서 새로운 정치의 자리로 전환하고자 한 노력의 결과로서 『사건, 정치의 토포스—외부의 잠재성과 로컬리티』는 탄생했다. 물론 역사적인 사건이나 장소에 대한 연구는 분과학문 영역에서 각각 진행되어 왔다. 이 책에서는 이러한 장소나 사건을 별개의 항으로 파악하지 않고, 토포스topos의 관점에서 사건을 재맥락화했다. 이러한 작업에서 놓칠 수 없는 것이 바디우가 말한 주체의 개입이다. 이를 통해서 그 이전과 이후의 변환을 추적했으며, 그 이후에 대한 상상들이 어떤 그림을 그려낼 수 있는지를 전망하고자 했다.

2017년 4월
부산대학교 한국민족문화연구소
로컬리티의인문학연구단 문재원

차례

사건, 정치의 토포스에서
로컬 서사와 로컬 주체

장세룡

1. 로컬 서사란 무엇인가?

로컬리티 연구는 글로벌-내셔널-로컬의 상호관계 가운데서 로컬을 구성하는 행위와 규범, 사회 및 경제적 구조와 체계, 정치적 제도와 문화적 멘탈리티 등의 집결체assemblage를 재구성하는 작업이다.[1] 로컬리티의 연구에서 일반적으로 사회구성주의가 '구조와 제도'를 강조한다면, 탈근대 인식은 '개체'의 행위에 초점을 둔다. 집결체로서 로컬리티는 제도적 구조는 물론 개체의 행위가 기본적으로 국민국가nationality-글로벌리티가

---

[1] 로컬리티란 대상 공간에 선험적으로 존재하는 요소를 '발견'하는 것인가? 아니면 '재구성'하는 것인가? 전자는 로컬리티가 사회적 시공간에서 사회적 관계들의 총체적인 접합과 융합의 산물인 소여로서 존재한다고 판단한다. 후자는 여러 개의 맞물린 담론 안에서 로컬의 주체/타자, 내부/외부의 관계가 의미화의 실천 곧 '의미화와 재의미화를 작동'시키며 비본질적으로 구성된다고 본다.

제공하는 일반 범주의 규범과 영향력 안에서 작용과 반작용하면서 생성된다. 로컬리티를 구성할 때 일정한 로컬에서 위에서 언급한 구조와 제도가 행위자에게 부과하는 압력과 반동이 작동하는 지점 곧 사건의 토포스 topos에서 저항과 복종 또는 회피하는 행위로 구성된 정치가 작동하고 그것이 로컬 서사로 작용한다. 곧 로컬 차원에서 내셔널리티의 장악력 바깥으로 전위와 탈주를 시도하며 글로벌리티와 연관성을 발견하고 주체를 재구성하는 행위자로 변화하는 양상을 설명하는 것이 로컬 서사라고 말할 수 있다. 로컬리티를 구성하는 기본요소는 행위자들의 온갖 담화에 근거한 담론들이고, 담론의 생성은 바로 로컬 서사에 기반을 두는 바, 이것은 로컬 서사의 주체가 누구인지에 관한 질문으로 이끈다. 곧 담화→담론→서사의 순서로 그것의 생성과 전개 과정에 주목하는 것이다. 나는 로컬리티의 재구성에 요청되는 로컬 서사를 설명할 기회를 일단 다음과 같은 전제 위에서 모색한다. ① 자발적인 결단에 바탕 둔 '사적' 선택 행위가 로컬 주체의 행위들로 구성된 로컬리티를 자각하고 그것의 생성을 가능하게 만든다. ② 가열 찬 인정투쟁 곧 국민국가가 공적으로 제도 및 규범을 명분으로 사건적으로 조건들과 부단히 투쟁하며 그것의 부자유한 조건을 정치적으로 이해하는 비판적 인식과 행위의 가능성을 열어놓는다. ③ 잠재적인 심성 또한 그것을 생성하는 요소들이 결국 존재론적으로 실재하는 양상의 도출에 중요하다.

나는 로컬 서사와 로컬 주체의 문제를 논하면서 일단 '정체성이란 필요한 오류'[2]를 징검다리로 삼고자 한다. 그 이유는 로컬의 정체성 문제

---

2   Judith Butler, *Bodies that Matter – on the discursive limit of sex*, Routledge, 1993, pp.229~230.

가 로컬 서사를 구성하는데 일단은 준거점으로 작용하며 그것을 구성하는 기본틀로서 행위와 구조 문제를 제기한다고 보는 탓이다. 구조와 행위 / 행위와 구조는 상호작용하는 관계이며 로컬은 다양한 개체들의 반복되는 행위로 말미암아 구조화되는 동시에 끊임없는 행위 변화가 구조를 변화시키는 동인으로 작용한다. 변화의 동인은 곧 사건을 의미하고 나는 특히 알랭 바디우가 말한 사건, 사건의 장소에서 '자신을 뒷받침하는 질서와 단절'하는 '사건'에 주목한다.[3] 그 예로서 나는 경북 청도군 각북면 삼평리 할머니들의 삼평리 산 24-4번지 송전탑 22호기, 103번지 송전탑 23호기로 대표되는 345kv 고압선 송전철탑 설치 반대 투쟁과, 경북 성주군민의 성주읍 성산리 산 136번지 383m 성산에 사드배치 결정에 맞서는 반대투쟁을 로컬 서사의 대표적인 사례로 설정한다.[4] 이 사건들에서 '자신을 뒷받침하는 질서와 단절'하는 순간적인 사건을 목격하고 이를 중심으로 '사건적 자리는 (…중략…) 국소적 (…중략…) 역사적으로 국소화localisation' 시키면서 출현하는 로컬 서사와 주체의 문제를 검토할 것이다.[5] 그 결과 옛 정체성의 잔해에서

---

3 사건을 설명하는 과정에서 바디우의 데카르트주의적 수학에 입각한 공리적(axiomatic)인 보편적 실재론을 소환한다. Alian Badiou, *L'être et l'événement*, Seuil, 1988; 조형준 역, 『존재와 사건』, 새물결, 2013, 서문, 13쪽. 바디우의 실재론은 캉탱 메이야수(Quentin Meillassoux, 1967~)의 사변적 실재론과 궤를 같이 하는 경향이 강하다.

4 매우 한정된 장소성을 가진 이 사건들을 로컬 서사로 보는 이유는 다음과 같다. 전자는 국가의 에너지 확보 전략에서 핵발전을 전력산업의 중심에 두고, 신고리 원자로 가동이 이명박 정권이 추진한 아랍에미레이트에 원자로 수출 조건인 점, 핵발전이 에너지 생산에서 전지구적 관심사인 점에서 로컬-내셔널-글로벌 관계가 작동한다. 사드 배치에는 더욱 선명한 로컬-내셔널-글로벌 관계가 작동하는 것은 말할 필요도 없다.

5 Badiou, *L'être et l'événement*, pp.196~197, 『존재와 사건』, 294~296쪽(la définition des sites événementiels est locale...la localisation historique est... à la proximité présentative). 사건은 공백(vide)의 가장자리에서 발생하고 여기서 다수의 사건성을 하나의 사건으로 조직화하여 통제를 시도하는 정성화가 '개입(intervention)'이다. 시간에 대한 조직화된 통제와 구성은 공백의 가장자리에서 이전 가장자리에 충실성을 실행하는

재현 가능한 새로운 정체성의 배치가 등장할 것을 기대한다. 그 정체성은 매우 혼종적이고 다음성적이므로 그 특이성을 객관적 선험으로서 계열화하여 표출시키는 사건의 서사 작업이 필요하다. 로컬 서사와 로컬 주체에 관한 논의는 일단은 로컬리티의 생성에서 중요한 가치로 작용하는 타자성, 소수성, 주변성 개념과 연관시켜 이해할 필요가 있다.[6] 이 개념들을 사건과 연관시켜서 계열화하면 흔히 우리가 목격하는 안이한 태도 곧, '로컬'을 '장소'로 로컬리티를 장소성placeness 정도로 물화reification 하려는 소박한 욕구를 견제하는 것도 가능할 것으로 본다.

로컬 서사의 이해에는 구조주의적 사유가 필요하다. 현대 철학 특히 프랑스 철학은 장-폴 사르트르와 메를로-퐁티의 현상학, 레비 스트로스 등의 구조주의 그리고 질 들뢰즈와 알랭 바디우의 존재론(후기 구조주의)으로 전개되었다.[7] 20세기 초·중반을 주도한 현상학이 상상적imaginair

---

것이다. *L'être et l'événement*, pp.224~233. 『존재와 사건』, 331~347쪽. (사건 발생은 전미래적, 이해는 후사건적)

6 이 때 '내부'와 '외부'라는 용어가 많이 사용되는데 (자본과 권력의) 중심을 내부로 보는 입장에서 외부는 '특이성, 잔여, 공백, 비장소' 등으로 주변화 된 잠재성의 공간이다. 그러나 현실에서 자본과 권력은 외부를 장악하여 식민화하는 과정에서 외부를 '내부'라는 말로 전도시켜 고립시켜 분열시키고 외부들 사이의 연대를 차단하려는 목적으로 사용한다. 그런 의미에서 내부와 외부의 본래적 의미와 자본과 권력의 담론전술에서 내부와 외부 개념 사이에 의미의 역전과 전도가 작용한다.

7 여기서 질 들뢰즈 특히 알랭 바디우의 존재론이 실재적인 것(le Réel)인 것을 강조하는 실재론(la Réalité)에 입각하는데 주목한다. 존재론은 다양한 속성(property)을 가진 개체(individu)들을 집합적 실체로(entity)로 받아들이는 것이다. 본질주의적 실재론은 일반적으로 사물의 개체, 본질(essence), 자연 종(espèce naturelle)의 보편자 또는 자연 과학자들이 생각하는 법칙 등으로 개체동일성(identité individuel)을 인정하고 객체로 받아들일 수 있다고 본다. 질 들뢰즈의 실재론은 이와 달리 개체동일성을 인정하는 것이 아니라 그것이 설명되어야한다고 본다. 여기서 다중의미의 실재론 곧 신실재론이 대두한다. cf. Deleuze, Gilles, *Différence et répétitition* (PUF, 1968). 『차이와 반복』 김상환 역, 민음사, 2004. *Logique du sense* (Minuit, 1969)『의미의 논리』이정우 역, 한길사, 2000. 『차이와 반복』 김상환 역, 민음사, 2004. 『의미의 논리』이정우 역, 한길사, 2000.

e^8인 것에 초점을 맞추었다면 구조주의는 상징적symbolique인 것에 초점을 맞추는 것이다. 그것은 객관적 실재와 인식하는 주체의 이분법이 아니라, 양자 사이에 상징적이라는 차원을 매개로 삼는 삼원적triade 구도를 말한다. 그리고 객관적 실재와 인식하는 주체는 다름 아닌 이 상징적인 것의 지배를 받는다. 상징적이라는 것은 바로 기표의 체계를 말한다. 구조주의자에서 상징적인 것은 단지 마음을 외화外化한 것은 아니고 실재를 재현하는 것도 아니다. 오히려 이 상징적인 것을 경유해서 주체와 객체가 일정한 관계를 맺는 것을 말한다. 나는 자크 라캉이 이 흐름을 그대로 받아들여서 일부가 서로 겹치는 삼원적 보로메오의 매듭knot of Boromeo 형식을 강조한 유명한 상상계-상징계-실재계 개념의 사유를 요청한 것은 '주체' 곧 탈중심화된 주체가 생성하는 로컬 서사에 층위를 구성하고 설명하는데 일정하게 기여한다고 판단한다.

2. 사건에서 로컬 서사의 주체

로컬에서 발생하는 사건은 어떻게 볼 것인가? 신고리 원자력 발전소에서 밀양-청도-대구로 가는 북경남 송전선로에서 밀양시 단장면 주민들의 765kv 송전탑 건설 반대 투쟁은 너무나 유명하다. 그러나 그 못지않게 치열했던 청도군 각북면 삼평리 주민들의 345kv 송전탑 건립 반대 투쟁

---

8   이때의 상상은 우리가 흔히 생각하는 상상적인 것이 아니라 오히려 지각하는 것, 경험적인 것, 현상적인 것을 말한다. 이는 우리 신체가 대상과 접촉하여 이미지가 형성되는 이미지 작용(imagination)을 말한다.

은 잘 알려져 있지 않다. 나는 청도 삼평리 할매들의 345kv 고압송전철탑 건립 반대 투쟁 행위와 '그림자 연극shadow art'으로 표출하는 기호와 담론을 통해서 로컬 서사와 주체의 문제에 이해를 시도한다. 그리고 비슷한 사건이 시공의 차이에도 불구하고 동일성을 지니면서 반복적으로 등장하는 속성을 가진 점에서 자본이 주도하는 공간에서 사건들 곧 로컬에서 장에서 사건은 로컬 그 자체의 제한된 명칭과 의미를 가진 사건에 그치지 않고 내셔널-글로벌과 연관되면서 '일정한 보편성'을 담지 하는데 주목한다.[9] 출발은 청도군에 40개의 송전탑 가운데 삼평리를 가로지르는 23호기, 25호기 특히 마을 들판 복판에 24호기 건설 계획을 주민들이 거부하면서 시작되었다. 2012년 5월 그날 한국전력공사는 용역경비업체를 앞세워 송전탑 건설 예정지로 몰려왔다. 마을 주민들은 주로 예순, 일흔을 넘긴 할매들이 공사를 막고 나섰으나 용역업체 직원들에게 달랑 끌려 들려나오며 짓밟히고 거친 욕설을 들어야했다. 할매들이 용천사湧泉寺를 거쳐 헐티재 넘어 대구로 가는 '헐티로' 길가에 작은 비닐하우스를 개조해 만든 천막농성장에서 한전'놈'과 경찰'놈'을 감시하는 일상이 시작되었다. 그전에는 매일 밭일을 조금하고 나면 마을회관에 모여서 민화투를 치며 음식을 조리하며 하루를 보냈던 할매들이 망루를 세우고 평화공원

---

9 바디우에게 유적인 것(générique)은 사건 안에서 존재하고 그것은 동일성을 지니고 반복되므로 보편성은 진리 관념에 토대를 둔다. 진리는 새로운 것 또는 보충적인 것으로 어떤 것도 억압하지 않는 것으로서 사건 속에서 전개되고, 사건은 상황, 의견, 제도화된 지식과는 다른 것을 도래시킨다. 사건은 충실성(fidélité)이라는 과정의 이름을 통해서 형성되고 사건 자체의 정언 명령 아래서 상황을 지속적으로 탐구한다. 이때 계속적이고 내재적인 단절이 형성 될 수도 있으며 진리의 힘은 바로 이 단절의 힘에 있다. 그것을 유한한 심급에서 관념적 통합화를 유적 절차(사랑, 예술, 과학, 정치)에 덧붙이는 것이 국소적으로 드러나는 것이 주체이다. Badiou, *L'être et l'événement*, pp.23~24, p.447. 『존재와 사건』, 46~47·649쪽; *L'éthique—essai sur la conscience du mal* (1993), Nous, 2005, pp.99~104. 이종영 역, 『윤리학; 악에 대한 의식에 관한 에세이』, 동문선, 2001, 84~88쪽.

을 꾸미었다. 할매들은 국가사업을 명분으로 내세운 강압적 요구에 맞서 '안 된다'고 외쳤다. 불법이라는 낙인과 벌금 폭탄으로 위협하고 심지어 제법 큰돈으로 회유를 시도하는 한국전력과 경찰 심지어 위법자로 내몰아가는 법원의 판결 앞에서도 흔들리지 않고 마을 공동체의 평화를 깨트린 자들에게 분노하고 저항했다.[10]

할매들은 어떻게 하여 로컬 서사의 주체로 등장하게 되었을까? 먼저 무엇보다 삼평리 할매들을 로컬 서사의 주체라고 말할 수 있을까? 바디우에게 '주체란 진리의 사건에 대한 적극적 충실성'에 다름 아니다.[11] 로컬 주체의 문제에서 바디우가 설정한 주체는 사건의 투사, 정치적 투사만이 아닌 예술가-창조자, 새로운 이론을 여는 과학자이다. 그러나나는 할매들이 예술가-창조자라고 까지 말하고 싶지 않다. 사실 이들은 끊임없이 로컬 내부에서도 주변부 타자로 취급을 받은 존재일 뿐이기 때문이다. 이들을 과연 로컬 주체라고 말할 수 있는가? 나는 비록 바디우의 사건 개념, '공백의 가장자리로서 사건의 장소' 개념에 주목하지만 로컬 주체의 문제에서 바디우의 주체 개념 수용을 망설인다.[12]

나는 기본적으로 로컬 서사는 내셔널-글로벌이 상호작용하는 관계적 공간인 로컬에서[13] 담론성과 물질성을 통합한 세 가지 요소 곧 로컬

---

10 박중엽 · 이보나 · 천용길, 『삼평리에 평화를─송전탑과 맞짱뜨는 할매들 이야기』, 뉴스민, 2014, 6~7쪽.

11 바디우, 『존재와 사건』, 13쪽.

12 바디우는 자신의 주체론에서 라캉을 넘어서고자 한다. 바디우에게 주체는 '진리의 유한한 심급으로서 식별불가능한 것의 실현을 식별할 수 있고, 결정을 촉성(la forçage)하고, 불균등하게 탈정성화(déqualifie l'égale)하고, 특이한 것을 구하는 것'이다. Badiou, *L'être et l'événement*, p.447, 『존재와 사건』, 649~650쪽. 여기서 강조하는 것이 '촉성'이란 말이다.

13 Dorren Massy, *Space, Place, and Gender*, Polity Press, 1994, 정현주 역, 『공간, 장소, 젠더』, 서울대 출판문화원, 2015, 45쪽.

공간, 로컬 공간의 행위자, 행위자의 기호와 담론으로 구성된다고 판단한다. 거기서 위의 세 요소가 잠정적으로 곧 비구성주의적으로 재구성되는 복합적 결집체인 로컬리티를 (비)재현하는 작업이 바로 그것이다. 그러면 로컬 서사를 구성하는 주체, 아니 로컬 사회를 구성하는 주체는 누구인가? 기본적으로 나는 주체의 사회적 생산이 특수한 '언어게임'과 그들의 담론적 실천을 통해서 '주체의 위치'에 의미를 부여하는, 의미의 상징화 과정 속에서 구체화 된다고 판단하는 탈근대주의 입장에 공감해 왔다. 그러므로 주체는 자연적이거나 보편적이지는 않으며 의사소통과 기호 변화로 말미암아 형성되고 대체되며 재형성 과정에 있다는 입장이다. 이는 곧 로컬 주체를 '다중적이고 모순적인 주체'로 받아들이는 것이다. 나는 샹탈 무페의 다음과 같은 관점에 동의하는 셈이다.

주체는 선험적이거나 필연적인 관계로 존재하지 않고 교차적인 주체들로 존재하면서 탈중심화와 파편화되면서 구성되는 까닭에 (…중략…) 정체성은 서로 다른 위치들이 표현되는 방식에서 비록 그것이 명확하게 정립되어 있다하더라도, 개방성과 모호성 때문에 늘 일정하게 존재하는 것이 아니다.[14]

삼평리 할매들은 사건의 장소에서는 로컬 주체로 설정 가능하지만 공동체에서는 타자화 된 존재이다. 그럼 점에서 주체와 타자를 동시에

---

14 Chantal Mouffe, "Radical democracy—Modern or Postmodern?", Andrew Rose ed., *Universal Abandon? The Politics of Postmodernism*, Minneapolis, U. of Minnesota Press, 1988, pp.31~45, p.35.

사유해야하고 그 관계를 마침 자크 라캉의 공리로서 성찰을 시도한다.[15] 라캉에게 주체는 본질적으로 '결여manque'된 존재이다. 왜냐하면 주체에게는 타자가 사용하는 언어의 질서가 개입하기 때문이다. 언어는 사물과의 직접적인 연결을 끊는다. 따라서 주체는 타자의 장site에 종속된 상태로만 주체일 수 있다. 이때의 주체는 욕망의 대상을 발명하지 않고, 또는 하지 못하고 타자로부터 지정 받는다. 주체의 지위는 실제로는 상상된 자아, 상상을 통해서 오인된 자아에 불과하다. 그 결과 주체는 자신의 존재-결여를 인지하고, 대타자Autre, 신, 국가, 사회현실가 자신의 결여를 채워줄 것이라고 믿고 그를 불러내어 의존한다. 이것이 상징적 동일시이다. 문제는 사실 알고 보면 대타자 역시 결여된 존재라는 사실이다. 다시 말하면 주체건 타자이건 모두가 결여된 존재인 것은 똑같다.[16] 그 결과 주체와 타자는 모두 결여에서 기인하는 불안에 시달리고 이를 해소하기 위한 환상을 세운다. 바로 여기가 주체와 타자(사회현실)가 합류하는 장소이고 환상이 정치적 의미를 획득하는 상징계이다.[17] 필자가 삼평리 농성장을 자주 방문하면서 친숙해지자 할매 한분

---

15 나는 로컬 주체의 관한 논의에서 타자성의 문제를 배제하기 어렵다고 판단한다. 따라서 바디우의 주체론이 비록 매우 유연하지만 단일성을 지향하는데 비해서 타자성을 사유하는 라캉의 관점이 더 설명력이 있다고 판단한다. 이는 또한 로컬리티 연구에서 바디우 보다는 들뢰즈가 더 설명력 있어 보이는 측면과도 관련 있다. cf. Clayton Crockett, *Deleuze beyond Badiou—Ontology, Multiplicity, and Event,* Columbia University Press, 2013.

16 이는 바디우가 초일자(ultra-un) 곧 보편성을, 사건을 일으키는 개별적 주체성에서 찾고 존재의 이름을 빠져나온 '공백(vide)', 특권화 되지 않고 이름 붙이기 불가능한 '공백'의 가장 자리에서 '사건의 장소'를 찾는 것과 유사하다. 예컨대 초기 부르주아 사회에서 핵심적 공백은 프롤레타리아라는 이름을 공백에 기입하면서 자신의 존재를 등장시켰던 것과 같다. Badiou, *L'être et l'événement,* p.68 『존재와 사건』, p.107.

17 Jacques Lacan, *The Ethics of Psychoanalysis, 1959 ~196—The Seminar of Jacques Lacan, B. 7,* W.W. Norton, 1992. cf. Chiesa, Lorenzo, *Subjectivity and Otherness—A Philosophical reading of Lacan* (MIT Press, 2007). 이성민 역, 『주체성과 타자성—철학적으로 읽은 자크 라캉』, 난장, 2012.

은 이렇게 말했다. "지난 대통령 선거 때 난생 처음으로 야당 후보를 찍었어. 그 사람은 우리말에 귀를 기울여 줄 것 같았는데……." 맨날 특정 정당만 묻지마 찍었던 할매가 주체로서 타자 곧 사회현실과 합류하는 지점이 여기이다. 그것을 우리 연구단의 담론으로 말하면 장소로서 청도 삼평리는 로컬이고 이들의 환상fantasme은 로컬리티이다. 이들의 묻지마 보수정당 지지에서 선택적 지지로 변화한 '환상'이 청도 삼평리 송전탑 건립 반대 운동의 로컬리티라고 말할 수 있을 것이다.

청도 삼평리 송전탑 건설 반대 투쟁의 특징은 처음에는 남성들도 참여했으나 점차 온갖 이유로 퇴각하고 할매들만이 투쟁의 전선을 유지한 측면에서 마지막까지 여성주의적 성격을 지닌다는 사실이다. 과연 할매들이 여성주의적 사고를 가졌을까? 투쟁공간이 오래 유지되고 많은 관심을 받았던 바탕에는 노년 여성이 장소장악자라는 사실이 작용한 것도 무시할 수 없다. 장소를 여성주의적으로 이해할 때 그 의미가 더욱 확장되고 이해가 심화되리라던 도린 매시의 관점을[18] 여기에 적용하는 것이 가능하지 않을까? 처음에는 용역과 경찰과 맞서는 망루가 남성성phallus로 비치면서 삼평리에서 여성주의를 목격하는 것이 가능한지 의구심이 들었다. 그러나 아담한 평화공원은 여성주의적 저항역량을 자각하게 만들었다. 그러나 할매들에게 주체의 양상에서 여성성은 이중적 모습을 보인다. 할매들은 용역이나 경찰과 맞붙을 때 '니들은 에미도 없나' 외치며 모성에 호소했지만, 한편 무지막지한 진압을 당하고는 여성의 연약한 몸을 원망스러워 했다. 여기서 에미는 이중적 존재, 특권화 된 존재인 동시에

---

18   도린 매시, 『공간, 장소, 젠더』, 318~319쪽.

탈특권화 된 존재라는 것을 드러낸다. '니들은 에미도 없냐'고 외칠 때 때 '에미'는 특권화 된 주체·노동·존재·경험을 가진 성화sacralized된 존재라는 점을 강조했지만, 사실은 무력하게 성화sexualized된 존재[19]라는 것을 자각하는 계기를 제공했을 뿐이다. 그러나 할매들의 몸은, 바디우 말한 상황에 따른 존재인 공백vide-비정합성이고[20] '빠져나온Entzug' 것 들 곧 결정불가능하고, 판별불가능하고, 유적인 것이고 이름붙이기 불가 능한 공백을 가지고 있기에[21] 할매의 몸을 도리어 존재론적 보편성을 가 진 사건의 토포스로 볼 수도 있지 않겠는가?

그러므로 로컬의 잠정적 위상에 기호와 담론으로 가변적닌 잠정적 정 체성을 부여하는 행위자는 내셔널리티, 글로벌리티 등 의 이름으로 관 련되는 사건들이며 다름 아닌 로컬의 타자라고 말할 수 있다. 로컬리티 연구는 타자로서 로컬이 욕망하는 것은 무엇이며, 무엇을 결여하고 있 는지 물어가는 것이다. 욕망하는 것은 외부와의 관계성 가운데서 출현 하는 것이기 때문이다. 결여된 것은 무엇이며 어떻게 채울 수 있는가? 그것은 다름 아닌 주체가 갈망하는 환상, 곧 우리가 로컬의 안과 밖이 관 계성 가운데서 만들어 내는 로컬리티 라고 부르는 것으로 채워진다. 상 상된 자아로서 주체가 가변적이고 잠정적인 것과 같이 로컬 주체 역시 잠정적이고 가변적이다. 그것이 특별히 더욱 가변적 존재인 이유는 '로 컬' 그 자체가 '내셔널'이나 '글로벌'과는 달리 개념적으로 독자적인 자 립이 불가능한 존재이기 때문이다. 백번 양보해서 로컬에서 어떤 고유

---

19 전희진, 『페미니즘의 도전』, 교양인, 2013, 56쪽.
20 Badiou, *L'être et l'événement*, p.69, 『존재와 시간』, 106쪽.
21 Alain Badiou, *Conditions*, Seuil, 1992. 『조건들』 이종영 역, 새물결, 2007, 239쪽. '빠져 나옴'에 관한 상세한 설명은 249쪽.

성originality을 발견할 수 있다는 가정에서 출발한다 해도, 기본적으로 글로벌리티와 내셔널리티의 끊임없이 유동하는 작용 관계 가운데서 개념적 탄생이 비롯된 것이다. 따라서 '지역'이나 '지방' 또는 손쉽게 사용하는 행정 구역 단위 개념과 달리, 로컬 서사는 오직 우리의 환상이 투사된 관계적이고 잠정적인 실재이고 실낙원을 찾으려는 욕망을 표출하는 장소이며 끊임없이 유동하는 장소언어적 포착 작업의 내적 결함 탓에 '빠져나온Entzug' 장소이다.

그러면 우리는 상징계에서 로컬리티라는 환상을 추구하는데서 그냥 그쳐야만 하는가? 결코 그렇지 않다. 우리는 상징계 안에서는 출현이 불가능한 로컬리티의 '실재'와 존재론적 조우가 필요하다. 그래서 현실의 쾌락원칙을 포기하고 고통 속의 향유jouissance를 획득하도록 로컬 안의 타자로서 행동에 몰두해야한다. 현상적인 상상계에 매몰되기를 넘어섰다는 자만심에 머물지 않고, 상징계 안에서 타자의 질서인 상징적 질서 또는 문화적 질서 안에서 욕망을 길들이는 것과 그것을 묘사하는 것을 목표로 삼는 태도를 벗어나야한다. 그리하여 문화적 교화에 강박되지 않는 충동의 즐거움을 찾아야한다. 타자의 질서 안에 포획된 로컬 주체의 타자성을 우울하게 묘사하는 풍경화 작업에서 벗어나서 안과 밖의 관계 맺기에 관하여 전복적 글쓰기와 대안적 실천을 모색해야 한다. 그 때 로컬은 그 자체로 안주하는 타자성 자체의 전복을 시도하며 외부의 대타자와 불화하고 끊임없이 협상하고 행동하는 주체로 변신이 필요하다. 이 주체는 그러나 자아의 절대성에 근거한 근대적 주체가 아니라 로컬을 형성하고 관계의 대상이 되는 타자인 측면에서 곧 '상호주체'라고 말할 수 있다. 로컬의 상호주체는 누구인가? 로컬의 상호주체는 존재론에서 출발 하지만, 탐구의 대상으로 재구성 되면서 권력과 담론의 매트릭스가 복합적으로 작동하며 서로 수렴하고 충돌하는 과정에 참여한 능동적 행위자로 형성 된다. 그러나 다양한 담론적 명령들이 공존하며 복합적 재편성과 재배치로 만들어진 로컬은 국가 주체와 복종·수용·회피하며 경합하는 주체화 / 종속화 된 존재로 행위하고 관련 담론을 생산하는 주체인 동시에 지속적인 타자화의 대상이기도 한 점에서 '주체 / 타자'이다. 다시 말하지만 순수한 자율적 로컬 주체의 행위성은 존재하지 않는다.[22]

삼평리 할매들의 주체의식 형성에는 몇 가지 계기가 작용했다. 첫 번째는 한국전력이 동원한 용역의 무자비한 행동, 둘째는 경찰의 방관과 회유 거기에다 휘발유를 끼얹은 것은 삼평리 할매들과 연대하고 도와준 목사와 인권단체 활동가에게 법원이 터무니없는 벌금을 선고했던 판결이었다. 대구지방법원 제 20민사부는 2014년 송전탑 반대 주민 등 40명이 한국전력을 상대로 낸 공사중지가처분 신청을 기각했다. 그럼에도 대구와 경북을 비롯하여 심지어 서울에서까지 많은 이들이 지지방문하고 펼침막을 달며 연대를 표명한 것은 외롭게 항의하던 할매들이 고립감을 벗어나 투쟁 활동의 정당성을 확인하는 자의식의 형성에 큰 영향을 끼쳤다. 처음에 는 로컬 내부에서도 소외된 타자로서 소박한 애향의식에서 출발했던 할매들은 한국전력과 경찰 및 법원이라는 엄청난 국가공권력의 힘 앞에서 절망하고 있을 때 대구환경운동연합에서 지지방문한 일에 감사한다. 그들은 방문자들을 통해서 자신들의 행

---

22 Judith Butler, *Gender Trouble—Feminism and the Subversion of Identity*, Routledge, 1999, 조현준 역, 『젠더 트러블—페미니즘과 정체성의 전복』, 문학동네, 2008.

언어적 계기이자, 개인의 실존과 행위성을 위한 언어적 조건"[24]이다. 주체화의 문제는 모호하고 복합적이다. 사회, 정치 및 문화적 권리의 주체라는 적극적 개념도 표명되고 있지만, 사실은 공간성 인식과 관련된 소극적인 주체화 과정을 거치는 담론도 또한 무시할 수 없다. 거기에다, 미셸 푸코의 통치성governmentalité 개념과 연관된 자기계발로서의 자기주체화, 곧 '국가와 사회' '공적영역과 사적영역'의 틀을 넘어서 개인이 '자기주체화'하며 생산적이고 창조적 측면을 자극하고 자아 계발하는 주체화 개념도 역시 제시하는 것이 가능하기 때문이다.[25]

로컬 주체의 형성은 단순한 공간장악자로서 그치지 않는다. 주체로 인정이 가능한 특정 '규범'과 '행위'를 일정하게 체현함으로써 잠정적으로 구성된다. 로컬에서 삶의 조건은 기본적으로 국가 규범 체제의 속박을 받는다. 우리의 관심은 바로 로컬 자체, 로컬 구성원 또는 그 내부 집단들이 국가적 규범체제와 비판적이고 전복적인 관계 맺기의 증대 곧 대항과 굴복, 모방과 아첨, 분열과 파탄, 협상과 비틀기로 경계선에서 모색하는 삶의 다양성 증대에 있다. 곧 비록 로컬 주체가 국가 규범체제의 산물이지만 그 체제 안에서 관계를 맺고 삶과 욕망의 조건과 한계를 두고 범위를 정하고 안팎으로 부딪치고 협상한다. 그런 규범의 맥락에서 로컬의 장소장악자는 행위자로서 '자기제작self-making or self-crafting' 과정[26]을 거치는 것이 우리의 관심사로 떠오른다. 그러나 주체의 존재적 자격은

24 Judith Butler, *Psychic Life of Power—Theories in Subjection,* Stanford U. P, 1997, pp.10~11.
25 Foucault, *Sécurité, territoire, population— Cours au Collège de France. 1977 ~1978,* Gallimard, 2004.
26 Judith Butler, "Giving an account of oneself", *Diacritics,* Vol.31 No.4, 2001, pp.22~40; *Giving an Account of Oneself,* Fordham U. P, 2005.

내부적으로 굴곡지고 결코 평등하지 않다. 할매들 가운데서도 주체의 위상을 시간과 공간성 안에서 잠정적으로 획득하는 존재와, 여전히 그렇지 못한 존재 사이의 위계와 배제 문제를 둘러싸고 정치적 헤게모니가 갈등하면서 작동하는 양상도 없지 않다. 로컬리티 연구가 로컬과 로컬의 외부와 관계만이 아니라 그 내부의 모순과 갈등 관계와 함께 검토해야하는 이유가 여기 있다.

광복절이 다가오는 날 40도가 넘어선 불볕더위에 집에 틀어박혀 애꿎은 티브이 채널만 돌리다가 삼평리 할매 한분에게 오랜만에 전화를 걸었다. 사실 송전탑 2014년 7월에 24호기 건설이 강행되고 나서는 미안하고 송구스런 마음에 삼평리에 가보는 것도 망설여져 가본지도 좀 됐다. "할매들 요즘 어떻게 지내십니까?" "날씨가 너무 더버서 우리끼리는 주로 마을 회관에 나가서 놀아요. 한전에서 지어준 복지회관에는 안가고"(…중략…) "가끔 무슨 행사에도 가보고…… 반핵 관련 뭐하마 들으러 가보기도 하지요, 아, 어제께는 성주에 갔다 왔어요". 내가 되물었다. 네? 성주요? "예, 성주요, 그 싸드라 카는거로 시끄러운 성주요" 할매들은 삼평리 송전탑 건립 반대 투쟁 '경험'을 통해서 반핵운동을 이해하고 어느 날 평화운동의 장으로 떠오른 성주를 포용하고 나섰다. 할매들은 사도 바울[27]처럼 개별적 / 주체적으로 새로운 보편성을 정립시켰다.[28]

---

27 Badiou, *Saint Paul, la fondation de l'universalisme* (PUF, 1997), 현성환 역, 『사도 바울』, 새물결, 2008.

28 Badiou, *The Subject of Change—Lessons from the European Graduate School* (Atropos Press, 2013), 박영기 역, 『변화의 주체』, 논밭, 2015, 258쪽. 삼평리 할매들은 2016년에는 밀양송전탑 투쟁위원회 주민들과 함께 녹색당에도 가입했다.

3. 사건의 토포스에서 내부와 외부

지난 2016년 7월 13일 정부 당국은 도입의 필요성 여부를 두고 논란 중이던 사드 곧 고고도미사일방어체계Termianl High Altitude Area Defense[29]를 성주읍에서 동남으로 3km 떨어진 383m 높이의 성산星山 공군방공유도탄포대로 전격적으로 결정했다고 발표하면서 시작되었다. 전국 참외의 2 / 3를 생산하며 농업지역으로서, 세종대왕 왕자 태실을 부각시켜 '생명 평화의 고장'을 브랜드로 삼는 인구 45,000의 성주로서는 청천벽력 같은 소식이었다. 이러한 사태는 2014년 6월 3일, 커티스 스캐퍼로티 당시 한미연합사령관이 '사드 한반도 배치'를 공개적으로 발언하기 이전인 2013년 4월 방위사업청과 공군 관계자들이 사드 제작사인 미국의 록히드 마틴 사Lockheed Martin Corporation를 방문해 사드 관련 비밀 브리핑을 받았던 시점부터 시작된 일련의 수순이 마지막 단계에 도달한 것을 말한다. 일단 사드의 도입 배경은 북한의 위협을 강조하는 분위기가 주도한다. 과연 사드는 대북對北견제용인가? 알려진바 사드의 효용은 요격 기능보다 레이더 기능이 주목되고, 막상 대북 군사적 대응용으로는 허점이 많다. 오히려 중국을 근접 감시하는 AN / TPY-2, X밴드 레이더의 1천-5천km까지 탐지가능한 내장 기능이 위협적이다. 사드는 겉으로는 미사일 발사 등 북한의 군사적 움직임에 대응책으로 추진되는 모양새지만, 미국의 대중對中 견제용 측면이 핵심요소이다. 사드가 실제로는 서울이 아니라

---

[29] 정확하게는 '종말고고도지역방어'라는 뜻이다. 미사일을 쏘았을 때 대기권에서 성층권에 올라가서 정점을 찍고 다시 대기권으로 진입해서 종말단계(고도 140~150km) 이르면 강력한 전자파인 사드를 쏘아서 파괴한다는 의미이다.

한반도 남부권을 포괄하는 기능을 가진데서 알 수 있다. 그동안 미국은 중국에 대한 협력과 견제 사이에서 고민해왔고 한국도 양국 관계에서 전략 선택을 고민해왔다. 오바마 정권은 2011년 11월에 중동과 유럽에서 아시아로 초점을 옮기는 '아시아 회귀Pivot to Asia' 정책을 발표했고, 이후 중국 주변국들과의 관계를 강화하면서 대중 견제 전략을 본격적으로 추진했다. 미국의 전략은 중국에겐 심각한 위협이요, 중국의 주변국에겐 큰 고민거리이다. 주변국은 미국의 도움이 반갑지만 중국과의 관계도 망치고 싶지 않다. 미국의 아시아 전략은 한국이 미국의 대중 견제전략에서 전위 역할을 요청한다. 한·미·일 동맹의 강화의 일환으로 한·미·일 정보공유약정, 심지어 위안부 합의 등의 추진도 그 전략의 일환으로 나타난 정책이다.

본래 사드 배치 결정 과정에서 가장 유력한 후보지로 떠올랐던 지역은 사드의 즉각적 배치를 강조했던 7월 5일자 동아일보 보도에서 보듯 왜관읍을 중심으로 하는 칠곡군의 산악들이다. 칠곡군민은 동아일보 보도에 격렬하게 항의했다.[30] 왜관에는 주한미군의 물류기지 캠프 캐롤Camp Carrol이 자리 잡고 성산 포대는 이 기지를 방어하는 역할을 수행해왔다. 성주가 사드 배치의 적지로 꼽히면서 칠곡군은 한 시름 놓았고 대구시도 피해간 것을 은근 슬쩍 반기는 분위기이다.[31] 성산은 본래 성산가야 시대 산성이 있었으나 포대가 들어서면서 거의 다 뭉개지고 주변에는 지뢰가 깔려 있어 주민들의 접근이 금지되어 있다. 이런 성산

---

30 『동아일보』, 「한미 '사드 최적지 칠곡' 접근」, 2016.7.5.
31 칠곡군수와 칠곡군 의회가 반발하고 7월 18일 가톨릭 신자 500여명은 천주교 베네딕트 왜관 수도원에서 수도원장 블라시오 아빠스 주례로 미사를 올린 뒤에 수도원에서 미군기지 까지 1.5km 구간에서 사드배치 반대를 외치며 가두 행진 벌였다.

이 사드 배치 후보지로 결정되면서 성주는 미국의 동북아 군사전략이 집행되는 요충지로서 급부상 했다. 사드의 성주 배치 결정은 한국이 미 -중의 군사적 대립에서 미국편에 선 것을 확고하게 보여주는 증거이다. 중국과 러시아는 즉각 반발하고 양국 정상은 사드 한반도 배치 반대를 공동 천명했다. 북한의 핵 억지를 위한 다자간 협력 체제가 즉각 '미·일·한' 대 '중·러'의 신 냉전 구도로 급변했다. 한반도에 미·일 대 중·러 강대국의 원심력이 강하게 개입할 여지가 확 커지고 개성공단의 폐쇄로 남북관계의 주체적인 선택폭이 제한된 상황에서 주변국과의 관계에서 우리의 선택 폭을 급격히 축소시킬 것은 명약관화해졌다.

성주군민은 이런 예기치 못한 현실에 당혹감을 감추지 못했고 격렬하게 반발하고 나섰다. 정부당국은 7월 15일 총리가 군민 회유차 방문했다가 큰 역효과를 일으키자 소위 '내부'인 성주에 '외부'의 개입을 차단해야한다고 엄포를 놓으며 성주군민들을 회유와 압박, 설득과 위협을 병행하여 사드배치를 관철시키는 작업에 돌입했다. 여기서 우리는 내부가 외부를 '내부'로 포획하고 내셔널-글로벌 내부의 권력게임에 동원하는 것을 볼 수 있다. 비록 외부가 존재하기에 내부가 존립하지만 내부와 외부를 구분하고 규정하는 것은 내부이다. 내부는 외부를 만들어내면서 존재하고 '내부'와 '외부'의 명명자이다. 성주는 소위 유림으로 자처하는 120명이 사드배치 반대 '상소문'을 올린 데서 보듯 매우 보수적인 농촌지역이며 심지어 자신들이 '내부'라고 자처하며 스스로 동원되기를 마다하지 않아왔다. 그런가하면 당국도 이런 분위기에서 성주를 소위 '내부'로 포획하고 '외부'와 차단시켜 억압적으로 회유하면 사드배치가 관철될 것으로 판단했을 것이다. 자칭 유림들의 시대착오적 상소는 내부로 자처하며 살아온 자신들이 사실은 '외부'라는 사실을 알고 나서 섭섭한 마음의 표현이었을 것이다. 성주군민들은 총궐기로 '성주사드배치철회투쟁위원회'를 구성하고 저항하고 나섰다. 경부고속도로 왜관 인터체인지에서 내려서 성주로 들어가면 한적한 시골길 가로마다 사드반대를 외치는 '펼침막'이 가로수마다 걸려있다. 사회단체는 그렇다 해도 기업체들이 내걸은 것도 낯설지만 선영들을 찾을 때마다 자주 가는 단골 식당은 물론 주점까지도 사드 반대 펼침막을 내걸었다. 읍내로 들어가면 온갖 단체 명의의 가로막이 눈길을 끄는데 심지어 무슨 성씨 성주종친회 명의의 펼침막도 걸려있다. 실제로 매일 저녁 8시 한 달이 넘도록 군청마당에서 계속되는 사드배치 반대 성주군민 집회에서 간식으로 제공하는 1,000개 정도의 떡은 각 문중이 돌아가면서 쌀을 두 가마씩 내어서 감당했다.

사드배치 결정과 군민의 비폭력 전면 저항으로 성주는 단순한 행정 구역이 아니라 내셔널리티와 글로벌리티가 교차하는 하나의 로컬로서 등장했다. 성주라는 로컬의 외부가 사건의 당사자이고 이에 로컬 내부가 연동하여 동요하는 로컬리티를 형성하게 되었다. 그 로컬리티는 한국이라는 내셔널리티를 넘어서 너무나 선명하게 미국·일본 대vs 중국·러시아 라는 글로벌리티와 연결되어 있다. 사드는 첫째 미국의 군산복합체 가운데 항공 관련 기술에서 선두에 서 있는 록히드 마틴 사가 개발한 방어 겸 공격용 전술무기체계이고 실전에는 사용된 적이 없는 무기체계이다.[32]

---

32 1995년 록히드 사(Lockheed Coporation)와 마틴 마리에타 사(Martin Marietta Corporation)가 합병하여 설립한 세계 최고의 전투기 제작회사인 동시에 첨단 기술회사이다. 본사는 메릴랜드 주 베데스타에 있다. 시카고에 본사가 있는 보잉 사(The Boeing Company)와 함께 미국 군산복합체의 주축을 이루는 기업이며 전세계적으로 135,000명

그러나 미국의 군산복합체 질서에서 기업의 이익을 정부가 보장하여 한국에 강요하는 부담을 수용하는 과정에서 배치를 요구 받게 된 것이다. 두 번째, 한반도 주위에서 대국화하는 중국이 주도하는 MD^{Missile Defense} 체계와 이를 견제하는 미국이 주도하는 MD체제가 경쟁하는 가운데서 이제 미국의 MD체계에 한국을 편입시키는 작업이 완료 단계에 도달한 것을 말한다. 그 과정에서 성주가 뜻하지 않게 국제군사전략 체제에서 국제외교와 국제정치에서 내셔널리티와 글로벌리티가 교차하는 핵심적 좌표지점이란 로컬리티를 부여받게 된 것이다.

이 로컬에서 주체와 타자는 누구인가? 성주군민은 일방적으로 사드 배치 결정을 통보받은 타자화 된 존재였다. 그러나 사드 배치 반대운동을 거치면서 생명과 평화를 지키려는 주체로서 위상을 확보했다. 그러나 당국은 이들을 타자화 시키는 시도를 계속하고 있다. 가장 대표적인 논리가 성주군민의 사드배치 반대 활동에 외부의 개입을 엄벌하겠다고 선언한 것이다. 사드배치를 둘러싸고 성주의 로컬리티의 생성에서 내부는 누구이고 외부는 누구인가? 내부는 성주군민이고 외부는 국민들이다. 성주군민은 졸지에 국민에서 제외 되었다. 그러나 대책위는 성주군민과 국민 사이에 내부와 외부가 있을 수 없다고 선언했고 당국이 쳐 놓은 내부 / 외부 프레임을 거부했다. 국민 모두가 내부이므로 누구나 사드배치를 반대하고 평화를 호소하는데 동참할 수 있다고 선언했다.

의 종업원이 고용되어 있다. 록히드 마틴 사는 남북한이 갈등을 심화시킬수록, 미국이 중국과 미사일 방어체제 구축에 나설수록 수익이 극도로 올라가는 재정구조를 가진 대표적 기업이다. 사드는 패트리어트, SM-3, GBI 등과 함께 탐도미사일에 고난한 다중방어체계를 구성하는 요소이고 미국은 2008년부터 배치를 시작하여 태평양의 괌(Guam), 이스라엘, 터키 그리고 일본 혼슈 북쪽 아오모리[青森]현 사리키초 해안, 교토부 북쪽 160km 교탄고[京丹後]시 교가미사키[經ヶ岬]에 배치되어 있다.

자본과 권력의 내부가 성주를 '내부'와 '외부'라는 분열논리로 타격한 성주라는 토포스가 이에 대응하여 내부를 확장하는 양상이 전개된 것이다. 이제 평범한 성주의 아지매와 아재, 할매와 할배가 로컬의 평화가 내셔널 및 글로벌 평화와 연동되어 있다는 사실과 평화의 위기를 자각하면서 '촛불시위'로 평화를 호소하는 새로운 주체로 등장했다. 스케일 차원에서 성주군민을 넘어 국민적 차원에서 성주군은 물론이고 성주 이와 다른 지역에 배치도 반대하는 평화를 선언하고 나섰다. 작은 농촌 지역 성주에서 출발하여 동북아의 평화를 생각하는 기회를 맞으면서 내셔널리티-글로벌리티 차원의 스케일 점핑jumping scale[33]이 이루어진 것이다. 전쟁 위기를 강조하며 평화를 위협하는 세력들에게 성주군민과 사드배치 반대 대책위는 중요한 것은 국민의 생명이라는 원칙을 자각시켰고, 그것을 평화와 생명이라는 보편성과 연결시켰다. 그들은 (아감벤과 푸코를 동원하자면) 사드 배치 문제를 통해서 정치적 및 법적 권리의 문제만이 아니라 생명이라는 이슈가 '벌거벗은 생명'이라는 공동의 조건에 놓인 사실을 인식하는 계기를 맞았다. 지금도 계속되는 촛불시위는 성주군민들이 그동안 멀리 느껴지던 생명과 평화라는 주제가 지역과 국가를 넘어서 전 지구적으로 연결된 '생명정치'의 영역이라는 것을 자각하기 시작한 산물이다.

그러나 이러한 질문도 가능하다. 성주군민의 촛불시위를 전지구적 생명정치의 보편성과 연결시키는 것은 성주군민과 로컬의 내부 차이를

---

33 Neil Brenner, "The urban question as a scale questions, Reflections on Henri Lefebvre—Urnan theory and the politics of scale", *International Journal of Urban and Regional Research*, Vol.24 No.2, 2000, pp.361~78; *New State Space—Urban Governance and the Scailing of Statehood*, Oxford Univ Press, 2004, pp.8~12.

반영하지 못한 것 아닌가? 현상에서 차이를 인식하고 사건의 개별성을 인식하는 것은 질 들뢰즈는 물론이고 보편주의적 실재론자 바디우 조차도 철저한 자각을 요청하는 명제이다.

모든 진리 공정이 차이들을 폐기하고 순전히 총칭적인 하나의 다양성을 무한히 전개시킨다고 해서 상황 속에 차이들이 있다는 것을 망각해서는 안 된다.[34]

그와 같이 차이를 가진 사건을 평화와 생명이라는 보편성과 연관시키면 로컬의 정체성은 사라지고 마는 것 아닌가? 바디우는, 하나의 진정한 사건이 모두를 위한 영원한 것인 진리의 기원이게 만드는 것은 그 사건이 바로 상황의 공백을 통해서만 상황의 특수성에 '연결'되는데 있다고 본다.

공백은 없는 것으로서의 다양성$^{multiple-de-rien}$이고 누구도 배제하지 않고 구속하지 않는다. 공백은 존재의 절대 중립성이다. 그래서 사건에서 비롯되는 충실성은 비록 그것이 개별적 상황 속에서의 내재적 단절이라고 해도 보편적으로 호소된다.[35]

2016년 8월 15일 성주군민은 군청마당에서 광복절 행사를 갖고 집단 삭발식을 가졌다. 본래 815명으로 제한했지만 지원자가 늘어나서

---

34 알랭 바디우, 『사도 바울』, 189쪽.
35 바디우, 『윤리학-악에 대한 의식에 관한 에세이』, 90쪽.

908명이 참가했다. 한편 그 사이에 군민들 사이에는 제3의 후보지를 찾아보자는 의견이 군수와 관변 단체 중심으로 제기되었다. 이에 투쟁 위원회를 비롯한 군민들은 성산포대에 사드 배치 반대가 군내의 다른 지역에 배치를 지지하는 것이 아니라고 주장하고 사드배치 자체의 철회를 요청했다. 그러나 지속적으로 언론과 당국이 여론몰이하면서 제3 후보지 선정가능성 지지자들이 사드 배치 반대 운동을 국가안보 반대 세력으로 몰아가면서 여론을 분열시키기 시작했다. 특히 대통령의 제3 후보지 선정 고려 발언은 그런 분위기 조장에 적극 기여했다. 처음에는 성주읍에서 떨어진 염속산과 까치산 등이 거론 되었지만 결정적으로 성주군청에서 북쪽으로 18km 떨어지고 김천시 경계선과 인접한 초전면 소재 약 680m 높이에 위치하는 롯데 스카이 힐 성주 골프장이 후보지로 부상했다. 8월 22일 성주 군수는 일방적으로 국방부에 성산포대를 제외한 제3후보지 선정을 요청하고 다음날에는 매일 개최되던 군청 마당 집회 장소에 전기 공급을 끊고 군청의 문까지 폐쇄하고 경찰은 27일 이후 성주군청 집회 개최를 허가하지 않겠다고 통고 했다. 8월 27일에는 이에 항의하며 군민 3,500명이 모여서 인간 띠 잇기 행사를 진행하며 연대을 표시했다. 그럼에도 로컬 성주에 관변 단체-보수 정권-미국·일본·한국 삼각동맹을 연결되는 축이 생명-평화를 표방하는 사드배치 반대 운동에 교란 작전에서 승리하기 시작했다. 이것을 권력의 이데올로기적 회유와 공작의 결과인 한편 오랫동안 보수정권의 지지기반이었던 지역 정체성의 한계를 드러내는 것이다.[36]

---

36   바디우에게 인권 정치 또는 인권 윤리는 선이 아니라 악의 자명성에 기초한다. 그리고 인간의 생명이라는 유한성을 지향하는 권리 논의는 '측정되지 않는 척도의 테마'를 추구하

새로운 후보지는 반경 5.5km에 김천시 남면과 농소면 및 조마면 인구 2,100(1천 가구)명이 거주하고 14,000(5,120가구)명이 거주하는 김천 혁신도시와 7km 거리에 해당되면서 김천시민들이 즉각 반발하고 나섰다. 김천시와 김천시의회가 반대 성명을 발표하고 김천민주시민단체 협의회는 8월 20일 오후 7시부터 김천 강변공원 야외공연장에서 '사드배치 반대를 위한 촛불문화제'를 열고 '김천시 사드배치 반대 비상대책위원회'를 구성하여 농소면사무소 앞에서 촛불문화제를 이어가기로 했다.[37] 김천시에는 400개의 펼침막이 걸리고 24일에는 김천스포츠타운 종합운동장에서 시민 1만 명이 참가하는 집회가 열렸다. 사드배치 반대 펼침막은 1,000개로 늘어났다.[38] 8월 24일 경북 김천시 종합운동장에서는 두 번째로 시민 1만 명이 모여서 성주 롯데 골프장 부지에 사드 배치를 반대하며 이 지역 대표 특산물인 포도, 자두, 양파 더미를 트랙터를 갈아 뭉개는 시위를 벌였다. 이들은 '성주 웃고, 김천 운다'라는 펼침막을 들고 성주에서 밀어낸 사드가 김천 인근에 배치되는 것을 용납할 수 없다고 외쳤다. 한편 같은 날 저녁 8시 성주 군청 앞 인도에서는 '사드배치반대성주투쟁위원회' 주관으로 74차 사드배치 결사 촛불집회가 열렸다. 참석자들은 군청마당을 폐쇄하고 사드 배치를 반대하는 여성 주민들을 '다방하고 술집하는 것들……'이라고 비하한 성주군수를 비

는 정치이데올로기에 봉합될 여지가 있으므로 오늘날 인권의 정치가 이데올로기에서 벗어나려면 보편성 논제가 '진리가 촉성할 수 없는 지점' '명명할 수 없는 것' 곧 체제의 바깥에 있어야 한다고 본다. *L'éthique–essai sur la conscience du mal*, pp.121~122, 『윤리학–악에 대한 의식에 관한 에세이』, 104~105쪽.

37 『매일신문』 2016.8.22.
38 성주의 최초 집회에 3천명이 모인 바 김천시는 인구 14만 명으로서 성주의 3배인바 그에 비례해서 1만 명이 모였다.

판하고, 한반도 어디에도 사드배치를 반대한다고 외쳤다.[39] 여기서 김천 시민을 하나의 존재로 볼 수 있을까? 성주군민과 마찬가지로 김천시민 역시 존재론적 상황이 하나의 조건 아래 놓여졌다. 곧 하나로 계산가능한 법칙인 사드반대라는 조건 아래서, 다수의 이념에 해당하지 않는 다수로서 곧 불안정한 다수the pure multiple-inconsistency로 묶여진 집합, 모든 집합의 부분집합의 공집합ensemble이다. 이 공집합은 하나로 묶여져 있지만 불안정하고, 동일성으로 밝혀지지 않고, 의미에 포섭되지 않는 언어의 한계에서 벗어나 있다.[40] 바디우에게 사건은 우연적이고 예측불가능하고 나타나자마자 사라지는 잉여적 부가물이다.

　사드 배치를 관철시키려는 권력 당국은 성주를 내부와 외부 논리로 대구시는 물론이고 경북의 이웃 시군 주민들과 분리시키는데 성공했다. 그러나 제3후보지론은 또 다른 로컬로서 '내부'인 김천시를 만들어냈다. 성주의 외부로 보였던 김천시가 다시 내부가 되는 사태가 진전되는 '내부의 자기증식'이 전개되고 있는 것이다. 우리 모두가 국민이고 외부라는 외침이 이제 우리 모두가 내부라는 외침으로 바뀌어 나가기 시작한 것이다. 권력 당국에게 사드 배치는 경북에서 또 다른 내부와 외부 만들기 작업에 다름 아니게 되었다. 그리고 사드 배치 반대는 단순한 자신의 거주 지역에 사드배치를 반대 하는 운동이 아니라 일상의 평화, 국민의 평화, 한반도와 동북아시아의 평화를 위협하는 사드배치를 반대하는 평화운동으로 스케일 점핑을 성취했다. 실로 사적인 것이

39　9월 21일 72차 촛불집회에서 사드배치 반대를 전국적으로 확장하고 연대를 선언하면서 투쟁위원회의 명칭을 '성주사드배치철회투쟁위원회'에서 '사드배치철회성주투쟁위원회'로 바꾸었다.

40　Badiou, *L'être et l'événement*, p.81, 『존재와 사건』, 125쪽.

국제적인 것이 되는 계기와 직면한 것이다.[41] 그 사적인 것의 중심에 여성들이 있다. 9월 7일 성주군수는 주민들과 간담회 자리에서 "특히 여성들이 정신 나갔어요 (…중략…) 전부 술집하고 다방 하는 그런 것들인데……"라고 여성혐오 발언을 쏟아냈다. 이에 비추어 일상에서 평화를 요구하고 그리고 그 평화를 전지구화하려는 평화여성주의가 성주에서 발아하는 모습을 우리는 감지 할 수 있다. 이제 로컬로서 성주는, 주체와 타자의 그리고 내부와 외부 사이에 경계선 획정을 두고, 사건의 실체 파악을 두고, 투쟁과 갈등의 복잡한 협상이 전개되는 장이다. 우리는 협상의 장을 흔히 혼종성 개념과 연관시켜 설명하는 경향을 본다. 혼종성 이론은 급진적으로 유연한 확장성mellability을 가지며 기본적으로 이론의 전유에 저항하는데 지향점이 있다. 따라서 끊임없이 경쟁하는 이론이고 내부에 수많은 균열과 단층이 새겨져 있다. 개념들이 어떤 장소와 공간에서 만들어져서 사용되느냐에 따라서 그 개념의 위상과 실천적 의미가 크게 달라지기 때문이다.

4. 로컬 서사의 줄거리

처음에 나는 청도에서 할매들이 송전탑 반대에 나섰다는 말을 처음 들었을 때는 귀를 의심했다. 같은 시기에 고향 구미시 새올新洞에서도 345kv 송전탑 건설에 주민들이 항의에 나서면서 밀양 단장면, 청도 삼

---

41 김엘리, 「평화여성주의. 일상에서 평화를!」; 장필화 외, 『나의 페미니즘 레시피』, 291~314쪽.

평리, 구미 새올 3자 연대가 시도되었고, 한때는 상호 방문하여 후원과 연대를 시도했지만 구미시 새올은 일찌감치 손들고 말았다. 그런데 구미 못지않게 보수적인 지역으로 알려진 청도에서 전개되는 송전탑 건설 반대 투쟁이 너무나 궁금해서 시간나면 자주 방문하고 할매들과 연대하는 활동가들을 관심 깊게 살펴보았다. 2014년 대구경북 시민단체 신년교례회에서 뜻밖에도 삼평리 할매들이 그림자연극을 공연했다. 그해 가을 경북 상주에서 열린 농민대회에서 할매들의 그림자연극이 또 공연했다. 그림자연극을 통해서 할매들은 한국전력과 경찰, 법원과 무능한 행정당국을 질타하고 평화롭게 살아가는 자신들의 마을을 깨트리지 말라고 호소했다. 나는 한국사회의 권력기구들이 공공성과 공권력이란 이름으로 권력을 집행하는 대상으로 삼아 타자화하고 심지어 함께 사는 청도군민조차도 외면하는 주변부 타자로 내몰린 할매들이 로컬 서사의 주체로 등장하는 상징적 행동이 그림자연극 공연이라고 생각한다. 그림자연극은 일제강점기에 태어나 전쟁을 겪으며 글을 배울 기회조차도 놓쳐 기록으로 의사를 표현할 능력이 부족한 할매들의 주체적 글쓰기 작업이라는 생각이 들었다.

삼평리 할매들의 로컬 서사에서 고심을 불러일으키는 측면은 청도군민들이 할매들을 외면했다는 사실이다.[42] 처음에는 역시 송전선이 통과

---

42 원래 대구와 인접한 청도는 2읍 7면 인구 43,584명(2016.12)의 농촌 행정구역으로서 노령인구의 비율이 높고 사회정치적으로 매우 보수적인 지역이다. 게다가 아직도 씨족의식이 많이 남아서 씨족 간의 합종연횡이 각종 선거 결과에 큰 영향을 끼쳐서 때로는 선거에서 무소속이 당선되는 현상도 나타난다. 인구가 적은 탓에 선거 때마다 금권선거가 기승을 부려서 각종 선거 때마다 선거사범 구속과 자살 사건이 빈번하여 선거관리 당국도 아예 예방에만 치중하고 처벌에는 손 놓았다고 알려질 정도이다. 이는 사회에 민주적 의식 기반이 없는 상태에서 민주주의 제도를 시행했을 경우에 나타날 수 있는 부작용의 사례로 꼽힌다. https://namu.wiki.

하는 이웃 풍각면 주민들이 반대투쟁에 나섰으나 점차 회유 당하여 의지를 꺾고 말았다. 삼평리도 처음에는 만장일치로 송전탑 건설 반대에 주민 의견이 일치했으나 보상금 수령이나 송전탑 선로 변경 등에 만족한 이들이 점차 회유에 넘어갔다. 그 가운데는 종교인도 있었다. 한국전력은 송전탑 건설이 국가를 위한 공공사업이라는 점을 강조했다. 경찰과 법원은 한국전력이 공공성의 담지자이고 할매들은 사적이익의 추구자라고 몰아세웠다. 할매들이 살아온 공동체의 유지라는 목적의 공공성은 짓밟히고 아예 인정도 받지 못했다. 게다가 한국전력의 회유에 동조하여 입장을 선회한 주민들은 할매들에게 고운 눈길을 보내지 않았고 마을 민심은 두 동강 나고 말았다. 특히 전직 이장里長은 반대 투쟁 할매들을 길에서 마주쳐도 못 본체 인사도 하지 않고 횡하게 지나다녔다. 할매들은 폭풍치는 바다의 무인도처럼 고립되어 있었고 지금도 그렇다. 한편 주민들은 물론, 우리를 둘러싼 4대 강국의 국제적 관심사이며 현안인 사드 배치 반대운동은 여전히 진행형이다. 성주와 김천에서 주말마다 벌어지는 사드배치 반대 집회는 2017년 02월 19일 현재 전자에서 222차 후자에서는 183차에 도달했다. 이들은 주민들과 함께 하는 다양한 프로그램을 개발해서 참여 시민들의 역량을 계발하며 활동에 의미를 부여하고 있다. 특히 성주에서는 사드배치 부지로 확정된 초전면 소성리 소재 롯데 골프장으로 가는 도로에서 연대시위를 전개하고 있다. 그리고 작년 말 부터 이들 지역의 참여활동가들은 최근의 정치현안과 맞물려 광화문 촛불시위에도 참여하여 주민의 삶과 직결되는 민감한 사안을 시민이 직접 민주주의로 판단할 기회를 제공하라고 정부 당국에 요청하고 있다.[43]

　사건의 정치를 로컬 서사의 줄거리로 삼을 때 중심 과제는 무엇인가? 그것은 자본과 권력이 내부로 규정한 외부가 동요하면서 변화로 이끄는 잠재성을 드러낼 필요가 있다. 청도 삼평리 주민이든 성주군민이나 김천시민의 경우이든 당면한 사건의 대처 과정에서 불가피하게 직면하는 말이 있다. 바로 자본과 국가가 언론을 들러리 세워 강요하는 '대화'와 '협상'이란 용어이다. '삼평리 주민들에 앞서 이웃한 풍각면의 주민들과 한전의 대화와 협상은 결국 한전이 제시한 조건을 수용하는 방향으로 귀결되었다. 한국전력은 삼평리 주민들과의 협상에서도 보상금 증액과 마을 복지회관을 신축하여 제공하는 문제로 접근하면서 상당수 주민들은 송전탑 건설 수용으로 입장을 바꾸었다. 반면에 할매들은 24호기 설치 대신에 고압선의 지중화地中化를 요청했다. 한국전력은 고비용을 구실로 이를 거부하고 공권력의 엄호 아래 24호기 건설을 밀어 붙였다. 사실 한국전력은 대도시를 제외하고는 농촌 지역에서 고압선을 지중화한 사례가 없었다. 협상은 삼평리 주민들을 분열시키는데 이용되었고 한전이 강압적으로 송전탑 설치를 관철시키는데 알리바이를 제공했다. 한편 성주에서도 대통령이 성주군 내 제3의 장소에 배치도 가능하다는 발언하면서 끊임없이 대화와 협상론이 제기되고 강요되었다. 성주군민 908명이 삭발한 광복절이 이틀 지나서 성주를 방문한 국방장관은 제3의 장소를 거론하면서 대책위원회 내부는 급속도로 동

---

43 2017년 3월 16일 미국에서 반입된 사드 장비가 왜관 미군기지 캠프 캐롤에 일부 도착하여 배치 대기 상태이다. 4월 8일 성주에서는 롯데골프장으로 가는 소성리 진밭교 입구에서 주민들이 원불교, 천주교 등 다양한 종교단체와 개인 5천여 명이 270차 범국민평화행동대회 촛불을 들고 '불법사드 원천무효' '사드가고 평화오라'고 외치며 경찰과 대치했다. 한편 김천에서도 4월 8일 231차 촛불집회가 열려 성주와 함께 평화운동 도시로 새로 태어나고 있다. 사드배치철회 성주투쟁위원회·대구경북작가회의 외 1인, 『성주가 평화다—사드배치 철회 성주촛불투쟁 200일 기념시집』, 한티재, 2017.

요하기 시작했다. 은밀한 회유와 비상대책위 내부와 군민들의 분열과 갈등이 앞을 기다리고 있었다. 비상대책위원 44명이 참석한 토론회에서 27명이 성주군 내 제3후보지 선정에 긍정하면서다. 2016년 8월 22일 군수는 국가안보를 위해 제3의 후보지를 수락하자는 협상론으로 선회했다. 이 그림은 참으로 낯익다. 우리가 삼평리에서 목격했던 양상과 크게 다르지 않다. 자본은 공공성의 이름으로 로컬 내부를 압박했고 국가는 국가안보의 이름으로 비상대책위에 협상을 강요하고 군민들을 분열시켰다. 로컬 외부에서 작동하는 내셔널리티가 군민 내부의 갈등과 분열을 유도하고 외부의 승리를 기약하게 될 것이다. 이제 한반도 어디에도 사드가 배치될 수 없고 필요한 것은 평화라고 외치는 이들에게 남은 몫이 고통스럽다. 그것은 외부와의 '협상'에서 내부의 이견을 분열이 아니라 다양성, 님비nimby 현상이 아니라 민주주의와 평화로 연결시키는 힘든 과제이다.

호미 바바는 『문화의 위치』[44]에서 식민지 공간에 관한 고뇌의 패러다임으로 혼종성의 역공간성liminality에서 '협상'하는 담론적 공간을 상정했다. 호미 바바의 관점에서 '양가성' '모방'과 같은 주요한 명제는 식민공간적 정체성의 비동일성과 비동시성의 담론적 및 무의식적 탈구와 이접하는 문화경제의 혼종성과 더불어, 식민자와 비식민자 관계를 모호하게 만들어 권력 당국자를 변경시킨다는 것이다. 요컨대 현대 사회에는 이질적 생산양식들이 공존하고 혼합되면서 발생하는 전통적인 것, 근대적인 것 그리고

---

44 Homi K Bhabha, *The Location of Culture*, Routledge, 1994; 나병철 역, 『문화의 위치』, 소명출판, 2012. 물론 이것을 사건과 정치의 문제 아니라 문화이론에 불과하다고 평가하는 경우 이론 적용의 남용이라고 볼 수도 있다.

미래적인 것의 다양한 가치들과 계기는 단일가치 체계로 동질화되지 않고 비균질적이며 중층적으로 혼재하는 양상을 보이고 이것은 물리적 공간, 인종적 양상, 문화적 가치들의 갈등을 초래하여 타협과 협상의 요구가 불가피하다고 본다. 로컬리티 연구에 혼종성 개념의 수용은 어떤 의미를 생산할까? 로컬리티란 공·현존coexistence하는 로컬 사회의 구체적 경험이나 특수성을 다루는 문제만이 아니라, 그것이 로컬 안팎의 더 큰 사회구조 안에서 다양한 공간을 재구조화하고, 문화현상과 가치들이 사회적 관계 및 과정들과 상호작용을 맺는 관계로 설명이 가능하다. 로컬을 투명하고 가시적인 근대적 공간의 일부가 아니라 불투명하고 비가시적인 경계지대로 이해함으로써 협상공간으로 사고할 기회를 제공한다. 여기에는 로컬이 내셔널-글로벌 자본의 직접적 공략 대상인 동시에 프랙탈한 공간의 위상을 가진 측면이 작용한다.

'협상'은 사건의 공간에서 새로운 정치가 작동할 기회를 제공한다. 그러나 거기서 문화적 양상들의 열려진 가능성과 가치가 반드시 로컬 주체들의 생산, 재생산, 전유, 창조로 이끌지는 확신할 수 없다. 혼종성의 이름으로 협상[45]의 생성과 자극을 추동하는 것은 실제로는 초국적 자본, 곧 그것을 상품화하거나 장악하는 역량을 보유한 초국적 자본이다. 그러나 막상 로컬의 주체는 대부분 이를 감당하지 못하고 협상 과정에서 타자로 내밀리는 위상이 고착된다. 한국전력과 할매들의 협상

---

[45] 호미 바바, 네스토르 가르시아 칸클리니(Néstor Garcia Canclini) 스튜어트 홀, 가야트리 스피박 및 폴 길로이의 저작들은 1990년대 초에 출현한 다문화적 현실과 지식을 다룬 저술은 혼종성 논의를 자극한 대표적 성과이다. 이들의 논의는 탈식민 문학은 물론이고 샐먼 루쉬디, 가브리엘 가르시아 마르케스, 밀란 쿤델라, 코에체(J. M. Coetzee) 같은 마술적 리얼리즘 작가들의 작품을 대두시켰다.

은 결국 한국전력의 의도를 관철시키는 명분을 축적하는데 기여했을 뿐이다. 물론 할매들이 협상을 거부할 수 있었던 것도 아니고 새로운 가능성을 기대했던 것도 사실이다. 호미 바바의 탈식민성 논의에서 식민자와 피식민자의 협상 공간 설정이 결국 식민자의 역할을 관용한다는 비판을 받은 것도 이와 무관하지 않다. 혼종성 개념이 로컬-내셔널-글로벌 관계를 문화의 리좀 형식으로 보는 경우 일정한 설득력이 있지만[46] 외부의 미디어와 상인들이 그들의 소비품과 로컬 공동체들 사이에 효과적인 연계관계를 만들어내는 '트랜스 문화적 쐐기에 불과하다'[47]는 비판도 타당하다. 심지어 그것이 엘리트들의 투항의 논리이며 민중을 배신한 논리에 불과하다는 비판도 제기된다. 호미 바바가 탈식민성은 '새로운' 세계질서와 노동의 다국가적 분업 안에서 '새로운 식민' 관계의 지속에 관한 유익한 상기자로 규정했지만 그것은 초국적 자본의 재구성 전략을 긍정하는 논리에 불과하다는 비판을 받는다.[48]

호미 바바의 혼종성 개념은 전지구화의 전개와 함께 세계체제론과 엮여서 무절제하게 확산되었다. 특히 주변부-반주변부 논의와 결합하여 반주변부 공간의 두드러진 양상으로 설명되었다. 나는 반주변부에서 로컬은 서구적 근대성을 비롯한 중심의 논리가 철저하게 관철되는 측면과 이에 맞서는 틈새 공간에서 시도되는 자율성 쟁취를 모색하는 것이 가능한 가변적 복합공간이라는 관점에는 일정하게 동의한다. 그

---

46 Jan Nederveen Pieterse, *Globalzation and Culture—global mélange,* Oxford, Rowman & Littlefield, 2004.

47 Marwan Kraidy, *Hybridity, or the cultural logic globalization,* Philadelphia, Temple U. P, 2005.

48 Arif Dirlik, *Global Modernity—Modernity in the age of global capitalism,* Paradigm Pub, 2007. 장세룡 역, 『글로벌 모더니티—전지구적 자본주의 시대의 근대성』, 에코리브르, 2016.

러나 글로벌 질서와 대면한 로컬의 갈등과 분열의 양상은 중심부도 큰 차이가 없는 것을 보여준다. 우리는 브랙시트를 통해서 신자유주의 이념의 원조 수출국이고 세계체제의 중심 가운데 하나로 여겨온 영국에서 유럽연합이라는 글로벌리티-내셔널리티로 포장된 내부에서 로컬들 사이의 심각한 불평등과 갈등을 읽을 수 있다. 그러므로 제국주의의 지배를 겪은 반주변부 로컬들이 인종, 종족, 종교적 복합공간으로서 위상이 작동하는 현실이 더 풍부한 고민거리를 제공한다는 판단[49]은 유보한다. 사실 혼종성 개념은 문학적 독해 전략으로 바뀌면서 사회정치적 개념으로서의 위상은 축소되었다. 그럼에도 칸클리니에게서 보듯 인류학적이고 사회학적으로[50] 이주민과 경계지대 뿐 아니라 문화연구, 정체성, 다문화주의 및 인종주의 관련 논의에 맥락적으로 적용가능하다. 역설적이지만 삼평리 할매들은 한국전력과의 '협상'에 참여하면서 나름대로 세상과 대화하고 저항하고 평가하는 역할과 방법을 습득하는 기회를 얻었다. 결국 소수성, 타자성, 주변성의 이름을 팔아가며 관용과 협상의 이름으로 대두한 혼종성을 대처하는 작업에는 시민적 역량을 공동체적으로 결집하여 로컬 주체에게 유리하게 활용하는 방식을 모색하는 힘든 작업이 남겨진다. 그 과정에서 로컬 공동체가 시민 민주주의 역량을 증대시켜 나갈 수 있을 것이라는 기대도 또한 가능하다.

나는 위에서 농촌 지역을 자본과 국가가 사건의 장소로 만드는 양상에

---

49 김용규,『혼종문화론—지구화 시대의 문화연구와 로컬의 문화적 상상력』, 문학과지성사, 2013.

50 Néstro Garcia Canclini, *Culturas híbrida—Estrategias para entrar y salir de la modernidad* (nueva edición), Plaidós, 2001, 이상훈 역,『혼종문화—근대성 넘나들기 전략』, 그린비, 2011.

주목했다. 그러나 실제로 사건의 정치는 도시에서 더 확인하기 쉽다고 판단한다. 도시는 국민국가가 작동시키는 내셔널리티의 규정력과 이것들을 횡단하는 글로벌리티의 호명이 중층적으로는 작용하는 대표적 공간이기 때문이다. '도시에서 살 권리'가 아니라 신자유주의 도시경쟁으로 더욱 부각된 유동하는 주체(시민)가 사회적 규범에서는 합리주의적 집단, 내적 욕망에서는 비합리적 상징을 신뢰하는 구성원으로서 장소와 위치를 생성하는 공간이다. 첫째, 노동과 생산이 가져오는 노동 및 결혼 이주와 거주 공간, 그에 따른 인적 구성 변화와 도시 재구성, 신자유주의 도시 경쟁 체제에서 도시 마케팅(문화도시, 환경도시, 이런 저런 무슨 도시 등)에서 도시체제urban regime와 주민의 역할. 가시적인 근대공간이 아니라 글로벌 리티와 내셔널리티가 불균등 개입 작용하는 비가시적 경계지대, 부단히 협상하는 공간에서 서사의 발굴 기회를 제공한다. 사건은 내셔널 자본과 권력 및 제도의 직접적 공략과 착취의 대상인 동시에 글로벌 자본 질서의 프랙탈 공간인 도시에서 일단 발견하기 용이하다. 특히 합리성의 이름으로 욕망과 쾌락, 이미지와 소비(물질, 기억, 상상 등)의 '차이'를 강조하며 다수의 공간(고급주택지, 청담동 고급상가, 지역주의, 인종주의, 반공매카시즘, 빈민가, 이주민 거리 등)을 생성시키는 공간이기에 그렇다.

도시에서 사건의 정치는 첫째, 도시에 다양하게 공·현존coexistence 하는 로컬 커뮤니티 사회에서 개인이나 집단이 겪는 구체적인 일상에서 역사적 및 개인적 경험에 관심을 기울인다.(아파트촌 연구, 마을 연구, 피난민, 이주민 커뮤니티 연구) 둘째, 시민들이 건축물이나 구조물이나 시설물 등과 맺은 공간인식과 관계성(도시재생). 셋째, 커뮤니티 안팎의 사회 구조와 연관시켜 문화현상과 가치들이 사회적 관계 및 과정들과 상호

작용을 맺는 관계(마을 도서관, 협동조합 등)를 '미시적'으로 서술, 분석, 평가 및 담론화를 시도한다. 로컬리티 연구는 도시의 자본과 권력, 그 것의 합작품인 제도가 중심과 주체, 다수의 지배력을 작동시키는 양상과 그것이 배제시키는 소수, 타자, 주변의 요소들과 관계 맺기, 그들이 수용, 저항, 전유, 비틀기, 횡단, 변용 등을 거쳐서 재주체화하는 시공 간 형식에서 주목하고 그것이 특별히 다양한 사회문화 운동으로 표출 되는 양상과 현장에서 배제되는 윤리성의 문제에 관심을 가진다.

로컬 서사의 기본 줄거리는 사건들에서 표현 공간에 관심을 가지고 자기비판(비판의 주체는 자본, 권력, 제도, 주민이 개별 또는 결합하여 전개된다) 을 수행하며 '반복되는 재현의 실천'에 저항하고 '패러디'하는 것이다. 로컬리티 사건 공간은 '재현의 무질서한 복수성'이 출현하는 장소로서, 가사노동 공간이든, 직장이든 송전탑이든 사드배치 기지 건설이든 해 군기지 건설이든 사건의 정치가 작동하는 구조물이나 시설물에서 장소 와 공간의 의미는 항상 변화할 가능성에 노출되어 있다. 중요한 것은 시민들이 행위자로서, 특히 여성들이 장소와 공간을 전유하여 수행한 활동, 생명과 평화 같은 보편성을 담론적으로 포착하고 반핵과 환경운 동 같은 실천적 의미를 부여하는 것이다.[51] 사건의 정치는 삶의 특별한 방식 안에서 자본과 권력이 공공성을 명분으로 또는 위기와 안보를 명 분으로 물질적 생산, 상징 생산, 텍스트 생산에 맞서 '차이'를 생성하여 다르게 '표현'하는 방식. 곧 자본과 권력, 제도와 자율, 전통과 새로움 이 만들어 내는 공간의 건축적 표상, 심상 등을 결texture을 거슬러 오르

---

51 Gillian Rose, *Feminism and Geography—The Limits of Geographical Knowledge*, Polity Press, 1993, 정현주 역, 『페미니즘과 지리학—지리적 지식의 한계』, 한길사, 2011.

며 접근하는 잠재성을 포착하여 활성화시키는 것을 목표로 삼는다.

5. 로컬 서사의 주제들

이와 같이 내부와 외부로 구분당하며 권력이 압박하는 현실에 관한 담화
를 로컬 서사로 구성하는 방식은 어떤 것인가? 이 때의 담화는 기본적으로
잠재된 상태를 표명한다. 그것을 가능토록 만드는 준비과정에 주체가 획득
해야하는 잠재능력competence 또는 주체의 조종manupulation 능력을 이해할
필요가 있다. 구조주의로 평가받는 그레마스A. J. Gremas, 1917~1992의 기호학
을 원용하면, 그것은 양태 곧 욕구vouloir, 의무devoir, 지식savoir, 능력pouvoir
으로 구성되고 그것이 실행될 때 드디어 의미화가 전개된다. 시공간적
배경의 심층 가운데서 분리된 행위소modèle actantiel의 요소들을 복잡한
형상(영상)으로 구체화할 때 드러나는 양상은 깊은 이해가 필요하다. 그러
면 사물을 표현하고자 의미를 부여하는 양태를 추동하고 형성하는 요소는
무엇인가? 잠재적인 것들을 의미로 구조화하는 요소들에 다양한 기호학적
고찰이 일정한 답을 제공할 것으로 기대한다.[52] 줄리아 크리스테바의 말을
빌려 텍스트의 표층구조인 현상텍스트phönotext와 심층구조인 생성텍스트
genotext에서 나타나는 상징기호와 분석적 기호 사이의 모순의 변증법[53]을
수용하여 내부 / 외부의 대립과 모순이 어떤 새로운 기호와 상징의 생성으

---

52 Algirdas Julien Gremas, *Du sens—essai sémiotiques*(1966) Seuil, 1970, 김성도 역, 『의미
　　에 관하여』, 인간사랑, 1997.
53 Julia Kristeva, *Séméiôtiké—recherches pour une sémanalyse*, Seuil, 1969. 김인환 · 이수미 역,
　　『언어 그 미지의 것-언어학 입문』, 민음사, 1997.

로 출현하는지 검토할 필요가 있다. 자크 데리다가 '텍스트 바깥에는 아무 것도 없다Il n'y a pas de hors-texte'고 말했던 것은 로컬 서사와 담론의 형성에서 텍스트 곧 내부의 기본적이고 심층적 역할을 강조한 것이다.[54] 텍스트는 컨텍스트 곧 외부와 상호교섭 하는 관계성을 형성하고 그것이 담론적 서사를 구성한다.

로컬은 국가 또는 초국적 단위들과 대립하는 소규모의 고립된 단위가 아니라 국가나 초국가 못지않게 내부적 다양성을 가진 차이 공간이다. 흔히 사용하는 '로컬 공동체' 개념은 개체와 행위자 문제의 성찰을 소홀히 하고 일반화 할 가능성을 견제해야 한다. 그 동안 로컬리티 연구는 제도적 공간규모 특히 표현과 재현되는 요소들이 시간의 경과에 상응하여 정체성의 형성과 조정, 재구성과 해체되는 양상을 목격하기 쉬운 도시에 집중해왔고 농촌은 소홀히 취급했다. 도시는 다양한 사건의 발생 지대인 것은 사실이지만 일상적 사건의 성격이 강하여 사건의 외부가 작동하는 파급력과 토포스로서 위상을 약화시키는 측면이 있다. 로컬 서사와 로컬 주체의 문제에서 농촌지역인 청도 삼평리 할매들의 송전탑 건설 투쟁과 패배, 성주군민들의 사드배치 반대 투쟁을 주제로 삼을 수 있었던 것은 매우 유용한 경험이었다.

로컬 서사와 로컬 주체에 관한 논의에서 무엇이 필요한가? 로컬 서사란 무엇인가? 다름 아닌 로컬 안팎의 구성원들이 로컬의 사선을 둘러싼 담론

---

54 (텍스트의 안과 밖은 해체 된다. 텍스트는 컨텍스트가 될 수 있고 컨텍스트 역시 텍스트가 될 수 있다. 그러므로 담론 구성에서 컨텍스트의 작용을 단순히 텍스트 바깥의 사상적 구조 물이거나 체계로 읽는 것은 오류이다) Jacques Derrida, "The exorbitant question of method", pp.157~164. *De la grammatologie*, Éditions de Minuit, 1967. *Of Grammatology*; Gayatri Chakravorty Spivak tr., Johns Hopkins U. P, 1976, p.158.

을 생성하여 로컬리티를 (사람과 사건을 서로 엮어 가면서) 재구성하는 작업이다. 누가 서사의 주체인가? 사건에 참여한 당사자일 수도 있고 관찰자일 수도 있다. 로컬과 로컬, 로컬 내부 행위수행자가 사건의 우연성과 연동되어 행동하는 '상호주체'로서 로컬의 내부 모순과 갈등 그것이 내셔널리티-글로벌리티와 연계되어 생성되는 역동적 정체성을 탐색하는 것이다. 그때 로컬과 로컬리티의 잠정적 정체성과 그것의 유동하는 양상에 관한 다양한 서사의 전개가 가능할 것이다. 로컬의 다양성과 복합성을 비본질적 구성주의 입장에서 그것이 욕망하는 다양한 경험과 다양한 조건(계급, 민족, 연령, 세대, 결혼, 종족 등) 에서 변화하는 정체성을 드러낼 때 방법론과 내용의 결집체assemblage — 결코 체계system가 아니라 — 로서 로컬 서사를 구성할 수 있을 것이라고 생각한다.

우리가 외부를 사유하는 것은 외부대상의 현상학적^{경험적} 탐구를 넘어 주체가 상징을 중심으로 객체에 접근하여 실재를 간파하는 것을 탐색하려는 의도가 작용한다. 근대국민국가가 미셸 푸코가 말한 생명정치를 작동 시키는 과정에서 본질적 특성 가운데 하나가 내부에 들어와 있는 생명과 외부에 있는 생명을 명확히 구분하고 사건적으로 분리시키면서 그 경계선을 끊임없이 재정의 하고 그 가운데서 특정한 로컬이 그 '새로운 살아 있는 죽은 자'들의 경계선 역할을 할 가능성이 상존한다.[55] 그러나 내셔널이나 글로벌 차원에서 부과되는 이 역할을 거부하고 내부와 외부를 서로 묶으면서 생명의 평화를 선언하는 작업은 지난하다.

---

55 Michel Foucault, *Nassance de la biopolitiques—Cour au collège de la France, 1978~1979*, Michel Senellart ed., Gallimard, 2004.

참고문헌

김용규, 『혼종문화론—지구화 시대의 문화연구와 로컬의 문화적 상상력』, 문학과지성사, 2013.

전희진, 『페미니즘의 도전』, 교양인, 2013.

박중엽·이보나·천용길, 『삼평리에 평화를—송전탑과 맞짱뜨는 할매들 이야기』, 뉴스민 기획, 2014.

Badiou, Alian, *L'être et l'événement,* Seuil, 1988; 조형준 역, 『존재와 사건』, 새물결, 2013.

_____, *L'éthique—essai sur la conscience du mal* (1993), Nous, 2005; 이종영 역, 『윤리학—악에 대한 의식에 관한 에세이』, 동문선, 2001.

_____, *Conditions,* Seuil, 1992; 이종영 역, 『조건들』, 새물결, 2007.

_____, *Saint Paul, la fondation de l'universalisme* (PUF, 1997), 현성환 역, 『사도 바울』, 새물결, 2008.

_____, *The Subject of Change—Lessons from the European Graduate School* (Atropos Press, 2013); 박영기 역, 『변화의 주체』, 논밭, 2015.

Brenner, Neil, "The urban question as a scale questions, Reflections on Henri Lefebvre—Urnan theory and the politics of scale", *International Journal of Urban and Regional Research,* Vol.24 No.2, 2000.

_____, *New State Space—Urban Governance and the Scailing of Statehood,* Oxford University Press, 2004.

Butler, Judith, *Bodies that Matter—on the discursive limit of sex,* Routledge, 1993.

_____, *Gender Trouble—Feminism and the Subversion of Identity,* Routledge, 1999; 조현준 역, 『젠더 트러블—페미니즘과 정체성의 전복』, 문학동네, 2008.

_____, *Psychic Life of Power—Theories in Subjection,* Stanford U. P., 1997.

_____, "Giving an account of oneself", *Diacritics,* Vol.31 No.4, 2001.

_____, *Giving an Account of Oneself,* Fordham U. P., 2005.

Bhabha, Homi K., *The Location of Culture,* Routledge, 1994; 나병철 역, 『문화의 위치』, 소명출판, 2012.

Canclini, Néstro Garcia *Culturas híbridas—Estrategias para entrar y salir de la modernidad* (nueva edición), Plaidós, 2001; 이상훈 역, 『혼종문화—근대성 넘나들기 전략』, 그린비, 2011.

Chiesa, Lorenzo, *Subjectivity and Otherness—A Philosophical reading of Lacan* (MIT Press, 2007); 이성민 역, 『주체성과 타자성-철학적으로 읽은 자크 라캉』, 난장, 2012.

Crockett, Clayton, *Deleuze beyond Badiou—Ontology, Multiplicity, and Event,* Columbia University Press, 2013.

Derrida, Jacques, *De la grammatologie,* Éditions de Minuit, 1967.

_____, *Of Grammatology;* Gayatri Chakravorty Spivak tr., Johns Hopkins U. P., 1976.

Deleuze, Gilles, *Differérence et répétitition* (PUF, 1968); 김상환 역, 『차이와 반복』, 민음사, 2004.

_____, *Logique du sense* (Minuit, 1969); 이정우 역, 『의미의 논리』, 한길사, 2000.

Dirlik, Arif, *Global Modernity—Modernity in the age of global capitalism,* Paradigm Pub., 2007. 장세룡 역, 『글로벌 모더니티-전지구적 자본주의 시대의 근대성』, 에코리브르, 2016.

Foucault, Michel, *Sécurité, territoire, population—Cours au Collège de France. 1977~1978,* Gallimard, 2004.

_____, *Nassance de la biopolitiques—Cour au collège de la France 1978~1979,* Michel Senellart ed., Gallimard, 2004.

Gremas, Algirdas Julien, *Du sens—essai sémiotiques* (1966) Seuil, 1970; 김성도 역, 『의미에 관하여』, 인간사랑, 1997.

Kraidy, Marwan, *Hybridity, or the cultural logic globalization,* Philadelphia, Temple U. P., 2005.

Lacan, Jacques, *The Ethics of Psychoanalysis, 1959~1960—The Seminar of Jacques Lacan, B. 7,* W.W. Norton, 1992.

Massy, Dorren, *Space, Place, and Gender,* Polity Press, 1994; 정현주 역, 『공간, 장소, 젠더』, 서울대 출판문화원, 2015.

Mouffe, Chantal, "Radical democracy—Modern or Postmodern?", Andrew Rose ed., *Universal Abandon? The Politics of Postmodernism,* Minneapolis—U. of Minnesota Press, 1988.

Pieterse, Jan Nederveen, *Globalzation and Culture—global mélange,* Oxford, Rowman & Littlefield, 2004.

Rose, Gillian, *Feminism and Geography—The Limits of Geographical Knowledge,* Polity Press, 1993. 정현주 역, 『페미니즘과 지리학-지리적 지식의 한계』, 한길사, 2011.

로컬리티와 가치전환의 사유

들뢰즈의 공간 은유를 통하여

신지영

1. 로컬리티라는 문제 설정

로컬리티 인문학단의 연구가 진행된 지 10년을 바라보는 지금, 로컬리티 연구의 성과를 짚어보고 향후 연구의 방향성을 가늠해 보는 일이 필요해 보인다. 그 검토의 한 가운데에는 '로컬' 혹은 '로컬리티'라는 개념 그 자체에 대한 규정과 이해가 자리 잡고 있다. 우리는 이 개념을 들뢰즈의 공간 은유들을 통해 접근하면서 로컬리티 연구의 미래적 가치를 추출해 내려고 한다. 그러나 그 전에 반드시 필요한 과정이 있는데 그것은 지금까지 축적된 연구 속에서 이 개념이 어떻게 사용되었는지를 추적하는 일이다. 로컬리티라는 개념의 설정이나 규정이 그 자체로 매우 난해한 작업이었던 만큼, 이 개념을 검토하는 일은 오히려 그 연구의 과정을 추적해보는 일이 더 적합할 것이기 때문이다. 축적된 연구를 보면 로컬은 지역, 지방, 현장, 현지 등 다양한 단어로 번역되어 오다가 현재는 로컬이라는 영어로 된 단어를 그대로 쓰는 경향이 있었다. 로컬을 지방으로 번역하는 것과 현장으로 번역하는 것, 그리고 로컬이라는 단어 그대로 쓰는 것은 아주 큰 차이가 있다. 그 각각의 단어에 우리말 공동체가 부여한 의미가 이미 있기 때문이고, 로컬을 어느 단어로 번역하느냐 하는 것은 그 번역을 선택한 연구자의 로컬 연구에 대한 태도를 의미하기 때문이다. 로컬이 더 이상 우리말의 다른 단어로 번역되지 않고 그대로 쓰이는 경향을 보인다면 그것은 로컬이 지역이나 지방 혹은 현장이나 현지 등으로는 다 담을 수 없는 어떤 다른 의미를 함축한다고 연구자들이 생각하기 때문일 것이다. 그런 의미에서 이 '로컬' 혹은 '로컬리티'라는 개념을 철학적인 관점에서 자리 매김을 해보는 것이 필요하다고 하겠다.

문화, 문학, 역사, 정치, 사회학 등 다양한 학문의 차원에서 접근해왔던 로컬에 대한 철학적 접근 역시 연구 초기부터 있었다. 인문학단이 제공하는 아카이브에서는 다양한 철학적 성찰의 흔적을 발견할 수 있는데, 연구단이 주최한 총 다섯 번의 기획콜로키움은 그 철학적 성찰의 흔적과 과정을 가장 잘 보여준다.[1] 기획콜로키움의 발자취는 특히나 연구단의 철학적 성찰의 발전 과정을 잘 보여준다는 의미에서 중요해 보인다. 직관적으로

---

[1] 2008년 제 1회 기획콜로키움에서 로컬리티는 우선 철학적으로 '탈근대'와 연결되었다: "제 3주제−로컬리티와 탈근대 담론(김석수)" 2009년 2회 콜로키움에서 이는 구체적으로 '탈중심'으로 이해되었고: "제1주제−탈중심성 논의의 철학적 지평−근대와 탈근대, 일원성과 다원성 논의를 중심으로(신승환)", 2010년 3회 콜로키움에서는 '타자성'이라는 철학적 개념이 등장하며: "제5주제−로컬리티와 타자(문성원)", 2011년 4회 콜로키움에서는 이 광범위한 철학적 규정들이 좀 더 구체화되어 '포섭과 저항'이라는 개념으로 확대된다. 5회 콜로키움은 이로부터 4년 후 2015년에 '대안과 실천'이라는 개념을 주제로 하여 다시 열리게 된다.

본다면, 로컬리티 연구는 탈근대, 탈중심의 시대적 결과물로서 타자가 포섭되고 저항하는 양상에 관심을 가지고, 타자에 주목하여 이로부터 새로운 '주체성'을 발견하고자 하는 의지를 보이며, 이로부터 대안적 실천을 추구하는 연구로 요약해볼 수 있다. 연구가 이어지면서 로컬리티의 철학적 지향은 좀 더 구체적이면서 적극적인 방향으로 진화했다고 볼 수 있다. 그런데 탈근대와 탈중심, 타자에 관한 철학자들의 발제와 논문 발표가 있었던 데 반하여,[2] 포섭과 저항, 대안과 실천이라는 주제와 관련한 철학적 발제와 논문은 거의 발견할 수 없었다. 오히려 연구단의 연구 후반의 철학적 지향으로 보이는 '포섭와 저항'이라는 주제는 정치학, 역사, 기호학, 문화, 문학 등의 분야에서 발제와 연구가 이어져왔다. 이 부분에 철학적 개입이 필요해 보인다.

인문학단이 발간하는 『로컬리티 인문학』을 살펴보면 위의 기획 콜로키움과는 또 다른 의미에서의 연구의 방향과 과정을 되짚어볼 수 있다.[3]

---

2   신승환, 「탈중심성 논의의 철학적 지평」, 『로컬리티 인문학』 Vol.1, 2009.4; 이진경, 「지방성 사유의 세 가지 모델-지방성 사유에서 외부성의 벡터에 관하여」, 『로컬리티 인문학』 Vol.4, 2010.10; 조명기, 「로컬에 대한 두 가지 질문-로컬은 실재하는 소수인가」, 『로컬리티 인문학』 Vol.11, 2014.4; 장세룡, 「로컬, 주체, 타자」, 『로컬리티 인문학』 Vol.11, 2014.4; 배윤기, 「근대적 시공간의 성찰과 동일화의 경계 혹은 사이-로컬리티 기반의 시공간 탐색을 위하여」, 『로컬리티 인문학』 Vol.13, 2015.4; 이재성, 「철학적 지형학으로 들여다 본 '장소와 경험'」, 『로컬리티 인문학』 Vol.15, 2016.4.

3   많은 논문들 가운데 그 제목만으로 볼 때 철학논문으로 간주할 수 있는 논문들을 추려보면 다음과 같이 정리해볼 수 있다. 실제로는 사회과학이나 문학 혹은 문화학으로 간주할 수 있는 논문이 포함되어 있지만, 그 역시 철학적 개념의 정립 하에 이루어지고 있는 작업이므로 이와 같은 모음이 의미가 있다고 하겠다. 신승환, 「탈중심성 논의의 철학적 지평」, 『로컬리티 인문학』 Vol.1, 2009.4; 이진경, 「지방성 사유의 세 가지 모델-지방성 사유에서 외부성의 벡터에 관하여」, 『로컬리티 인문학』 Vol.4, 2010.10; 조명기, 「로컬에 대한 두 가지 질문-로컬은 실재하는 소수인가」, 『로컬리티 인문학』 Vol.11, 2014.4; 장세룡, 「로컬, 주체, 타자」, 『로컬리티 인문학』 Vol.11, 2014.4; 배윤기, 「근대적 시공간의 성찰과 동일화의 경계 혹은 사이-로컬리티-기반의 시공간 탐색을 위하여」, 『로컬리티 인문학』 Vol.13, 2015.4(『로컬리티 인문학』 창간호부터 2016년 10월에 발간된 16호에 이르는 16권에 게재된 철학논문

다루어진 개념만을 추려보면, 로컬과 로컬리티는 위에서 이미 살펴본 기획 콜로키움과 맞물려, '탈중심', '외부성', '소수', '타자', '경계' 혹은 '사이' 등과 관계를 맺으며 전개되어 왔다는 것을 알 수 있다. 연구단이 생각한 로컬은 무엇보다 중심이 아닌 '곳'이고, '외부'이다. 또한 로컬 연구가 관심을 두는 '자'는 소수이자 타자인 것 같으며, 대안을 찾아낼 곳은 '경계'인 것 같다. 이는 콜로키움에서 본대로, 로컬리티의 연구가 포섭과 저항이라는 후반기의 주제화와 맞물려, 탈근대의 시대에 포섭의 대상이자 저항의 주체를 모색하려는 움직임과 관계가 있다고 볼 수 있다. 그러나 제목만을 통시적으로 살펴보면 연구에 일관성을 찾을 수 있으나, 그 내용을 자세히 들여다보면 그 안에는 로컬리티 연구의 과정 중에 만난 수많은 어려움과 갈등이 드러나 있다. 그 부분 역시 지금 우리가 되짚어 보아야 할 중요한 지점이며, 여기에 철학이 근거지움의 역할을 함으로써 어떤 도움을 줄 수 있을지 생각해볼 수 있을 부분이다. 반드시 그렇다고는 할 수 없지만, 이러한 난점과 갈등 혹은 주저나 답보의 이유는 로컬에 대한 철학적 개념 규정 이래로 다시 한 번 이루어져야할 철학적 정향이 제대로 이루어지지 않았기 때문일 수도 있기 때문이다.

우선 최근에 정리된 로컬에 대한 연구의 목적부터 검토해보자. 로컬리티 인문학단이 제시하는 로컬리티 연구의 목적은 대체로 다음과 같다. 로컬리티 인문학의 재개념화라는 것은 "인간의 근원적인 동력의 장으로 로컬리티를 주목한 데 있다."[4] 또한 "로컬(리티) 연구의 목적(은) 로컬의 재발견 즉, 자본제적 신자유주의와 국가중심주의가 실현되고

목록).

4   문재원, 「로컬리티 개념을 둘러싼 고민들」, 『로컬리티 인문학』 Vol.15, 2016.4, 305쪽.

구현되는 타자로서의 로컬이라는 위치에서 탈피하여 주체성과 능동성을 회복하는데"[5] 있다. 표현과 구체적인 내용에 조금씩 차이가 있을 수 있지만, 대체로 로컬리티에 대한 연구에 관여하는 연구자들의 문제의식이 위와 같은 데 있다는 것은 분명할 것이다. 다시 정리하자면 '로컬리티'를 문제화한 것은 구체적으로는 신자유주의적 자본주의와 국가중심주의와 같은 중심화 하는 힘에 대한 저항 혹은 그 힘으로부터의 탈피를 위한 동력을 로컬과 로컬리티에서 찾을 수 있으리라는 기대에서 비롯된 것이다. 이는 앞서 두 가지 역사적 사료에 의해 검토했던 바대로, 로컬이 탈근대담론과 탈중심이라는 철학적 개념과 밀접한 관계를 가지는 것으로 사유되었던 것과 정확히 일치하는 문제의식이다. 로컬리티 연구는 신자유주의적 자본주의와 국가중심주의의 중심으로부터 벗어난 곳과 벗어나는 힘에 대한 연구라는 것이다. 그리고 이는 동전의 양면처럼, 그 중심으로부터 벗어나는 것에 대한 철학적 해명을 필요로 한다. 그것이 바로 포섭과 저항, 그리고 그 동력에 관한 연구일 것이다. 그래서 연구단은 외부, 경계, 타자 그리고 소수에 관심을 가져왔다.

그렇다면 이 연구의 어려움은 어디에서 비롯된 것일까? 한 연구자는 다음과 같이 비판한다. "그러나 (…중략…) 그동안 '전가의 보도'로 사용해 온 타자성, 소수성, 주변성이라는 가치 개념의 과감한 전복까지는 아니더라도 어느 정도 거리두기가 필요한 시기가 되었다고 생각한다."[6] 이 비판은 왜 나온 것이며, 비판의 의미는 무엇인가? 우선, 로컬리티 연구의

---

5 조명기, 「로컬에 대한 두 가지 질문: 로컬은 실재하는 소수인가」, 『로컬리티 인문학』 Vol.11, 2014.4, 217쪽.
6 장세룡, 「로컬, 주체, 타자」, 『로컬리티 인문학』 Vol.11, 2014.4, 280쪽.

기획과 목적 그리고 지향에 문외한인 자의 관점에서 보자면, 보통 지역 혹은 지방이라는 단어로 곧장 번역될 수 있는 로컬이 "타자성, 소수성, 주변성"과 관련되어 있다는 점 자체가 우선 낯설거나 혼란스러울 수 있다는 점을 지적할 수 있다. 로컬과 소수의 연결이 혼란스러울 수 있다는 것은, 로컬이 지방이라고 번역되면 서울이나 중심에 비하여 타자이고, 소수이고, 주변적이기는 하지만, 지역으로 번역된다면 그 지역이 대도시를 가리킬 경우 전혀 타자이지도 소수이지도 주변적이지도 않을 것이기 때문이고, 로컬과 소수의 연결이 낯설다는 것은, 로컬이 지방을 가리키든 대도시를 가리키든 간에, 그곳이나 그 곳에 사는 자들이 반드시 타자이지도, 소수이지도, 주변인이지도 않을 것이라고 생각하기 때문이다. 널리 알려져 있다시피, 타자, 소수, 주변이라는 개념은 현대 철학에서는 동일자, 다수, 중심이 부정적인 가치로 전락한 데 반하여 긍정적인 가치를 대변하고 있는 개념인데, 지방이 과연 그러한 긍정적인 가치를 대변하고 있는지 의심스러운 부분이기도 하기 때문이다.[7] 그러므로 로컬리티 연구가 "그동안 전가의 보도로 사용해 온 타자성, 소수성, 주변성이라는 가치 개념(과) (…중략…) 어느 정도 거리두기가 필요한 시기가 되었다고 생각한다"는 발언이 나오게 된 것이 아닐까 한다. 수많은 연구자들의 연구 과정에서도 이와 같은 혼란과 거부감을 마주쳤을 것이기 때문이다. 그러므로 연구가 어느 정도 축적된 지금 로컬리티에 대한 철학적 개념 분석과 그 방향성을 다시금 진지하게 검토해보는 것이 이 난제를 해결할 수 있는 하나의 방안이 될 수 있지 않을까 한다.

---

7 예를 들어, 강준만의 저서 『지방은 식민지다』의 제목이 시사하는 바를 참조하면 자명한 일이다.

2. 로컬리티 연구에 대한 기존의 평가

우선 기존에 이루어졌던 로컬리티 연구에 대한 평가를 검토해보는 것으로 우리의 작업을 시작해보도록 하겠다. 만약 그런 평가가 이미 있었다면 이 연구의 초기 단계에 있는 우리들에게 좋은 이정표가 될 것이기 때문이다. 다행히도 '로컬리티'라는 개념을 둘러싼 관심과 연구가 이미 1980년대~1990년데 초반에 영미권에서 이루어졌다고 한다.[8] 그들은 "1970년대 이후 영국에서 일어난 급속한 변화가 국가 내에서 불균등하게 일어나는 현상을 설명하고, 이와 관련된 현실 문제를 해결하기 위한 대안을 찾고자" 로컬리티에 대한 연구를 수행했다. 그러나 일정 기간의 연구 끝에 일부 연구자들Duncan and Savege 외은 '로컬리티' 연구에 대해 부정적이거나 비판적인 시각을 보인다. 이들은 로컬리티라는 개념이나 지위가 모호하기 때문에, 지역이나 타운, 장소 등 기존의 용어를 사용하여 연구하는 것으로 충분하다고 생각했다. 또한 마르크스주의자들은 로컬리티 연구가 너무 미시적이고 경험적인 부분에 몰두한다는 것에 대해 비판적이었으며,[9] 마지막으로는 로컬리티가 지역에 편중된 내용을 다루어 경험적 수준에 머무르기 때문에 이론과 일반화가 어렵다는데 대해 비판했다.[10]

이들이 부정적인 태도를 갖게 된 이유들을 좀 더 구체적으로 살펴보자. 첫째 이유인 개념의 모호성은 이미 우리의 연구가 시작된 초기부터

---

8   박규택, 「로컬리티 연구의 동향과 주요 쟁점」, 『로컬리티 인문학』 Vol.1, 2009.4, 108쪽.
9   위의 글, 117쪽.
10 위의 글, 121쪽.

지적된 바 있다.[11] 이 연구는 이 개념이 관계적인 개념이라는 데에 그 모호함의 원인이 있다고 보았다. 이를테면 로컬은 글로벌과 관련될 경우 국가적인 차원을 가리키고, 국가와 관련되어 말해질 경우에는 지역 차원을 가리킨다는 등이 그것이다. 그 결과 로컬이라는 개념의 실체는 없다고 말할 수도 있다. 1980~1990년대만 해도 지금과 같은 현대 철학이 전 지구적인 동의를 얻지 못했기 때문에, 실체가 없는 존재는 철학적으로도 전혀 가치 있는 것으로 다루어질 수 없었다. 그것은 유령 같은 것이기도 하고 그림자 같은 것이기도 한 모사물이거나 혹은 우연한 존재에 불과한 것이기 때문이다. 그러나 로컬이라는 개념이 관계적이고 실체가 없는데도 불구하고 오늘날 다시금 조명을 받는 이유는, 아마도 우리 시대에 광범위하게 받아들여지고 있는 매우 현대적인 철학적 존재론 덕분일 것이다. 사건에 대해 사유하기 시작한 하이데거 이후 차이의 존재론을 정초한 들뢰즈에 이르기까지 거대한 철학의 흐름이 실체를 부정하고 유동적이거나 탈중심적인 존재를 존재 그 자체로 격상시키고 있기 때문이다.

두 번째 문제는 로컬에 대한 연구가 거시적인 비전이나 이념을 담보하지 않는 연구로서, 주변적인 것, 국소적인 것, 소규모 공동체 운동 등에 몰두한다는 마르크스적 비판이다. 예를 들어 하비는 "유토피아적 사고에 대한 생태적 영역은 그 자체의 전통을 가지고 있다. 그러나 그것은 상대적으로 작은 규모(공동사회, 마을 또는 작은 도시)에서 거둔 자연과의 조화라는 원칙에 입각해서 너무 주변화되거나 너무 제한적이었

---

11 이창남, 「글로벌 시대의 로컬리티 인문학」, 『로컬리티 인문학』 Vol.1, 2009.4.

다"[12]라고 말한다. 이러한 논란은 여전히 현재적이다. 헤겔-마르크스적인 정치철학적 입장은 국가적 규모의 이념에 기반한 것이고, 마르크스주의는 존재를 부르주아와 프로레타리아라는 두 범주로 분류하여 모든 변화와 갈등을 설명하는 대표적인 거대 담론인 반면, 현대에는 오히려 이러한 점이 적극적으로 비판받고 있는 상황이다. 다시 말해서, 로컬리티 연구가 주변적이고 국소적인 것에 몰두하게 되는 것은 매우 현대적인 현상으로서, 현대라는 시대가 이미 그렇게 파편화되고 국소화되었기 때문이지만, 거대담론을 주장하는 입장에서는 이러한 연구에 어떤 거시적인 이념이 구현되거나 담길 수 없다는 것이 문제점으로 지적되는 것이다. 1980~90년대의 영국적 상황만이 아니라 현대는 사회를 구성하는 구성원들의 관계가 복잡하고 다중적이며 또한 미시적이라서 모든 문제가 부르주아와 프로레타리아라는 단일한 대립관계로 설명될 수는 없는 것이라는 점에 많은 철학자들이 의견을 같이 한다. 알튀세의 중층결정이론과 푸코의 미시권력 분석 등은 이미 이러한 종류의 거대 담론의 한계를 인식하고 이에 대한 수정과 비판이 철학에 전반적으로 깔려 있다는 것을 보여준다. 그러나 앞서 보았듯이 로컬리티라는 문제 설정이 신자유주의적 자본주의와 국가주의적 폭력성에 대한 저항의 동력을 찾는 데 있다면, 마르크스주의자들의 비판이 완전히 무의미하다고 할 수도 없을 것이다. 연구의 문제의식이 그 자체로 이미 거대 담론적이기 때문이다.

　세 번째 비판점은 로컬이 주로 지역적으로 편중된 경험적 내용을 다

12　하비, 데이비드, 최병두 외 역, 『희망의 공간』, 한울, 2001, 314쪽.

루기 때문에 이론화와 일반화가 어렵다는 점이었다. 첫 번째와 두 번째 비판점에 대하여 철학적으로 검토한 내용이 그대로 바로 이 세 번째 비판점에도 적용될 수 있겠다. 즉, 현대는 실체, 중심, 주체, 인간, 거대담론 등에 대한 비판과 반성이 그 본령이므로, 일반화가 어렵다는 것이 철학적으로 문제인 것은 아니다. 들뢰즈는 오히려 이러한 '일반화' 혹은 일반성generality을 비판하고, 특이성singularity이 곧 보편성universality이라고 주장하는 것처럼, 로컬리티 연구가 주목하는 국소적이고 주변적인 경험적 사실들은 그 자체로 보편성을 획득할 수 있다. 차이는 일반화할 수도, 동일화할 수도 없는 존재이며, 이러한 존재에 대한 이론이 바로 차이의 존재론이기 때문이다. 영국의 '로컬리티' 연구에 대한 비판은 지금 우리의 연구에도 여전히 똑같이 유효하지만, 우리를 둘러싼 시대적 흐름과 철학적 지평이 급격히 변화하여, 이러한 비판에도 불구하고 모호하고도 난해한 로컬에 대한 연구를 계속할 수 있게 되었다고 볼 수 있다. 우리는 우선 로컬을 포함하는 범주로서 공간에 대한 현대 철학의 한 이해로서 들뢰즈의 입장을 살펴보고자 한다.

3. 들뢰즈 존재론과 공간론[13]

1) 시간성으로서의 공간

들뢰즈는 차이와 반복의 철학자로서 시간의 세 가지 종합을 통해 반복을 사유한 대표적인 시간의 철학자이기 때문에 그의 철학에서 공간적 함의를 찾는 것이 쉬운 일은 아니다. 그러나 들뢰즈가 만들어낸 개념들은 정치, 사회적으로 많은 영감을 불러 일으켜 들뢰즈적이라고 불리는 많은 정치철학적 논쟁들이 있어왔고, 공간에 대한 응용이론 분야도 역시 예외가 아니다.

도엘이 지적하기로는 "공간과학자들 사이에서, 들뢰즈는 가타리와 함께 쓴 『자본주의와 분열증』 1 · 2 라는 두 권의 저서로 가장 잘 알려져 있다"[14]고 한다. 공간과학자들은 들뢰즈와 가타리의 두 권의 저서에 나오는 여러 개념들, 이를테면 영토화, 탈영토화, 재영토화, 고원, 리좀, 다양체, 매끈한 것(공간), 홈 패인 것(공간) 등을 공간 개념으로 보는 것 같다. 그리고 이 개념들은 공간에 대한 매우 독특하고 새로운 은유라는 점은 줄곧 지적되어 왔다. 그렇다면 그것은 어떻게 새로운가? 우리는 우선 이러한 개념들이 어떻게 쓰이는지를 들여다보면, 이것이 과연 공간에 대한 개념인지 자문하지 않을 수 없다. 들뢰즈가 재영토화의 양상으로 든 예들

---

13 들뢰즈의 공간 개념에 대한 더 자세한 내용은, 신지영, 「들뢰즈에게 있어서 공간의 문제」, 『시대와 철학』, 2009, 겨울 참조.

14 Doel, Marcus A., "Un-glunking Geography; Spatial Science after Dr. Seuss and Gilles Deleuze", *Thinking Space*, ed. by Mike Crang and Nigel Thrift, London and New York, Routledge, 2000, pp.120~121.

은 보면 이는 분명해진다. 그는 예비역 군인 조합과 같은 토속적 형태, 바스크, 아이리시 카톨릭과 같은 문제, 인종적 소수와 같은 혁명적 임무와 파시즘의 현대적 형태, 국가에 의해 조작되는 권력의 개인화[15] 등을 재영토화의 양상으로 보았다. 군인조합, 인종적 소수의 파시즘, 권력의 개인화 등이 '재영토화'라는 개념으로 이해되고 있는 것이다. 즉 '영토'는 이미 들뢰즈에게서 물리적 공간을 지칭하고 있지 않다. 이어서 '고원plateau' 개념이 어떻게 정의되고 있는지도 살펴보자. "고원은 중간에 있지 시작이나 끝에 있지 않다. (…중략…) (그것은) 자기 자신 위에서 진동하고, 정점이나 외부 목적을 향하지 않으면서 자기 자신을 전개하는, 강렬함들이 연속되는 지역"[16]이다. 고원이라는 장소가 중간에 있다는 말도 애매하지만, 진동과 강렬함들이 연속되는 지역이라는 것은 어떤 장소를 지칭하는 것일까? 도엘은 이와 같은 공간에 대한 이해를 다음과 같이 평가하였다. "포스트구조주의 지리학은 공간, 시간, 그리고 장소에 관한 점묘법적 분절을 해체하면서 탄생했다. 이러한 사유의 이미지와 일치하여, 장 보드리야르, 엘렌느 식수, 자끄 데리다, 미셸 푸코, 펠릭스 가타리, 뤼즈 이리가레, 장-프랑수아 리오따르, 앙리 미쇼, 구나르 올슨, 그리고 많은 다른 철학자들이 내가 공간과 시간에 대한 '점묘법적' 표상이라 이름붙인 것을 깨려고 노력했다."[17] 다시 말하면, 들뢰즈의 '영토'나 '고원', 혹은 '리좀' 등의 공간적, 지리적 개념들은 전통적인 지리학과 전혀 다른 지리학을

---

15 Deleuze Gilles & Guattari Felix, *Anti-Oedipe－capitalisme et schizophrénie 1*, Paris, Minuit, 1972, pp.306~307.
16 Deleuze Gilles & Guattari Felix, *Mille plateaux－capitalisme et schizophrénie 2*, Paris, Minuit, 1980; 김재인 역, 『천개의 고원－자본주의와 정신분열증』 2, 새물결, 2001, 48쪽.
17 Doel, 앞의 글, p.122.

근거 짓거나 요구하는 개념들로서, 도엘에 따르면 이러한 공간은 소위 '점묘법적'이지 않다. 점이 이어져서 선이 되고, 선이 이어져서 면이 되는 식의 공간 이해, 점과 선과 면이라는 고정된 것들의 이동이 운동이 되고, 그 운동의 궤적이 공간으로 이해되는 그런 공간 이해가 '점묘법적' 공간 이해라면, 들뢰즈의 공간은 그것을 해체해야만 이해되는 공간이다. 즉 점이 있고, 점이 이동하여 선이 되는 식이 아니라, 운동이 있고, 운동들이 마주치면서 선이나 점이 생성되는 식의 공간 이해가 그것이다. 이에 대하여는 아래에서 다시 살펴보겠다.

　이런 종류의 공간 이해가 왜 등장했는지를 알기 위해서는 그의 우주론을 살펴보아야 한다. 들뢰즈는 베르그손을 따라서 우주와 생명체의 탄생을 다음과 같이 이해한다. 빅뱅이후 뜨거운 우주가 식어가고 입자들의 운동 속도가 이와 함께 느려지면서 생명체가 탄생하는데, 생명체라는 것은 오로지 '간격'으로서 불확정적인 중심일 뿐이다. 베르그손과 들뢰즈는 근대 주체 철학과 인간 중심주의를 비판하는 것과 같은 맥락에서, 그 존재론과 우주론에 있어서도 마찬가지로 인간을 특권적인 존재로 이해하지 않으며, 인간이라는 중심은 단지 우주를 이루는 무한한 이미지들 가운데 불특정한 중심을 이루는 이미지들이라고 이해한다. 따라서 인간의 지각 역시 특권적이거나 우월한 지각이 아니고, 여타 다른 이미지들이 서로가 서로에 대하여 무한히 작용하고 반응하는데 비한다면 오히려 인간의 지각은 유기체의 유지와 이해관계에 따른 축소이거나 왜곡이다. 그런 의미에서 그들은 인간의 지각을 주관에 의한 생략과 감산이라 본다. "간격이라는 동일한 현상이 내 행위 속에서는 시간이라는 개념으로 표현되고, 나의 지각 속에서는 공간이라는 개념으로 표현되는 것이다."[18] 이들은 지각을 불확정적 중심인 주관의 생략과 감산으로 이해하고, 행동을 이 불확정적 중심의 지연된 반응으로 이해한다. 또한 들뢰즈는 베르그송의 말을 빌려 이렇게 말한다. "지각이 공간을 마련하는 것과 행동이 시간을 마련하는 것은 정확히 같은 비율로 이루어진다."[19] 인간이 탈중심화되고, 주체가 부정되는 이러한 존재론에서 공간은 시간과 '같은 간격'이 된다. 공간과 시간 사이에 본질적인 차이는 없다. 아인슈타인의 상대성 이론의 세례를 받은 이후의 철학이라면 반드시 정립해야만했던 새로운 '공간'이해가 아닐 수 없다. 즉, 그의 공간(또는 포스트구조주의 공간)은 고전적인 의미에서 시간적이지 않은 물리적 연장으로 이해되는 공간이 아니라, 행위 속에서는 시간이라는 개념으로 표현되는 어떤 '간격'에 대한 지각의 대상으로 이해되어야 한다. 그러한 공간은 비가시적인 것으로서 질적인 다수성이며 이질성이고, 현실적인 다수 공간을 생산하는 근거가 되는 공간이다. 바로 이러한 공간 이해 덕분에 새로운 공간 / 포스트구조주의 공간을 말할 때는 언제나 가상공간, 사이버스페이스, 온라인 등이 그 관심의 대상이 되곤 하는 것이다.[20]

---

18 들뢰즈, 『시네마 1, 운동—이미지』, 126쪽.

19 Bergson, *Matière et mémoire*, dans *Oeuvres*, Paris, Puf, 1959, p.183. Deleuze, *Cinéma 1 image-mouvement*, Paris, Minuit, 1983; 유진상 역, 『시네마 1, 운동—이미지』, 시각과 언어, 2002, 126쪽에서 재인용.

20 하비는 정보혁명을 통해 '공간의 탈물질화', 또는 '사이버공간'이 형성되었다고 보는데, (Harvey, David, *Spaces of Hope*, University of California Press, 2000; 최병두 등 역, 『희망의 공간』, 한울, 2001, 98쪽), 이 역시 좁은 의미에서 들뢰즈 철학을 통해 이해해볼 수도 있을 것이다. 그러나 들뢰즈의 공간에 대한 생각은 현대적인 조건[이를테면 정보혁명]에서만 적용가능한 시대적인 것이 아니라, 이미 밝혔듯이 우주에 대한 근본적인 사유에서 유래한 것이다. 공간에 대한 사유조건을 정보혁명으로 놓자마자 그 조건은 이미 공간에 대한 사유를 상당 부분 제한하게 될 것이다. 새로운 공간에 대한 사유조건이 들뢰즈에게서처럼 우주론일 경우는 문제가 또 달라질 것이다. 이러한 차이가 이후에 유토피아에 대한 생각의 차이로 발전한다. 이는 후에 제시된다.

들뢰즈 철학에 기대어 공간과 건축을 이해해보려고 노력한 그로츠의 언급이 이 맥락에서 가장 적절하게 인용될 수 있을 것 같다. "나는 시간의 확장과 공간의 모순사이에 여전히 부드러운 수학적 제휴가 있다는 단순히 아인슈타인적 시·공간의 통찰을 확인하려는 것이 아니다. 마치 지속의 배치 혹은 지속의 운동이 변주하는 것처럼, 공간 자체의 배치가 바로 이질적이라는 점을(말하고 싶은 것이다)."[21] 마찬가지로 우리가 말하고 싶은 것은 들뢰즈에게 있어서 시간과 공간이 어떤 밀접한 제휴관계가 있다는 것이 아니며, 마치 시간의 지속처럼, 공간이 이질적 배치라는 것이다. 그러므로 들뢰즈로부터 우리가 말하고자 하는 것은, 하비가 지적하는 것과 같은 '시간을 통한 공간의 소멸'[22]이 아니라, 시간성으로서의 공간이라는 공간 개념의 전격적인 탈바꿈인 것이다.

2) 관계 혹은 과정으로서의 공간

시간성으로서의 공간을 해명하기 위해, 우선 위에서 이미 언급되었던 도엘의 진단을 따라가 보기로 하자. 그는 "포스트구조주의 지리학은 공간, 시간, 그리고 장소에 관한 점묘법적 분절을 해체하면서 탄생했다"고 말한 바 있다. '점묘법적 분절'이라는 것은 도엘의 개념으로서, 그는 이 개념으로 전통적인 지리학 / 공간학을 정의하려고 한다. 그에 따르면, "지리학과

---

21 Grosz, Elizabeth, *Architecture from the Outside*, MIT Press, 2001, p.128.
22 Harvey, David, *Spaces of Hope*, University of California Press, 2000; 최병두 등 역, 『희망의 공간』, 한울, 2001, 94쪽.

지리학자들은 점들에 집중한다. 현장, 장소, 조직의 중심, 정수(수학), 피적분함수, 총수wholes, 디지트digit, 정체성, 차이, 자기, 동일성, 타자, 입장, 반대 입장, 이열, 삼열, 등등. 선들은 점들 사이를 달리고, 표면은 선들로부터 확장되며, 부피는 표면으로부터 펼쳐진다."[23] 전통적인 지리학은 점으로부터 시작하여, 선, 면, 부피로 나아간다. 물론 이는 수학적으로 볼 때 차원이 증가하는 순서이기도 하며, 존재를 정지점으로부터 사유한 그리스 철학으로부터 이어져 내려온 모든 응용학문의 바탕으로서의 형이상학이기도 하다. 그렇다면 들뢰즈의 공간학은 어떠한가? 도엘이 말한 그 점묘법적 분절의 해체는 어떤 결과를 가져오는가? 그것은 점과 선의 논리적이고도 존재론적인 역전이다. 들뢰즈는 이렇게 말한다. "속도가 점을 선으로 변형시킬 것이다."[24] 이 언설의 의미를 이해하기 위해서는, 앞서 개략적으로 살펴보았던 공간의 우주론적 이해를 좀 더 심화시킬 필요가 있으리라고 본다. 들뢰즈는 베르그송이 『물질과 기억』에서 일부러 남긴 빈 곳을 메우는 것이 어렵지 않다고 하면서 이렇게 말한다.

생물학자들은 지구가 아주 뜨거웠을 때에는 이런 현상 [중심이 부재하는 우주에 축과 중심, 왼쪽과 오른쪽, 위와 아래가 만들어지는 현상]이 아직 일어날 수 없었다고 말한다. 그러므로 빛의 확산에 장애가 되는 최초의 불투명성, 최초의 화면들과 상관적인 관계를 지닌 내재성의 면의 냉각에 대하여 생각해보아야 할 것이다. 여기서 단단하거나 기하학적인 고체 또는 실체들의 최초의 윤곽이 형성된다.[25]

---

23 Doel, 앞의 글, p.120.
24 들뢰즈 & 가타리, 『천개의 고원』, 54쪽.

우주에 대한 현대과학의 성과와 함께 가는 위와 같은 사유는, 고대 그리스 이래로 전해 내려왔던 우주론과는 그 이해의 성격이 판이하게 다르다. 들뢰즈는 뜨거움과 냉각, 빠름과 느림으로 우주와 생명체의 발생을 설명하는데, 발생적으로나 논리적으로 우선시되는 것은 냉각과 느림이 아니라 뜨거움과 빠름이다. 즉, 현대과학과 들뢰즈의 우주에서는, 정지로부터 움직임을 설명하는 것이 아니라, 움직임으로부터 정지를 사유해야만 하는 것이다. 그리하여 우리는 "속도가 점을 선으로 변형시킬 것"이라는 들뢰즈의 말이 무엇을 의미하는지 이해할 수 있게 된다. 이에 따르면 이제 지리학자들은 점들에 집중해서는 안 되며, 오히려 선들에, 다른 말로 하면, 흐름들에 집중해야만 한다. 점에서 선으로의 이동. 이것이 지리학 / 공간과학에 있어서의 현격한 변화, 혹은 그에 대한 현대 철학의 기여이며, 이러한 작업에는 들뢰즈 외에 "장 보드리야르, 엘렌느 식수, 자끄 데리다, 미셸 푸코, 펠릭스 가타리, 뤼스 이리가레, 장-프랑수아 리오따르, 앙리 미쇼, 구나르 올슨"[26] 등이 참여하게 된다.

이러한 맥락에서 공간을 운동으로 혹은 관계로 보는 시각은 현대에 두드러진다. 모제스의 도시개발 계획을 저지하고 수많은 커뮤니티들을 지켜냈던 주민연합의 의장을 맡았던 도시 사상가 제이콥스는 도시라는 존재를 관계로 본다. 그녀는 "나는 내가 도시의 생태를 연구하고 있음을 깨달았다"[27]고 말하면서 다음과 같이 덧붙인다. "생태계의 근본 원

---

25 들뢰즈, 『시네마 1, 운동-이미지』, 123쪽.

26 Doel, Marcus A., "Un-glunking Geography; Spatial Science after Dr. Seuss and Gilles Deleuze", *Thinking Space*, ed. by Mike Grang and Nigel Thrift, London and New York, Routledge, 2002. p.122.

칙은 동일하다 (…중략…) 유지를 위해 많은 다양성을 필요로 한다 (…중략…) 본질적인 것은 언제나 과정들이다. 사물들은 좋은 쪽으로든 나쁜 쪽으로든 과정의 참여자로서 중요성을 가질 뿐이다."[28] 도시를 생태로 접근하는 그녀에게 중요한 것은 과정이지 사물이 아니다. 다시 말해서 도시는 운동, 관계, 과정으로 다루어져야지, 도시를 구성하는 건축물, 도로, 기타 거대 공간들로 다루어져서는 안 된다는 것이다. 그렇지 않고서는 도시의 생태를 다룰 수 없다. 도시(공간)를 연구한다는 것은 그 공간의 구조를 이해하는 것이 아니라, 그 안에서 사람들이 어떤 관계를 맺으면서 살아가는지, 어떤 관계 때문에 떠나고 또 돌아오는지를 이해하는 것이다. 죽은 건축물들의 집합으로서의 도시가 아니라, 수많은 관계가 맺어지고 해체되는 살아있는 공간으로서의 도시를 이해하기 위해서는 도시를 관계 / 과정으로 다루어야 한다.[29][30] 이러한 종류의 도시-공간 이해가 바로 들뢰즈의 비실체적 존재론으로 그 근거를 부여받는다. 공간에 대한 이러한 기본적인 이해로부터, 들뢰즈 철학에 근거하여 로컬을 사유해보기로 하겠다.

---

27 제인 제이콥스, 유강은 역, 『미국 대도시의 죽음과 삶』, 그린비, 2010, 11쪽.
28 위의 책, 12~13쪽.
29 공간과 도시를 관계로 접근하는 연구, 다시 말해서 위상학적으로 접근하는 연구가 이미 많이 이루어져 왔다. 슈테판 귄첼 편, 이기흥 역, 『토폴로지』, 에코 리브르, 2010에는 하이데거, 라캉, 부르디외, 드 세르토, 들뢰즈 등에게서의 위상학적 공간론이 다루어져 있으며, 국내에서도 들뢰즈나 하이데거 등에 관한 위상학적 공간 연구가 이루어져 있다. 김재철, 「실존론적-존재론적 공간사유-하이데거의 공간 사유를 중심으로」, 『철학연구』, 114호, 2010. 신지영, 「도시문화에 대한 위상학적 이해-멈포드, 슈뢰르 등의 사회이론과 들뢰즈의 철학적 토대」, 홍준기 편, 『현대사상과 도시』, 라움, 2012 등 참조.
30 그러나 이것은 앞서 로컬이 관계적 개념이라고 언급했을 때의 그 관계와는 다르다. 앞서 로컬이 관계적 개념이라고 할 때에 그것은 로컬이 어떤 개념과 관계지워지느냐에 따라 다른 의미로 이해된다는 의미에서 관계라는 개념이 사용된 데 반하여, 지금 우리가 들뢰즈의 공간 개념이 관계적이라 할 때에는 공간 개념이 그 자체로 관계로 이해된다는 의미에서 관계 개념이 사용되었다.

4. 로컬의 개념화

1) 외부

로컬리티 연구들을 검토하다보면 로컬을 현대 철학적 의미의 '외부'와 관련지어 사유하려는 시도들을 다수 만나게 된다. 외부라는 단어는 별다른 이의 없이 즉각적으로 장소나 공간을 함축하는 공간 개념으로 받아들여질 수 있으나, 사실 이 개념은 고전적인 의미의 공간 개념은 아니다. 외부는 당연히 내부라는 개념을 지시한다. 그렇다면 그 내부는 어디인가? 그것은 근대 주체의 내부를 지시하는 것이며, 외부란 이러한 주체의 외부를 지칭하는 것이다. 일상생활에서 우리가 흔히 '내부자', '외부인'이라는 단어를 쓸 때, 우리는 이 단어들을 단순하게 어느 경계의 안쪽과 바깥쪽이라는 중립적인 의미로 쓰지 않고, 어떤 특권을 가진 자들과 배제된 자들이라는 정치·사회적 함의를 가진 것으로 사용한다. 주체의 내부와 외부도 마찬가지이다. 그것은 단순히 주체와 대상을 나누는 경계의 안쪽과 바깥쪽을 말하는 것이 아니다. 내부 / 외부라는 구분은 그 자체로 이미 주체 철학을 전제하는 도식으로서, 주체의 우월성을 가정한다. 주체는 주체에 맞세워진 것들—주체 외부의 것들—대상을 주체 내부로 환원한다. 이러한 철학적 도식은 또한 내부와 외부가 명백히 분리되어 있다는 것을 전제하고, 그렇기 때문에 내부는 절대로 외부를 외부 그 자체로서 인식할 수 없다는 것을 전제한다. 그래서 내부는 외부를 환원하며, 내부는 내부에 갇혀 있을 수밖에 없다. 잘 알려져 있다시피 이러한 칸트의 선험적 주체는 주체의 외부에 대하여 불가지론적 입장을 취하면서, 주체에게 나타나는 바 현상만을 철학적으로 승인하고 만다. 이런 철학적 지평에서 나는 나에게 나타나는 바가 너에게 나타나는 바와 같다는 것을 알 수가 없기 때문에, 자기바깥으로 나가지 못할 뿐만 아니라, 내 앞에 존재하는 너라는 존재에 이를 수도 없다. 모든 것은 내면으로 환원되기 때문에 근대 주체는 유아론에 빠진 고독한 주체로서, 소통도 탈출도 불가능하다.

그런데 이러한 철학적 배경을 가지고 있는 단어인 외부는 현대에 이르러 주체 철학에 대한 전복의 의미로 부각되기 시작한다. 들뢰즈 뿐만이 아니라 푸코 등 당대의 철학자들이 '외부'라는 개념을 사유하면서 이러한 주체의 내성을 비판했다. 그렇다면 외부는 주체의 외부를 말하는 것인가? 그렇지 않다. 왜냐하면 현대에 '외부'를 철학적 개념으로 부각시키는 철학자들은 주체 내부를 인정하지 않기 때문이다. '내부가 없는 외부' 그것이 현대 철학에서 '외부'의 의미이다. 들뢰즈의 존재론이 일의적이며 내재적이라는 점은 널리 알려져 있다. 그렇다면 그는 존재를 내부와 외부로 나누지 않았을 것이다. 혹시 내부와 외부가 서로 변증법적인 관계를 가지고 있다고 말하는 것일까? 들뢰즈는 그런 입장을 취하지도 않는다. '외부'를 말하면서 내부를 말하지는 않는다는 것은 선뜻 이해가 가지 않는 존재론적 입장일 수 있다. 그러나 들뢰즈에게는 오로지 외부만이 있다. 칸트에게 존재가 오로지 내부만 있는 것과 마찬가지라고 할 수도 있겠다. 보통 사람들이 생각하는 '나의 내면'이라든지, 국가중심주의라고 할 때의 그 중심 내부, 혹은 동일자로 환원하는 사고를 비판할 때 겨냥되는 그 동일자 내부라는 것도 존재론적으로 외부와 분리된 내부로 존재하는 것이 아니다. 들뢰즈를 실천철학적으로 사유하는 데 있어서의 이점과 어려움이 여기에 동시에 존재한다.

즉, 들뢰즈에게는 외부를 외부라고 말할 수 있도록 만드는 근거로서의 혹은 중심으로서의 내부가 없으며, 내부란 오히려 거꾸로 존재의 주름이 잡혀 들어가서 결과적으로 만들어지는 하나의 효과에 불과하다.[31] 들뢰즈에게는 특권적인 내부가 없는 만큼 특권적인 외부도 없다. 그러므로 만약 '외부'를 특권시하여, 외부를 하나의 준거점으로 만든다면 그 외부가 다시 주름 잡혀 들어간 내부가 될 수 있다는 결론이 나온다. 다시 말하면 '외부'라는 개념은 그 개념이 일차적으로 주는 뉘앙스와는 달리 구체적인 공간과 관련지을 수 있는 장소의 의미를 갖지는 않는다. 외부는 우리가 내부라고 생각하는 대표적인 장소인 내 안에도 존재하며, 국가의 내부에도, 한 지역의 내부에도 존재한다. 다시 말해서, 그 어떤 장소도, 그 어떤 모임도, 그 어떤 행위나 도모도, 그것이 특권이 되는 한 반드시 내부가 된다. '외부'라는 철학적 개념과 '외부'의 철학은 그 어떤 종류의 존재로 결코 내부화되지 않으려는 동력에 대한 철학이라고도 할 수 있다.

서론에서 로컬리티의 주변성을 비판한 마르크스주의 사상가 하비가 변증법적 공간을 자신의 대안 공간으로 제시한 데 반하여 '비변증법적 공간'을 제안한 그로츠는 대안으로서 '비변증법적 공간'을 제시하고 이 공간을 '바깥'이라 부른다.[32] 그녀는 다음과 같은 구체적인 공간을 제시한 바 있는데 이 공간을 검토하면 외부에 대한 위의 철학적 해명이 좀 더 구체적으로 이해가 될 수 있다.

---

31   들뢰즈, 이찬웅 역, 『주름—라이프니츠와 바로크』, 문학과지성사, 2004, 바디우, 박정태 역, 『들뢰즈—존재의 함성』, 이학사, 2001 참조.
32   Grosz, Elizabeth, *Architecture from the Outside*, MIT Press, 2001, p.16.

가난한 자들, 홈리스, 병든자들, 죽어가는 자들의 공간, 사회적이고 문화적인 아웃사이더의 공간—여성과 모든 종류의 소수자들을 포함하여—도, 철학과 정치가 그랬듯이 건축의 고려대상이 되어야만 한다.[33]

내가 여기서 말하고 싶은 "외부의 공간"이라는 것은 우주비행사가 탐험하는 공간이 아니라, 이성 자체의 한계에 있는 공간, 어린이, 정신병자, 컴퓨터 해커, 몽상가, 공상가들이 점유한 공간, 문화적으로 외부적인 공간들이다.[34]

변증법적 공간을 다루는 경우는, 언제나 이원론적 입장이 전제된다. 그것은 존재론적인 이원론일 수도 있고, 가치론적인 이원론일 수도 있다. 슬럼의 지구화 / 대안지구화; 신자유주의적 지구화 / 대안공동체; 억압 / 대안공동체 등. 가치론적 이원론은 언제나 좋은 것과 나쁜 것을 전제하고 고뇌에 빠진다. 변증법적으로 운동한다고 해서 나아질 것도 없다. 왜냐하면 이러한 사유가 궁극적으로 유토피아를 지향한다고 해도 현실은 언제나 좋은 것과 나쁜 것 사이의 변증법적 운동 안에 있을 것이기 때문이다. 그렇다면 비변증법적 공간은 어떠한가? 이 공간은 파편적 공간들 사이에 매개자가 없는 이질적 공간들이다. 가난한 자의 공간, 병든 자의 공간, 죽어가는 자의 공간, 여성의 공간, 어린이의 공간, 정신병자의 공간, 몽상가의 공간, 해커의 공간 … 이 공간들을 통합할 일반성이나 전체가 있는가? 없다. 들뢰즈는 이러한 공간을 리만Riemann에 따라 n차원에서의 차별적 다양성 개념인 다양체로 부르고, 이 다양체를 바깥이라 명명한다.

---

33 위의 책, p.17.
34 위의 책, p.31.

따라서 우리는 다양체들의 고른판plan de consistance에 대해 말할 것이다. 비록 이 '판' 위에서 이루어지는 연결접속들의 수에 따라 판의 차원수가 커지기는 할 테지만. 다양체들은 '바깥', 즉 추상적인 선, 도주선 또는 탈영토화의 선에 의거해 정의되며, 다양체들은 이 선에 따라 다른 다양체들과 연결접속하면서 본성상의 변화를 겪는다.[35]

내부화되지 않고, 환원되지 않고, 일반화되지 않는 공간이 바로 외부이다. 그런 의미에서 로컬을 외부와 '배타적으로' 연결시키는 것은 그다지 좋은 전략이 아닌 것으로 판단한다. 왜냐하면 외부는 어디에나 있고, 또 그것이 어디든 다시 내부로 환원될 수 있기 때문이다. 존재가 모두 외부이고, 주름잡혀 들어간 곳이 결과로서의 내부라면, 왜 로컬이 바로 이 '외부' 여야만 하는가? 로컬 연구의 소재나 주제는 반드시 외부이기만 한가? 연구단에서 출간한 『부산 시공간의 형성과 다층성』[36]의 연구 내용 가운데는 "근세~현재까지 부산(동래)에서 (…중략…) 여러 층위로 영향력을 발휘해온 유지집단이자 리드그룹 동래기영회의 활동과 네트워크를 고찰한다. 이들 집단이 여전히 기득권을 바탕으로 지역 사회 내에서 교육 문화 경제 분야에서 주도적으로 활동하고 있음을 주목"[37]하는 논문이 실려 있다. 즉 이 논문은 로컬의 한 현상으로서 기득권 집단의 네트워크 즉, 내부의 작동을 관찰하고 보고하고 있다. 또 다른 논문은 "부산의 향토음식으로 일컬어지는 돼지국밥의 탄생과 소비과정 (…중략…) 에는 '문화로 포장된 경제논리'를 확산하는 자본, 미디어, 정치적인 개입을 예의 주시할

---

35 들뢰즈·가타리, 김재인 역, 『천개의 고원─자본주의와 정신분열증』 2, 새물결, 2001, 22쪽.
36 문재원 편, 『부산시공간의 형성과 다층성』, 소명출판, 2013.
37 문재원 편, 위의 책, 책머리에 5쪽. 해당 글은 변광석, 「동래기영회의 조직과 활동을 통해 본 지역성」, 185~220쪽.

것을 주문했다."[38] 이 논문은 로컬의 현상 속에서 포획의 작동 방식을 주목하는 것으로, 문화라는 이름으로 우리가 어떻게 경제논리로 포획되는지를 잘 보여준다. 즉, 이 두 논문은 로컬 연구가 보여줄 수 있는 로컬의 내부화, 포획 등의 부정적 기제의 작동 방식이다. 로컬리티 연구가 중심화하는 힘에 대한 저항 동력을 발견하고자 하는 연구 목적을 가지고 있다면, 이러한 포획 역시 자세하고 면밀히 관찰하고 보고해야 한다. 그런 의미에서 로컬은 곧바로 외부가 될 수는 없다는 것이다. 로컬은 내부화하는 힘과 외부화하는 힘이 상호 충돌하고 길항하는 현장이다. '외부'가 로컬리티 연구의 가치 지향이 될 수는 있겠지만, 로컬에서 발견하는 모든 것은 외부이고, 모든 움직임은 소수이며, 모든 자는 주변인이라는 식의 등치는 가능하지 않고, 바람직하지도 않다. 그러나 그렇다고 해서 외부성과 로컬리티를 연결지운 사유가 무가치한 것은 아니다. 이진경은 "(외부성은) 상반된 것으로 보이는 두 가지 지방성 내지 지방화의 관념을 결합할 수 있는 공통 성분이고, 지방화를 방향 짓는 일차적인 지향성이어야 한다고 나는 믿는다"[39]고 주장한다. 여기에서 언급된 두 가지 지방성이란 로컬리티라는 개념이 관계적 개념이라는 것을 함축하는 말이다. 로컬이라는 말이 국가 관련 지방을 의미할 때에도(그러나 그 지방은 여전히 국가 내부에 있다), 글로벌화 관련 국가 혹은 국가의 범주로 묶이지 않는 도시들을 가리킬 때에도, 로컬은 외부성과 관련이 된다는 의미에서의 이중성이 그것이다. 여기에서 더 나아가 그는 외부성이라는 벡터가 지방화localisation를 주재하는 성

---

38 위의 책, 책머리에 6쪽. 해당 글은, 차철욱, 「향토음식, 돼지국밥의 탄생과 소비」, 295~325쪽.
39 이진경, 「지방성 사유의 세 가지 모델─지방성 사유에서 외부성의 벡터에 관하여」, 『로컬리티 인문학』 Vol.4, 2010.10, 49쪽.

분이 되어야 한다는 당위적 주장을 덧붙인다. 우리의 과제에 비추어보자면 그는 외부성이 '로컬리티' 즉 로컬의 속성이 되어야 한다고 주장한 셈이다. 그는 세 가지 차원에서의 외부성을 검토한다. 국가적 차원과 관련한 지방의 외부성의 경우, 지방이 열등감에 빠져 있다거나 중앙을 열망하거나, 혹은 중앙의 기획에 따라 움직일 것이 아니라(획일적인 지방행사), 외부성의 벡터를 따라가야 한다는 것인데, 이 지점에서 주의해야할 함정은 이것이 '지방의 고유성'을 강조하는 데로 나아가는 것이 아니어야 한다는 것이다.[40] "중앙의 척도와는 다른 잣대로 스스로를 재고 판단하는 지방적 특이화의 가능성을 사유"하는 것이라고 암시적으로 말하고 있다. 두 번째로 도시 간의 관계에서 외부성이란, 어떤 지역의 생명력은 외부지역과의 연계망이라는 외적 차원의 외부성과 내부적 이질성이라는 내적 차원의 외부성을 모두 필요로 한다는 의미에서의 외부성이다.[41] 마지막으로 그는 이 외부성을 다시 유목민이라는 들뢰즈의 개념과 연결시킨다. 버려진 자들이 모여든 불모의 땅이자 변방의 땅인 큐수에 관심을 가진 일본의 사상가 타니카와 간과 그의 동료들은 구조조정으로 대량 해고가 발생했을 때 그들은 해고중지를 요구하거나 노동조합처럼 타협과 조정을 하는 대신, 사직서를 내고 퇴직금을 요구하는 퇴직운동을 전개했다는 것[42]에서 그는 이 외부성의 마지막 형태를 본다. 그들은 "하고 싶지 않은 것은 하지 않는다, 오직 하고 싶은 것을 한다"는 원칙에 따라 행동했으며, '기업주의로부터의 해방'을 내세우고, 퇴직금을 갹출하여 공동소유의 집을 지

---

40 위의 글, 56쪽.
41 위의 글, 63쪽.
42 위의 글, 70쪽.

어 공동체 운동을 전개했다. 이 집은 사적 소유를 넘어선 새로운 소유관계를 체험하는 장이기도 했다는 것이다. 그가 검토한 외부성이란 이질적으로 사유하기, 지역의 생태를 위한 내적-외적 관계로서의 이질성, 그리고 이질적 가치의 창조 정도로 정리할 수 있겠다.

2) 매끈한 공간[43]

만약 로컬을 외부라는 존재론적 개념이 아니라, 좀 더 공간적인 은유를 가지고 있는 매끈한 공간과 홈패인 공간으로 사유한다면 어떨까? 아쉽게도 들뢰즈에게 로컬이라는 단어를 전혀 찾을 수 없으니, 이 두 공간개념을 로컬과 직접 연결시키기는 어렵다. 들뢰즈에게 찾아볼 수 있는 연결고리는 그가 매끈한 공간과 도시를 연결하여 사유한 부분이 있다는 점이다. 만약 로컬리티 연구의 목적이 자본제적 신자유주의와 국가중심주의로부터의 탈피와 주체성과 능동성 회복이라면, 자본-국가의 이러한 운동들은 동일화하는 운동으로서 공간에 홈을 패는 과정이라고 볼 수 있으며, 그로부터의 탈피는 홈패는 공간을 벗어나 매끈한 공간으로의 도주라 할 수 있을 것이다. 홈패는 공간은 스스로 동일시되는 것들만의 울타리, 안전, 애국, 호국, 그리고 자기와 다른 것들에 대한 배척, 공포, 악마적인 공간 배치 등의 움직임을 보이지만, 들뢰즈에 따르면 자본과 국가를 벗어나는 흐름은 언제나 이 운동을 역행하여 탈

---

43 매끈한 공간과 도시 그리고 주체화에 대한 더욱 자세한 논의는, 신지영, 「도시화와 주체의 문제」, 『철학 논총』, 2013.7 참조.

영토화하거나 매끈한 공간을 만들어낸다 ; "도시는 홈을 파는 힘이지만 도처에서 매끈한 공간을 다시 부여하고 다시 실행시킨다."[44] 홈파는 힘이 있다면 매끈한 공간이 다시 부여되는 과정도 존재한다.

사람들은 흔히 매끈한 공간이 항상 긍정적이고 희망적인 과정이라고 생각하지만 항상 그런 것은 아니다. 세계화와 도시화의 결과 슬럼이 지구를 뒤덮을 것이라는 파국적인 전망을 내놓고 있는 데이비스는 들뢰즈 계열의 담론이 우리에게 희망적인 전망을 내놓을 수 있다는 데 대하여 비판적 입장을 견지한다. 들뢰즈의 개념 가운데 하나인 '유목민'과 이로부터 영감을 얻은 네그리와 하트의 '다중' 혹은 다중적 '주체'[45]라는 것은 사실상 없다는 것이다. 데이비스는 이렇게 말한다. "일반론은 무의미하다. 안토니오 네그리와 마이클 하트 같은 이들은 포스트마르크스주의의 엄숙한 사변을 통해 세계화의 '리좀 공간' 내에서 '다중'의 새로운 정치학을 타진하고 있지만, 현실을 토대 삼는 정치사회학에서는 이에 대한 근거가 전혀 발견되지 않고 있다. 전 세계 슬럼에는 획일적 주체나 일방적 경향이 존재하지 않는다."[46] 다시 말해서 자본-국가의 홈파기 운동, 혹은 재영토화 운동으로부터 벗어나는 소위 다중이라는 일정한 저항 주체의 경향은 없으며, 더욱이 들뢰즈에게서 발견되는 유목민이라는 존재 유형이라는 것은 결국 공식 고용 기회를 박탈당

---

44 Deleuze · Guattari, *Mille Plateaux —Capitalisme et schizophrénie II*, Minuit, 1980, p.601. (이후 불어원본일 경우 MP로 약칭함)
45 근대 이후의 이론의 맥락에서 주체라는 용어를 쓰는 것은 언제나 조심스러운 일이다. 더욱이 존재를 과정이나 관계로 파악하는 흐름에서는 주체를 말한다는 것은 복잡한 재정의 과정이 필요하다. 이 글은 주체의 규명 자체가 그 주제가 아니기 때문에, 이 논의를 따로 하지는 않으며, 다만 여기에서의 주체는 근대적 주체가 아니라는 점과 과정으로서의 주체(들뢰즈가 말하듯이 동일성 없는 주체, 혹은 탈주체)를 다룬다는 점을 밝혀두고자 한다.
46 데이비스 마이크, 김정아 역, 『슬럼, 지구를 뒤덮다』, 돌베개, 2007, 256~257쪽.

한 이민자들, 혹은 남성을 이민자로 보내고 남아서 임시변통 노동, 삯일, 술장사, 행상, 복권장사, 삯바느질, 청소부, 유모, 창녀 등으로 생계를 이어가는 여성들을 일컬을 뿐이라는 것이다.[47] 데이비스는 스노든의 소설을 인용하여 자신이 보는 유목민을 다음과 같이 묘사한다.

> 수만 명의 주민들이 도시의 더러운 골목길을 돌아다니며 물건을 팔아 생계를 이었다⋯ 이 남녀 주민들은 노동자들이 아니라 '누더기를 걸친 자본가들'이었다⋯ 신문팔이를 제외한 장사꾼들은 '집시 상인', 즉 수시로 직종을 바꾸며 기회를 엿보는, 시장 안의 진정한 유목민이었다.[48]

들뢰즈가 홈패인 공간과 매끈한 공간을 이야기하면서 도시를 언급한 부분은 매우 제한적이다. 그래서 이 부분만으로 들뢰즈적 도시학을 전체적으로 구성한다는 것은 불가능하지만, 아래와 같은 인용을 보면 데이비스의 비판이 일정부분 설득력이 있어 보이기도 한다. 즉 들뢰즈는 "도시로부터 매끈한 공간이 빠져나온다. 이를테면 움직이는 거대 빈민가, 임시 거주자, 유목민과 혈거민 등⋯⋯, 폭발적인 빈곤, 이것은 도시가 분비하는 것"[49]이라고 말하기 때문이다. 그렇다면 들뢰즈가 생각하는 매끈한 공간은 결국 거대 빈민가, 임시 거주자, 혈거민 등이란 말인가?

들뢰즈가 도시화와 유랑민, 혈거민 등에 관해 언급한 부분은 그리 많지 않다. 그는 위와 같은 언급을 다음과 같은 질문으로 마감한다. 이것

47　위의 책, 203~204쪽.
48　Snowden, *Naples in the Time of Cholera*, Cambridge, pp.35~36, 필자의 강조. 데이비스, 224쪽에서 재인용.
49　MP., p.601.

은 "응축된 힘이며 역습의 잠재력인가?"[50] 우리는 그가 이러한 슬럼화 현상을 매끈한 공간의 긍정적인 모습, 즉 응축된 힘이며 역습의 잠재력이라고 보지 않고, 이를 질문으로 되돌린 점을 생각해볼 필요가 있다. 이 질문은 그 현상이 역습의 잠재력이 될 수도 있고, 그렇지 않을 수도 있다는 암시를 하고 있는 것 같다. 즉, 자본-국가-도시화가 유발하는 슬럼, 부랑자, 혈거민의 현상은 그 자체로 긍정적인 저항의 작용은 아니나 자본-국가-도시화의 정당성을 약화시키는 현상이 될 수 있다. 그러나 부랑자와 혈거민이 언제든 직종을 바꾸며 수시로 기회를 엿보는 누더기를 걸친 자본가라면, 그들은 언제나 탈영토화하는 유목민이기는커녕, 자본가적 영토화를 꿈꾸는 자에 불과할 뿐이므로, 그들은 홈패인 공간으로부터 도주한 자가 아니라, 그 공간으로부터 쫓겨난 자이다. 그들은 자본으로 재영토화되고 싶을 뿐, 영원히 도주 중인 유목민이 될 생각은 없는 자들인 것이다.

5. 로컬리티, 가치의 전환

그렇다면 유목민은 누구인가? 홈패인 공간에 응축된 힘과 역습의 잠재력이 있다면 그것은 유목민이 전유한 것일 것이다. 유목민은 누더기를 걸친 자본가가 아니며, 홈패는 힘으로부터 도주하는 자이다. 도주의 양상에 관해서는, 많은 사회학자와 도시학자들이 보고한 바가 있다. 교

---

[50] *Ibid.*

토에서 퇴직운동과 공동체 운동을 벌인 사상가도 그 한 양상일 것이다. 코소는 다음과 같은 보고를 하고 있다. 9·11 이후의 뉴욕 시민들은 매일 매일 사이렌을 울리며 돌아다니는 순찰자와 경찰 특수부대 사이에서 서로의 안부를 확인하고, 재난당한 친구들을 집에 묵게 했으며, 이재민들과 정비대원을 위해 무료로 식사를 공급했고, 전쟁을 시작하려는 부시 정권의 움직임을 눈치 챈 활동가 단체들은 회의를 소집했다. 코소의 눈에 이것은 '자생적으로 발생한 주민들의 자율권'이었다.[51] 코소는 자생적으로 발생한 주민들의 자율권 행사를 심지어 '혁명'이라 칭하고자 한다. 그가 보기에 "'혁명'이라는 말을 발설하는 것이 지금처럼 곤란한 시대 또한 없었다 (…중략…) 그것은 하나의 권력기구를 전환하는(전복시키는) 따위의 간단한 것이 아니다."[52] 코소는 권력의 획득이나 체제의 정립으로서의 혁명이 아니라, "의식주에서 인간관계에 이르는 모든 것의 변용을 포함하는 새로운 사회성을 창출"[53]이 혁명을 주장한다. 유목민에게 고유한 도주의 양상은 이제 혁명으로까지 격상된다. 그런데 "의식주에서 인간관계에 이르는 모든 것의 변용을 포함하는 새

---

51 코소, 이와사부로, 서울리다리티 역, 『죽음의 도시, 생명의 거리』, 갈무리, 2013, 113~114쪽. 코소가 보고하는 또 하나의 자율적 행위의 사례는 뉴욕, 샌프란시스코 등에서 젊은이들에 의해 전개되고 있는 '진짜 진짜 자유시장(Really really free market)'이라는 실천이다. 이 시장은 제각기 필요 없는 물건을 들고 와서 맡기고 가지고 싶은 것을 가져가는 시장인데, 이는 물물교환과는 다르다. 이들은 "부시 정권 아래에서 지배적이었던 자국민 중심주의, 일방적인 선전포고, 돈벌이, 고급문화, 이기주의, 냉소주의 등의 가치들에 대항해 그 정반대의 가치를 토대로 한 새로운 가치를 창조하는 것을 목표로"(코소, 위의 책, 262~263쪽) 한다. 코소가 생각하기에 "지금까지의 정치/경제를 대체하는 새로운 원리[로서] 제도로서 설립되기 전에 그 토대로서 필요한 것은 사람들 마음 속의 '가치들의 가치전환'[이며] 그것은 이미 일부 '영웅적인' 젊은이들이, 니체가 철학적으로 해낸 일들을 거리에서 실천하고 있다"(코소, 위의 책, 263~264쪽).
52 위의 책, 101쪽.
53 위의 책.

로운 사회성을 창출"하는 것이 혁명이라는 코소의 주장은 니체적 의미의 가치의 전환을 상기시킨다. 들뢰즈 뿐만 아니라 하이데거에게도 깊은 사유의 대상이었던 이 '가치의 전환'이라는 니체적 사상이 여기에서 다시 한 번 공명하는 것이다.

'가치의 전환'이라는 말을 들을 때 우리는 이제까지의 가치 대신에 다른 가치가 들어선다고 생각하기 쉽다. 그러나 니체에서 '전환'이라는 말은 원래부터 본질적으로 그 이상의 것을 의미하는 바, 이제까지의 가치들뿐만 아니라 이러한 가치들이 자리하던 '장소' 자체가 소멸하는 것을 의미하는 것이다. 이제까지의 가치가 무가치하게 된다는 것뿐 아니라, 무엇보다도 이제까지의 양식을 가지고 이제까지의 장소에 ― 즉 초감성계에 ― 존재하던 가치들을 향한 욕구가 근절된다는 것이 포함된다. '이제까지의 가치들의 전환'은 일차적으로 이제까지의 가치정립의 변화와 새로운 가치욕구의 '육성'이다.[54]

즉, 매끈한 공간에서 발견하는 역습의 잠재력은 바로 가치전환의 힘이라 할 수 있다. 로컬이 지역, 현장 등 각종 차원의 타자와 소수와 주변을 지시한다고 할 때, 타자와 소수와 주변은 급격한 도시화가 분비하는 유랑민과 혈거민과 누더기를 두른 자본가를 포함할 수 있으며, 열등감에 빠진 중심을 열망하는 획일화된 무기력한 지방을 보여줄 수도 있다. 그러한 경험적 사실들 속에서 응축된 힘과 역습의 잠재력 역시 찾아낼 수 있는데, 그것은 바로 '가치전환'이라는 삶의 양태, 스타일로서 나타날 것이다. 그러한 존재를 유형화한 것이 유목민이라면 유목민이

---

54 하이데거, 마르틴, 박찬국 역, 『니체와 니힐리즘』, 철학과현실, 2000, 27쪽.

야말로 바로 이러한 종류의 주체가 아닐까?

체제를 뒤엎거나 권력을 교체하는 것에서 혁명을 구하지 않고, 자본주의 자체의 폐기를 요구하지 않는다는 점에서 가치전환의 사유와 유목민이라는 주체이론 차이의 존재론은 개량주의라거나 보수적이라고 비판받을 수 있다. 하비와 같은 마르크스주의 사상가가 그 대표적인 경우이다. 하비는 공간적 형태, 닫힌 구조, 고착된 구체적 공간에 대해 거부감을 가지는 사상가들이 대안 제시에 역부족이라는 점을 거듭 강조한다. "르페브르는 (…중략…) 데카르트적 개념화, 절대적 공간 개념화로부터 도출되는 정치적 절대주의, 즉 합리화 관료화되고 기술주의적이며 자본주의적으로 정의된 공간성으로 세계를 설정하고자 했던 억압에 대하여 엄청난 비판을 퍼부었다. (…중략…) 따라서 만약 대안들이 실현된다면, 닫힘(그리고 이것이 전제 가정하는 권위)의 문제는 끊임없이 피할 수 없을 것이다."[55] 그 결과 르페브르는 구체적 문제와 맞부딪치는 것을 거부했다는 것이다. 이는 물론 들뢰즈의 문제이기도 하다. 그러나 그러한 비판은 오히려 자본주의와 자본주의의 해체, 자유주의와 공산주의라는 이분법적 사유가 낳은 함정이다. 『자본주의와 분열증』에서 들뢰즈가 전개한 실천 철학은 이러한 초월적 이분법을 해체하는 것이 주된 관건이었음에 다름 아니다. 그렇다면 우리에게 남은 것은 양자택일이 아니다. 오히려 양자택일 이면에 미개척 영역으로 남아 있는 새로운 정치적 영역이 있는 것이다. 로컬리티 인문학의 과제 역시 이러한 것이 아닐까 한다.

---

55 하비, 앞의 책, 250쪽.

참고 문헌

『로컬리티 인문학』 아카이브

문재원, 「로컬리티 개념을 둘러싼 고민들」, 『로컬리티 인문학』 Vol.15, 2016.4.

박규택, 「로컬리티 연구의 동향과 주요 쟁점」, 『로컬리티 인문학』 Vol.1, 2009.4.

배윤기, 「근대적 시공간의 성찰과 동일화의 경계 혹은 사이─로컬리티-기반의 시공간 탐색을 위하여」, 『로컬리티 인문학』 Vol.13, 2015.4.

신승환, 「탈중심성 논의의 철학적 지평」, 『로컬리티 인문학』 Vol.1, 2009.4.

이창남, 「글로벌 시대의 로컬리티 인문학」, 『로컬리티 인문학』 Vol.1, 2009.4.

이진경, 「지방성 사유의 세 가지 모델─지방성 사유에서 외부성의 벡터에 관하여」, 『로컬리티 인문학』, Vol.4, 2010.10.

장세룡, 「로컬, 주체, 타자」, 『로컬리티 인문학』 Vol.11, 2014.4.

조명기, 「로컬에 대한 두 가지 질문─로컬은 실재하는 소수인가」, 『로컬리티 인문학』 Vol.11, 2014.4.

논저

귄첼, 슈테판 편, 이기흥 역, 『토폴로지』, 에코 리브르, 2010.

데이비스, 마이크, 김정아 역, 『슬럼, 지구를 뒤덮다』, 돌베개, 2007.

들뢰즈 외, 서창현 외 역, 『비물질노동과 다중』, 갈무리, 2005.

변광석, 「동래기영회의 조직과 활동을 통해 본 지역성」, 문재원 편, 『부산 시공간의 형성과 다층성』, 소명출판, 2013.

보그, 로널드, 이정우 역, 『들뢰즈와 가타리』, 새길, 1995.

볼터, 알랜, 「둔스 스코투스」, 조지 그라시아 편, 이재룡·이재경 역, 『스콜라철학에서의 개체화』, 가톨릭출판사, 2003.

비르노, 김상운 역, 『다중』, 갈무리, 2004.

빌라니, 아르노 & 싸소, 로베르 편, 신지영 역, 『들뢰즈 개념어 사전』, 갈무리, 2012.

승준, 「비물질노동과 새로운 주체성의 출현」, 『비물질노동과 다중』, 갈무리, 2005.

신지영, 「들뢰즈에게 있어서 공간의 문제」, 『시대와 철학』, 2009, 겨울.

_____, 「도시화와 주체의 문제」, 『철학논총』, 2013.7.

정성진, 「『제국』-맑스주의적 비판」, 『맑스주의 연구』, 한울, 2004.

제이콥스, 제인, 유강은 역, 『미국 대도시의 죽음과 삶』, 그린비, 2010.

차철욱, 「향토음식, 돼지국밥의 탄생과 소비」, 문재원 편, 『부산 시공간의 형성과 다층성』, 소명출판, 2013.

코소, 이와사부로, 서울리다리티 역, 『죽음의 도시, 생명의 거리』, 갈무리, 2013.

하비, 데이비드, 최병두 외 역, 『희망의 공간』, 한울, 2001.

하이데거, 마르틴, 박찬국 역, 『니체와 니힐리즘』, 철학과 현실, 2000.

Deleuze, Gilles, *Nietzsche et la philosophie*, Paris, Puf, 1962, 이경신 역, 『니체와 철학』, 민음사, 2001.

_____, *Proust et les signes*, Paris, Puf, 1964; 서동욱·이충민 역, 『프루스트와 기호들』, 민음사, 2004.

_____, *Différence et répétition*, Paris, Puf, 1968; 김상환 역, 『차이와 반복』, 민음사, 2004.

_____, *Dialogue*, Paris, Flammarion, 1977; 허희정·전승화 역, 『디알로그』, 동문선, 2005.

_____, *Cinéma 1 image-mouvement*, Paris, Minuit, 1983 ; 유진상 역, 『시네마 1, 운동-이미지』, 시각과 언어, 2002.

_____, "Lettre-préface" à Jean-Clet Martin, *Variationsm la philosophie de Gilles Deleuze*, Paris, Payot, 1993.

_____, "L'immanence; une vie...", *Philosophie*, n° 47, Paris, Minuit, 1995, 「내재성-생명...」, in 박정태 편역, 『들뢰즈가 만든 철학사』, 이학사, 2007.

_____, "Foucault et les prisons", in *Deux régimes de fous*, Paris, Minuit, 2003.

Deleuze, Gilles & Guattari Felix, *Anti-Oedip —capitalisme et schizophrénie 1*, Paris, Minuit, 1972.

Deleuze, Gilles & *Mille plateaux —capitalisme et schizophrénie* 2, Paris, Minuit, 1980; 김재인 역, 『천개의 고원-자본주의와 정신분열증』 2, 새물결, 2001.

Deleuze, Gilles & Parnet, *Dialogue*, Paris, Flammarion, 1996, 허희정·전승화 역, 『디알로그』, 동문선, 2005.

Doel, Marcus A., "Un-glunking Geography; Spatial Science after Dr. Seuss and Gilles Deleuze", *Thinking Space*, ed. by Mike Grang and Nigel Thrift, London and New

York, Routledge, 2002.

Eisenman, Peter, forward in Grosz, Elizabeth, *Architecture from the Outside*, MIT Press, 2001.

Grosz, Elizabeth, *Architecture from the Outside*, MIT Press, 2001.

Haraway, Donna, *Simians, Cyborgs and Women — The Reinvention of Nature*, New York, Routledge, 1991.

Harvey, David, *Spaces of Hope*, University of California Press, 2000; 최병두 외역, 『희망의 공간』, 한울, 2001.

Hobbes, *De Cive,* Kessinger Publishing, 2004.

Marx, *Capital; A Critique of Political Economy*, Penguin, 1967.

Sassen, S., 'Globale Stadt', W.F.Haug ed. *Historisch-Kritisches Wörterbuch des Marxismus,* Bd. 5. Argument, 2001.

Simondon, Gilbert, *L'individu et sa genèse physicobiologique*, Paris, Puf, 1964.

Snowden, *Naples in the Time of Cholera*, Cambrige, Cambridge University Press, 2002.

Spinoza, *Tractatus Theologico-Politicus*, Brill Academy Pub, 1997.

사건의 자리, 정치의 장소

사건, 정치, 로컬리티*

문재원

1. 문학과 정치

문예지 겨울호 특집을 펴봐도

문학상으로 빛나는 시를

소리내어 읽어 봐도

새로운 세계를 열었다는

시인의 시를 몇 번이나 뇌어도

동유럽을 여행한 원로 시인의 시를

읊어 봐도

시가 없다.

---

* 이 글은 『현대문학이론연구』 61집(현대문학이론학회, 2015.6)에 투고된 논문을 수정, 보완한 것이다.

새벽밥 한 술 뜨는 둥 마는 둥
부리나케 산으로 달려가는
평밭 할매.
아름드리 서어나무 끌어안고
"미안하데이."
"정말 미안하데이."
중얼대며 떨고 섰다.

(…중략…)

화악산 너머
해가 꼴깍 넘어갈 때까지
평밭 할매는
서어나무를 붙들고 몸을 비비며
시를 왼다.

"정신 차리레이."
"정신 차리레이."
"그래야 니도 살고
나도 산다."

문예지를 아무리 뒤적여도
평밭 할매

나무의 몸에 심은

그런 시는 없다.

　　　　　　　　　　—이응인, 「평밭 할매의 시 — 밀양 부북면 평밭」 일부

위의 시에서 시적 화자는 송전탑 건설을 막기 위한 무지랭이 평밭 할매의 몸부림을 그 어떤 것과도 대체할 수 없는 시라고 한다. 우리의 전통적 감성 분할 공간에서 익숙한 저 '훌륭한 시인'의 시는 오히려 평밭 할매의 처절한 독백에 비할 수가 없다고 말한다. 평밭 할매의 독백은 나무와 뒤엉켜 온몸으로 쓰는, 곧 할매의 몸이다. 이처럼 몸이 되고, 싸움이 되고, 밥이 되고, 목숨이 되는 시, 이것은 훌륭한 시인의 언어 근처에도 못가 본 할매의 몸에서 나온 언어이다.

이 자리에서 우리는 시인의 질문과 만난다. '도대체 시(문학)란 무엇인가?' "문예지를 아무리 뒤져도 / 평밭 할매 / 나무의 몸에 심은 / 그런 시는 없다"라는 발언은 시형식의 경계에 대한 탐문이면서 현재 문학적 경계(장르)에 대한 비판적 성찰과 연결되어 있다. 시인은 이러한 할매의 절규에, 그 절규가 일상이 되어버린 할매의 삶을 드러낼 수 있는 시(언어)가 없음을 단언한다. 그런데 이 단언은 그 이후에 대한 성찰을 요구하고 있다. 이 지점에 대한 고민은 다음의 글에서도 확인된다.

올해는 밀양이 전국적으로 화두로 떠오른 해이기도 합니다. (…중략…) 10월 들어 공사가 재개되면서 주민들은 공사현장인 산에서 비닐을 깔고 밤을 새우고, 공사 차량을 막아서다 길에서 끌려 나오고 쓰러져 병원으로 실려 가고 경찰에 둘러싸여서 꼼짝도 못하는 고난을 지금까지 겪고 있습니다.

위기에 처한 이분들은 농민입니다. 도시에서 살고 있는 이들의 뿌리입니다. 뿌리가 뽑혀버릴 위기를 눈앞에 두고 '문학은 무엇이어야 하나?' 묻지 않을 수 없습니다. 적어도 문학은 약자의 목소리를 담아야 합니다. 다수의 약자들이 세상을 떠받치는 근본이며, 이 근본을 지키는 일이 정의라는 이름값일 것입니다. 또한 인간의 생존을 지키는 편에 문학은 서야 합니다. 생존이 있어야 인간의 존엄을 말할 수 있을 것입니다. 나아가 인간만이 아니라 모든 생명 가진 것들을 살피고 배려하는 마음을 가져야 한다는 것은 상식입니다. 뿐만 아니라 문학은 미래의 편에 서야 합니다. 지금 눈앞의 이익에 정신을 놓고 있는 이들을 일깨워 후손과 이웃의 먼 미래까지 걱정하는 마음을 갖도록 보듬어 주어야 합니다. 이러한 화두를 놓고 한없이 부끄럽지 않을 수 없습니다. 우리의 소중한 삶터인 밀양과 문학을 어떻게 묶어세우나 하는 것이 과제입니다. 문학이란 이름으로 끊임없이 질문을 던져야 할 곳도 여기입니다.

—『밀양문학』 26집, 서문

문학이란 이름으로 끊임없이 질문을 던져야 하는 곳은 몸살을 앓고 있는 지금 여기, 밀양이다. 지금-여기에 대한 고민의 가장 적실한 현장이 '지역'이며, 이런 의미에서 문학이 가장 전투적으로 참여와 개입의 벡터를 형성할 수 있는 곳도 지역문학이 될 수 있다. 이런 점에서 위의 서문은 그간 '여기'에 대한 성찰이 부족했음을 고백하며 문학이란 이름으로 질문을 던져나갈 것을 주문하고 있다. '지금 여기'가 단순한 문학적 소재가 아닌 여기의 장소와 문학이 서로 침투하고 개입하면서 생성되는 문학이 도대체 어떤 꼴이어야 하는가에 대한 고민을 내재하고 있음을 알 수 있다. 맨몸으로 송전탑을 막아선 할매들의 날¹언어가 난장을 이루고 있는 '여기'에 문학이 어떻게 개입해야 하는가. 이 자리에서 다시 '나무의 몸에 심은 그런 시가 없다'는 독백이 환기된다.

여기에서 랑시에르J.Ramciere가 제안하는 문학과 정치의 관계를 상기해 볼 필요가 있다. 문학이 가진 '고유성과 순수성'이라는 바리케이트는 오랫동안 문학과 비문학을 분할했던 감각적 질서였다. 할매들의 삶 현장에 개입하고, 할매들의 언어를 문학적 장 안으로 끌어 들이기 위해서는 무엇보다 기존의 '감각적 배치'에 대한 승인을 거부하는 일이 우선이다. 문학은 어떤 구획이나 경계를 불변하는 것으로 만드는 것이 아니라, 그것을 넘어서고 항상 자신과 비문학적인 것으로 규정된 것들 사이에서 진동하면서 기묘한 것을 형성해내는 방식으로 자신의 모럴을 실현한다. 이러한 모럴은 기성의 법과 질서 안에서 현존하는 불합리와 고통들을 그저 개인의 동정이나 양심과 같은 윤리적 차원에 호소함으로써 봉합하려는 대신 항상 다양한 정치화의 계기를 발명해내는 지평에서 작동한다.[1]

본 글에서는 밀양, 강정, 용산 등 최근 지역 안팎의 갈등이 첨예하게 대두되고 있는 장소들과 부딪치면서 생성되는 지역문학의 자리를 생각해 보고자 한다. 이러한 전제 안에서 특히, 정치적 사건이었던 '밀양 송전탑'을 어떻게 '문학적 사건'으로 인식했는지 질문하고자 한다. 국가-자본-지역이 은밀하게 혹은 노골적으로 부딪치고 있는 아비규환의 현장과 문학은 어떻게 만날 수 있을까? 섣부른 구호로 투쟁가를 그려내는 것이 이 현장에 대한 적극적 실천일까? 역사의 동굴 안에서 상형문

1 　진은영,『문학의 아토포스』, 그린비, 2014, 140쪽.

자의 암호를 새기며 훗날의 해석을 기다리는 것이 합리적인 응답일까? 본 글은 현재의 첨예한 갈등 현장을 문학에 어떻게 재현하고 있는가를 분석하는 글이 아니다. 이 현장에서 이미 확고한 문학적 경계를 흔들면서 돌출하고 있는 형식의 글쓰기들이 제기하는 질문들을 사유하면서, 문학에 대한 재사유를 이끌어 내고자 한다. 또한 '밀양'이라는 국지적인 장소를 주목하면서 '지금-여기'의 문제의식과 결부시켜 지역문학의 자리를 탐문해 보고자 한다.

2. '밀양'이라는 장소

"기업을 위하여, 국가를 위하여, 아름다운 양보를 부탁드립니다"

"주민 모두 죽는다. 송전탑 반대"

현재 밀양에는 두 종류의 현수막이 이곳과 저곳을 가르고 있다.[2] 밀양은 경상남도 동북부의 한 지역을 일컫는 이름이었다. 그러나 이제 밀양은 그저 지명일 수만은 없다. 밀양은 대한민국의 한 시대를 가리키는 또 다른 고유명사가 되었다.[3] 그것은 송전탑 건설을 둘러싼 갈등 때문이다. 국책사업이 진행되고 있는 현장에서 가장 '도드라진 것은' 위로부터 강제하는 국가권력과 이에 맞서는 아래로부터의 저항이다. 이때

2 　밀양 송전탑 건설을 놓고 반대, 찬성 측 주민, 한국전력, 관변단체 명의의 플래카드로 시내가 도배 되고 있다. (…중략…) 이에 맞서 반대 대책위에서도 곳곳에 현수막을 내걸었다. 지금 밀양은 현수막 전쟁터이다(「765 송전탑 밀양싸움, 현수막 전쟁 안타깝다」, 『밀양아리랑신문』, 2013.8.13).

3 　밀양구술 프로젝트, 『밀양을 살다』, 오월의봄, 2014, 5쪽.

국가와 지역이라는 두 개의 공간 규모scale가[4] 강력하게 작동하면서 '장소 재생'을 둘러싼 다양한 기획들이 충돌한다. 로컬리티locality는 공간을 매개로 일어나는 로컬 안팎의 헤게모니적 담론투쟁의 구성된 산물로서, 공간을 매개로 일어나는 공간정치와 연결된다.[5] 공간적 지향들의 경합, 갈등, 교섭의 과정과 그 결과로서 정신적 물질적 공간들이 재생산되는 과정은 로컬리티의 생성과정으로 해명될 수 있다. 송전탑을 둘러싼 첨예한 갈등의 현장, 밀양은 국책사업에 의한 국가공간 창출이라는 공공성과 '나의 삶터'라는 단독성singularity이 첨예하게 충돌하고 있으며, 이 충돌과 협상은 로컬리티의 재구성으로 이어진다.

밀양은 현재 '765kv 신고리-북경남 송전선로 건설사업'[6]이라는 국가

---

4 스케일이라는 용어는 지도의 축적을 의미한다. 하지만 사회공간적 차원에서 스케일이라는 용어는 존재론적으로 주어진 물리적 공간만을 의미하는 것이 아니라 인간과 인간, 인간과 자연의 상호작용과 사건이 펼쳐지고 작동하는 공간적 범위를 말한다. 스케일에 대한 논의는 박배균, 「규모의 생산과 정치, 그리고 지구화」, 『공간과 사회』 51, 한국공간환경학회, 2001, 208~223쪽 참조.

5 본 글에서 사용하는 로컬리티 개념은 "삶의 터로서의 로컬(공간)과 거기에 살고 있는 사람들이 역사적 경험(시간)을 통해 만들어가는 다양한 관계성의 총체이며, 이는 매우 유동적이고 중층적이며, 권력적이고 가치지향적인 것"으로 파악한다. 특히 로컬리티는 특정한 사회적 관계와 과정을 둘러싸고 언표적 주체와 전략들이 복합적으로 얽혀있는 담론적·제도적 장을 통해 구성된다는 점에 주목할 때, 로컬리티는 이미 고정되었거나 확정된 텍스트가 아니라, 유동적이고 생성적이라는 점을 염두에 둔다.(이에 대해서는 문재원, 「로컬리티 연구 어디까지 왔나」, 『로컬리티의 인문학-현황과 쟁점』, 제9회 로컬리티의 인문학 워크숍 자료집, 2013, 1~14쪽 참조).

6 이 사업의 목적은 2010~2019년에 계획된 총 6호기의 신고리 핵발전소의 발전전력을 전국 전력계통에 연결해 대전력 수송체계를 구축하고 경남 북부지역에 안정적인 전력공급을 위해 전력설비를 확충하는 것이다. 송전선로의 경과지는 신고리 발전소가 위치한 경북 울주군에서 시작해 기장군, 양산시, 밀양시를 거쳐 북경남변전소가 건설될 창녕까지 약 90km에 이르고, 여기에 765kv 송전선로와 이 송전선을 연결할 162기의 송전탑을 세울 계획이다. 이 중 밀양 구간이 39.15km, 송전탑 69기로 다른 지역에 비해 길고 개수가 많다. 밀양 내에서도 단장면 20개, 산외면 7개, 상동면 17개, 부북면 7개, 청도면 18개로 계획되어 있다.(조성배, 「송전선로 건설 갈등의 장기화원인과 해결방안에 관한 연구, 신고리-북경남 송전선로 밀양시구간을 중심으로」, 『공공사회연구』 2-2, 한국공공사회학회, 2012, 134~135쪽).

공간프로젝트가 진행되고 있는 장소다. 2000년 8월 765kv 신규관련 설비계획이 확정되었다. 2001년 경과지 선정과 환경영향평가 용역 착수에 들어간 결과 2002년 9월 송전선로 입지선정 실무협의회에서 최종 후보지로 선정되었다. 그러나 정작 송전선로가 지나는 지역 주민들은 송전탑 건설 계획에 대해 아는 바가 없었다. 2004년, 2005년이 되어서야 주민들은 공사를 하기 전에 토지측량을 하는 낯선 사람들이 왔다갔다 하는 것을 보고서 우리 마을에 무슨 일이 벌어지는 건 아닌가 알게 되었다고 한다. 2005년 8월 단장면, 상동면, 부북면, 청도면에서 주민공청회가 개최되었다. 이때 참여한 인원은 송전선로가 통과하는 5개 면 전체 인구의 0.6%에 불과한 21,069명에 불과했다. 결국 2007년 11월 사업승인을 받은 이후 공사가 강행되었다. 이 과정에서 송전선로 건설에 직간접적으로 영향을 받는 주민과 이해당사자들과 충분한 협상을 거치지 않은 채 공사는 강행되었고 이로 인해 주민과의 갈등은 깊어졌다. 이후 주민들의 집단적인 반발과 물리적 충돌로 공사 강행-중지가 반복되었다.[7]

갈등초기까지 밀양의 갈등은 국지적(지역적) 갈등으로 남아 있었다. 한전은 송전탑 건설의 문제를 국지적 스케일의 의제로 위치시킴으로써 해당 지역의 희생을 정당화하고 갈등을 최소화하는 전략을 내세웠다. 주민들도 "한평생 위양마을에서 / 농사만 짓고 살아"(박순연. 밀양 765kv 송전탑 증언③)[8] 왔으며, "농사만 지으면서 조용히 살다가 죽도록 해(구덕순, 밀양

---

7   박진, 「날 좀 보소, 날 좀 보소, 날 좀 보소 할매들, 할배들의 밀양 아리랑」, 『문화과학』 77호, 2014, 199쪽.
8   2012년 7월 23일 국회도서관 세미나실에서 이치우 열사 분신대책위원회, 민주통합당 초선의원 모임인 '초생달', 통합진보당 김제남 의원실이 공동주관하는 '밀양 765kv 기존선로 피해자 증언대회'가 열렸다. 이 자리에서 밀양 할매, 할배들은 각자 발언을 한다. "어떻게 이 나라가 국민들에게 이런 고통을 줍니까? 아픈 몸을 이끌고 매일 산을 오르며 공사를

765kv 송전탑 증언 ①) 달라며 자신들이 살아온 땅에 대한 장소애착을 강조하고 있다. 다시 말해 한쪽은 고립을 통제의 수단으로 이용하면서 다른 곳과의 연계나 소통을 차단하여 더욱 국지적인 장소로 만들고, 한쪽은 조상대대로 살아온 '나의 뿌리'가 정박해 있는 곳으로 그 어떤 것도 침범할 수 없는 장소임을 강조하고 있다. 결국 통제와 저항의 양상은 다르지만 이 둘의 공통점은 고립적 지역공간을 존재기반으로 하고 있다는 것이다. 이러한 지점은 양상과 주체가 다르지만 근대 동일성의 공간을 만들어내는 희생제의와 순수 전통의 공간이 어떻게 만날 수 있는가를 보여준다. 특히 이 과정에는 '분리'의 시선이 언제나 작동하게 되고, 이러한 분리는 이 공간을 고립적으로 만들고 타인에게 대상화되게끔 한다.

> 나 여기서 태어나 평생을 살았다. 부모 재산이 있었던 것도 아니고 공부하고 싶어도 (할 수가 없었지). 이 손가락으로 살아왔다. 학교도 나온 것 없고, 이 토지 하나 갖고. 근데 우예 도둑이 들어오는데 내 가만있을 수 있겠노. 근데 여기 방해했다고 고발돼 갖고 경찰서에 갔다 왔다. 두 번 갔다 왔다. 지문이 안 나와 가지고, 두 번 갔다 왔다 지문 때문에.
>
> ─ 권영길, 『밀양을 살다』

땅에 묻은 손가락. 이미 손가락이 되어버린 땅, 그래서 이제는 땅이 내 몸이고 내 몸이 땅이 되어버린 삶은 어떤 도구적인 것으로 환원되지 않는다. 그렇다고 이곳이 무결점의 순수공간임을 의미하는 것이 아니

막았습니다. 우리는 아무런 욕심이 없습니다. 그저 짓던 농사 그대로 지으며 살다가 죽게 해 주십시오"(구덕순) 등등. 이러한 발언들은 시로 형상화되었다.

라, 이곳이 삶의 기반으로서의 땅과 노동, 그 위에서 만들어진 관계임을 보여준다. 학교, 경찰서 근대 제도적 공간 이전에 내 손가락 지문이 먼저 반응하는 이 장소는 쉽게 외부자의 시선으로 독해될 수 없는 영역이다. 그럼에도 불구하고 강제된 국가 권력은 그 땅으로부터 거주자inhabitant들을 분리시키려 한다.[9]

몇 년 동안 진행된 이 싸움이 밀양을 넘어서게 한 결정적인 사건은 이치우 할아버지의 죽음이다.(2011.12) "송전탑이 들어선다면 / 난 불 살으고 죽을 것입니다"(밀양 765kv 송전탑 증언 ③) 라고 할매 할배들이 무수히 외쳤지만, 이들의 말은 "들을 체도 하지 않았다"(이응인, 「밀양 송전탑과 핵발전소」) 도저히 넘어설 수 없는 "벽"(이남우, 『밀양을 살다』) 앞에서 선택한 극단적인 이 분신사건은 밀양이라는 장소를 더 이상 밀양에만 가두지 않는 계기가 되었다. "일흔넷 내가 할 수 있는 건 / 몸에 기름 끼얹고 불 댕기는 일 / 사람들의 무관심에 불 지르는 일"(이양숙, 「내가 죽으면 이 억울함을 세상이 좀 알아주겠지 – 이치우 어르신의 마지막 독백」)이라며 "아무도 묻지 않는 겨울 엄동설한"보다 더 무서운 "무관심 세상"을 일깨운 것은 밀양 할배(할매)의 분신 사건이었다. 이 사건은 가장 가깝게는 밀양 사람들의 자기반성으로 이어지고, 밀양 너머에 있는 사람들과 연대의 물꼬를 확장시켜 주었다.

---

9   거주하기(inhabiting)는 라틴어 Habere에 뿌리를 둔다. 이 말은 '소유하다', '구성되다', '존재하다'라는 다층위의 의미들을 간직한다. 다시말해 거주자는 일정한 땅에 체재하면서 그 특정 장소와 관계하고 구체적인 사람들과 같이 살고 있는 바로 그 사람이기 때문에, 거주라는 단어 그 자체는 바로 관계와 관계 속의 존재로 지칭한다. 거주라는 단어가 뜻하는 장소에서 관계가 퇴거되는 기형적인 근대적 의미는 명백하게 다른 준거에서 민족, 국가, 사회, 공공 등 추상적인 목적을 위해 구체적인 거주와는 무관하게 생산되고 이식되었다.(배윤기, 「경계, 근대적 공간 그리고 그 너머」, 『인문과학』 34, 강원대 인문과학연구소, 2012, 448쪽)

밀양땅 골짝골짝
765 송전탑 예순아홉 개나 서면
불 보듯 뻔한 전자파 위험 알면서도
내 집 앞으로 지나가지 않는다고
못 본 척했습니다.
바쁜 척했습니다

이치우 어르신 소식 듣고서야
이미 엎질러진 기름인데
아이쿠나 큰일이구나 했습니다.
(…중략…)

765 송전탑 막지 못하면
어디 가서
밀양에 산다고
말할 수 있겠습니까?
누구에게
밀양을 사랑한다고
다짐할 수 있겠습니까?
765 송전탑 막지 못하면.

— 이응인, 「765 송전탑 막지 못하면」

인용된 시에서 알 수 있듯이 시적 화자는 송전탑이 당장 '내 집 앞을 지나지 않는' 탓에 무관심했음을 고백하며, '765 송전탑'을 막는데 앞장 설 것을 호소하고 있다. 이것이 밀양에 대한 진정한 장소애임을 강조하고 있다. 이전에 송전탑이 지나는 곳과 지나지 않는 곳으로 분리하는 기능을 했다면, 이제는 오히려 이것을 매개로 인간의 근원적인 취약성을 공통성으로 확보하면서[10] 연대의 공간이 확대되는 계기가 된다.

이런 점은 송전탑 싸움이 길어지면서 밀양 주민들도 마찬가지의 경험을 한다. 초창기에는 "조상에게 물려받은 땅"(위양리 손희경 할머니), "고향이고 선산"(위양리 권영길 이장) 등 '내 고향, 내 땅' 등 정서적인 사적 논리가 밀양을 고수하는 가장 큰 논리였다. 그런데 싸움이 길어지면서 자신들이 있는 장소가 더 이상 고립된 지역으로 설 수 없는 한계를 만나게 되는 과정들이 보인다.

> 부산에 가서 송전탑 이야기를 꺼내면 내보다 더 말이 많더라구요(단장면 용화마을 고준길)
>
> 서울, 인천에 지으면 뭐 이래 송전탑을 안 지어도 되는데(밀양 너른마당 박용규)
>
> 한전이 송전탑을 밀어붙이는 게 우리나라 전력난 때문이 아니라 아랍에 미리트 원전 수출 때문이라 안합니까(상동 고정마을 하윤기)[11]

---

10 이러한 논리에 대해서는 주디스 버틀러, 양효실 역, 『불확실한 삶』, 경성대 출판부 2008, 45~84쪽 참조.
11 고준길, 박용규, 하윤규의 인터뷰 내용은 빈진향, 「2013 여름 밀양, 그곳은 지금」, 『밀양문학』 26, 밀양문학회, 2013, 42~79쪽에서 재인용.

이처럼 밀양 주민들은 이전에 자신들이 살아온 땅이라는 고립적이고 폐쇄적인 스케일에서 점차 핵이라는 인접성을 지닌 타 지역들과 연결지어 유동적이고 개방적인 스케일로 이해하고 있다. 이들은 송전탑을 둘러싼 국가, 자본, 지역의 공모, 갈등의 고리들이 얽히어 있음을 어렴풋하게 알아가면서 밀양의 지정학적 위치에 다가가고자 하는 시도들이 보인다.

　"이제 할매들은 문제의 실체를 알아버렸습니다. 핵발전소 뒤에는 거대한 자본과 권력이 한 덩이로 뭉쳐 있다는 것을 보고"(이웅인, 「밀양에서 보내는 편지」), 이들은 내 삶터에서 우리 삶터로 인식을 전환하고, 과거의 시간에서 현재-미래의 시간을 삶의 동력으로 전환하고 있음을 볼 수 있다. '시아버지와의 약속', '조상이 묻힌 곳' 등 과거가 현재를 규정하는 시간에서 탈피해서, 할매들과 타자들의 '연대의 공간'을 형성하도록 했다. 이때 연대의 공간은 로컬의 행위자들이 자신의 고착된 이해관계를 넘어서 원거리 타자들과 형성하는 사회적 네트워크의 공간적 범위를 의미한다. 정치적 연대와 네트워크가 형성, 확산되면서 밀양은 다른 공간적 스케일에 있는 행위자들이 만나는 장이 되었고, 이를 바탕으로 이전의 전통적인 공간이나 밀양 아리랑의 표상과 다른 장소의 의미를 획득한다. 이 연대의 공간 전략은 이전의 전통적이고 순수한 공간에서 벗어나 타자들과 연대를 형성하면서 다양한 스케일이 재배치되게 한다. 이러한 공간적 재배치는 문학적 형상화 작업으로도 이어진다.

　　천만 서울 사람들이여
　　오늘 밀양행 기차를 타시라

단 1초도

전기가 지나가는 국가폭력의 길을 생각해보지 않는 서울 사람들이여

그대들의 밤을 환히 밝히기 위해

그대들의 지나친 문명생활을 위해

아무 생각 없이 전기 스위치를 꾹꾹 눌러대는

그 흰 손가락들에 짓눌려

하나뿐인 목숨 기름불에 내던진

보라마을 이치우 할배 기막힌 얘기가

여기 밀양에 있다.

— 이양숙, 「오늘 밀양행 기치를 타시라」

　밀양 할매. 할배들의 이야기는 '화악산'을 넘어 각지로 퍼져 나갔고 비로소 그 소리들이 들리기 시작했다. 또한 주민들 내부에서도 송전탑 건설을 보는 시각이 '내 논의 송전탑'에서 '우리의 핵'으로 이동하면서 송전탑과 핵발전소의 연관성에 주목하는 새로운 차원의 관점과 내용이 등장하게 되었다. 탈핵을 위한 희망버스를 밀양 주민들이 먼저 제안을 했고, 2012년 3월부터 '탈핵 희망버스'가 운영되어 전국적으로 확산되었다. 2013년 8월에는 '전국 송전탑 반대 네트워크'가 출범되었다. 이후 강정, 용산 등 유사한 경험을 한 지역 뿐 아니라, 공통의 문제를 안고 있는 부산 등 각 지역의 공동체들이 밀양을 방문하면서 공통성에 바탕한 연대가 지속되었다. 이후 "우리가 밀양이다"라는 구호가 채택되

면서 밀양은 이전의 스케일을 벗어나 있다. 여기서 '우리'는 밀양 내부만을 함의하는 것이 아니라, 이곳에서 공통성을 이끌어 내고 이에 공감하는 밀양 너머까지를 포함한다. 이는 송전탑 갈등을 지역에 국한된 문제로 국지화하려는 전략에 맞서서 주민들이 스스로 구획된 스케일을 넘어서서 권력과 행위자들을 동원했으며, 이를 통해 송전탑 갈등을 밀양이라는 국지적 지역에서 탈핵이라는 전국적 스케일의 문제로 확장시키고 있음을 알 수 있다.[12] '국익'이라는 동일한 스케일이 반복되고 있는 동안 '할매들'은 나의 경작지 밀양이라는 고유성에서 벗어나 점점 더 복잡하게 연결되고 확장된 스케일로 이동하고 있다. 자신들의 거주지에 어떠한 세계적, 국가적, 지역적 질서가 착종되고 있는가를 이해하면서, 공간적으로 나에서 너, 우리로 확장되고 시간적으로도 과거(조상이 물려준 땅 / 수구)에서 현재(지금 투쟁의 장소)와 미래(후손들이 살아야 할)가 뒤섞이는 의미들을 생산해 낸다.

3. 미학적 혁명과 불일치의 지역문학

저항담론이 생산-재생산되는 지역을 어떻게 문학적 시공간으로 수렴할 것인가. 또한 이 장소를 둘러싼 재현 / 비재현 장치들을 어떻게 문

---

12 스케일이 확장되어 연대의 공간을 형성하는 것을 '스케일 뛰어넘기(jumping of scale)'라고 한다. 특정의 사회세력들이 권력투쟁 과정 속에서 기존 규모의 틀을 뛰어넘어 보다 글로벌하거나 또는 보다 로컬한 새로운 규모를 창출함을 통해 기존의 권력관계의 재편을 시도하는 정치적 전략을 말한다.(박배균, 앞의 글, 219쪽) 이러한 스케일의 정치로 밀양 송전탑 갈등을 설명하고 있는 논문으로, 이상헌·이정필·이보아, 「다중스케일 관점에서 본 밀양 송전탑 갈등 연구」, 『공간과 사회』 48, 한국공간환경학회, 2014, 273~274쪽 참조.

학과 만나게 할까? 그리고 이 과정에서 지역문학의 위치는 어디인가?
이러한 문제들을 올려놓고 논지에 접근하기 위해 랑시에르가 제안하는
'미학적 혁명'에서부터 출발하고자 한다.

랑시에르에게 미학은 일반적으로 우리가 지칭하는 미학, 즉 아름다
움이나 예술에 관한 학문체계를 말하는 것이 아니라, 오히려 감각적 세
계 안에서 몸이 기입되는 방식과 몸이 세계를 느끼는 방식에 관련된 것
이다. 이는 관습적 인식과 습관화된 경험에서 벗어나서 인식과 감각지
각의 틈새를 벌리고 상상을 통해 지금까지 가시화되지 않았던 감각지
각을 가시화하는 능력과 관계하는 정치적인 것이다.[13]

이 재현 체제에 미학적 예술 체제가 대조된다. 나는 이 체제를 미학적이
라고 부른다. 왜냐하면 미학적 체제에서는 예술의 식별이 더 이상 행동방
식들 가운데서의 구별에 의해서가 아니라 예술의 산물들에 고유한 감각적
존재 양식의 구별에 의해서 행해지기 때문이다. 미학이라는 단어는 예술
애호가들의 쾌, 취미 그리고 감수성의 이론을 가리키지 않는다. 그것은 바
로 예술에 속하는 것의 특유한 존재양식을, 예술의 대상들의 존재양식을
가리킨다. 미학적 예술 체제에서 예술에 속하는 것들은 특유한 감성 체제
에서의 그 속함에 의해 식별된다. 그 통상적인 관계들에서 벗어나, 어떤 이
질적인 힘, 자신에게 그 자신 낯설게 된 어떤 사유의 힘이 감성에 자리 잡는
다. 자신에게 그 자신 낯설게 된 사유의 장소인 자신에게 낯설게 된 어떤 감
성의 이러한 이념은 본원적으로 미학적 사유를 형성하는 예술의 식별들의

---

13   자크 랑시에르a, 주형일 역, 『미학 안의 불편함』, 인간사랑, 2009, 58~66쪽.

변하지 않는 핵이다. 미학적 사유는 근대에 고유한 예술들의 자기-정의들을 가로지른다. 미학적 예술 체제는 바로 예술을 단독적인 것과 동일시하고 이 예술을 모든 특유한 일반법칙으로부터 주제들, 장르들 그리고 예술들의 모든 위계로부터 벗어나게 하는 체제다.

—『감성의 분할』, 29~30쪽

랑시에르에 의하면, 우리에게 통상적인 감성의 분할체계는 공유언어가 부여된 공유공간에서 무엇이 보여 질수 있고 무엇이 보여질 수 없는지, 무엇이 말해질 수 있고 없는지, 무엇이 들려질 수 있고 없는지를 결정한다.[14] 그래서 그가 주창하는 미학적 혁명이란 능동적 지성을 수동적 감수성보다 우위에 올려놓는 위계질서를 전복하고, 지배를 정당화하는 감성적 분할을 중지시키며, 지성과 능동성을 지닌 계급이 수동적이고 무지한 계급에 대해 행사하는 힘을 전복하는 일이다.[15] 그는 1830년대 프랑스에서 일어난 노동자 파업 중 발간된 팸플릿, 선언문 등을 연구하면서 가려져있던 노동자들의 목소리를 발견한다. 문제는 목소리 발견에 초점이 아니라, 이 목소리 주체들의 '감성적'[16] 능력과 그로 인해 기존의 감각들이 재배치되는 지점을 읽어냈다는 데 있다. 이처럼 주어진 자신의 자리를 묵묵히 받아들이고 그것을 재현의 원리로 삼는 것이 아니라 주어진 배치의 질서를 거스르는 일이 발생하는 지점, 이 자리가 랑

---

14 위의 책, 55쪽.
15 위의 책, 65쪽.
16 여기서 감성화란 감각적인 것의 나눔 속에서 어떤 자리를 차지한 자가 자신에게 주어진 감각경험 방식에서 이탈하는 것을 말한다. 이에 대해서는 랑시에르b, 오윤성 역, 『감성의 분할』, 도서출판b, 2008, 13~23쪽.

시에르가 이야기하는 '불화의 장소'인 '정치의 자리'이다. 이때 정치의 본질은 공동체 전체와 동일시되는 몫 없는 자들의 어떤 몫을 보충하면서 이 타협을 교란하는 것이며, 정치적 계쟁은 정치를 치안과 분리함으로써[17] 정치를 존재하게 하는 것이 된다. 즉, 정치는 공동체의 공동의 것을 규정하는 감성의 분할을 재구성하는 일을 하며, 새로운 주체와 대상들을 공동체에 끌어들이고 보이지 않던 것을 보이게 만들고 시끄러운 동물로만 지각되었던 사람들의 말을 들리게 하는 일을 한다. 대립을 창조하는 이러한 작업은 정치의 미학을 구성한다.[18] 이는 다수의 세계를 지배하던 '배치' 혹은 '경계'에 '의문을 던지는 행위'이며 이를 통해 우리가 살아가는 세계의 원리와 규칙을 새로운 '전이의 형식'으로 창안하고, 실천으로서의 정치를 전망하게 한다.

랑시에르가 주목한 자리, 즉 포함과 배제의 관계에 대한 이중의 전복과 그 틈,[19] 불화가 일어나는 정치의 장소에 대한 사유는 오늘날 타자화된 주체들이 어떻게 '정해진 자리와 역할(정체성)'의 공동체로 정의되는 치안공동체에서 벗어날 수 있는가를 이론적으로 시사해 준다. 차이를 차이화하는 정치의 논의를 원용해서, 봉합이 아닌 갈등을 전면화하고 정치화하는 작업을 통해 새로운 전이의 형식으로 문학사를 재구성하는 일은 현재의 지역문학 담론에 대한 비판적 성찰의 계기를 마련하

---

17 랑시에르는 치안(a police), 정치(la politique) 정치적인 것(le politique)이라는 세 항목을 제시한다. 치안은 모든 보충을 배제하며 자리, 직무, 자질, 자격 등의 용어로 지각공간을 구조화하고 몫을 배정하는 것이다. 정치는 동일성/유사성에 따라 공통적인 것을 쪼개는 방식에 말하는 존재들의 평등, 타자성, 다른 공간, 몫 없는 자들의 몫을 기입하는 것이다. 정치적인 것은 정치와 치안이 마주치는 현장이다.(자크 랑시에르c, 양창렬 역, 『정치적인 것의 가장자리에서』, 길, 2013, 114~115쪽)
18 자크 랑시에르a, 앞의 책, 55쪽.
19 자크 랑시에르b, 앞의 책, 25쪽.

고 새로운 담론을 구성하는 입각점을 제시할 수 있다.

이처럼 감성체계의 분할선에 의해 나누어진 지역문학의 자리에 대한 질문이 시작되는 자리가 지역문학의 출발점이다. 근대 국민국가를 구성하는 '외부'에 위치 지어져 있던 지역에 대한 발견은 근대성에 대한 비판적 성찰이 되었으며, 기왕의 지역문학에 대한 문제제기도 이와 상관있다. '지역문학은 근대적 제도와 그것이 낳은 문화적 시스템에 의해 형성된 하위의 문화 형식이며, 일방적 소통 구조에서 동일화의 논리에 강제된 타자로 남겨지는 문학이며, 서열과 표준을 생성해 온 제도와 자본주의적 생산 방식에 문제를 제기하는'[20] 형식이다.

지역문학의 위상을 구명하는 과정에서 중요한 준거가 되는 차이로서의 지역성은 오히려 중앙 / 지역 간의 위계를 은폐하고 지역을 탈정치화할 수 있다. 다시 말해, '지역의 특수성'[21]을 구현하는 것이 지역문학이라면, 이때 가장 중점이 되는 것은 이곳과 저곳의 차이를 발견하는 일이 될 것이다. 이러한 차이가 놓이게 되는 배치 전략은 (의도와 무관하게) 차이를 통해 이곳의 중심성(고유성)을 강화하는데 기여할 것이다. 이는 '이미 특정한 방식으로 분배되어 있는 정치 세력의 장 안에서 하나의 세력을 재현하는 방식'과 다르지 않다. 여기가 지역(문학) 연구가 또다른 중심의 서사를 쉽게 수락하는 지점이다. 이런 점에서 지역문학 담론에서 공통적으로 강조되는 '지역성(지역의 정체성)'이 로컬리티로 곧바로 환치될 수 있을까는 의문이다.[22] 왜냐하면, 중심주의의 해체에서 출발된 로컬리티의 인식

---

20 송기섭, 「지역문학의 정체와 전망」, 『현대문학이론연구』 24, 현대문학이론학회, 2005, 7~15쪽.
21 남송우, 「지역문학 연구의 현황과 과제」, 『국어국문학』 144, 국어국문학회, 2007, 18쪽.
22 이러한 논지에 대해서는 문재원, 「고향의 발견과 서울/지방의 (탈)구축」, 『한국현대문예비

층위나, 궁극적으로 개별과 보편의 만남을 기획하는 로컬리티의 시공간에서 고유성을 강조하는 지역문학은 오히려 로컬리티의 공간적 지평을 협소화 할 수 있기 때문이다.

오늘날 신자유주의는 자본적 질서로 로컬화를 진행하고 있고, 국가의 치안은 중심 / 주변의 역학 안에서 로컬을 계서화하고 있음은 주지의 사실이다. 또한 세계-국가-로컬의 복잡한 층위가 중첩되어 있는 가운데 로컬은 지배 담론의 체계로 환원되기 되기 십상이다. 그래서 로컬 정체성을 강조하는 정체성의 정치로 나갈 때 앞에서 말한 '본질주의'로 환수될 수 있는 지점들이 포착되면서 더욱 오리무중이다. 그러므로 로컬의 주체화는 기존의 경계 짓기 방식을 극복하면서 다른 층위나 새로운 양식으로 자기 존재를 구성해야 한다.[23] 이런 점에서 비판적 로컬리티 연구는 '체계의 문법' 안팎에 대한 비판적 성찰을 통해 자기존재 방식에 질문을 구성해 나간다. 그러므로 비판적 로컬리티 연구가 '지금 여기'의 자기 준거점에서 출발하고, 비판적 거리두기를 통한 '동시대성'[24]을 확보한다면, 로컬리티는 거대 동일서사에 대한 균열의 지점을 생성하는 하나의 기제로서 작동할 수 있다. 그러므로 자기 준거점으로서의 로컬리티, 그리고 다양한 그물망으로 연결된 지정학들에 대한 비판적 성찰을 통과할 때 비판적 로컬리티 연구가 가능하다.

평연구』 38집, 한국현대문예비평학회, 2013 참조.

23 조명기, 「로컬 재현의 양상」, 『로컬리티의 인문학-현황과 쟁점』, 제9회 로컬리티인문학 워크숍 자료집, 2013, 109쪽.

24 동시대성이란 거리를 두면서도 들러붙음으로써 자신의 시대와 맺는 독특한 관계를 말한다. 다시말해 동시대인이란 자신의 시대와 완벽히 어울리지 않는 자, 자기 시대의 요구에 순응하지 않는 자, 그래서 이런 뜻에서 비시대적인/비현실적인 자이다. 그러나 바로 이 간극과 시대착오 때문에 동시대인은 다른 이들보다 더 그의 시대를 지각하고 포착할 수 있다.(조르조 아감벤, 양창렬 역, 『장치란 무엇인가』, 난장, 2010, 70~71쪽)

결론적으로 말해, 로컬리티는 중심의 서사를 복원하는 데 궁극적 목적이 있지 않다. 로컬리티는 중심과 주변의 이분법적 관계에 대해 의문을 제기하고, 그 관계 해체에 대한 기획을 지속적으로 한다. 그래서 무엇보다 중요한 것은 로컬, 로컬리티가 놓여있는 관계선을 다르게 배치하는 일이 중요하다. 로컬리티는 선험적으로 결정되는 것이라기보다는 다양한 종류의 관계망에 의해 구축되거나 부정되는 역동적 과정이다. 그러므로 여기와 저기, 나와 너, 이때와 그때 등등의 관계와 배치에 의해 구성되는 로컬리티에 대한 총체적인 시각이 확보되어야 한다. 이러한 비판적 로컬리티 연구가 지역문학연구에 적극적으로 개입될 때, 지역문학연구는 방언성을 넘어 '동시대성'을 확보하면서 그 지평을 확대할 수 있을 것이다.

밀양의 현장을 전달해 내는 현장의 글들을 보면서 시인 이응인은 '작가가 창작한 글로는 가 닿을 수 없는 현장감'이나 주민들의 '생애 자체를 담아내는 폭 넓은 시선'은 글을 쓰는 시인을 주눅 들게 했고, '지금 내(시인)가 하고 있는 문학 행위가 설 자리는 어디인가?'라는 근본적인 고민에 빠졌다고 고백했다. 이러한 고백담에서 오늘날 문학 장르의 굳건함과 경계의 해체 안에서 지역문학자의 동시대성에 대한 고민을 엿볼 수 있다.

나는 송전탑 싸움을 하는 사람들을 만나면서 인생에 대해 새롭게 배웠다 (…중략…) 지금까지 해온 '나'를 중심에 둔 문학을 정리하고 있다. '나'란 아집에서 벗어나야 소통의 문학이 가능하리라는 걸 어렴풋이나마 알았다. 또한 밀양문학회 활동도 일단 정지다. 지역문학에 대한 고민을 풀지 못한

채, 어정쩡한 걸림돌로 있는 나를 스스로 용납할 수 없어서이다.[25]

시인 이응인의 고민은 '험난한 지구역화glocalization의 시대에서 지역문학과 지역문화가 시대의 날카로운 전선前線에서 효과적인 전선戰線을 이루기 위한 진지전을 어떻게 펼쳐 나갈 것인가'[26]를 고민해야 한다는 요구의 연속이다. 문학적 참여와 현실의 정치적 참여라는 감각적인 분배의 틀을 깨고, 시민적 모럴과 시인의 모럴이 혼재되면서 지역문학의 장르적 경계는 해체되고 그 공간적 상상력의 지평도 확대된다.

4. 들리지 않는 '할매들'의 침입과 문학의 정치

1) 시쓰기 공간으로 침투해 온 할매들의 목소리 – 문학적 경계의 틈

밀양 송전탑 관련 시들은 밀양문학회에서 발간하는 『밀양문학』을 중심으로 2012년 전후로 집중적으로 발표되기 시작했다.[27] 송전탑 건립

---

25 이응인, 「지역문학의 현실과 고민」, 『오늘의 문예비평』 95, 2014, 190쪽.
26 박태일, 『지역문학 비평의 이상과 현실』, 케포이북스, 2014, 318쪽.
27 『밀양문학』이 밀양 송전탑의 현장에 본격적으로 개입하게 된 것은 그리 오래지 않다. 21집(2008)에 '765kv 고압송전선 및 송전탑 밀양 통과에 대한 소고'가 실린 바 있다. 그러나 이러한 작업이 이후 지속적으로 이어지지 못하고 단발성으로 그쳤다. 밀양 송전탑에 대한 기획이 마련된 것은 25집(2012)이다. 25집의 기획은 밀양 송전탑과 관련하여 ① 밀양 송전탑 싸움 7년과 ② 밀양, 사람과 풍경 2종의 기획이 마련되었다. '밀양 송전탑 싸움 7년'이라는 기획 안에 '탈핵 희망의 시'와 '누구를 위한 송전탑인가'가 마련되었다. '탈핵 희망의 시'에는 밀양문학회 회원과 밀양주민의 시가 실렸고, '누구를 위한 송전탑인가'에는 밀양문학회 회원, 송전탑 현장에서 활동하는 활동가, 외부 필자에 의한 현장 탐방기 등이 실렸다. '밀양, 사람과 풍경'에는 14회 강변시화전 작품들로 구성되었다. 현재 송전탑으로 갈등하고 있는 밀양 사람, 풍경을 밀양 안팎의 시인들이 형상화했다. 또한 초대시에는 '강정의

논의는 이미 2000년부터 시작되고, 주민공청회가 시작되어도 그것이 밀양을 관통하는 문제로 퍼지지 못하고 지극히 폐쇄적이고 한정적으로 논의되다가 2011년 분신사건으로 밀양이라는 장소가 점화되었고, 문학적 대응도 이와 맞물려 그 전후로 집중적으로 발표되었다. 『밀양문학』이 송전탑 현장을 적극적으로 수용하는 과정에 밀양문학회 이응인의 작업은 눈에 띤다.[28] 이응인이 송전탑의 현장을 그의 문학 장으로 끌어 들인 것은

아픔과 제주'라는 주제를 달고 제주 강정의 시인들의 작품을 소개하고 있다. '강정마을 해군 기지건설 강행으로 인한 동병상련의 아픔을 통해 이 땅의 자연과 공동체적 삶이 파괴되는 현장을 다시 한 번 눈여겨보는 계기'로 삼는다는 의도에서였다. 이는 밀양과 강정이라는 두 공동체가 만나 '취약성'에 근거한 유사성을 확인하고 이러한 공통성을 기반으로 연대의 잠재성을 내포하고 있다고 볼 수 있다. 2013년 특집으로 「2013 여름 밀양, 그곳은 지금」은 빈진향의 현장 탐방기를 싣고 있다. 그리고 기획은 아니지만, 회원의 신작시 중 2편이(이응인, 「화악산」, 「전자파 너희나 먹고 잘 살아」) 밀양 송전탑을 소재로 쓴 시다. 한편, 밀양문학회 카페(http://cafe.daum.net/milyangpen)에 '탈핵 희망의 시'는 공간을 만들어 밀양 문학회 동인들뿐만 아니라, 타 지역 시인들의 작품까지 50여 편을 올려놓았으며, 온라인으로 접속가능하게 하고 있다.

28 이응인의 시작품과 산문목록은 아래와 같다.
시 : 「산속에 갇힌」(2014), 「당신들은 이곳에」(2014), 「아버지 장례도 치르지 않았는데」(2014), 「밀양 송전탑 받아쓰기 1」(2014), 「밀양 송전탑 받아쓰기2」, 「밀양 송전탑 받아쓰기 3」, 「밀양 송전탑 받아쓰기 4」, 「송전탑 살아서 볼 바에야」(2013), 「밀양에는」(2013), 「송전탑 할머니 살려주세요」(2013), 「김정회를 석방하라」(2013), 「화악산」(2013. 시화전), 「잘못했습니다」(2013), 「밀양 2012 여름」(2012), 「전자파, 너희나 먹고 잘 살아」(2013), 「그래도 할아버지 미워요」(2012), 「겨울 송전탑」(2012), 「765 송전탑 막지 못하면―이치우 어른」(2012), 「평밭 할매의 시」(2012), 「새대가리도 아니고」(2012), 「욕 안 하고 되나」(2012), 「비나이다」(2012), 「밀양 화악산에 웬 풍선?」(2013)
산문 : 「밀양 산속에서 흘리는 눈물」(2014.5), 「산속에 사는(갇힌) 두 할머니」(2014.2), 「밀양 송전탑 문제의 숨은 진실」(신생, 2014.1), 「송전탑은 밀양의 문제가 아닙니다」(2013.12), 「밀양 송전탑 할매들의 고통과 희망」(2013.11·12), 「밀양은 전기 안 쓰나?」(2013.11), 「몰라서 그렇지 다른 곳도 다 반대했다」(2013), 「이러다 뭔 일 나지」(2013.5), 「밀양 송전탑 싸움의 불편한 진실」(2012.9), 「팔순 어른들이 막아선 송전탑」(2012.6), 「밀양 송전탑과 핵발전소」(2012.4), 「전기 안 쓰고 살 수 있나?」(2012.2), 「밀양 송전탑 현장 주민의 목소리」(2013.5), 「밀양 송전탑 무엇이 문제인가」(2013.6), 「밀양 송전탑 할매들은 왜?」(2013.6), 「밀양 송전탑 할매들이 위험하다」(2013.8), 「밀양 송전탑 촛불로 구조 신호 보내」(2013.9), 「밀양 송전탑 반대 주민, 눈물을 삼키고 추는 춤」(2013.10), 「몰라서 그렇지 다른 곳도 반대했다」(2013.7), 「동화전 96번 송전탑 공사장 할머니들」(2012.10), 「76만5천 볼트 막으러, 할매는 주사바늘을 배고 달렸다」(2012.6), 「밀양 송전탑과 핵발전소」(2012.5), 「밀양 송전탑 반대 주민들이 눈물을 삼키고 추는 춤」(2013.10),

"2011년 9월 『경남작가』에 실을 밀양 송전탑 르포를 쓰기 위해 단장면에 사는 분을 인터뷰하면서부터" 라고 밝히고 있다.[29] 이후 지속적으로 현장을 취재한 르포[30]를 외부의 신문이나 잡지에 발표하였고, 시적 형상화작업을 했다.

제 나이 26살에 평밭에 터를 잡아

자식 6남매 낳고

온 식구 배 고라 가면서

손바닥만한 땅 한 평생 일구어

늘그막에 영감 할멈

마음 편히 살아볼까 하는데

고압 철탑이 웬말입니까.

나는 피땀 흘려 가꾼

[현장] 밀양시 단장면 용화마을에서 열린 123번째 촛불 문화제/ 밀양 송전탑 주민들, 촛불로 구조 신호 보내(2013.9)/ [현장] 28일 저녁, 119번째 송전탑 반대 촛불 문화제/ "400만원 필요없다" 밀양 송전탑 협상타결? 열받는다(2013.9)/ 상동반시의 고장, 고정마을에서 만난 두 이장/ "전력 예비율 낮은 게 밀양 송전탑 때문인가?"(2013.5)/ 밀양시 단장면 고례, 범도리 마을 송전탑 88, 89번 공사 현장을 가다/ 순박했던 할머니들, 왜 옷을 벗었나(2013.5)/ 76만 5000볼트 막으러… 할매는 주사바늘 빼고 달렸다(2012.6)/ [현장]경남 밀양시 부북면 주민들, 산속에서 움막 짓고 '송전탑 반대'/ 두 할머니, 산 속에 갇히다(2014.2)/ 밀양 산속에서 흘리는 눈물(2014.5)

29 이응인, 앞의 글, 180쪽.

30 문학적 경계를 해체하는 과정에서 르포 역시 문학의 경계와 관련있는 장르이다. 문학장르로 볼 것이냐 아니냐의 논란은 아직도 많지만, 최근 용산, 강정, 밀양, 팽목항 등 핵심 사건의 현장에서 집중적으로 쏟아져 나오고 있는 르포는 단지 시류의 문제로 파악할 수 없다. 이는 무엇보다 정전화된 문학장르에서 주변화된 장르이며, 기존의 중심적인 장르가 역할을 제대로 하지 못하고 있다는 점을 반증한다. 그러면 이때 무엇을 제대로 하지 못하는가, 작가는 무엇인가, 문학은 무엇인가에 대한 경계 논의로 이어지며, 이러한 경계 논의와 지역문학은 어떻게 접속해야 하는가의 문제와 연결되어야 한다.

이 논밭과 우리 목숨은

철탑과 절대 바꿀 수 없습니다.

— 구화자, 「밀양 765kv 송전탑 증언 ②」

　인용된 시는 송전탑 반대하는 '할매'의 국회 탄원서를 옮겨 놓은 것
이다. 여기에서 주목할 것은, 밀양 송전탑에 대한 당사자 증언이 곧 시
형식으로 들앉았다는 점이다. '밀양 765V 송전탑 증언'이라는 제목 그
대로 현장에 있는 할매들의 목소리가 현장을 생생하게 고발하고 증언
하는 형식으로 읍소하기도 하고("요대로 살다가 / 죽도록 해 주십시오"), 애
원하기도 하고, 으름장을 놓기도 하면서("송전탑이 들어선다면 / 난 불살으
고 죽을 것입니다") 송전탑 건설 반대 입장을 단호하게 드러내고 있다. 마
치 신문고를 두들기며 저마다의 억울한 사연을 털어 놓고 있는 듯한 이
미지를 연상시킨다. 그런데 여기서 할매들의 생생한 목소리는 문학적
재현의 형식을 취하고 있지만, 여기서 전달되는 목소리는 재현 너머 혹
은 이면을 연결시켜 주고 있는 울림에 있다. 당사자성과 현장성이 문학
과 겹쳐지는 자리, 이 자리는 단순하게 현실에 대한 구호나 참여의 문
제로 환치할 문제는 아니다. 낯선 할매, 할배들의 생생한 증언은 전통
적 서정성이나 관념적 정념에 대해 파열음을 던진다고 볼 수 있다. '아
무도 듣지도 묻지도 않는' 버려진 언어가 시의 자리에 배치되는 순간은
이미 규정된 각각의 몫의 자리를 규정하고 있는 확고한 경계선에 개입
하여 불일치와 틈을 만들어 내는 작업으로 의미화 할 수 있다.

　이러한 형식은 시인의 시쓰기 형식에서도 변화가 일어난다. 이응인 시인
의 『밀양 송전탑 받아쓰기』 연작은 실제 인물의 말을 그대로 '받아쓰고'
있다.

5월 20일 날 우리 어른 109번 현장에서

헬기 타고 병원에 실려가고

우리 마누라 113번에서 허리 부러져서

구급차 타고 병원 가고

내, 삼문동 유한숙 어르신 분향소 철거할 때

목을 매어 병원에 실려 갔어요

철탑 들어와도

우리는 부숩니다

끝까지……

— 이응인, 『밀양 송전탑 받아쓰기』 2, 「상동면 모정마을 한 어른」

　이러한 직접적 받아쓰기 역시 대상의 언어를 번역할 수 없는 한계를
시인하고 대상의 언어를 그대로 시인의 시쓰기 공간에 침투시키고 있
음을 알 수 있다. 이를 시적 화자의 복화술로 접근할 것이 아니라, 참여
와 개입으로서의 문학의 정치로 상정해 보자. 현장의 날것들이 시인
의 '시-쓰기'의 시간에 침범하여 새로운 시-쓰기의 시간을 창조해 내
고 있다. 이러한 지점에서 생성된 문학의 의미에 대한 진은영의 지적은
일리 있다. "정체가 모호한 공간, 문학적이라고 한번도 규정되지 않은
공간에 흘러들어 그곳을 문학적 공간으로 바꿔 버리는 일. 그럼으로써
문학의 공간을 바꾸고 또 문학에 의해 점유된 한 공간의 사회적-감각
적 공간성을 또다른 사회적 감각적 삶의 공간성으로 변화시키는 것이

문학의 아토포스atopos이다.”[31]

　랑시에르는 문학의 정치를 참여예술이라는 이름 아래 수행되는 치안활동을 위한 문학적 동원과 구분한다. 문학의 정치에서 문제가 되는 것은 현실참여나 개입의 여부가 아니라 그 참여와 개입이 불일치를 가져오는지의 여부이다. 따라서 랑시에르가 참여문학과 거리를 두는 문학의 정치를 강조하는 근본 의도는 문학의 고유한 정치라는 개념 아래 예술사적 문학 실험이 아닌 '참여와 개입의 벡터를 표시'하는 데 있는 것으로 이해해야 한다. 이렇게 이해될 때 문학의 정치는 기존의 정치 영역에서 의제화되지 못한 목소리들을 듣고 비명을 지르는 존재들을 기억하고 가시화함으로써 불일치를 창조하는 광범위한 활동을 의미한다. 그것은 문학적 상상력을 통해 정치와 삶에 대한 새로운 감각을 환기시키는 재현 방식을 반영하려 한다.[32] 이러한 밀양 송전탑 시들은 현장에 붙여진 벽보, 사진, 현수막, 르포기사 등과 상호텍스트성을 형성하면서 그 진동의 폭을 확장하고 있다.

2) 근대적 시간에 역행하는 시적 주체와 지역의 정치학

　문학적 사건으로 들어온 밀양은 송전탑을 계기로 전후의 공간이 이원화된다.

　　여기는 대한민국이 아니다.

31　진은영, 앞의 책, 180쪽.
32　위의 책, 138쪽.

여기는 사람 사는 땅이 아니다.

사람 대신

76만 5천 볼트 송전탑이

번쩍이며 사는 곳이다.

— 이응인, 「밀양에는 사람 대신 송전탑이 산다」

위의 시에서 시인은 송전탑으로 대체된 밀양의 현실에 대해 더 이상 사람이 사는 곳이 아니라고 단정 짓는다. 국가의 보호를 받지 못하는 밀양사람은 국민도 아니고, 밀양은 국가의 내부가 아니다. 그렇다면, 송전탑 이전의 밀양은 어떠한가. "황금빛 머리칼 쓸어넘기는 들판과 / 저 할배 이마의 주름살 같은 산자락과 / 할매 손등에 펼쳐진 강물"같은 "부드럽고 곱고 아름다운" 것만 있던 곳이었다. 송전탑을 전후로 밀양의 시공간은 삶 / 죽음의 계열체들로 반복 재생산된다. "국책사업, 핵발전, 공권력, 협박, 구속, 눈물, 고통"등은 죽음 계열체의 연속상이다. 그러므로 "산허리에다 철탑을 꽂고, 강의 가슴에다 비수 꽂아" 장소의 흐름들을 차단하는 송전탑 건설에 대한 거부는 외부 권력의 장소 탈취로부터 이들의 기억 속에 있는 장소를 지키고자 하는 실천적 움직임이다.

이러한 실천적 움직임의 주체가 이제 '살날이 얼마 남지 않은' 할매, 할배들이라는 점을 주목해 필요가 있다. 근대적인 시간은 현재의 시간을 담보로 미래의 시간을 기획한다.(특히 송전탑이 내세우는 미래기투는 전형적인 근대개발담론 안에 위치한다) 이 자리에서 과거의 시간에 위치하고 있는 노인은 폐기되어야 할 대상이지만, 송전탑 시에서 시적 주체는 할매, 할배들이며, 이들은 '성난 눈으로' 지역을 바라보고 있다.

나보고 욕쟁이라고

그래 욕쟁이다, 이 썩을 놈들아

너그 같으마 욕 안하고 되나 봐라

촌에 사는 늙은이라고 무시하지 마라

우리도 알 만큼 다 안다

핵 발전소 지어갖고 재벌배 불리고

송전탑 세워 너그는 전기 팔아먹고

잘 묵고 잘 살고

우리 산골 노인들은 다 죽으라고

너그 같으마 욕 안나오고 배기겠나

전기는 팡팡 너그가 다 써는데

우째 우리들 목숨만 위태롭게 되노

넘이사 죽든 말든

너그만 잘 살겠다는 그 심보 뭣고

이 썩을 놈들아

내 오늘은 보는 눈이 있어 점잖게 한다

정신 차리래이, 썩을 놈들

— 이응인, 「욕 안하고 되나」

처음부터 욕쟁이가 아니라, 송전탑 때문에 욕쟁이가 되어버린 노인들의 분노를 추동하는 것은 결국 과거 장소에 대한 기억이다. '온몸 수족을 쓸 수 없는 병에 걸려 / 화악산 산기슭에서 다 나았던' 기억(「밀양 765kv 송전탑 증언④」), '자식 6남매 낳고 / 손바닥만한 땅 한평생 일구'었던 기억(「밀양 765kv 송전탑 증언 ②」), '산밭에 대추 밤 농사지어 / 이웃과 나누었던' 기억(「밀양에는」) '번듯한 직장 접고 귀농해 / 밤낮없이 유기농에 힘 쏟았던' 기억(「밀양 송전탑 반대한 김정회를 석방하라」), '손톱 닳도록 / 돌멩이 골라 낸 / 산밭 / 어깨 빠지도록 / 거름 져낸 / 논밭(「당신들은 이곳에」)'에 대한 기억들과 현재가 충돌하면서 욕쟁이가 되어버린 노인들은 성난 눈으로 과거를 포괄하면서 밀양이라는 지역을 보듬고 있다. 지역에 대한 이해가 그 장소에 대한 살이의 겹을 알지 못하면 허명虛名이 될 수밖에 없고, 지난 시간의 주름이 골골이 새겨 있는 장소가 뭉개지는 것을 보면서 시적 주체인 할매 할배들은 슬픔을 넘어 분노로 이어지고 있다. 하여 성난 할매, 할배들은 장소를 확보하려는 능동적인 주체로 나선다. 이푸 투안의 말처럼 장소와 맺은 친밀감은 자기정체성을 형성하고 세상을 살아가는 기본 출발점이 되므로.

반면, 할매, 할배들이 분노의 주체가 되어 나서는 동안 '젊은 것'들은 오히려 뒤로 물러나 있는 모습을 발견한다. 그런데 할매, 할배들의 성난 눈과 마주치면서 이들은 하나 둘 고해성사를 하며 지역 안으로 들어온다.

> 밀양땅 골짝골짝
> 765 송전탑 예순아홉 개나 서면
> 불 보듯 뻔한 전자파 위험 알면서도
> 내 집 앞으로 지나가지 않는다고
> 못 본 척했습니다.
> 바쁜 척했습니다.
> (…중략…)

남의 일 보듯 했습니다.

— 이응인, 「765 송전탑 막지 못하면」

나 하나만 살아남으려고
산골 주민들 벼랑 끝으로 내몰았습니다.

아버지 어머니께
잘못했습니다.
할아버지 할머니께
잘못했습니다.

— 이응인, 「잘못했습니다」

부끄러운 청년들과 성난 노인들의 만남은 과거, 현재, 미래의 시간을 서로 포괄하면서, 탈장소화에 맞서는 노인들의 저항의 당위성을 더욱 확보해 준다. 또한 부끄러움에서 참여로, 혹은 읍소에서 분노로 이어지는 시적주체들의 정치화 과정을 확인할 수 있고, 이 과정이 밀양이라는 지역으로 수렴되어 있음을 확인할 수 있다.

'세상 돌아가는 것 모르고 내 땅에서 오직 농사만 짓고 살았던 '무지렁이' 할매, 할배들이, 내 땅을 박차고 나와 세상에 대해 발언을 하는 것은 기존의 주어진 자리(배치)에서 벗어남으로 볼 수 있다. 시적 주체로 등장한 할매들의 발언이 '그냥 이대로 살게 해 주세요' '도와주세요' 등의 부탁, 애원, 읍소에서 '……할 수 없습니다' 단호한 거절이나 어깃장에서 나아가 '그래 욕쟁이다 썩을 놈들아' '새대가리도 아니고 생각

좀 하라'고 외치는 분노의 단계에 이르면 이제 더 이상 할매, 할배들의
자리는 하늘만 바라보며 '내 땅에서 농사만 짓다가 가는 순종적인 주체
에서 벗어나 있음을 발견한다. 이러한 노인들의 저항의 파토스는 구성
적 외부에 놓였던 지역의 위치와 여기에 대한 저항으로 이어지는 지역
성과 연결된다. 주체화의 과정은 기존 사회질서에서 정의되는 것이 아
니라, 기존의 자리들의 분배를 무질서하게 만드는 사건을 통해 가능하
다고 했다. 다시 말해, 기존의 질서에서 자신들을 규정하던 정체성으로
부터 스스로를 분리해 내는 작업이 곧 탈정체화의 과정이다.[33]

두 편의 시가 있다.

건강한 사내 어깨뼈같이

단단한 산

기품있는 장군의 콧날같이

늠름하고 우뚝한 산

학교 교가에 터주대감으로

사랑받는 밀양의 진산

구름이 가리면

한결 신비롭고

눈이 쌓이면

---

33 탈정체화의 과정을 보면, 첫째 타자가 고정해 놓은 정체성 거부하기, 이 정체성을 변조하기,
어떤 자기와 단절하기 둘째, 타자에게 전달되는 증명이자 어떤 해(tort)로 정의되는 공동체
를 구성하는 증명이다. 셋째, 그것은 언제나 불가능한 동일시와 동일시하기다. 한마디로
주체가 (주어진) 자신의 위치에서 벗어나 자기 바깥의 타자와 관계 맺으려 하는 탈정체화의
과정을 통한 정치적 주체로의 재구성에 있다(자크 랑시에르c, 앞의 책, 119쪽).

설경이 뛰어난 산

시내 어느 곳에서나 볼 수 있어

밀양사람들이 사랑하는 산이기에

가슴에 가슴으로 살아있는 산

— 이광남, 「화악산」

옆구리며 정수리에

쇠침을 푹푹 꽂으며

고압 송전선 지나간

화악산,

사람은 갈 수 없는

밀양의 진산

— 이응인, 「화악산」

　동일한 대상을 두고 당대 두 시인이 말하고자 하는 것은 다르다. 전자가 밀양 지역민에게 보편적으로 남아있는 심상, 변치 않을 고유한 표상이라면 후자는 특정한 사건-시간을 경유하지 않고는 전달될 수 없는 지역의 형상이다. 지역의 보편적인 심상은 결국 고정되고 확정된 것이 아니라, 특정 시간이 경험하는 사건을 포함한다면, 현재의 첨예한 갈등의 현장의 기록이 삭제된 지역의 서사는 결국 편집증의 보편 서사를 벗어나기 힘들다. 지역문학이 장소에서 출발하되, 오늘의 지역이 놓여 있는 지형도를 놓치지 않고 장소 귀속으로 환원되지 않는 방법론은 기존의 문학의 견고한 경계들에 질문해 나가면서 틈새를 내고 새로운 문학 지대를 만들어 나가는 일이다. 화악산을 경과하는 갈등의 진폭과 그 기록들은 이러한 점에서 의미화 될 수 있다.

3) 지역을 넘어, 지역과 지역의 연대

한편, 지역 내부의 시인들이 밀양의 현 상황을 고발하고, 어깃장을 놓고, 안팎으로 동참을 호소하면서 '밀양'이라는 지역 내부가 더욱 도드라지는 것과 달리, 지역 외부의 시인들은 밀양을 밀양으로만 두지 않는다.

> 도대체 밀양으로 가는 길은 어디인가요
> 돌아보면 밀양 아닌 곳이 없네요
> 눈물 아닌 곳이 없네요
> 아픔 아닌 곳이 설움 아닌 곳이
> 분노 아닌 곳이 없네요
>
> ─송경동, 「밀양으로 가는 길」

> 신기록을 세우고도 기록이 남지 않는
> 시간이 멈추어 있는 탑
> 강정에서 평택에서 울산에서 밀양에서……
> 이 땅에는 더 이상 오를 탑이 없다

더 이상 탑 위에는 시간이 흐르지 않는다.

—표성배, 「시간이 멈추어 있는 탑」

화악산 평밭마을 들머리에서

나는 보았다

대한민국 용산에서 밀양까지

'두 개의 문'이 관통하고 있음을 보았다

두 개의 문을 들어서자

시원한 바람 대신 캄캄한 어둠이

무거운 역사처럼 밀려왔다

—표성배, 「두 개의 문」

오늘도 한사람의 죽음이 여기 닿았다

바다 저편에서 밀려온 유리병 편지

2012년 12월 31일

유리병 편지는 계속되는 波高를 이렇게 전한다

42피트·········· 쌍용자동차

75피트 ·········· 현대자동차

462피트 ·········· 영남대의료원

593피트 ·········· 유성

1,545피트 ·········· YTN

1,837피트 ·········· 재능교육

2,161피트 ·········· 콜트-콜텍

2,870피트 ·········· 코오롱유화

— 나희덕, 「아홉 번째 파도」

영감,

그 옛날 YH 꽃다운 처자들이 목숨 같은 옷을 벗듯이

영감, 오늘은 내가 옷을 다 벗소.

— 장유리, 「아, 密陽」

　　송경동, 표성배 시인에게 밀양은 용산이고, 강정이고 평택이고, 울산이고 '눈물, 아픔, 설움, 분노'가 있는 곳이라면 다 밀양이다. 나희덕은 밀양 이치우 할아버지의 죽음을 쌍용, 현대, 영남대의료원, 유성, YTN, 재능교육, 코오롱유화 노동자의 죽음과 연결시키고 있다. 장유리는 밀양 할매와 1970년대 YH여공들을 겹쳐놓고 있다. 뿐만 아니다. 고통의 현장은 국가의 경계를 넘어선다. "체르노빌과 후쿠시마는 오늘도 내 밥상머리까지 달려와 / 초록별 지구가 아니라 핵의 별이라고 / 피눈물로 아우성인데"(이양숙, 「오늘 밀양행 기차를 타시라」) 단지 밀양 송전탑, 밀양의 눈물에 국한되는 것이 아니라, '고통의 지구화'로 확대시키고 있다. 용산-평택-강정-체르노빌-후쿠시마-밀양이나, 밀양 할매와 1970년대 YH여공이나, 후쿠시마 주민들에 이르기까지 이들의 공통성은 철저하게 외부화된 취약성에 있다. 시인들은 외부로 추방된 이들을 다시 불러내며 취약성을 전면화시키고, 공통성으로 묶어내고 있다.

그래요, 알겠어요

우리에겐 다른 빛이 필요하지요

어떤 폭력에도 굴욕에도 꺾이지 않는

존엄한 인간성이라는 그 영롱한 빛

어떤 핵분열도 따라올 수 없는 분노의 빛

어른께서 놓아두고 간 그 생명의 빛

난 그 빛을 찾아 오늘도 꿈속마다

나의 밀양을 끝없이 가고 있어요

— 송경동, 「밀양으로 가는 길」

　밀양을 벗어나 시공간이 확장되면서 만나는 이러한 취약성들이 송전탑의 빛과는 '다른 빛'인 '연대의 빛'을 만들어낼 때 '폭력과 굴욕에 꺾이지 않는' '존엄한 인간성'을 회복할 것임을 시인들은 강조하고 있다. 이러한 연대는 밀양을 더 이상 밀양만의 스케일에 가두지 않고, 밀양의 경계를 넘어서게 한다.

　이러한 지점은 지역문학의 특수성을 넘어서는 지점으로 볼 수 있다. 지역공간의 재조정 과정에 대한 문학적 응전에서 일차적으로 대면적인 응전은 밀양 지역문학의 당위적 부분이다. 그러나 지역문학이 궁극적으로 지향해야 하는 지점이 지역의 특수성을 넘어 보편성으로 나아가는 것이라고 할 때, 밀양의 공간 확장은 지역문학이 해결해야 하는 특수에서 보편으로 나아갈 수 있는 지점으로 볼 수 있다. 이는 차이성을 강조한 특수성이 아니라 지역의 단독성과 단독성이 만나 개별적 보편자를 획득하는 순간으로 의미화 할 수 있다. 여기서 지역 내부자의 시선으로 다시 수렴된다면, 문제는 내부가 아니라, 내부성이다. 또한 지역문학이 물리적 지도의 속성뿐만 아니라 인식적 층위에서 주변성, 소수성을 내포하고 있는 장르라고 전제할 때 밀양, 강정, 평택은 취약성이라는 공통성을 확보한다.

이러한 지역 간의 연대는 지역 내부에 국한되는 장소성을 넘어섬을 보여준다. 지역문학 논의에서 가장 중요한 카테고리로 정의되었던 '그 장소의' 라는 장소 귀속성은 지리적이고 물리적인 영토를 넘어 '내부성'에 대한 경계를 재사유하게 해준다. 이런 점에서 구체적 장소에서 촉발된 지역문학이 중심주의를 기획하지 않는 보편성을 획득할 수 있는 공간지평을 열어볼 수 있다. 이러한 장소의 연대는 "강정이 밀양이고 밀양이 강정입니다. 모두 우리 마을입니다"(밀양 765kv 송전탑 반대 대책위원회), "밀양과 후쿠시마는 핵발전으로 고통 받는 한 식구입니다. 손을 맞잡읍시다"(밀양 765kv 송전탑 반대 대책위원회) 등 현장에 내걸린 현수막들과도 연결된다. 밀양 송전탑이 밀양을 넘어서고 있는 사건이라는 점에서 지역과 지역을 넘는 관계망을 고찰하는 것이 중요하다. 이러한 관계망을 바탕에 둔 문학적 대응의 여러 양상들에서 지역문학의 새로운 지평을 상상할 수 있다. 또한 지역 안팎 작가들의 공통된 감각으로 만나는 밀양 송전탑의 글들은 지역문학이 장소귀속성을 넘어 확대될 수 있는 지평을 열 수 있게 해 준다.

5. 사건의 자리, 변방의 역설

국가 내부의 한 지역에서 국지적 지역의 스케일 중심이었던 밀양에 송전탑 건설이라는 국가공간 프로젝트는 국가-지역의 수직적이고 위계적인 스케일을 강하게 동반하였다. 반면 이러한 위계적 스케일이 작동되면서 이에 맞서는 지역의 저항도 작동되었다. 오늘날 전지구적 시공간에서 국가스케일보다 세계의 스케일이 더욱 강력하게 지역을 매개하고 있으며 이 가운데 국가 규정력이 약화되고 있다고 하지만, 특정 국면에 따라 발현되는 양상은 다르다. 송전탑의 문제에서 국가와 자본이 결탁되어 밀양에 대해 그 강제력을 집행하는 힘은 국가권력(지배적인 상징체계)에 전적으로 기대고 있음을 알 수 있다.

위계적 스케일이 작동되고 있는 장소에는 포섭과 저항의 로컬리티가 길항하는데 송전탑으로 표상되는 로컬리티가 위로부터 강제화 된 포섭이라면, 이를 저지하기 위한 지역민들의 실천적 움직임들과 이로 인해 형성된 시공간들은 저항의 로컬리티를 발현시킨다. 이때 저항의 로컬리티가 생산되는 미시적 과정들에 대한 해명은 오랫동안의 착취와 배제로 인하여 경제적, 정치적, 제도적 권력을 가질 수 없었던 사람들의 자기 입장과 시선을 만들어갈 수 있는 토대가 되고 창조적 참여의 문을 열어준다. 이 순간은 새로운 주체가 탄생하는 '사건의 장소'[34]가 될 수 있는

---

[34] 바디우(A.Badiou)는 사건이란 돌발적으로 일어나는 것으로서 구분과 식별의 체계로서 지식을 교란시키는 것이라 했다. 이 사건이 일어나는 지점이 '사건의 자리'이다. 사건의 중요성을 포착하여 그 사건을 상황의 실제적이고 근본적인 문제로 간주하는 '개입(intervention)'을 통해 상황 속에서 그 사건에 충실한 주체가 탄생한다. 이는 이전 상황을 지배하던 법칙성의 체계에서 벗어나 사건이 만들어낸 진리를 추구하는 주체들을 탄생시킨다(알랭 바디우, 조형준 역, 『존재와 사건』, 새물결, 2013, 289~328쪽 참조).

잠재태를 지닌다.

사건의 자리, 밀양에서 생산되는 다양한 텍스트들은 주로 할매들의 이야기로 수렴된다. 이 텍스트들은 송전탑을 반대하는 지역적 저항을 대표하는 주체의 자리에 '할매'를 올려놓는다. '할매가 온다' '밀양 할매들' '밀양 할매를 살려주세요' 등등 할매는 하나의 상징적 기호가 되었다. 밀양에서 투쟁에 동참하는 사람들 중에는 할배도 있고, 할매나 할배라고 부르기에는 생물학적으로 나이가 꽤나 젊은 사람들도 드물지 않다. 사십대에서부터 팔십대까지 찾아보면 모두 만날 수 있다. 그러나 밀양에서 송전탑에 맞서 분노하고 저항하는 사람들은 모두 '할매' 안으로 수렴된다. 왜 '할매'를 저항담론의 상징적 기호로 불러왔을까. 물론 사실적으로 접근해 볼 때 그 장소에 할매가 많기 때문이다. 주변, 여성, 과거 등등의 겹쳐져 있는 이 할매는 주변 중에서 주변인 가장 취약한 지반에 있는 존재이다. 이 할매는 과거와 현재를 잇고 다음 세대까지 연결시킴으로 과거-현재-미래를 연속시키고, 이곳과 저곳을 포괄하는 시공간성에 올려놓고 있다.[35] 공간 개발주체인 남성적 폭력에 맞서는 기호로 제일 취약한 지반에 있는 할매를 내세웠다는 것은 역설적이다.

이 변방의 역설은 중심으로부터 소외된 채 버려지는 공간이 아니라 체계의 바깥과 관계하는 영역, 외부의 새로움을 먼저 접하는 장소, 체제 내적이지 않은 변화의 시발점이 되는 장소가 될 수 있다는[36] 데서

---

35 달리는 철도의 기관차 같은 근대의 시간에서 폐기처분되었던 할매들의 시간을 '분노한 할매'에 접속시켜볼 때, 벤야민이 말한 질주하는 기관차의 브레이크에 연결하여 불일치의 표상으로 등장한 할매의 급진성을 미학적 혁명에 연결하고, 변방의 지역문학의 급진성으로 이어질 수 있지 않을까?(벤야민, 최성만 역, 『역사의 개념에 대하여/폭력비판을 위하여/초현실주의 외』, 길, 2008, 335~336쪽).
36 김수환, 『사유하는 구조-유리 로트만의 기호학 연구』, 문학과지성사, 2011, 35쪽.

마련된다. 이러한 할매의 위치성이나 근대국민국가 안에서 지역이 놓여있는 위치성은 이런 점에서 유사하다. 질서 밖으로 밀려난 지역이 동일성을 상상하며 포섭되기를 욕망하는 것이 아니라 지역 내부의 새로운 시간을 생성시키고자 하는 수행성은, 구획된 경계에 침범하여 질서를 교란시키며 창조적 생성의 공간을 전망할 수 있는 계기가 될 수 있다. 그동안 아무도 들어주지 않았던, 그래서 제 언어를 갖지 못했던[37] 할매들의 시간(말)이 시인의 시-쓰기의 시공간을 침범한다. 이러한 버려진 이야기들이 구성하는 차이와 불일치의 자리, 이 자리를 지역문학의 자리, 문학의 정치로 요청한다. 이는 '하나의 이데올로기'로 봉합되는 문학사를 넘어선다. 이런 점에서 최근 밀양에 대한 문화적 재현에 침범해 들어온 할매의 '날것'으로의 목소리를 주목해 볼 수 있다. 송전탑으로 수렴되는 거대 서사에 분열을 일으키고 틈을 만들어 낼 수 있는 것은 '아무도 들으려 하지 않았던' 할매들의 버려진 이야기들을 복권하는 일에서 시작된다. 할매들의 이야기에는 외부의 시선이 '개념화'하지 못하는, 할 수 없는, 장소에 대한 삶의 언어가 누적되어 있다. 그것은 가시화될 수 없고, 설명될 수 없고, 계량화될 수 없는 정서적 아우라를 포함한다.

밀양문학회의 활동뿐만 아니라, 밀양에 대한 문화적 재현은 2012년

---

37 이미 상투화된 스피박의 '서발턴은 말할 수 있는가'는 여러 문맥 안에서 해석된다. '서발턴은 말할 수 없다'는 상황과 '서발턴은 말해야 한다'는 당위 사이를 오가고 있는 이 전언의 출발의 기저에는 '언어(공적언어)'가 없는 이들의 곤혹스러움이 전제되어 있다. 특히, 서발턴들이 부여받지 못한 언표행위의 위치를 주목했다. 이들이 말할 수 없는 것은 말할 수 있는 위치나 권력을 갖지 못했기 때문만이 아니라, 그보다 더 당면한 곤혹스러움은 공적 담론체계 안에서 서발턴이 선택할 수 있는 언어가 이미 중층결정되어 있기 때문이다. (로버트 J. C. 영, 김용규 역, 『백색신화』, 경성대 출판부, 2008, 402쪽)

이후 집중화되었다. 이는 부북면 이시우 할아버지의 분신자살이 큰 계기가 되었다. 지역 내부에서 시인 이응인은 밀양 송전탑을 소재로 한 시나 산문들을 꾸준히 발표하고 있으며, 지역 문학잡지인『밀양문학』25집(2012), 26집(2013)에서는 기획 특집으로 '밀양 송전탑'을 다루었다. 여기에는 지역내부의 시인뿐만 아니라, 외부의 시인이나 활동가들이 필진으로 참여하였다. 또한『녹색평론』,『문화과학』,『오늘의 문예비평』등 타 지역의 문화잡지에서 밀양에 대한 르포들이 다루어지기 시작했다. 전국적인 사회적 확산에서 큰 효과를 만들어 낸 것은 다큐멘터리 영화〈밀양전〉(박배일, 2013),〈밀양아리랑〉(박배일, 2014), 구술채록집『밀양을 살다』(밀양구술프로젝트, 2014),『탈핵 송전탑 원정대』(밀양 할매 할배들, 2015) 등이다. 이후 다큐멘터리들은 계속 생산되고 있으며 SNS를 통해 적극적으로 유포되기도 한다. 이러한 재현물들이 의미를 갖는 것은 장소에 대한 리얼리티에 얼마나 충실하고 있는가에 있지 않다. 장소의 기원에서 시작되어 모사의 진위에 집중하는 지역서사의 클리셰는 오히려 그 지역의 전통적 방언성에 갇히게 된다. 지역문학의 새로운 지평은 지역 고유의 방언성에서 벗어나는 운동이 지속적으로 반복되는 데서 전망할 수 있다. 다시 말해, 재현체계를 넘어 미적체계에 이르는 길은 랑시에르 식으로 하자면, 기존의 감각적 경계들을 파괴하고 새로운 분배를 수행하는 데 '침입의 틈새'를 생성하는 일이다.

참고문헌

김수환, 『사유하는 구조-유리 로트만의 기호학 연구』, 문학과지성사, 2011.

남송우, 「지역문학 연구의 현황과 과제」, 『국어국문학』 144, 국어국문학회, 2007, 18쪽.

밀양구술 프로젝트, 『밀양을 살다』, 오월의봄, 2014.

박배균, 「규모의 생산과 정치, 그리고 지구화」, 『공간과 사회』, 한국공간환경학회, 2001.

박진, 「날 좀 보소, 날 좀 보소, 날 좀 보소 할매들, 할배들의 밀양 아리랑」, 『문화과학』 77호, 2014.

박태일, 『지역문학 비평의 이상과 현실』, 케포이북스, 2014.

배윤기, 「경계, 근대적 공간 그리고 그 너머」, 『인문과학』 34, 강원대 인문과학연구소, 2012.

빈진향, 「2013 여름 밀양, 그곳은 지금」, 『밀양문학』 26, 밀양문학회, 2013.

문재원, 「로컬리티 연구 어디까지 왔나」, 『로컬리티의 인문학-현황과 쟁점』, 제9회 로컬리티의인
　　　문학 워크숍 자료집, 2013.

＿＿＿, 「고향의 발견과 서울/지방의 (탈)구축」, 『한국현대문예비평연구』 38집, 한국현대문예비
　　　평학회, 2013.

송기섭, 「지역문학의 정체와 전망」, 『현대문학이론연구』 24, 현대문학이론학회, 2005.

이상헌·이정필·이보아, 「다중스케일 관점에서 본 밀양 송전탑 갈등 연구」, 『공간과 사회』 48,
　　　한국공간환경학회, 2014.

이응인, 「지역문학의 현실과 고민」, 『오늘의 문예비평』 95, 2014.

이재금, 「밀양은 다시 깨어나야 한다」, 『밀양문학』 창간호, 밀양문학회, 1988.

조명기, 「로컬 재현의 양상」, 『로컬리티의 인문학-현황과 쟁점』, 제9회 로컬리티인문학 워크숍
　　　자료집, 2013.

조성배, 「송전선로 건설 갈등의 장기화원인과 해결방안에 관한 연구, 신고리-북경남 송전선로
　　　밀양시구간을 중심으로」, 『공공사회연구』 2-2, 한국공공사회학회, 2012.

진은영, 『문학의 아토포스』, 그린비, 2014.

冨山一郎, 「기억이라는 문제, 혹은 사회의 미결성(openness)에 관하여」, 『로컬리티인문학』 3,
　　　부산대 한국민족문화연구소 2010.

로버트 J. C. 영, 김용규 역, 『백색신화』, 경성대 출판부, 2008.

Benjamin, Walter, 최성만 역, 『역사의 개념에 대하여/폭력비판을 위하여/초현실주의 외』, 길,

Badiou, Alain, 조형준 역, 『존재와 사건』, 새물결, 2013.

Ranciere, Jacques, 주형일 역, 『미학 안의 불편함』, 인간사랑, 2009.

_____, 오윤성 역, 『감성의 분할』, 도서출판b, 2008.

_____, 양창렬 역, 『정치적인 것의 가장자리에서』, 길, 2013.

Agamben, Giorgio, 양창렬 역, 『장치란 무엇인가』, 난장, 2010.

Butler, Judith, 양효실 역, 『불확실한 삶』, 경성대 출판부 2008.

『밀양아리랑신문』, 2013.8.13.

http://cafe.daum.net/milyangpen

밀항, 국경 그리고 국적

손진두 사건을 중심으로*

김원

1. 히바쿠샤 손진두, 1927~2014

본 연구는 1970년 한국인 원폭피해자 손진두의 밀항, 오무라수용소 수감과 수첩 재판을 통해 원폭피해자로 인정받게 된 맥락에 대해 분석하고자 한다. 1945년 8월 피폭됐으나 한국으로 강제 송환됐던 원폭피해자 손진두는 1970년 밀항을 통해 일본에 입국해 8년에 걸친 법정투쟁 끝에 원폭피해자로 인정받게 된다.[2] 이 사건은 한국인 원폭피해자

---

* 이 글은『한국민족문화』62집(2017. 2)에 실은 것을 수정한 글임을 밝힌다.
2 '밀항'이란 용어와 관련해서 일본 정부의 입장에서 규정한 밀항과 원폭피해자의 입장을 반영한 치료입국을 분명하게 구분할 필요가 제기될 수 있다. 충분히 제기될 수 있는 문제제기지만 식민지 시기이후 밀항의 역사성을 고려해야 한다고 본다. 한국인 원폭피해자들은 국교정상화 이후 한일정부에 대한 압력을 통해 '치료입국'을 시도했지만 이는 양국 정부에 의해 거부됐다. 이런 상황에서 불거져 나온 '예외적 선택'이 치료를 위한 밀항이었다. 치료를 위한 입국은 표면적으로 이전 시기 밀항과 구분되는 것처럼 보인다. 하지만 손진두의 수첩재판이 7년이 넘게 지지/지원을 받을 수 있던 것은 '식민주의/전쟁'에 대한

밀항, 국경 그리고 국적─손진두 사건을 중심으로 141

가 일본 정부로부터 피폭자被爆者, 히바쿠샤로 법적 인정을 받은 대표적 사건으로 기록되고 있다. 1,000여건에 이르는 국사편찬위원회에 기증된 당시 재판 기록, 탄원서, 일본 전국의 손진두 지원 단체의 소식지, 관련 기록은 이 사건이 손진두 개인의 문제가 아님을 보여준다. 즉 일본에서 한국인 원폭피해자의 존재가 알려진 '출발점'이라고 평가할 수도 있을 것이다.

당시 43세였던 손진두는 부산에 거주했고 히가시 마츠우라東松浦 해안에 여성 6인을 포함한 15명과 함께 밀항했다. 잠시 손진두에 관해 소개하면, 그는 1927년 오사카에서 손용로와 황또순 사이에서 4남으로 태어났다. 소학교 고등과 졸업 후 제지회사에 근무하다가, 1944년 히로시마로 가족이 이주하게 된다. 1945년 전신전화국 공사 하청을 하던 부친을 돕다가 8월 6일 폭심지 2.5km 지점인 전신전화국 창고에서 피폭을 당한다("특별피폭자"). 1945년 10월, 가족들은 귀국하지만 손진두는 일본에 남아 오사카로 이주해 미싱조립 등 일을 했다. 1946년 부모가 재입국했으나 원폭증으로 3년 내에 사망하고 말았다. 1951년 2월, 그는 외국인등록법 위반으로 구금되어, 같은 해 7월 오무라 수용소에서 강제송환된다. 1953년 재입국을 시도하지만 강제송환 되었고, 1963년 부산에서 결핵진단을 받은 뒤 1964년 밀입국해 오사카 파칭코 가게에서 일을 하다가, 1969년 강제송환 된다. 1970년 여름 즈음부터 어지럼증, 미열, 전신 수척 등 증세가 나타나 부산에서 원폭증 진단을 받고 치료를 받았으나 차도가 없자, 치료를 위해 그는

기억 때문이었다. 즉 원폭피해자의 치료의지에 못지않게 일본 정부의 속지주의와 입관법이란 식민주의의 현재성이 중요했고, 일본 정부의 입장을 반영하는 용어지만, 밀항은 식민주의-냉전이란 역사적 프레임을 담는 동시에 냉전 국민국가의 경계를 흔드는 행위라고 판단하기 때문에 본 연구에서 사용하고자 한다.

다시 밀항을 결심한다. 1970년 12월 밀항은 그의 3번째 밀항이었으며, 이는 생계를 위한 것이라기보다 원폭피해를 치료받기 위한 것이었다.[3]

기존 연구는 손진두 사건에 대해, 첫 번째, 손진두 사건 이전에 일어났던 손귀달의 밀항 시도, 1959년 히로시마에서 귀환한 합천 출신들을 중심으로 원폭피해자 모임이 결성, 1963년 관광비자로 방일한 모씨가 히로시마시로부터 원폭수첩을 배부 받은 일, 1964년 도쿄올림픽 관람 목적으로 방한한 박도연의 히로시마시로부터 수첩교부, 민단이 1963년 3월 1일 민단 히로시마지부가 중심이 되어 "모국피폭동포구원대책위원회" 조직 등 시도가 70년대 손진두 재판의 기원이라는 해석이다.[4] 또 다른 해석은 한국인원폭피해자들의 '사회문화적 뿌리'를 강조한다.[5] 한국전쟁을 전후로 과거 일본에 거주하던 한국인들이 일본으로 밀항과 재입국을 반복할 수 있던 배후에는 일본에서 재일조선인으로 체류하던 친인척과의 연결망이 한편으로 존재했기 때문이며 동시에 일본 시민운동진영과의 연결망이 존재했기 때문이란 것이다.

본 연구는 기존 연구에서 충분히 다뤄지지 못한 손진두의 밀항과 수첩재판 과정에서 일본 내 움직임에 주목해 다음과 같은 연구 질문을 제시하고자 한다. ① 왜 원폭피해자들의 '밀항'이 반복됐으며, ② 손진두 사건을 전후로 한 일본 시민사회의 변화를 식민주의 자각, 오무라 수용

3 孫振斗さんに治療と在留を!全国市民の会編集委員会 編, 『朝鮮人被爆者孫振斗の告発』, たいまつ社, 1978, 10~12, 25, 72面; 한국원폭피해자협회, 『한국원폭피해자 65년사』, 한국원폭피해자협회, 2011, 134쪽; 『경향신문』, 1971.6.8.

4 이치바 준코, 이제수 역, 『한국의 히로시마』, 역사비평사, 2003(市場淳子, 『ヒロシマを持ちかえった人々―「韓国の広島」はなぜ生まれたのか』, 東京, 凱風社, 2000), 54쪽; 오은정, 「한국 원폭피해자의 일본 히바쿠샤[被爆者] 되기」, 서울대 박사논문, 2013, 128쪽.

5 오은정, 앞의 글, 146~148쪽.

소의 발견 그리고 입관법 개정 반대를 둘러싼 '국경'에 대한 문제제기를 통해 살피고, ③70년부터 78년까지 이어진 손진두의 밀항과 재판 투쟁이 왜, 어떻게 사회화가 되었는지 지원 단체의 활동과 담론을 중심으로 살펴보고자 한다.

60년대 후반 만들어진 한국인 원폭피해자 조직은 존재했으나 큰 영향력을 지니지 못했다. 한국과 일본 정부도 1965년 한일국교정상화로 문제가 해결되었다고 판단해 한국 정부는 적극적인 조치를 취하지 않았고 일본 정부는 일관되게 속지주의 원칙에 입각해, 일본 내 거주하지 않는 한국인 원폭피해자들에게 '원폭수첩'을 교부하지 않았다. 즉 원폭 피해자로 인정하지 않았다. 그렇다면 왜 손진두 사건은 70년대 내내 일본 지원 단체의 관심과 지원을 받을 수 있었을까? 한국의 경우 유신 시기라는 권위주의적 상황이었기 때문에 적극적인 행동이 쉽지 않았던 점을 고려하면, 어떤 이유로 손진두 사건이 일본 시민사회에서 지속적 관심의 대상이 되었느냐는 충분히 제기할 수 있는 질문이다.

1970년부터 시작된 손진두 관련 사건의 배경은 60년대 후반 이후 일본 시민사회의 변화와 간접적인 관련성을 추정할 수 있다. 안보투쟁 시기와 달리 60년대 후반 "베트남에 평화를! 시민연합ベトナムに平和を!市民連合, 이하 베헤렌" 등 반전운동 흐름과 사회운동의 패러다임 전환으로 무당무파無黨無派, 시민주의, 개인의 권리의식에 입각한 자립적 운동에 기반해 입관체제 반대, 오무라수용소 해체 등 과거 일본의 식민주의 문제를 본격적으로 제기하기 시작했다. 또한 재일조선인의 국적 문제, 김동희 망명 사건을 계기로 대두된 오무라 수용소 문제 그리고 입관법 재제 정을 둘러싼 일본 체류 아시아인에 대한 전쟁과 식민주의 책임 문제가

불거져 나왔다. 이전 시기 일본 사회가 전후민주주의와 평화 국가라는 프레임 아래에서 망각해온 과거가 '현재'의 문제로 실감되기 시작했다.

일본 정부는 안보, 한미일동맹, 경제협력, 속지주의 등의 명분으로 한국인 원폭피해자를 입관체제에 근거한 '비국민-외국인'이라는 하나의 의미로 단일화 하고자했다. 이는 경제협력과 일본 내 조총련과 좌파 단체의 존재를 이유로 원폭피해자의 요구를 외면했던 한국 정부도 비슷했다. 하지만 손진두의 밀항, 오무라수용소 수감과 수첩재판 등 일련의 사건은 냉전 동아시아에서 망각되어온 식민주의, 냉전 아시아를 가시화시켰던 '정치성을 지닌 사건의 장소'라고 적극적으로 의미를 부여할 수도 있을 것이다. 다시 말해서 8년에 걸친 손진두의 수첩재판과 승소는 한국인 원폭피해자들이 일본 정부로부터 인정을 받았다는 의미와 더불어, 냉전 동아시아에서 망각되어온 식민지 시기 일본 거주 원폭 피해자의 존재, 이들의 월경을 입관법이란 행정조치로 자의적으로 강제 퇴거시켰던 관행 그리고 전후 일본 민주주의가 망각한 아시아를 회수한 사건이었다고 볼 수 있다. 비유하자면 '국경을 넘는 정치적 사건'으로 해석될 수 있다.

본 연구는 1970년 손진두의 밀항, 출입국관리법위반, 가석방, 입원, 오무라수용소 수감, 재판과정에서 나온 일본 시민단체의 소식지, 『시민의 모임』이라고 불린 손진두 지원 단체(주로 孫振斗さんを守る東京市民の会)의 활동과 재판 지원 활동에 대한 의미부여, 공판기록과 손진두의 진술서, 60년대 후반부터 집중적으로 일본 시민사회내 손진두 사건, 입관체제, 오무라수용소, 재일조선인 문제에 대한 견해를 담은 신문과 저널(일본조선연구소 기관지 『朝鮮研究』와 『世界』, 『三千里』 등), 기관지(『ベ平連ニュース 縮刷版, 1965~1974)』 등을 통해 왜 일본 시민사회에서 손진두의 밀항, 수감 그리

고 재판이 '사건'으로 드러났는지 다시 자리매김하고자 한다.

2. 재일조선인과 밀항의 불온성

1) 한반도에서 일본으로 밀항 —배경과 전개

한반도에서 밀항이란 무엇을 의미인가? 적어도 '제국'이 존재하던 시기 밀항은 엄격하지도 않았으며 대동아공영권-황국신민이란 경계 속에서 큰 의미를 지니지 않았다. 하지만 1945년 제국의 붕괴-제국의 수축-미군 점령이란 계기를 통해 냉전에 기초한 국민국가의 경계를 구축하기 위해 GHQ는 외국인의 '등록'을 강화했다. 본래 국민국가는 국적과 무관하게 영토내 거주자의 기본권을 보장한다. 하지만 일본의 인권개념은 서구로부터 수입한 '문명으로서의 인권'으로, '서양화'와 '천황제 국가건설'이라는 이중과제 속에서 독특한 형태로 구성됐다. 즉 인간의 권리는 천황에 대한 '신민의 권리'로 규정되었다. 인권은 자연권적 권리가 아닌, 신과 같은 통치권을 가진 존재로부터 '하사받은' 권리였다.[6] 1947년 5월 2일 공포된 외국인등록령은 외국인, 특히 재일조선인을 관리하기 위한 제도적 기반을 마련했다. 외국인등록령은 '국적' 조항을 완전히 삭제하고 인권보호대상을 "모든 국민("모든 일본국적 소유자")"으로 한정하게 되었다. 정리하자면 헌법에 인권이 규정되어 있지

---

6   이정은, 「전후 일본 인권제도의 역사적 전환과 모순」, 『사회와역사』 93, 한국사회사학회, 2012, 83쪽.

만 외국인에 대한 인권은 없는, 외국인의 인권은 헌법 보호의 경계 밖에 놓이게 되었다.[7]

그럼에도 한반도에서 일본으로 밀항이 지속된 것은 냉전 구축과정에서 '불안정한 국민국가로부터 탈출'이란 한반도의 역사적 배경 때문이었다.[8] 잔류한 가족과 귀환자 허가 재산이 1,000엔에 불과했던 불안정한 현실 등이 주된 이유였다. 그 계기가 정치적이든 경제적이든 다른 이유이건 밀항은 불법이지만 지속적으로 반복되던 월경행위이자 국민국가의 경계를 규정한 법적 장치를 흔드는 일이었다.

해방 이후에도 재일조선인들은 제주도와 오사카 등 "국경을 걸친 생활권"에 기초한 조선인 네트워크를 통해 월경을 반복했다.[9] 1945년 해방 직후 한국 귀환자들은 국내 인플루엔자, 만성적 기아, 홍수 등의 비참함을 알고 다시 일본으로 재입국했는데, 당시 재입국자는 매년 6,000~7,000명 선으로 추정된다.[10] 한국전쟁을 전후로 한 50년대 밀항이 정치적 망명, 즉 남한으로부터 탈출이란 성격이 강했다면, 60년대 이후 밀항은 '생계형'이라고 볼 수 있다. 이에 따라 밀항에 대한 관리와 감시도 강화되는데, 밀항자 1인 신고 시 5,000엔 상금, 연1회 한국인 밀항자 일제단속기간 등이 실시되었다. 하지만 엄밀하게 따지면 밀항자는 대부분 식민지 시기 일본에 거주했던 '제국의 과거를 품은' 개인들이었으며, 1975년 밀항자

---

7 梶村秀樹 1993[1989], 「Ⅲ. 入管法 · 外登法と在日朝鮮人」, 『梶村秀樹著作集』6, 東京 : 明石書店, 1993, 335쪽; 이정은, 앞의 글, 86~87쪽.
8 조경희, 「불안전한 영토, '밀항'하는 일상−해방 이후 70년대까지 제주인들의 일본 밀항」, 『사회와 역사』 106, 한국사회사학회, 2015, 69쪽.
9 조경희, 앞의 글, 42쪽.
10 高橋栄夫, 「大村収容所と民族国家止揚」, 『朝鮮研究』 86, 東京, 日本朝鮮研究所, 14-23, 1969年 6月, 17쪽.

가운데 해안 검거자는 1%에 불과했던 반면 대다수는 밀항 후 이미 상당 기간 일본에 거주하고 있던 '정주자'였다. 이는 밀항자와 정주자가 거의 동일한 상황임을 드러내 준다.[11]

그렇다면 손진두 사건을 전후로 한 한국 정부의 밀항자에 대한 정책과 태도는 어떠했을까. 결론부터 말하자면 1965년 한일협정으로 이 문제는 한일 간 법적으로 해결되었으며, 배보상 문제가 있다면 이는 한국의 국내문제라는 것이 기본 태도였다. 하지만 1965년 한일협정 체결문서는 회담 과정에서 한국원폭피해자 문제가 거론조차 되지 않았다. 뿐만 아니라 정부 상대 특별법 제정 요구에 대해, 1968년 10월 국회 보사분과위원회에 참석한 정희섭 보사부 장관은 "피폭자를 위한 특별법을 일본과 같이 만들고 대일 민간청구권 자금에서 피폭자를 보상해 주자는 제의"에 대해 "현실적으로 6·25 사변의 뒤처리가 남아 있어 특별법 제정은 어렵다"고 답변했다.[12]

즉 한국 정부는 원폭피해자에 대한 일본정부의 배보상을 요구할 의지를 갖고 있지 않았다. 오히려 한국 정부의 원폭피해자들에 대한 태도는 국가적 의무의 방기, 의심과 검열에 가까운 것이었다. 김승은이 선행 연구에서 밝힌 바와 같이, 반복적으로 이뤄지던 밀항, 오무라수용소 감금에 대한 한국 정부의 태도는 밀항자를 외교적 거래의 대상인 동시에 반공주의에 기반한 조국에 대한 배신자로 엄벌해야 한다는 분위기가 주류였다.[13] 실제 1957년 한일 간 양해각서에 따라 이듬해 오무라

---

11 현무암, 「밀항·오무라수용소·제주도—오사카와 제주도를 잇는 '밀항'의 네트워크」,
    『재일제주인과 마이너리티』, 제주대 재일제주인센터, 2014, 133쪽.
12 한국원폭피해자협회, 앞의 책, 118쪽.
13 김승은, 「재한(在韓)원폭피해자 문제에 대한 한일 양국의 인식과 교섭태도(1965~1980)」,

수용소에서 한국으로 송환된 제1진 송환자 대다수는 정부기관에 체포되었다. 이처럼 밀항에 대한 감시, 검거와 수용은 일본만이 아닌 한국 정부에게도 중요했다. 밀항자가 강제로 수용될 / 되는 부산 괴정수용소는 '공포의 대상'이자 '죽음의 장소'인 동시에 조국을 배신한 밀항자들에 대한 사상과 증거를 취재하는 '안전검열지대'였다.[14] 이런 맥락에서 한국 정부에게 오무라 수용소 강제송환자 명부는 신원조사 기능을 할 수 있게 하는 국내안보대책을 위한 중요한 문서였다.[15] 전후 한국정부는 재일한국인의 전원에 대해 한국국적 선언을 했지만, 1965년 한일협정 이전 / 이후에도 재일조선인에 대한 외교적 제스처 이외에 관심은 부재했다. 일관되게 한국정부는 재일조선인의 법적인 지위 안정보다 한반도 유일합법정부 공인, 한일협정을 통한 안정적인 경제적 지원의 확보가 더욱 중요했다. 일본에게 재일조선인이 과거의 부정해야하는 시간을 환기시키는 추방해야할 존재였다면, 한국에겐 일본에 부역한 의심스러운 '예비사상범=범죄자'이상이 아니었다. 한국 정부에게 밀항이란 단어에는 북송-조총련-사상범(혹은 비난, 배신자, 묵인, 부역자)이란 연쇄적 이미지가 드리워져 있었다.[16]

이처럼 일본 정부에게 '자이니치在日'는 국적을 박탈하고 추방해야할 대상이었고 한국 정부에게 있어서 일본에 거주했다는 사실 자체가 '빨갱이가 될 수 있는 위험'의 대상이었다. 실제 한국전쟁을 직후로 밀항한 사람들에게 대해 국회의원들은 배신자, 총살, 조국을 버리고 도망

『아세아연구』 55-2, 고려대 아세아문제연구소, 2012, 104~135쪽.
14 조경희, 앞의 글, 66쪽.
15 현무암, 앞의 글, 128쪽.
16 이정은, 앞의 글, 340쪽.

하는 자라고 비난하고 낙인을 찍었다.[17]

　이는 손진두 사건을 전후로 한 상황에서도 유사했다. 손진두 사건에 대한 한국 언론 보도 가운데 일부를 보면, 1972년 수첩재판 소송 직후 사건 보도에는 손진두를 "재일교포"로, 그의 요구를 "무료치료 요구"로 보도했다.[18] 6년이 흐른 뒤인 1978년 최고재판소 승소에 대한 기사에서도 "밀입국" "외국인"이라는 문제는 추가됐지만 여전히 "무료진료"가 제명으로 보도됐다.[19] 70년대 내내 한국 언론은 왜 손진두가 1945년 이후 한국으로 돌아와야 했고 일본으로 밀항을 반복했으며 일본에서 8년간 2개의 소송을 진행해야만 했고, 수첩재판의 중심적 주장은 무엇인지 보다 "무료"라는 점에 초점을 맞추었다.

　이처럼 한국 정부의 밀항-한국인원폭피해자에 대한 태도도 이전 시기 밀항자와 다르지 않았다. 1968년 손귀달 밀항 당시, 한국 정부는 조총련이나 일본 좌익 정당과 연계될 가능성을 우려해 빠른 송환에 합의했다.[20] 손진두 사건 직후 한국 정부의 반응은 밀항한 사실을 부끄럽게 간주하거나, 북한과 연계성을 손귀달 때와 마찬가지로 의심했다. 심지어 1975년 강제퇴거취하 공판에서 한국영사관 총영사가 손진두에게 하루라도 빨리 귀국하면 정식으로 일본에 와서 치료를 받을 수 있다고 설득하거나[21], 1976년 10월, 강제퇴거취하소송 시 심리도중 한국영사와 민단부단장이 귀국을 설득하는 일도 있었다.[22]

17　위의 글, 342쪽.
18　『경향신문』, 1972.3.8.
19　『경향신문』, 1978.3.31.
20　김승은, 앞의 글, 112~113쪽.
21　孫振斗さんを守る東京市民の会, 『孫振斗さんを守る東京市民の会 ニュース』, 孫振斗さんを守る東京市民の会, 1975.5.

손진두 사건을 전후로 원폭피해자 지원을 위해 방문한 일본인에 대해 서도 한국 정부의 감시가 잇따랐다. 손진두 수첩재판을 지원했던 신문기 자 히라오카는 1965년 첫 한국방문을 했을 때 피폭자들과 대화를 나누다 가 경찰관이 와서 "사전에 신고하지 않은 집회"라는 말에 '반공법'을 실감 했다고 한다. 그의 기억을 빌면, "이 사람(히라오카-인용자)은 좋은 사람이 라고 말해고 주고. 자신들(피폭자들-인용자)의 고통을 알고 와서 취재하고 주는 걸로 해서 변호하고 준 거니까. 그건 마을 사람들이니까요. 마을의 경찰이라니까요 (…중략…) 그건 무서웠어요. 깜짝 놀랐어요. 즉, 우리들 은 전후 몸의 위험은 느끼지 않는 곳에서 일하고 있었기 때문에."[23]

이처럼 "노랑병"이라고 불리는 백혈병 등으로 차별을 받은 것 외에 도, 1970년 재일유학생 간첩단 사건, 1974년 문세광 사건을 전후로 한 시기에, 한국인원폭피해자들은 "일본 출생"이란 사실 자체가 불온시 되는 열악한 상황에서 적극적으로 피해자임을 드러내기 어려웠다.

한국원폭피해자협회도 이런 조건 속에서 비정치적인 활동을 주로 전 개했다.[24] 정부 청원, 구호금, 의료 등 인도적 지원을 중심으로 협회는 활동했으며 당시 일본공산당 계열의 평화단체와 교류를 피하는 대신 일 본 핵금회의核禁會議 등 상대적으로 정치색이 엷고 온건한 단체와 교류가 이뤄졌다.[25] 자유로운 해외 방문이 제약된 시기에 한국인원폭피해자의

---

22 孫振斗さんに治療と在留を!全国市民の会編集委員会, 앞의 책, 17, 163쪽.
23 平岡敬, 「シリーズの平岡敬インタビュー平岡敬と広島の思想-第6回新聞記者時代-国家と 民衆の 関係」, 『哲野イサク地方見聞録』 (http://www.inaco.co.jp/isaac/shiryo/hiroshima_nagasaki/hiraoka/2/2.html), 2010(2016.9.20 검색).
24 한국원폭피해자협회, 앞의 책, 111~112쪽.
25 오은정, 앞의 글, 168쪽; 平岡敬, 앞의 글.

요구는 한일정부로부터 배제됐으며, 한국 내 조직적인 움직임도 매우 어려운 상황이었다. 당시 협회 고문 명단을 보더라도 이는 간접적으로 확인할 수 있는데 경제기획원 부총리 장기영, 한국노총 위원장 배상호, 통일주체국민회의 곽상훈 등 유신 정권과 친화적인 인물로 이뤄져 있다. 결국 '개별적 밀항—일본 시민사회 단체의 지원—소송과 재판' 이외 한국인원폭피해자들이 선택할 수 있는 방법은 많지 않았다.

2) 밀항의 '불온성'

손진두의 밀항과 재판은 1968년 10월 2일 손귀달의 밀항과 함께 한국인 피폭자의 최초 사례였다. 서론에서 지적한 바와 같이 손진두의 1970년 밀항은 3번째였다. 1968년 손귀달 밀항 당시 그는 2번째 밀항으로 수감돼 요코하마에 있었다.

손진두 사건과 그의 3차례 걸친 밀항에서 보여 지듯이, 한국인 원폭피해자들이 일본 / 한국 정부의 어떤 원호 / 지원도 부재한 궁핍하고 어려운 상황에서 일본정부가 규정한 "정식 루트"를 떠라 일본을 방문하는 것은 불가능했다.[26] 심지어 60년대 후반 즈음엔 한국원폭협회 내에서 "밀항선을 만들어 타고 대거 일본으로 들어서 치유를 요구하자"는 목소리가 들릴 정도로, 빈곤한 한국인 피폭자가 정식 루트인 여비, 여권, 비자를 위한 자금, 보증인과 신원증명 서류제출 등을 통해 일본에

---

26 平岡敬, 「黙殺との戦い—被爆朝鮮人・孫振斗さんの訴え」, 『世界』通号 345, 岩波書店, 1974年 8月, 235~241쪽.

가는 것은 불가능에 가까웠다.[27]

이런 상황에서 반복적인 손진두의 밀항은 반사회적인 행동이 아닌 일본과 한반도 간의 역사적 관계 속에서 판단해야 할, 그에게는 사활이 걸린 문제였다.[28] 1970년 12월 3일 밀항한 손진두는 가사시 구시우라 항에서 체포됐고, 처음부터 자신의 밀항 목적을 분명하게, "히로시마에서 피폭되었는데 일본에서 치료를 받기위해 밀항했다고 호소했다".[29]

그렇다면 밀항은 모두 같은 의미일까? 전술한 밀항 이외에도 밀항이후 정주했던 재일조선인으로 출입국관리법을 위반하거나, 김동희처럼 반전탈주병으로 정치적 망명을 요청한 밀항 그리고 손진두 같이 원폭피해자라는 '제국의 과거'를 회수하며 전후민주주의에서 삭제된 조선인원폭피해자, 식민 지배를 소거한 입관체제 / 강제퇴거령을 '상기시키는' 밀항이 공존한다. 따라서 밀항을 경제적 정치적인 카테고리로 구분하는 것은 다소 자의적이다. 밀항은 그 자체로 식민주의와 아시아가 사상捨象된 국민국가의 경계를 문제시했으며 이것이 밀항의 불온성이다.

3. 식민주의, 오무라수용소 그리고 국적

그렇다면 사건이 일어났던 1970년을 전후로 어떤 변화가 일본 시민사회의 한국인 원폭피해자에 대한 지원을 가능하게 했는지 차례로 살

---

27 이치바 준코, 앞의 책, 53쪽; 한국원폭피해자협회, 앞의 책, 117쪽.
28 孫振斗さんを守る東京市民の会, 『孫振斗さんを守る東京市民の会 ニュース』, 孫振斗さんを守る東京市民の会, 1975.9.10.
29 이치바 준코, 앞의 책, 55쪽.

펴보도록 하자. 손진두가 일본으로 밀항해 밀입국과 불법체류로 수감되어 소송을 하게 되었을 때 일본 사회 내에는 "왜 외국인 범죄자에게 의료보장과 사회보장을 해야 하느냐"라는 반감이 있었다.[30] 뿐만 아니라 동생인 손귀달과 손진두를 마약 브로커나 밀항 브로커로 보도하거나 의문을 제기하는 경우가 소송과정에서 빈번했다.[31]

60년대 후반 이전 일본 사회운동 내 아시아, 입관문제를 다룬 경우는 드물다. 1968~69년 사이 도쿄대 문건, 팜플렛에 재일조선문제는 단 한건만 다뤄졌으며,[32] 60년대 초반 입관반대운동은 민단, 화교청년만이 주도했으며 외국인 인권이나 인권체제에 대해서는 무시하거나 무지했다.[33] 이처럼 60년대 베트남전/한일협정 등 큰 사건에 존재함에도 사회운동의 대세는 보편적 국제주의, 제국주의 부활론 등 일본 밖의 민족문제에만 관심을 지녔으며 계급혁명론에 집중했다. 재일외국인의 민족주의 요구에 대해 "적은 일본인이 아니라 일본의 반동파라니까"라며 신좌익은 이런 흐름을 부르주아 민족주의로, "입관투쟁＝삼류개량주의"로 폄하하곤 했다.[34]

하지만 1968년을 전후로 변화의 흐름이 나타났다. 1967년 베헤렌 내 자테크JATEC, Japan Technical Committee to Aid Anti War GIS(반전 탈주 미군 원조 일본 기술 위원회)에 의한 반군-인트레피트 지원이 시작되고, 선린회관 사건 그리고 베헤렌의 한국인 김동희 망명에 대한 지원 활동이 시작

---

30 오은정, 앞의 글, 138쪽.
31 孫振斗さんに治療と在留を!全国市民の会編集委員会, 앞의 책, 118쪽.
32 小熊 英二, 『1968』下, 新曜社, 2009, 229~230쪽.
33 荻原セキ子, 「入管法反対運動のなかで」, 『朝鮮研究』105, 東京, 日本朝鮮研究所, 1971年 6月, 29쪽.
34 森宣雄, 『臺灣/日本-連鎖するコロニアリズム』, 東京, インパクト出版會, 2001, 187쪽.

됐다. 1968년은 1월 15일 엔터프라이즈호 입항 저지 투쟁, 6월 4일 니혼대학 대학생 6만 명 시위, 7월 23일 도쿄대 야스다 강당 점거 투쟁 개시, 10월 21일 국제반전데이로 제2의 안보투쟁 분위기를 재연되는 듯했다. 그러나 이 안에는 재일조선인 김희로 사건(2월), 쓰루미슌스케 鶴見俊輔가 "국가의 원범죄"를 운위한 도쿄대 강의도 숨겨져 있었다.[35] 이듬해인 1969년에도 사회운동의 파고는 높았다. 4월 28일 오키나와 데이 투쟁, 6월 28일 도쿄 신쥬쿠역 서측출구 지하 포크게릴라집회, 11월 16일 "11월 결전"이라고 불린 사토수상 방미저지투쟁까지 이어졌다. 하지만 1969년에는 후술할 베헤렌의 "오무라의 발견"이란 자각 이후 진행된 오무라수용소해체투쟁, 일본정부의 입관법 개정 상정과 이에 대한 반대 투쟁이 개시됐다. 더불어 오다 마코토小田實가 8월 15일 제기한 '가해자론'은 피해자의식에 기초한 평화운동이 전쟁을 체험하지 않은 전후세대에게 한계가 있기에 여기에 '가해자'라는 입론을 더해 평화운동을 계승하기 위한 것이었다.[36] 서서히 '전후민주주의'가 사상捨象했던 존재들이 부상하기 시작하고 있던 것이다.

1) 아시아의 발견, 가해자론 그리고 민족책임론

60년대 후반 주목해야 할 흐름은 60년대 후반을 즈음해서 등장한 사회운동 패러다임의 변화이다. 결론부터 말해서 '아시아'란 추상적인 프

---

35 小熊英二, 앞의 책, 232쪽.
36 위의 책, 233쪽.

롤레타리아트 국제주의에 입각한 말로만 하는 연대가 아닌, 일본국가 뿐만 아니라 일본 인민도 식민주의 / 아시아 전쟁 책임이 있다는 인식론적 전환을 뜻한다.

우선 베헤렌을 살펴보면, 베트남전에서 미군에 기지를 제공하는 등 일본이 베트남전에 개입하고 있음이 확인되면서 베헤렌 내부에는 전후민주주의에 누락된 가해자의식, 아시아에 대한 전쟁 책임 문제를 제기하기 시작한다. 후술할 신좌익과 다른 결에서 베헤렌의 오다 마코토小田實는 일본인을 피해자인 동시에, 가해자로 규정했으며 1970년 9월, 「당신에게 호소한다─집회 만주사변부터 인도네시아 전쟁까지」에서도 1931년 출생이란 공통의 전쟁체험을 지닌 3명의 지식인 연명으로 일본인은 피해자인 동시에 아시아에 대한 '가해자'이며 1969년 사토-닉슨 회담이후 다시 아시아에 대한 '현재적인 가해자'가 되고 있음을 설파했다.[37]

특히 김동희 망명 사건은 한반도 출신 망명자들을 강제출국시키기 위한 대기 장소인 오무라 수용소는, 거대한 국가폭력일 뿐만 아니라, 일본인 자신들도 국가폭력에 연루된 가해자임을 각인하게 된 계기가 됐다(〈표 1〉 참조). 1967년부터 베헤렌은 김동희에 관심을 갖고 김동희 재판에 대해 기록하며, "김동희를 지원하는 모임"을 결성하고 그의 정치적 난민 인정을 주장했다.[38] 1967년 3월, 교토 베헤렌을 중심으로 결성된 '교토 김동희를 지키는 모임'과 '김동희 · 도쿄연락회의'는 각 지역의 지원 그룹과 함께 348명의 서명을 받아 '공동성명'을 발표하였다.[39] 더

---

37 ベ平連 編集部, 『ベ平連ニュース』60호, ベトナムに平和を!市民連合, 1970.9.1.
38 ベ平連 編集部, 『ベ平連ニュース』21호, ベトナムに平和を!市民連合, 1967.6.1.
39 노은명, 「일본의 출입국관리체제 반대운동 연구─1969~71년 일본인의 반대운동을 중심으로」, 『역사문제연구』22, 역사문제연구소, 2009, 299쪽.

불어 「김동희씨, 남으로 송환의 공포」라는 기사에선 김동희가 남한 강제 송환 위험성에 대해 폭로하며 한국 대사관에서 그에게 박정희가 재선이후 귀국하면 은전을 받을 가능성이 있다고 설득했다는 사실 등에 대해서도 지속적으로 다루었다.[40] 1968년에는 「김동희씨로부터 편지」를 게재해 반전병사로 그의 생각을 전달하기도 했는데, "자국평화를 위해 한국병사가 노예화" "태평양전쟁을 망각하지 마라"는 김동희의 주장이 게재됐다.[41]

특히 자테크 활동가 세키야시게루關谷滋는 「일본인의 문제로서 조선인 문제」(1969)를 통해, 그간 베헤렌은 조선인 문제를 반전운동의 '일환'으로만 처리했으며, 한국전쟁으로 일본 자본주의가 성장했다는 지점에 대한 죄의식을 지녀야 하고 1965년 한일협정 이후 "일제日帝"가 재생再生하고 있음에 주목할 것을 주문하여 조선인-식민주의 문제는 과거문제가 아닌 '현재의 문제'임을 주장했다. 바로 민족내부의 민족문제에 주목하며 재일 / 조선인 문제를 베헤렌이 본격적으로 언급한 '순간'이었다.[42]

두 번째로, 전공투 일부의 움직임도 주목해야 한다. 모든 전공투는 아니지만 도쿄대 전공투는 전후민주주의의 기만성을 비판하고 자기부정을 선언한 이후 전후민주주의가 결한 민족적 원죄, 이른바 "민족책임론"을 제기한다. 이는 과거의 식민지 지배와 군국주의 침략에 대한 '전후 책임'뿐만 아니라, 한국전쟁과 베트남전쟁, 나아가 아시아에 진출한 자본

---

40   べ平連 編集部, 『べ平連ニュース』 22호, ベトナムに平和を!市民連合, 1967.7.1.
41   べ平連 編集部, 『べ平連ニュース』 60호, ベトナムに平和を!市民連合, 1968.1.1.
42   べ平連 編集部, 『べ平連ニュース』 49호, ベトナムに平和を!市民連合, 1969.10.1.

을 통해 이익을 취하는 것에 대해서도 '일본인'인 자신들은 '민족적 원죄', '민족적 책임'을 져야한다는 논리였다.[43] 이는 후술할 화교청년투쟁위원회(이하 화청투) 고발과 이지성의 죽음으로부터 큰 영향을 받았다.

특히 1969년 만들어진 화청투는 60년대 타이완과 일본 간의 관계 속에서 탄생했다. 재일타이완독립연맹 활동가들은 타이완 정부와 결탁한 일본 정부 ─ 일본 정부는 타이완정부로부터 독립활동가 등 정치범 송환에 응하는 세계서 유일한 국가였다 ─ 에 의해 강제 송환될 위험에 노출되어있었다. 유채품, 임경명 등 타이완정부를 비판한 유학생들은 여권 갱신 거부, 재류기간 단축 등 압력 아래 있었고 이들이 필사의 구원 요청을 했지만 일본 좌파 진영은 이를 무시했다. 베헤렌도 임종명 등 타이완독립운동가의 인권침해를 무시했으며, 이들은 좌파의 대만 무시/묵살 및 우파가 이런 사실을 언론에서 활용하는 이용주의利用主義에 방치된 상태였다.[44]

이런 조건 속에서 만들어진 화청투는 1969년 3월, 입관법, 외국인학교법안에 반대해 투쟁할 것을 결의하며 결성되어, 국제청년공투회의(1967년 선린회관 사건 당시 결성된 일중청년공동투쟁회의의 전신), 도쿄실행위원회(도쿄입관투)', '어학공투(일중학원 등 중국어 학교 학생 그룹)', 쪽바리회(일본청년학생의 재일조선인과 연대조직) 등과 '국제연대·공동투쟁'의 형태로 전개되었다. 비슷한 시기인 1969년 3월 28일 결성된 도쿄입관투는 베헤렌, 쪽바리회, 국제청년공투, 중핵파中核派 등이 참가하여 결성된 단체이다. 입관투쟁을 폄하하는 흐름을 돌파하려고 화청투는 7월 1일

---

43   노은명, 앞의 글, 310쪽.
44   森宣雄, 앞의 책, 27~29쪽; 31~32쪽.

도쿄 신쥬쿠 서쪽 출구 광장에서 "입관법안 고발무기한 단식투쟁"을 19일까지 전개했는데, 투쟁에 돌입하며 이들은 "우리는 스스로 육체를 내던지고 입관법을 고발하고 정부를 고발하고 아시아 인민의 시체 위에 안주하는 일본인을 고발한다"고 밝혔다.[45]

드디어 화청투는 1970년 신좌익의 아시아에 대한 무시를 고발하는 7·7고발을 단행한다. 「7·7 노구교 33주년, 일제의 아시아재침략저지 인민대집회」를 통해 화청투는 축소된 입관투쟁의 재편성을 위해 이 집회를 제안했으나 집회 주도권을 둘러싸고 화청투를 배제하자 화청투가 이에 항의하고 퇴장하자 이를 두고 이른바 '차별발언' —"주체적으로 화청투가 퇴장했으니까 괜찮지 않나"는 발언으로— 을 둘러싸고 혼란이 가중되었고, 화청투는 "결별선언"을 발언한다는 조건 하에 집회에 참가한다. 이 선언이 바로 7·7고발(화청투 고발)이다. 골자는 구좌익과 다를 바 없는 '신좌익적 내셔널리즘'에 대한 비판으로, 국제주의라는 이름하에, 입으로는 '국제연대'를 외치지만 그 말 속에 '억압민족으로서의 일본인'이라는 역사성과 '실천'이 배제되었음을 적나라하게 밝혔다.[46]

1969년 외국인학교법, 입관법에 반대하며 자살한 이지성의 죽음과 화청투 고발에 영향을 받은 와세다대 비섹트 활동가 쓰무라다카시津村喬는 이지성의 죽음에 대해, "이지성이 죽었다. 왜? 40자의 유서는 '전후 민주주의의 초극'에 대해 여러 가지 책에 씌여 있는 '전공투적인 것'의 합보다 우리 전후의 총괄을 잘 제기하고 있는 것은 아닐까?"라고 주

---

45 森宣雄, 앞의 책, 185~187쪽; 노은명, 앞의 글, 296~297쪽.
46 자세한 내용은 森宣雄, 앞의 책, 189~191쪽; 藏田計成, 『新左翼運動全史』, 東京, 流動出版, 1978, 262~263쪽; 노은명, 앞의 글, 318쪽.

장하며, "우리 안의 차별의식"을 강조하며 "민족적 원죄"를 주창한다.[47] 그는 전쟁을 전혀 모르는 세대도 전쟁 책임이 있다며 전술한 쓰루미 슌스케보다 급진화된 주장을 펼쳤다.

그 외에도 타이완 유학생 유채품 사건으로 신좌파는 아시아 문제와 입관 문제에 관심을 지니게 된다.[48] 바로 일본인은 조선인과 동일한 피해자가 결코 아니며 쇠락할 가능성을 부여받은 피해자라는, 실제적인 가해자임을 강조했다.[49] 당시 입관체제로 일어났던 사건을 일별하면 〈표 1〉과 같다.

60년대 안보투쟁 시기까지 평화운동이 '유일피폭국' 등을 중심으로 한 피해자의식을 바탕으로 전개되었기에, 식민지배나 침략전쟁과 같은 가해자의식이 거의 결여되어 있었다. 반면 60년대 후반에 이르면 '일본도 전쟁에 휘말린다'는 피해자의식 대신 미국에 의한 베트남 개입자체를 비판하는 동시에 이에 전면적으로 협력하는 일본정부의 '가해'에 대한 비판이 대세였다.[50] 전공투 가운데 비섹트 분파들은 일미동맹과 일본 중심의 반공 / 지역블럭 형성으로 일본인 전체가 '새로운 관리자층'이 될 위험을 제기하며 입관반대 투쟁을 제기한다. 특히 1969년 6월, 간사이와 큐슈 전공투가 전개한 입관법 반대 투쟁은 입관체제와 구식민지 출신자 문제에 대한 총체적 인식의 필요성을 제기하고, 전후 책임을 방기한 차별의 체계로서 전후 민주주의를 해체하는, 즉 "차별구조

---

47 絓秀実, 『1968年』, ちくま新書, 2006, 12~13쪽.
48 荻原セキ子, 앞의 글, 28쪽.
49 井上学, 「6・8 '大村収容所'解体集会」, 『朝鮮研究』 87, 東京, 日本朝鮮研究所, 1969年 7月, 58쪽.
50 마쓰이 다카시, 「1960년대 일본에서의 사회운동」, 『역사문제연구』 28, 역사문제연구소, 2012, 143쪽, 150쪽.

표 1〉 입관체제 관련 주요 사건 목록

연번	연도	사건명/국적	개요
1	1967	류규흠/타이완	타이완 유학생으로 방학중 귀국했지만 연락이 두절, 타이완 청년독립연맹 사건으로 반란죄로 기소된 것으로 파악됨
2	1969	장영괴/타이완	타이완독립연맹 사건
3	1970	劉彩品/타이완	타이완출신이지만 이를 거부, 중국정부를 지지하는 사상적 자유를 주장하다가 강제퇴거 위기에 놓임. 일본내 지원운동을 하다가 1971년 중국으로 가게 됨
4	1971	劉道昌/타이완	타이완 국적으로 장경국 총통 방한 반대를 이유로 특별재류 연장이 단축된 사례
5	1968	류문경/타이완	타이완독립연맹 활동가로 가석방 기한 연장을 위해 도쿄입관에 출두했다가 구속되어 다음날 타이완으로 강제송환됐는데, 일본인 마약범 30인과 정치범 1인을 교환한 사례라고 보고됨
6	1968	진옥이/타이완	하와이대학에서 반전데모를 한 것 때문에 유학이 취소된 후, 1966년 귀국길에 일본에 들러 유학을 요청했으나 일본 정부에 의해 타이완으로 강제송환되었다. 얼마 후 타이완에서 사형선고를 받음
7	1969	진중총/타이완	1965년 사비로 일본유학후 오카야마 대학 박사과정 진학, 결혼 후 타이완독립연맹 사건으로 체포
8	1967	김동희/한국	1965년 7월3일 탈영, 일본 밀항후 망명 신청. 4·3사건과 한국전쟁으로 전쟁의 참혹함을 느끼고 베트남에서 살상을 피하고자 망명 신청. 오무라수용소 수용 이후 1968년 1월26일, 일본정부에 의해 소련 나홋카행 배를 경유, 북한으로 망명한 것으로 알려짐
9	1969	이지성/타이완	일본 유학중이다가 외국인학교법, 입관법에 반대하며 음독자살함
10	1968	여전신/타이완	국민당군 병기고를 폭파하고 일본으로 도망와서 특별재류허가를 요청했지만 각하되자 강제송환 하루 전에 자살함
11	1969	정훈상/한국	1969년 고베[神戶]행 유영호로 밀항시도, 해상보안부의 조사를 받은 끝에 출입국 관리법 위반 혐의로 현지 검찰에 기소. 조사에 따르면 부모가 있는 북한으로 가야 한다고 주장하며 한국으로 강제송환이 되면 사형이 기다리고 있으므로 북한으로의 망명을 인정해 달라고 호소. 이 와중에 강제송환 반대운동이 전개됐고 강제퇴거 조치가 내려진 뒤 12월 26일 항공편으로 모스크바를 경유해 북한 입국으로 알려짐
12	1962	유정렬/조선적	한국 거주 동생의 일본 밀항을 도와 강제퇴거서가 발급되었으나 집행정지 소송에서 승소
13	1967	김원태/조선적	금고형 이상 형으로 입관령 위반, 퇴거령 처분을 받아 수용소에 수용, 강제퇴거취소 소송 승소
14	1968	이경민/한국	경성대 재학중 징병을 피해 1965년 밀항해 국제단기대학 입학, 1966년 불법입국으로 강제퇴거령. 정치난민으로 제3국 망명신청중 1968년 오무라에 수용되었다나 파라과이에서 망명을 받아들임

| 15 | 1966 | 포리호/한국 | 교수 정세근 인솔 35명이 북한 밀항중 난파, 일본에서 망명을 신청했으나 제주로로 신병 인도 |
| 16 | 1966 | 평신호/북한 | 평신호의 부기관장 민강태 등 4인이 7인을 사살하고 시모노세키에서 한국으로 망명신청, 일본 정부는 인도주의 원칙을 근거로 4인은 한국으로 입국시킴 |

* 출처 : 東大法共闘編,『告発・入管体制』, 東京, 亜紀書房, 1971, 151~170쪽; べ平連 編集部,『べ平連ニュース 縮刷版』, 1965~1974; ベトナムに平和を!市民連合, 出入国法案に反対する連絡会議,〈出入国法案に反対する!〉 1970; 森宣雄,『臺灣/ 日本-連鎖するコロニアリズム』, 東京, インパクト出版會, 2001에서 재구성

철폐"를 전면에 내세웠다.[51]

이러한 패러다임 전환에 입각해 1969년부터 1971년 사이에 활발하게 출입국관리체제 반대 / 해체(분쇄) 운동이 전개됐다. 베헤렌, 조총련, 화청투 등 국민국가와 국경을 넘는 국제적 연대 형태—"아시아와의 만남"[52] — 로 전개된 이 흐름이 발생한 직접적 배경은 일본 정부의 입관법안 상정 때문이었다. 입관법은 표면적으로 불량외국인의 범죄 빈발에 대처하기 위한 명분이었다. 하지만 실제로 재일, 조선인, 중국인에 대한 통제 강화와 반전 외국인, 탈주병을 통제하기 위한 것이었다.[53] 입관법 개정으로 일본정부는 반정부 집회 참석을 내정간섭으로, 정치활동에 대한 내사, 과거 퇴거강제처분자에 대한 감시 및 조사를 강요할 의도였다.[54] 구체적으로 법무성이 설명한 법안상정의 이유는 입관령은 미군점령 시대 공포된 것이므로 출입국 수속의 간소화, 불량 외국인의 단속을 위해서 라는 것이었다. 아울러 출입하는 외국인이 국익에 어긋

51   森宣雄, 앞의 책, 192쪽; 노은명, 앞의 글, 318쪽.
52   미즈노 나오키・문경수,『재일조선인-역사, 그 너머의 역사』, 삼천리, 2016(水野直樹, 文京洙,『在日朝鮮人-歷史と現在』, 東京, 岩波書店 2015), 197쪽.
53   위의 책, 197쪽.
54   出入国法案に反対する連絡会議, 앞의 책, 26쪽.

나는지 아닌지를 체크하는 것은 당연한 일이며, 입관법안은 1970년의 오사카 만국박람회 개최를 위해서도 반드시 필요한 법안이라는 것이었다.[55] 그러나 1969년 3월(제1차 법안상정, 폐기), 1971년 3월(제2차 법안상정, 폐기) 그리고 1972년과 1973년 제3차와 제4차 법안이 상정됐으나 사회당 등 야당의 강력한 반대로 입관법안은 통과되지 못했다.

이처럼 축소된 냉전하 일본 제국은 '냉전-전후-평화국가의 안전'을 위해 국경 / 국민을 규정하는 등록조치를 법제화했다. 주요한 것은 1946년 재입국금지, 1950년 오무라수용소, 1951년 출입국관리령과 '법률 126호', 1952년 외국인등록법 등이었다. 특히 일본 국적법과 재일조선인을 일거에 송환시킬 수 있는 권한을 국가에 부여한 입관령은 점령군과 식민지 운영에 관여했던 엘리트 관료의 긴밀한 협의의 산물로, 이 과정에서 구식민지 신민인 조선인에 대한 우월감이 작용했다.[56]

특히 '재류특별허가'는 법무대신에게 주어진 '특별한 재량권'이자 '일본국가의 은혜'라고 여겨졌다. 재류특별허가에 의해 1952년부터 1979년 사이 45,000명이 특별재류허가를 받았고 나머지는 불법으로 규정되어 강제로 추방됐다. 이러한 이들 과정은 외국인, 월경을 허가하는 권한을 국가에게 부여하는, 이른바 국가의 자의적인 재량권을 확대하는 과정이었다. 특히 1950년 한국전쟁 이후 출입국관리정책은 급속하게 강화됐다. 이후 재일조선인에 대한 정책은 법에 근거한 것이 아닌 행정적인 재량(혹은 전면적으로 일본 정부가 판단하는 자유)에 의해 통제되는 영역이 됐으며 이것

---

55 노은명, 앞의 글, 302쪽.
56 テッサ・モーリス＝スズキ, 「戰後日本の出入國管理と外國人政策」, 有末賢・關根政美 編, 『戰後日本の社會と市民意識』, 慶應義塾大學出版社, 2005, 133쪽.

은 일본 입관체제의 중요한 특징이다.[57]

특히 재일조선인의 한국전쟁으로 인한 일시 소개, 잠정 귀국이후 월경하려는 밀항자들은 공식적인 불법성을 넘어서는 축소된 제국의 시간적 연속성을 체현하는 위험스러운 존재들이었다.[58] 입관령은 강제퇴거 대상인 외국인에 대해 매우 상세하게 규정했는데 빈곤하거나 정신적 장애자, 중죄를 범한 범죄자, 폭력적 반정부활동을 기획한 정당의 구성원, 공장이나 사업장에서 안정을 유지하기 위한 정상적 행동을 방해하는 쟁의행위를 수행한 집단에 가담하거나 밀접하게 접촉 / 간여한 자 등이 강제퇴거대상에 포함됐다.[59]

1965년 한일협정이 체결된 뒤에도 재일조선인은 '협정영주권' 신청을 통해 재류자격을 얻을 수 있게 됐으나 일본 정부는 그 자격을 엄격하게 규정해서 송환자가 속출하는 등 반발을 샀다. 뿐만 아니라 1966년부터 2년에 걸쳐 영주권자에 대해 의무적으로 일본교육을 받도록 강제하는 "외국인학교법안"이 상정되어 민족교육 말살과 외국인에 대한 동화정책을 추진하려고 했으나 무산됐다. 앞서 본 것처럼 이 시기를 즈음해서 재일외국인의 입관법, 입관체제에 대한 반대 투쟁이 본격화됐다. 1969년 3월 1일 법적지위 요구 관철, 입관령 개악분쇄, 외국인학교법안 반대 데모가 조총련과 민단의 연합으로 대규모로 전개됐다. 뿐만 아니라 타이완인에 대한 차별과 추방, 이로 인한 이지성의 자살 등으로 화청투가 결성되어 입관체제 반대 운동이 격렬해 졌다.

---

57 テッサ・モーリス＝スズキ, 앞의 책, 137~138쪽; 梶村秀樹, 앞의 책, 332~333쪽.
58 조경희, 앞의 글, 41쪽.
59 テッサ・モーリス＝スズキ, 앞의 책, 135쪽.

2) 김동희의 발견, 오무라 그리고 베헤이렌

두 번째로, 입관체제 반대운동과 더불어 전개된 것이 "일본의 아우슈비츠"라고 불렸던 '오무라 수용소 해체운동'이었다. 1950년 10월 만들어진 오무라수용소는 불법으로 입국한 외국인들을 강제로 송환하기 위한 "배 기다리는 대기소"로 불렸다. 오무라수용소의 '존재'에 대해서는 여러 규정이 있는데, 60년대 후반 쪽바리회에 참여했던 활동가는 "근대국가의 치부를 은폐하는 폭력장치"라고 단언했다.[60]

50년대 남북간의 정치적 갈등이 오무라수용소로 전이된 시기("역송환자 탈환투쟁" 등) 이외에 오무라수용소는 "퇴거강제영서"를 통한 강제퇴거의 통로였다. 전후 일본 헌법이 규정한 인권은 일본 국적을 지닌 자들에게만 적용되는 것임을 드러내는 장소가 오무라 수용소였다. 뿐만 아니라 재일조선인에 대한 스스로의 책임을 망각 / 방치하는 동시에 80년대까지 재일외국인의 합법적인 추방을 위해 유지된 식민주의를 은폐하기 위한 장소였다.

하지만 월경자의 강제송환 기지로서 오무라수용소의 존재는 송환자수가 줄어들자 잊혀갔다. 그럼에도 오무라수용소는 식민주의의 살아있는 상징이었다. 잊혀가던 오무라수용소가 일본 사회에 알려지기 시작한 것은 베트남전 반대운동이 전개되면서, 구체적으로는 반전병사 김동희의 등장 부터였다.[61] 시민이 중심이 된 베트남전 반대운동을 전개하던 '베헤렌'은 반전 탈주병을 제3국으로 보내기 위한 반전탈주병 지

---

60 高橋栄夫, 앞의 글, 21쪽.
61 위의 글, 32쪽.

원 활동을 전개했다. 1969년 3월 31일 오무라수용소 앞에서 최초로 입관법에 반대하는 집회를 개최하며 베헤렌은 겉으로는 아시아와 연대를 언급하며 김동희에 대해서는 아무 것도 하지 않았다고 반성했다.[62]

1967년 한국인 탈주병 김동희의 망명 요청을 일본 정부가 받아들이지 않자, 김동희와 지원단체는 "강제퇴거 처분취소 소송"을 제출하게 되고 형기가 정해지지 않은 수용소 오무라는 실체를 드러내게 된다. 1969년 3월 여러 차례에 걸쳐 베헤렌과 전공투는 "오무라해체 데모"를 수용소 앞에서 전개했다. 당시 쪽바리회 회원으로 오무라해체 투쟁에 관해 다카하시히데오高橋榮夫가 쓴 글(「오무라수용소와 민족국가 지양止揚」)은, 오무라수용소 해체 투쟁은 국경해체투쟁인 동시에 근대민족국가가 제국주의 단계에 진입한 것을 고려한 반일본제국주의, 민족국가를 지양하는 투쟁이라고 밝히고 있다.[63] 베헤렌 중심 멤버 츠루미슌스케鶴見俊輔는 1969년 르포(「일본 가운데 국경, 오무라수용소의 벽 안에서」)를 통해 509명이 참여한 "3.31 오무라철거 데모"를 소개하면서 김동희의 밀항과 망명을 계기로 오무라수용소가 눈에 보였으며, 오무라수용소는 "일본국가 이상에 반하는 장소"임을 강하게 피력했다.[64]

특히 1970년 오무라수용소라는 장소는 입관투쟁의 상징이 됐는데, 오무라수용소는 1969년 3월 31일부터 1970년 9월 20일까지 19차례 연 2,300여명 데모를 할 정도였다.[65] 다시 1970년 9월, 베헤렌은 오무라수

---

62 현무암, 앞의 글, 103쪽 .
63 高橋榮夫, 앞의 글, 33쪽.
64 ベ平連 編集部, 『ベ平連ニュース』21호, ベトナムに平和を!市民連合, 1969.5.1
65 法務省大村入国者収容所[編], 『大村入国者収容所二十年史』, 法務省大村入国者収容所 1970, 81, 93쪽.

용소에 대한 르포를 「오무라캠프 르포」라는 이름으로 게재했다. 마츠키 마사아키라는 이름의 필자는 70년 8월 6일부터 8월 8일에 걸친 오무라해 체투쟁에 참가한 경험을 르포형식으로 썼다. 이들은 오무라는 일제 차별의 상징이며, 일본사회 내 아시아 인민에 대한 무관심의 심각성을 지적하며, 스스로를 아시아인의 차별과 억압에 가담한 것으로 '자기비판'한다. 바로 아시아인민은 휴머니즘이나 동정의 대상이 아니며 현재도 일본의 아시아 침략은 계속되고 있음을 강조한다.[66] '전후민주주의' 속에서 누락되었던 '식민 가해' '아시아와 연대' '민족책임론' 등 화두가 대두될 조건이 오무라수용소라는 장소를 계기로 점차 형성되기 시작했던 것이다.

그렇다면 손진두 사건과 이들 입관체제반대투쟁, 민족책임론, 가해자론 등 68년을 즈음해 나타난 흐름간의 관계는 어떤 것일까? 앞서 소개했던 신좌익 혹은 오다 마코토의 '가해자론'이 이즈음 한국인피폭자 문제에 대한 자세 변화를 낳고 전쟁책임 문제를 제기한 것은 사실이었다. 1969년 '11월 결전'에서 패배 이후 신좌익은 일본 내 마이너리티(부락민, 재일조선인, 오키나와민 등), 아시아인민 등에 대해 주목했다. 그러나 여기에서 여전히 당시 사회운동에서 사용되던 이들을 도구화하는 "이용주의利用主義"에 대한 우려가 자주 제기됐으며 지역에서 마이너리티 당사자와 접촉의 결핍 문제도 자주 등장했다. 마이너리티가 이전에 부재했던 것은 아니며 이들의 운동역시 존재했다. 이전 시기 학생운동이 노동자계급에게 헌신해야 했다면 제국주의 단계에 돌입한 현재 상황에서 운동은 아시아와 마이너리티에 헌신해야 한다는, 다른 식으로 표현하자면 풍요로운 시대의

---

66   ベ平連 編集部, 『ベ平連ニュース』 60号, ベトナムに平和を!市民連合, 1970.9.1.

변혁주체는 학생과 재일외국인이라 인식이 생긴 것이었다.[67]

입관투쟁에 참여한 오기와라세키코荻原セキ子 체험을 통해 신좌익과 인식 차이를 간접적으로 살펴보도록 하자. 우연히 입관연구회에 참석하게 된 오기와라는 입관법의 본질을 알고 심각한 충격을 받고 자료조사, 자료집 발간 등에 매진한다. 초기에는 정부 통계자료를 통해 독자에게 '객관적'으로 읽히는『입관체제를 알기 위해』를 각각 500부, 3,000부 발간하게 된다. 이 자료는 신좌익을 포함, 종교관계, 학자 그리고 주부층까지 관심을 끌게 된다. 이후『출입국관리법안저지를 향해』라는 연구회를 조직하는 과정에서 2가지 갭이 나타나게 되는데, 한 가지는 전문가인 변호사와의 갭이다. 법조문을 세부적으로 검토해 체계적으로 비판했지만 입관법에 대한 총체적인 비판이 부재했고, 가장 큰 문제는 당사자의 입장을 고려하지 않은 "인간부재의 법비판"이란 문제가 대두됐다. 또 하나의 갭은 학생운동 활동가— 앞서 언급한 도쿄대 법공투의『告發. 入管體制』에 기초한— 와의 갭이었다. 학생운동 활동가는 '인권확립'이란 기조에 대해 인권은 부르주아 사회에서 만들어진 "더럽혀진" 용어이므로 사용해서는 안 되며 입관투쟁은 인권을 거부하는 투쟁으로 나아가야 한다고 주장한다.[68]

앞서 신좌익의 '전후민주주의에 대한 비판'과 '자기부정'에 근거한 입론은 입관투쟁 과정에서 보인 위의 사례처럼 인식의 격차가 존재했다. 베헤렌의 경우에도 1969년부터 내부 균열이 점차 발생한다. 이른바 베헤렌이 신좌익 / 전공투 활동가가 되기 이전에 밟는 코스처럼 여겨지기도 했다.[69] 앞서 소개한 오기와라세키코에 따르면, 이들이 만든

---

67 小熊英二, 앞의 책, 325쪽.
68 荻原セキ子, 앞의 글, 30~37쪽.

팜플렛은 소학교만 졸업한 사람이라면 누구나 읽을 수 있는 수준인데 비해 신좌익은 평화, 민주주의, 대학의 자치 등 용어는 거부되어야할 것으로 여겼던 것이다.[70]

신좌익이 주장했던 민족책임론, 자기부정 등이 입관체제에 반대하는 시민사회 구성원들에게는 낯설게 다가오거나 극단적으로 다가왔을 수도 있으며, 당사자들과 접촉망이 결핍된 상태에서 선언적인 입관체제 해체, 오무라수용소 분쇄 등 슬로건은 그들에게 부정적인 효과를 낳았을 것이라는 추정을 해볼 수 있다. 바로 손진두 사건을 지원했던 주체들이 지녔던 한국인원폭피해자, 오무라수용소, 입관체제에 대한 민감한 감각과 1968년을 전후로 한 사회운동의 급격한 전환 사이에는 갭이 존재했을 것으로 보인다. 그렇다면 손진두 사건에는 전술한 변화가 어떻게 구체화됐는지 4장에서 살펴보도록 하자.

4. 한국인 원폭피해자와 국경

1) 시정권, 속지주의 그리고 입관령

한국인 원폭피해자 문제는 널리 알려진 문제가 아니다. 2011년 한국 헌법재판소는 한국 정부가 오랫동안 원폭피해자에 대한 배상과 보상 문제를 방치했다는 것을 인정하는 위헌 결정을 내렸으나 널리 알려지

---

69 ベ平連 編集部, 『ベ平連ニュース』42호, ベトナムに平和を!市民連合, 1969.3.1.
70 荻原セキ子, 앞의 글, 37쪽.

지 않았다.[71] 1945년 8월 중순부터 연말에 이르기까지 약 130만 명의 조선인이 일본으로부터 조선으로 귀환했는데, 한국원폭피해자협회에서는 이 중 히로시마에서 약 1만 2천명이, 나가사키에서 8천명이 귀환했다고 추정하고 있다.[72] 그러나 패전 이후 일본은 귀환자, 전쟁피해자 문제로 50년대까지 원폭피해의 중요성이 부각되지 않았다. 그러다가 1953년 비키니섬에서 일본인 어부의 피폭이후에야 원폭 문제는 본격적으로 논의되었다.

논의가 시작된 뒤에도 원폭피해자에 대한 배보상 문제를 다루는 일본 정부의 정책이 미치는 범위를 의미하는 이른바 '시정권施政權'은, 그 대상자를 일본국적을 지닌 원폭피해자로 제한시켰다. 일본 피폭자운동과 원수폭금지운동은 유일피폭국이란 이름으로 전개된 피해자의식중심의 운동이었고, 그 안에는 식민주의 전쟁이나 아시아는 들어설 틈이 없었고, 역으로 재일외국인에 대한 차별이 공존했다.[73] 실제로 일본 정부는 1978년 손진두 재판에서 일본 정부의 패소에도 여전히 '국가보상'의 논리를 최소화하는, 이른바 "전쟁수인론戰爭受忍論"을 유지하고 있다.[74]

한국인을 포함한 다른 아시아 국적 원폭피해자에 대한 일본 정부의 태도는 명확했다. 1968년 손귀달 밀항과 언론에 한국인의 수첩 신청 노출로 일본 정부는 이 문제에 대해 매우 민감해졌고, 그 결과 1968년

---

71 히로시마의 경우, 피폭 당시 폭심지(爆心地)에서 5km이내 혹은 후생대신이 지정한 구역 내에 있었던 사람(직접피폭)과 원폭 투하후 2주 이내에 폭심지 2km 내의 지역에 들어갔던 사람(입시피폭), 그리고 사체처리 및 구호 등에 종사한 사람(구호피폭) 및 그들의 태아(태아피폭)으로 구분한다(오은정, 앞의 글, 76쪽).
72 한국원폭피해자협회, 앞의 책, 212쪽.
73 이치바 준코, 앞의 책, 53쪽.
74 오은정, 앞의 글, 67쪽.

엄분연과 임복순 두 여성이 일본으로 건너가 원폭피해자에 대한 수첩을 신청했으나 일본 후생성은 이를 각하했다. 당시 제61회 일본 국회 중의원 사회노동위원회 회의록 제16호(1969.5.8)에 따르면 일본 정부의 입장은, "원폭의료법, 원폭특별조치법의 적용에 관해서는 주된 거주지가 일본이어야 함이 전제로 되어있다. 즉 속인주의가 아닌 속지주의 방침을 취하는 것이므로 일시적으로 일본을 방문한 외국인에게는 적용될 수 없다"고 밝혔다.[75]

이는 한편으로 원폭피해자에 대한 배보상을 둘러싼 시정권의 경계를 분명하게 하고자 하는 의지를 드러내는 동시에, 원폭피해자에 대한 의료 지원을 과거 일본 정부가 수행한 전쟁에 대한 배보상 문제가 아닌, 원폭이라는 '특수한 피해'를 입은 일본 국적을 지닌 개인에 대한 '국내 복지법 운영의 문제'로 파악했던 일본 정부의 입장을 반영하는 것이기도 했다.

이런 입장은 손진두의 수첩 재판을 둘러싼 쟁점에서도 명확하게 드러났다. 1971년 출입국관리령을 위반해서 강제퇴거 조치를 당할 상황에 처한 손진두는 일본 시민단체의 지원을 받아 증인 2명을 찾아 피폭자로 자신을 인정해달라는 건강수첩 발부를 신청한다. 그는 일본인피폭자와 동등한 치료를 받고 싶다고 요구했지만 후쿠오카현과 후생성 모두 판단을 유보하고 상황을 연기시키는 와중인 1972년 7월 14일, 후쿠오카재판소는 피폭자건강수첩신청에 대한 각하 결정을 내린다. 당시 후생성의 입장을 정리하면, "원폭의료법의 취지는 법에서 규정하는

---

75 이치바 준코, 앞의 책, 54쪽.

조치를 실시하는 것으로 지역사회의 복지향상을 도모하는 데 있고, 동법의 적용을 받는 자는 지역 사회와의 결합관계(거주관계)가 있을 것이 요건으로 되어 있는 데, 손진두의 일본국내 체류 사실은 동법이 예정하고 있는 거주 관계가 아니며, 따라서 당신에게는 동법이 적용되지 않"는다는 것이었다. 다시 말해서 후생성은 원폭의료법 적용의 제1기준으로 일본 국민-국적임을 분명하게 밝혔으며 이는 1978년 최종판결까지 유지된다.[76]

더불어 지적할 사실은 1974년 6월 한국원폭협회 회장 신영수가 수술차 도쿄로 도일해 한일조약이후 최초로 수첩을 취득했지만 일본정부는 수첩 교부 직전 '후생성 공중위생국장 통달通達, 속칭 402호 통달' — 통달이란 공무원간의 전달사항을 전하는 것이라 통달 여부를 확인하기 어려웠다 — 을 통해 원폭특별조치법은 일국 영역을 넘어 거주지를 옮긴 경우 적용될 수 없다는 조치를 통해 한국인 피폭자의 권리를 제한하는 조치를 내렸다.[77]

후생성의 입장에 대해 손진두 변호인 측은, "원폭의료법은 1945년 8월 6일, 9일에 피폭자가 가지게 된 일본국에 대한 보상청구권에 관하여, 그 범위를 정하여 구체적인 절차를 정한 것이라고 해석되는 것이다. 그리고 동법의 취지가 그러한 이상 피폭된 모든 인간이 국적, 현재의 거주 장소 기타 일절 차별 없이 동법이 정하는 이익을 향수할 권리를 가진다고 하지 않으면 안 된다"며 반박했다.[78] 이에 1974년 3월 30일 후쿠오카현 지방

---

76 孫振斗さんに治療と在留を!全国市民の会編集委員会, 앞의 책, 35쪽, 124쪽.
77 한국원폭피해자협회, 앞의 책, 145쪽.
78 孫振斗さんに治療と在留を!全国市民の会編集委員会, 앞의 책, 35쪽, 124~125쪽.

표 2〉 손진두 사건의 경과

연도	손진두 관련 사건	피폭자 관련건
1968	10월, 부산 피폭자 손귀달 야마구치로 밀입국, 일본에서 치료를 목적으로 밀항. 이후 한국으로 강제송환(오무라수용소 미수용) 12월, 부산 엄분연과 서울 임복순 관광비자로 방일, 히로시마시에 수첩교부 신청	5.20 원폭특별조치법으로부쪽터 오키나와 현 제외
1969	2.14, 후생성 엄분연과 임복순 수첩 교부 각하	3월 원폭증인인정 재판 4.1 원폭유가족 장례비 지급 5월, 후생성 치료목적으로 도일하는 경우, 원폭의료법 미적용 판정
1970	4.10, 히로시마 평화공원 원폭피해자 위령비 건립	8.6 신영수, 한국 원폭피해자원호협회 회장 방일, 최초의 연대 메시지
	12.3, 부산 손진두 가가현에 밀항, 원폭 치료 요청	10월, 원폭의료법 일부 개정, '검은 비' 지역 주민에 대해 특별피폭자로 추가
	12월, 후쿠오카, 히로시마, 오사카, 도쿄에서 손진두 체류와 치료를 지원하는 전국시민의 모임 결성	
1971	8.6, 원폭협회 회원 10명이 미대사관 앞 시위	6.25 후쿠오카를 거점으로 손진두 지원 전국 조직 결성("손진두에게 치료를-전국연합")
	8.9 병세 악화로 형집행 정지	
	9월, '외국인등록증' 발부(근거: 결핵예방법 및 생활보호법 적용) 단, 입관측에 매달 가석방 갱신이 필요하고 병원 위치를 기준으로 "주거제한"	
	10.5, 손진두 후쿠오카현에 수첩교부 신청	
	12월, 한국 원폭피해자를 구원하는 시민의 모임 발족(오사카)	10.25, 오키나와 피폭협, 정부에 원폭의료법 적용제외기간(1957~1967) 의료비 보상 요청
1972	3.7, 후생성과 후쿠오카 현의 수첩 교부 여부 지연으로 후쿠오카 현 지사를 상대로 '행정소송' (일본정부의 전쟁 책임을 묻는 조선인피폭자 최초 소송)	5.15, 오키나와 반환협정 발효, 원폭의료법 및 특별조치법 적용
	4.28, 수첩재판 제1회 공판, 현측 답변서 제출	
	5.2, 수첩재판 제2회 공판, 본건은 전례가 없는 불법입국자의 경우이므로 현독자판단이 불가능해서 후생성에 조회중	
	7.4, 후쿠오카 현 손진두 수첩교부 신청 각하	
	8월, '특별재류허가'를 위해 오사카, 교토 등지에서 서명운동을 개시	
	10.2, 손진두 '수첩교부신청각하처분취소소송(수첩재판)' 후쿠오카 지방재판소에 제기	
	11.2, 수첩재판 항소심 제1차 공판, 현측 답변서 제출(수첩교부를 위해서는 적법한 재류 등이 필요함)	

	12.7, 수첩재판 항소심 제2차 공판	
1973	1.26, 후쿠오카동병원에서 히로시마 일본적십자병원으로 이동	5월, 이시다 원폭증인재판을 히로시마지방재판소에 재소
	5.2, 손진두, 형집행정지 취소로 히로시마형무소에 수감	
	5.22, 제4차 공판, 손진두측 제1준비서류 제출	
	7.12, 제5차 공판, 현측 제2차 준비서류 제출	
	8.25, 손진두 출소, 출소 직후 오무라 수용소로 연행, 수용	10.1, 원폭의료법 일부 개정, 특별피폭자를 폐지하고 전체 피폭자에게 일반병원 의료비 지급 실시
	10.4, 제6차 공판, 손진두 피폭사실 증언 청취	
	10.15, 후쿠오카 입관사무소를 상대로 '퇴거강제령서무효확인'소송 및 퇴거령 집행정지결정신청	
	11.10, 입관사무소, 집행정지신청서에 대해 의견서 제출	
	11.28, 오무라수용소 송환선 출발, 손진두 잔류	
1974	3.30, 수첩재판 1심 승소(후쿠오카 현 항소)	3월, 야3당 원폭피해자원호법 발의 (이후 폐안)
	4.16, 오무라수용소 송환선 출발, 손진두 잔류(2차 잔류)	
	6.17, 수첩재판 항소심 1회 공판(현측, 피폭사실에 대한 의심 제기)	
	7.25, 치료목적으로 방일 치료중이던 신영수가 도쿄도에 수첩 교부 신청	7.22 후생성 402호 통달
	8.23, 도쿄 미노베 도지사, 신영수에게 수첩 교부(한일조약이후 재한피폭자 수첩교부 1호)	
	9.4, 수첩재판 항소심 2회 공판	
	9.26, 오무라수용소 송환선 출발, 손진두 잔류(3번째)	
	11.2, 손진두, 오무라수용소에 가석방 탄원서 제출	
	11.13, 수첩재판 항소심 3회 공판, 손진두측 제1차 준비서면 제출	
1975	3.6, 사후 관을 일본대사관 앞에 방치하라는 유언을 남기고 이남수 사망(장례에 주한일본대사관 참사관 출석)	9월, 후생성 재외피폭자 수첩교부 조건으로 적법입국, 1개월 이상 체류 제시
	7.17, 제2심 승소, 후쿠오카 고등법원은 원폭의료법은 피폭자에 대한 국가보상적 성격을 지닌 특별법이란 판단으로 사회보장법이라고 주장하는 후쿠오카현의 항소를 기각	10.1 특조법 개정, 보건 및 가족간호수당 지급
	8.6, 도쿄 시민의 모임회원에게 손진두가 '귀국하고 싶다'는 취지 편지 보냄	5.7 미국 국적 피폭자 수첩 교부
	8.25, 오무라수용소에 가석방신청서류 제출	
	9.16, 손진두 면회 및 수용소장에게 가석방 신청	
1976	1.31, 손진두 가석방	1월, 미국 오클리리 국립연구소 재미피폭자

		존재 인정
	5.24, 후쿠오카동병원에서 퇴원	
	5.25, 입관 심사계장 및 경비계장, 후쿠오카 동병원을 방문, 재수감진단서 요청, 의사 거부	7월, 피폭자 이시다 국가배상 소송 승소 (정부 항소하지 않음)
	6.3, 통원치료 시작	
1977	7.2, 도쿄시민의 모임 주최 보고회 개최(전국 60여명 참석)	9월, 카터 대통령에게 피폭자 구호요청 탄원서 제출, 회답으로 "정당한 전쟁의 피해자에게는 원조 불가"
1978	3.30, 수첩재판 최고재판소에서 승소	4.4, 후생성 일본 현존 피폭자인 이상 이유불문 수첩교부로 변경
	4.30, 후쿠오카현, 손진두에게 신청시에 소급해 수첩을 교부	10월, 미국연방의회 하원 피폭자지원법안 폐기
	9.19, 법무성 1년간 특별체류허가. 원폭치료를 위해 밀항을 통해 입국한 외국인에게 특별제류를 허가한 최초 사례	
1979		1월, 손진두 재판 관련, 사회보장심의회 원폭 2법 재검토 신청

* 출처: 孫振斗さんに治療と在留を!全国市民の会編集委員会 編, 『朝鮮人被爆者孫振斗の告発』, たいまつ社 1978; 이치바 준코, 『한국의 히로시마』, 역사비평사, 2003; 한국원폭피해자협회, 『한국원폭피해자 65년사』, 한국원폭피해자협회, 2011 참조해 재구성

법원이 전면승소 판결을 내리자 재판 결과를 둘러싼 파장은 매우 컸다. 일본 방송, 언론사 쪽의 한국방문을 통해 피폭자 상황을 보도하거나 미쓰비씨 동지회 관련 보도, 쥬코쿠신문 기자 히라오카의 방한, 한일간담회 개최 등 한국인피폭자 문제가 사회화되기 시작한다.[79] 이후 손진두와 시민단체는 신청 각하에 대한 취소 소송과 강제퇴거 취소소송을 오무라수용소 수감기간(1973~1975), 치료기간(1976~1978) 내내 전개하게 된다. 이상의 손진두의 밀항, 강제퇴거 및 소송에 대한 내용을 간략히 〈표 2〉와 같다.

결국 1978년 3월 30일 최고재판소는 법의 입법취지와 기타 전쟁피

---

79   한국원폭피해자협회, 앞의 책, 149쪽.

해에 비한 심각성을 인정해 손진두는 승소한다. 최고재판소 판결문 가운데 주요한 내용을 일부만 살펴보면 다음과 같다.[80]

　　원폭이라는 특수한 전쟁피해에 대해서는, 전쟁수행의 주체였던 국가가 스스로의 책임에 의하여 그 구제를 도모한다는 일면이 있고, 원폭의료법은 실질적인 **국가 보상적 배려**가 제도의 근저에 있다. 또 원폭의료법은 피폭자가 처해있는 특별한 건강상의 상태를 착안해 이를 구제한다는 **인도적 목적**의 입법인 이상, 피폭자라면 외국인이라도 동법의 적용을 인정 구제를 도모 (…중략…) 불법입국자이기에 이를 보살피지 않는 것은 원폭의료법의 **인도적 목적**을 몰각하는 것이다. 더구나 원고가 **피폭 당시 일본 국적을 지니고 있었고** 전후 평화조약 발효에 의해 **자신의 의사와 무관하게 일본 국적을 상실**한 사정도 감안한다면 **국가적 도의**로부터도 원고에 대한 동법의 적용은 수긍된다 (…중략…) 원자폭탄의 피해에 의한 건강상의 장해가 역시 예를 찾아 볼 수 없는 **특이하고 심각한** 것이라는 점과 함께, 관련된 장해가 **전쟁이라는 국가의 행위**에 의해 초래되었다는 것이며, 더욱이 피폭자의 다수가 지금 현재까지도 생활상 일반의 전쟁피해자보다도 불안정한 상태에 처해져있다고 하는 사실을 빠뜨릴 수 없다……."(강조는 인용자).

최고재판소 판결문에는 원폭의료법이 사회보장적 성격만을 가진다는 국가의 입장을 기각하고 '국가보상적 배려'라는 판단을 내렸지만 이는 일본국가의 '인도주의적 목적'이란 프레임, 즉 특별재류권과 유사하

80　위의 책, 178~179쪽.

게 일본국가가 내리는 '은혜'와 같이 읽히기도 한다. 다음으로 귀환 재일조선인이 '자신의 의사와 무관하게' 전후 일본 국가의 국적법, 외국인등록령에 의해 '일본 국적'을 상실했기에 피폭 당시 일본 국민이었으므로 국가는 책임을 져야한다는 부분은 재일조선인의 국적 상실에 대한 국가 책임("국가적 도의")을 인정하는 동시에, '피폭당시 일본 국민'이었기에 책임을 인정한다는 보호의 대상으로 '일본 국민'을 다시 확인하는 것으로 해석할 수도 있다. 마지막으로 원폭에 의한 '특수한 피해'는 국가가 일으킨 전상으로 인한 피해와 구분되는 복지적인 면보다, 피폭으로 인한 방사능 피해의 원인을 제공한 것은 일본 국가의 행위임을 명시적으로 밝혔다.

그럼에도 앞서 일본 정부는 이 사건과 재판을 국내복지법의 시정권 문제로 파악했다고 지적한 바 있다. 8년에 걸친 소송에서 손진두와 일본 시민단체의 주장은 건강수첩 배부와 '히바쿠샤'로 인정하라는 요구와 더불어, 원폭법의 목적이자 취지인 '국가보상적 배려'란 측면을 요구했다. 하지만 법률로 정해진 원폭법의 '특수한 성격'은 문제적이었다. 1968년 5월 공포된 "원자폭탄피폭자에 대한 특별조치에 관한 법률"을 보면, 해당 법률 목적을, "히로시마 및 나가사키에 투하된 원자폭탄의 피해자가 원자폭탄의 상해작용의 영향을 받아 지금 특별한 상태에 있게 된 것에 대해 의료특별수당의 지급을 강구함으로써 그 복지를 도모하는 것"이라고 규정했다. 이 법에서 특수한 성격이란 일반 전쟁과 달리 "방사능 피해"를 지칭하는 것이며, 손진두 재판 이후 1979년 발표된 바에 따르면 전쟁의 개시와 수행에 대한 국가의 불법성이나 원폭 투하 책임이 있는 미국에 대한 대상청구권을 인정하는 것이 아니었다.

일본어 '히바쿠샤被爆者'는 일본정부가 히로시마와 나가사키의 원폭 피해자 가운데 원호대상으로 인정한 사람을 총칭하는 단어로, 특히 원자폭탄의 '방사선'과 '건강면'의 영향에 한정된 것이며 행정적 통달 조치를 통해 국내적으로 원호 대상을 한정한 것이다.[81] 실제 법률상 이는, "연 2회의 건강진단에 의한 건강관리, 건강진단에 의해 이상이 발견된 경우에는 정밀조사의 실시, 원폭의 방사능에 기인하는 장해를 가져 후생대신의 인정을 받은 자에게는 의료의 급부가 행해질 수 있"으며 "피폭자건강수첩의 교부를 받은 자"로 규정되고 있다.

다시 말해서 수첩은, "그 사람이 원자폭탄 피폭의 생존자인지를 판명하는 증명서"라고 해석가능하다. 일본 사회운동와 정부가 공히 사용하는 강력한 개념인 히바큐샤는 의료화 되고 제도화된 국가 담론으로 내재화된 것으로 해석할 수도 있다.[82] 다시 말해서 '피해의 지속성' 그리고 그 피해가 의학적 관찰 및 지도의 필요성을 가질 만큼 특이하다는 '피해의 특수성'을 갖고 있기 때문에 국가가 의료급부를 제공한다는 의미다. 여기서 피해의 핵심은 피폭 당시에 예측 하지 못했던 원자폭탄의 방사능으로 인한 것이며 방사능에 의한 피해는 다른 전상戰傷으로 인한 피해로부터 완전히 분리된 위생, 복지관련 법으로 제도화되었다. 또한 '특수한 피해'로서 원자폭탄의 피해는 언제나 '일반의 피해'와의 균형 속에서만 보상되고 지원될 수 있음을 강조했다.[83] 이처럼 히바큐샤라는 용어는 식민주의 / 전쟁의 피해자가 아닌, 원폭에 의한 방사능의 피

---

81 오은정, 앞의 글, 59쪽.
82 Lisa Yoneyama, *Hiroshima Traces—Time, Space, and the Dialectics of Memory*, University of California Press, 1999, pp.92~95.
83 오은정, 앞의 글, 71·75쪽.

해자로 이해되고 인정된 것이다.

이는 1971년 12월, 손진두 지원단체가 후생성을 방문했을 때 답변에서 확인할 수 있다. 후생성은 인도주의나 일본책임론 등을 논하기 곤란하며, 법기술적 원폭의료법 적용가능여부만 판단한다고 답변했다.[84] 밀항, 오무라수용소 수감, 재판으로 이어진 손진두 사건은 이러한 조건 속에서 전개된 것이다.

손진두 사건은 한국인 원폭피해자의 존재를 일본 사회에 알리게 된 전환점이자 한국원폭피해자운동에서 역사적 사건으로 소개되고 있지만, 왜 그가 여러 차례 밀항, 수감을 반복했고 수첩재판과 퇴거령 취하가 문제시되었는가에 대한 논의는 많지 않다. 전술한 바와 같이 양국 정부도 한국인 원폭피해자 문제가 수면 위에 드러나는 것을 원하지 않았으며, 피해 당사자인 한국 원폭피해자들의 집단적인 운동은 취약한 상태였기 때문이었다. 즉 손진두 사건은 국내법 제정을 통한 보상과 일본의 인도적 지원과 보상을 요구한 한국원폭피해자협회의 공식적인 입장과 배치되는, 바꿔 말하자면 예외적인 동시에 원폭피해자 개인의 결단에 의한 것이었다.[85]

식민지배라는 과거를 직시하게 된 일본 시민들의 자기 책임, 한국인 피폭자와의 만남을 통한 충격, 손진두 사건 이전에 일어났던 잇따른 밀항과 강제퇴거 경험 등은 왜 손진두 사건이 확산되고 8년간 계속됐는지에 대한 단서를 제시해 준다. 손진두 재판을 지원하는 시민들이 식민주의, 전쟁책임 그리고 출입국관리체제, 재일조선인차별 등에 대해 강

---

84 孫振斗さんに治療と在留を!全国市民の会編集委員会, 앞의 책, 78쪽.
85 오은정, 앞의 글, 152쪽.

한 감수성 ─ 오은정의 표현을 빌자면 반성, 속죄 그리고 위로[86] ─ 을 지니게 된 배경은 무엇일까? 소송준비, 변호사 모집, 정부와 협상, 모금, 서신, 일본 체류 시 주거 제공, 증인역할 등을 자임했던 『시민의 회』 등 손진두 지원 단체는 과거 식민지배의 피해자들과 조우를 통해 식민주의에 대한 '강한 감수성'과 과거 식민지배 가해에 대한 속죄(의식)을 지니게 됐다.

2) 『시민의 모임』의 활동과 조직 ─ 그들이 손진두를 지원한 이유

그렇다면 일본 시민단체는 원폭피해자 손진두 사건에 대해 어떤 요구와 활동을 왜 했을까. 먼저 '손 씨를 지원하는 시민의 모임' 명의의 제1호 삐라(12월 3일)에는 "조선인 피폭자 손진두 씨를 구원하자"라는 슬로건 아래, 손진두의 정밀진단 조사, 치료와 보석을 요구했다.[87] 8년에 걸친 "긴 재판"이었던 수첩재판과 강제퇴거처분무효재판은 한편으로 원폭의료법이 사회보장법인지 국가배상적 성격을 지닌 법인지를 규명하고, 다른 한편 수첩교부가 밀항이 아닌 일본법이 정한 적법한 방식에 따라 이루어지는 재류조건(손진두의 경우 불법 밀항)이 필수적인지 여부를 둘러싼 것이었다.[88] 다른 식으로 정리하자면 식민지지배와 전쟁책임에 대한 배상을 인정하는가 여부와 입관체제의 반인권적 성격을

---

86 위의 글, 172쪽.
87 孫振斗さんに治療と在留を!全国市民の会編集委員会, 앞의 책, 14~15쪽.
88 平岡敬, 앞의 글 참조.

〈표 3〉 도쿄 시민의 모임 뉴스레터 목차

연도/일자	주요 목차 내용
1974.6.1	현측의 '항소'를 타파하자 수첩재판에 대한 반향－한국신문의 반응 특별재류허가실현을 향해(1) 오사카로부터 현황 보고 모금 요청 및 회계 보고 사실 경과
1974.7.1	공판보고 손진두씨를 둘러싼 법적 상황－원폭의료법 특별재유허가실현을 향해(2) 퇴령취소소송 원고 제1준비서면
1974.10.20	수첩재판의 의미 손진두씨를 만나고 손진두씨를 둘러싼 이후의 경과
1974.11	손진두씨를 둘러싼 법적 상황－원폭의료법 손진두를 지키는 도쿄시민의 모임 일원으로서 후쿠오카 시민의 모임 회원 소개 각 지역 시민의 모임 연락처 회계보고 학습회 알림 모금 요청
1974.9.29	공판보고 손진두씨를 둘러싼 법적 상황 : 원폭의료법 손진두씨로부터 편지 회계보고
1975.1	사실경과 항소에 관해서 치료와 재류 지원운동에 참가하고 회계보고
1975.2.14	손진두씨를 둘러싼 법적 상황 : 원폭의료법 지원운동에 관한 단상 특별재류허가실현을 향해(5) 퇴거강제무효확인소송-원고측 준비서면(3) 1974년 운동경과 회계보고

1975.5.1	공판보고 사실경과 모금을! 모금을! 회계보고
1975.7	회원 여러분께 사실경과 공판 사실경과: 제2회~제5회 사실경과와 이후의 과제
1975.8.1	수첩재판항소심-다시 승소 판결 공판보고 수첩재판이란 판결요지 사실경과 회계보고
1975.9.10	퇴령재판특집: 손진두씨를 지금 곧 오무라로부터 해방시키자 손진두를 둘러싼 입관행정의 실태 퇴거제한이란 손진두씨를 면회하고(후쿠오카 시민의 모임) 퇴거강제령서와 출입국관리령 후쿠오카 입관 의견서에 관해 회원이 되주세요 지원운동에 관한 단상: 밀입국을 어떻게 생각할까 후생성, 후구오카현의 최고재판소에 상고를 규탄한다 긴급! 법무대신에게 서명을 부치자 서명집약 중간보고 회계보고
1975.10.10	보고 퇴령재판 공판에 주목하자 다시 모금을
1976.8.17	손진두씨의 퇴원을 둘러싸고 다케무라 입국관리차장 회견기 공판보고 손진두씨를 강제송환하려는 재판을 허락하지 말자! : 4월 26일 공판을 방청하고 후쿠오카에 다녀와서: 손진두씨와 행동을 같이 하고 회계보고

둘러싼 것이었다.

이를 위해 시민의 모임은 정기적으로 수첩재판, 입관법 등을 반斑 단위로 학습회 등을 조직했다.[89] 대체로 도쿄, 오사카, 후쿠오카, 교토, 히로시마 등에서 발간한 뉴스레터의 내용은 손진두의 재판, 오무라수용소나 병원에서 근황, 이후 일정, 원폭의료법, 입관법, 특별재류 등에 대한 '쟁점 소개', 지원활동 참가자의 감상과 참가기 그리고 성금 모집 등으로 이뤄져 있다. 〈표 3〉은 도쿄 시민의 모임 뉴스레터에 실린 시기별 내용 중 일부 목차를 정리한 것이다.

일본 피폭단체에 연대 요청이 무산된 뒤, 시민의 모임은 초기에는 히로시마 대학교 중핵파 학생운동 진영과 그 동조자들이 참여하며 시작됐다. 그 외에도 교토에서 입관투쟁을 지원한다고 오는 그룹도 존재했다. 히라오카는 '이 투쟁은 입관투쟁이 아니라고' 말했지만 매일 밤 이들과 술자리를 하며 같이 행동을 했다고 전한다. 또한 당시 재판에 왔던 그룹은 교토에서 온 한국청년동맹韓青同, 입관체제 반대운동 그룹, 중핵파 큐슈 그룹 등이 결합한 것으로 알려져 있다.[90]

그 외에도 다양한 개인들이 참여했는데, 코야마 토모코小山智子의 회고는 구성원의 성격을 이해하는 데 도움이 될 것 같다. 그녀는 1972년, 대학교 3학년때부터 지원단체에서 활동했다. 그녀가 재일조선 문제에 개안하게 된 계기는 가까운 재일조선인 친구의 고백 때문이었다. 친구의 고백으로 그녀는 충격을 받았고 입관체제, 조선인의 생활 등에 대해

---

89 孫振斗さんを守る東京市民の会, 『孫振斗さんを守る東京市民の会 ニュース』, 1974.6; 1975.9.10.

90 이토 루이는 1923년 관동대지진 당시 살해된 여성해방운동가 이토노에[伊藤野枝]와 무정부주의자 오스기 사카에[大杉栄]의 딸이다. 자세한 내용은 孫振斗さんを守る東京市民の会, 『孫振斗さんを守る東京市民の会 ニュース』, 1974.11.20; 平岡敬, シリーズの平岡敬インタビュー「平岡敬と広島の思想-第2回韓國人(朝鮮人)被爆者問題と歴史に対する責任」, 『哲野イサク地方見聞録』
(http://www.inaco.co.jp/isaac/shiryo/hiroshima_ nagasaki/hiraoka/2/2.html), 2010 (검색일, 2016.9.10).

두 명이 연구회를 만들어 공부를 하다가 시민의 모임에 참여했다. 하지만 처음에 그녀는 어떻게 손진두의 요구가 이뤄질 수 있을지 재판투쟁 과정에서도 잘 이해하지 못했다고 회고한다.[91]

이를 반영하듯이 초기 손진두 사건을 둘러싸고 시민의 모임 내부에도 입장은 엇갈렸다. 일부―아마도 신좌익 그룹으로 추정되는―에서는 그를 영웅시하고 그의 생명을 건 항의행동을 강조하면서, 1969년 이후 입관문제를 매개로 조선인의 존재를 드러냄으로써 돌파하려는 입장도 존재했다. 또한 1973년 퇴거취하소송 당시 "자유왕래"나 "혁명무죄" 등을 주장하는 입장도 존재했다. 하지만 초기 운동 방침은, ① 치유와 검진, ② 입관령을 고려해서 피폭문제에 맞선다, ③ 조선인피폭자운동을 강조하는 방향으로 맞춰졌다. 시민의 모임은 다수 조선인의 피폭 이유, 왜 손진두는 밀항을 반복할 수밖에 없었으며 피폭조선인에 대해 일본정부, 일본인은 무엇을 했으며, 치료 요구를 거부하는 이유가 무엇인지 문제를 제기하며 일본 국가를 대상으로 한 소송을 제기했다. 당시 지원단체에서 내건 슬로건인 "치료와 재류"는 손진두를 위한 '마지노선'이었다. 시민모임은 국가배상 여부, 밀항에 따른 입관법 적용 여부, 외국인 자격인 한국인원폭피해자에 대한 수첩미발부라는 쟁점을 중심으로, 법무대신으로 대표되는 자의적 국가 재량권으로 외국인을 관리하는 입관체제를 문제시하면서, 한국인 피폭자에게도 동일한 인권을 적용해야한다는 주장을 했던 것으로 보인다.[92] 즉 손진두의 희망을 실현하기 위해 노력하는 지원단체의 노력은 "인간으로서 의무"로 여겨졌다.[93]

---

91 孫振斗さんを守る東京市民の会, 『孫振斗さんを守る東京市民の会 ニュース』, 1978.3.21.
92 孫振斗さんに治療と在留を!全国市民の会編集委員会, 앞의 책, 19~22쪽, 35쪽, 63쪽, 113쪽.

〈표 4〉 강제퇴거취하소송의 경과

연 도	경과
1973	10.15 후쿠오카입관사무소를 상대로 「퇴거강제령서 발주처분 무효확인소송」 신청
	11.10 입관측, 수첩재판과 동일 내용으로 '의견서' 제출
	12.10 제1차 공판
	12.14 제2차 공판
1974	2.22 입관측은 손진두에 대한 강제퇴거의 정당성을 주장하는 제1준비서면 제출
	6.14 제3차 공판, 손진두측 준비서면 제출(가해자로서 일본국가의 손진두에 대한 지원의무 및 강제퇴거권이 없음 주장)
	9.13 제4차 공판, 입관측이 제출한 증거서류에 대한 손진두측의 부인 절차진행(1971.1 '이 의신청방치서' 서명의 강요 강조)
	12.13 제5차 공판, 손진두측 제3준비서 제출
1975	2.14 제6차 공판, 재판관 교체
	5.23 제7차 공판, 이의신청방치를 강요한 입관사무소 전 특별심리관 증인 심문
	6.20 제8차 공판, 제9차 공판시 손진두 본인 심문 결정
	10.17 제9차 공판, 본인 심문 진행
1976	1.31, 오무라수용소에서 가석방(간결핵 악화), 후쿠오카동병원 입원
	4.26 제11차 공판, 전 특별심리관 증인 심문 계속 및 결심 강행
	5.27, 대입관 항의행동
	9.30, 퇴령재판 1심 판결, 손진두 패소. 입관에 항의 행동
	10.14, 손진두, 후쿠오카 고등법원에 항소
	10.27, 입관측 가석방갱신기간을 30일로 변경, 일방적 조치에 시민의 모임 항의 행동
1977	1.27, 퇴령재판 항소심 제1차 공판
	4.28, 항소심 제2차 공판, 손진두측 1차준비서면 제출 및 증인 신청
	6.16, 항소심 제3차 공판, 제2차 준비서면 제출
	9.13, 항소심 제4차 공판, 제3차 준비서면 제출
1978	3.1, 항소심 제5차 공판, 후쿠오카동병원 다나카의사 증언
	9.19, 법무성 1년간 특별체류허가. 원폭치료를 위해 밀항을 통해 입국한 외국인에게 특별제류를 허가한 최초 사례

* 출처: 孫振斗さんに治療と在留を!全国市民の会編集委員会 編, 『朝鮮人被爆者孫振斗の告発』, たいま つ社 1978, 160~162쪽; 孫振斗さんを守る東京市民の会, 『孫振斗さんを守る東京市民の会 ニュ-ス』 1975.9.10.

---

93 平岡敬, 「黙殺との戦い−被爆朝鮮人・孫振斗さんの訴え」, 『世界』 通号 345, 岩波書店, 1974年 8月.

한편 1974년경부터 입관령-강제퇴거 문제가 자주 뉴스레터 등에 등장했다. 한 회원은 손진두에게, "퇴거강제령서는 사형집행령서에 필적할 만큼" 중요하다고 이야기되었다.[94] 하지만 초기 손진두의 입관 문제가 거의 인지되지 못한 상태였고 1971년 8월 9일 병세 악화를 이유로 형집행정지로 손진두가 풀려나온 뒤 알려지게 된다.[95]

1971년 8월에 손진두가 입원한 상태에서 입관사무소 사무관이 방문해 가석방과 입관절차가 동시에 진행된다는 것을 통보했다. 후쿠오카 입관 측의 입장은 이미 1971년 1월에 심사가 완료된 퇴거강제령 집행을 진행하고자 한다는 것이었다. 이후 퇴거취하소송에서 핵심 쟁점이 된 사안이 1970년 12월 일본 입국직후 입관측이 손진두를 조사를 하는 과정에서 강제퇴거에 대한 '이의신청을 방치'한 사실이었다. 입관측은 이의신청을 해도 소용이 없으며 밀항 경력 때문에 불필요하다는 압력을 손진두에게 가해 이의신청기회를 박탈당했다는 점이었다.[96] 이후 1973년 10월 15일, 손진두가 오무라수용소에 수감된 직후 입국관리사무소를 상대로 "퇴거강제명령 처분 취하소송"을 통해 새로운 국면이 시작된다.[97] 앞의 〈표 4〉는 강제퇴거취하소송의 경과이다.

그렇다면 손진두 재판을 지원하는 시민들이 식민주의, 전쟁책임 그리고 출입국관리체제, 재일조선인차별 등에 대한 강한 감수성은 어떻게 이해해야 할까? 후술할 내용에 기초해 시사받을 수 있는 점은 1968

---

94 孫振斗さんを守る東京市民の会,『孫振斗さんを守る東京市民の会 ニュース』, 孫振斗さんを守る東京市民の会, 1975.9.10.
95 孫振斗さんに治療と在留を!全国市民の会編集委員会, 앞의 책, 43~44쪽.
96 입관을 통한 조사 절차는 위반조사, 인정, 구두심리, 판정 그리고 판결의 순으로 진행된다. 자세한 경과는 위의 책, 55~56쪽 참조.
97 위의 책, 108쪽.

년을 즈음으로 제기된 입관법, 오무라수용소, 재일조선인의 존재 등이 시민의 모임에서 다뤄졌지만 이는 직접적으로 자기부정이나 가해자론 등 이념이나 윤리에서 기인하기보다 지원활동, 재판준비와 방청 등을 통한 인식의 전환이 아닐까 싶다.

초기부터 손진두를 지원했던 히라오카, 카와무라, 나카지마 타츠미 등의 체험은 이를 간접적으로 보여준다. 히로시마 『쥬코쿠신문中國新聞』 기자였던 히라오카平岡敬는 패전 이전 북한에서 학도병 경험, 철원에서 학창 시절 군사교육 훈련을 받는 등 식민지 조선 체험을 지녔고, 우연히 1965년 2~3월에 한 원폭피해자로부터 편지를 받게 된다. 그는 1965년 11월에 처음으로 한국을 방문해 원폭피해자와 조우한 뒤 한국인원폭피해자에 관심을 지니게 됐다. 마산 국립병원에 폐결핵으로 입원한 박수암으로부터 온 편지는 한국원폭피해자의 실태와 구호를 호소하는 내용이었다. 그는 이 편지를 받고 한일회담을 즈음해 한국을 방문해 처음으로 시골여관에서 10명 정도의 한국인피폭자들과 만났다. 그는 당시를 "언어를 초월하는 비참함"이라고 표현했다. 한국인 피폭자들은 자신의 말을 들어주려 온 히라오카를 하느님이라고 부르면서 반겼는데, "(한국인 피폭자들은-인용자) 매우 비참한 상황으로 내던지고 있었다. 아무리 가난하다고 해도 한도라는 것이 있죠? 그 한도를 넘어. 그래서 그들은 하소연할 수 없다. 내가 처음 취재에 갔을 때는 하나님이라고 했거든요. "히라오카 씨 당신은 하나님이다"라고'. 당시 감정을 히라오카는 다음과 같이 기억하고 있다.[98]

---

98 平岡敬, シリーズの平岡敬インタビュー「平岡敬と広島の思想-第2回韓國人(朝鮮人)被爆者問題と歴史に対する責任」, 『哲野イサク地方見聞録』

예를 들면 잊혀지고 있는 조선인 피폭자, 이게 누구도 (이들에 대한 지원도-인용자)안 하고. 이는 바로 국가 책임이에요. 나는 그 조선인의 원폭 피해자들을 계속 지원함으로써 처음 "국가와 민중"의 관계를 냉정하게 여기게 되었어요. (…중략…) 그전까지는 일본인 원폭 피해자 뿐입니다라고, 국가가 도대체 뭐요, 계속 전쟁 중에서. 그것이 마침내 조선인의 문제를 생각함으로써 처음 "국가와 민중"을 구분할 수 있게 됐어요. 국가는 민중에게 적대하는 것이다, 국가라는 것은 반드시 민중의 편에 서서 하는 것 아니라는 것은 조선인의 모습을 보면 알 것입니다. 이건 내 사상이 조선인 문제로 바뀌었다, 심화됐다고 할까……

귀국 후 그는 『쥬코쿠신문』 조간 1면에 재한피폭자 문제를 알렸다. 손진두의 밀항 이후 그를 면회하러간 히라오카 씨는 손진두의 사진을 찍어 손진두가 피폭 당시 살고 있었다는 히로시마 시 미나미간온마치南觀音町로 가 사실관계를 확인했다. 히로시마대학 신좌익계 학생들에게는 강제송환반대 투쟁을 부탁하고, 원폭의료지정병원에 입원시켰으며 히로시마의 젊은 의사들에게 손진두씨의 건강 진단을 의뢰했다. 이때 '손진두를 구원하는 시민의 모임'이 결성되고 그는 히로시마를 근거로 도쿄, 교토 등지에서 재판을 지원해줄 변호사를 물색하고 비용 등을 모금했다.[99]

(http://www.inaco.co.jp/isaac/shiryo/hiroshima_nagasaki/hiraoka/2/2.html), 2010 (검색일 2016.9.10)

99　平岡敬, シリーズの平岡敬インタビュー「平岡敬と広島の思想—第2回韓國人(朝鮮人)被爆者問題と歴史に対する責任」, 『哲野イサク地方見聞録』
(http://www.inaco.co.jp/isaac/shiryo/hiroshima_nagasaki/hiraoka/2/2.html), 2010; 오은정, 앞의 글, 138쪽; 141~142쪽; 孫振斗さんに治療と在留を!全国市民の会編集

다음으로 손진두 사건에 대한 많은 글과 소송과 관련된 후생성, 법무성, 사회당 등과 교섭[100]을 맡았던 나카지마 타츠미中島龍美, 1928~2008역시 한일조약 체결 직전에 한국에서 관광비자로 일본을 방문한 한국인 원폭피해자가 원폭 피해 사실을 증명해줄 증인을 찾아 원폭수첩을 받아 히로시마시민병원에 입원했다. 그 후 오사카를 경유해 도쿄소재 한 결핵전문병원으로 옮겨갔는데, 비자기간이 만료되어 일본 체재가 불법 체류가 되어버렸다. 퇴원 즉시 강제송환이 될 상황에서 나카지마는 법무성대신에게 호소했지만 수포로 돌아갔다. 이처럼 한국인 원폭피해자를 만나 도움이 되지 못했다는 무력감은 그녀로 하여금 1968년에 밀항한 손귀달에 대한 지원과 2년 뒤 와세다대학 동기인 히라오카와 함께 도쿄를 중심으로 손진두 씨를 지원하는 "재한피폭자문제시민회의" 대표 등 시민회 일을 맡게 된다.[101]

이처럼 손진두를 지지, 지원한 관련자들은 손진두 사건 이전에 원폭피해자들과 조우하며 일본의 '식민지 책임' 문제를 자각했다. 이는 '유일피폭국', '히바쿠샤'라는 담론 속에서 망각됐던 과거 피식민자들과 조우했던 충격과도 연관된다. 히라오카, 나카지마 등에서 볼 수 있듯이, 재한피폭자는 식민자였던 자신들의 과거를 직시하게 하는 존재였다.[102]

전술한 히라오카, 나카지마 등의 면면이나 후술할 뉴스레터의 참가기

委員会, 앞의 책, 13쪽).
100 孫振斗さんを守る東京市民の会, 『孫振斗さんを守る東京市民の会 ニュース』, 1978.3.21.
101 한국원폭피해자협회, 앞의 책, 165쪽; 오은정, 앞의 글, 144쪽; 平岡敬, シリーズの平岡敬 インタビュー「平岡敬と広島の思想－第2回韓國人(朝鮮人)被爆者問題と歴史に対する責任」, 『哲野イサク地方見聞録』 (http://www.inaco.co.jp/isaac/shiryo/hiroshima_nagasaki/hiraoka/2/2.html), 2010(검색일: 2016.9.10).
102 오은정, 앞의 글, 145쪽.

등을 통해 추측해보면 시민의 모임 구성은 20대 젊은이, 학생, 노동자를 주류로 하고 교사, 주부 등 상대적으로 자유도가 높은 사람들이 아니었던 가 싶다. 이들 지원단체 활동 속에서 식민지책임과 가해자 의식의 일단을 확인할 수 있는데, 「특별재류허가를 향해」(森山(모리야마))에서 전쟁책임에 대한 부모의 부채는 자식이 갚아야 하며, 일본인은 한국인들을 피폭시킨 민족으로서 원죄의식을 가져야 하고, '지금' 쓰고 있는 종이와 볼펜도 일본의 경제침략으로 한국에서 저임금으로 혹사당하는 노동자의 피와 땀에 의한 것임을 잊어선 안된다고 기술하고 있다.[103] N.O라는 닉네임을 가진 시민의 모임 멤버는 「손진두씨를 만나고」란 글에서, 일본은 조선에 대해 '이중적 의미의 책임'을 지니고 있는데, 그 중 한 가지는 일본의 자기 이익을 위해 한국을 식민화한 것이고, 또 하나는 이들의 민족적 권리를 박탈한 것이다. 손진두의 육체 역시 전쟁으로 인한 피폭으로 인한 것임을 망각해선 안된다고 쓰고 있다.[104]

역시 M이라는 가명으로 「지원운동에 참가하고」란 글을 쓴 회원도 손진두의 수첩신청에 대해 일본인들이 "일본인이라면" 수첩을 받을 텐데 혹은 "한일조약으로 이미 해결"되었다는 반응을 언급하며 일본인의 주체성 상실을 비판했다.[105] 또한 1974년 10월부터 손진두를 지원해 온 I라는 이름의 같은 제목의 회원 지원운동 참가기를 보면, 일본인은 일상생활에서 조선인과 중국인의 생활, 생존권을 묵살하는 "이용주의"에 젖어있으며 사상조사가 두려워서 교사가 학생들에게 일본의 침략과

---

103 孫振斗さんを守る東京市民の会, 『孫振斗さんを守る東京市民の会 ニュース』, 1974.7.1.
104 孫振斗さんを守る東京市民の会, 『孫振斗さんを守る東京市民の会 ニュース』, 1974.10. 20.
105 孫振斗さんを守る東京市民の会, 『孫振斗さんを守る東京市民の会 ニュース』, 1975.1.

원폭피해 사실을 숨기고 있다고 고발하고 있다.[106]

니시다西田란 이름의 참가자가 쓴 "지원운동에 관한 단상"을 보더라도 재일조선인, 중국인, 피차별부락주민 그리고 피폭자의 존재는 아시아의 존재를 일본에게 알려주는 것이라고 날카롭게 지적하고 있으며[107], 같은 제목의 글에서 출입국관리령, 외국인등록법은 일본 제국주의가 조선에 대한 침략전쟁 책임을 면죄하려는 폭거라고 비판하고 있다.[108]

이처럼 시민의 모임 멤버들이 말하는 식민주의, 전쟁 책임에 대해 제기한 주장들은 신좌익과는 다른 양상을 나타난 듯 싶다. 국가배상에 입각한 치료, 일본 국적 보유자와 동등한 재류권은, ① 피폭 한국인도 히바큐샤로서 권리를 지니고 있으며, ②①은 사회보장적 성격이 아닌, 식민지배에 대한 책임을 인정하라는 것으로 한 걸음 더 나아갔고, ③ 입관령에 저촉됨에도 동등한 재류허가를 한국인에게 부여해달라는 것이다. 정리하자면 국민국가를 매개로 설정되는 '보편적 인권'을 피폭자들도 인정받아야 한다는 것이다. 여기에 추가되어야 할 지점은 손진두 본인의 의도와 무관하게 — 혹은 그가 스스로 주장할 언어의 부재로 이야기되지 못한 — 입관체제에 근거한 강제퇴거명령을 무효화시킴으로서 국경 / 국적을 기준으로 한 국민국가의 경계를 '문제시'했다는 점이다. 물론 이는 '전후민주주의' 자체를 부정하는 것이 아닌, 전후민주주의의 사상 / 결락을 폭로하는 성격이었다.

---

106 위의 책.
107 孫振斗さんを守る東京市民の会, 『孫振斗さんを守る東京市民の会 ニュース』, 1975.2.14.
108 孫振斗さんを守る東京市民の会, 『孫振斗さんを守る東京市民の会 ニュース』, 1975.9.10.

3) 가해의 현재성-식민주의와 마주서다

1977년 2월 히라오카는 「가면의 뒷면」이라는 글에서, "피폭 조선인에 대해 쓰는 것은 일본인 피폭자에 대해 뭔가를 언급하는 것보다는 한층 날 괴롭게 한다. 그것은 그들의 고통에 대해 지금까지 거의 힘이 될 수 없었다는 것을 나 자신이 가해자로 계속 일본인의 한 사람인 것에 기인한다"고 언급했다.[109] 지원단체 활동에 적극적이었던 그역시 '가해자의 공포'로부터 자유롭진 못했던 듯하다. 앞서 언급한 한국 방문 시 피폭자들이 처음에는 그를 "하느님"이라고 불렀다. 그는 피폭자의 호소, 고통을 글로 썼지만 2,3차례 방문하자 한국인 피폭자들은, "2,3번 갔더니 역시 저쪽도, "너는 쓰고 마치 아무것도 안 한다. 당신은 (글을-인용자) 쓰는 것이 장사로 그래서 월급을 받는 건데. 우리는(한국인피폭자-인용자) 아무 것도 아니다"라고 화를 내거든요. 여기서 (나는-인용자) 대답하지 못하는 것……, 열심히 썼는데 나의 무력하고 아직 정부를 움직이는 것까지 좀처럼 가지 않는다고 말하는 건데……"라고 회고한다.[110]

당시 일본은 피폭자단체를 포함해 가해 문제가 논의되기 시작한 것은 1970년~1975년 사이였고, 히라오카와 같이 일본의 가해 문제를 강조할 경우 일본피폭자들이 피해를 호소하는 힘이 약해진다는 목소리가 존재했다. 다시 히라오카의 말을 빌면, "……히라오카 씨처럼 가해,

---

109 平岡敬, 「"仮面"の裏側」, 『季刊 三千里』 13号, 東京, 三千里社, 1977.
110 平岡敬, シリーズの平岡敬インタビュー「平岡敬と広島の思想-第2回韓國人(朝鮮人)被爆者問題と歷史に対する責任」, 『哲野イサク地方見聞録』
(http://www.inaco.co.jp/isaac/shiryo/hiroshima_nagasaki/hiraoka/2/2.html),
2010(검색일: 2016.9.10).

가해와 한다면 자신들의 피해를 호소하는 에너지, 박력이 없다라고 하더군요 (…중략…) 내가, '일본의 가해 책임이라는 것을 잘 생각해야 하지 않을까, 원폭 피해자도'라고 했더니, "당신 같이 가해, 가해라고 말하면 자신들(일본피폭자들-인용자)의 피해를 호소하는 힘이랄까 에너지라고 할까, 박력이랄까, 훼손된다고. 그래서 피해만으로 가야 한다"라고, "가해에 관해선 생각하지 않는다"라고……."[111]

운동 초기였던 1971년부터 '시민의 모임'은 수첩재판과 강제퇴거 취하를 국가소송으로 판단했다. 초기 운동의 이중적 과제로 강제송환 위협의 돌파, 권리로서 원폭의료 수혜를 받는 것을 상정했다. 바로 수첩재판을 원폭치료를 위한 시민권 확보의 '제1보'이자 그간 조선인피폭자를 방치한 일본국가에 대한 요구임을 명확히 했다.[112] 1972년 소송당시 전면에 내세운 문제 역시 원폭의료법의 '입법취지'인 "국가책임을 명기하는 것"이었다.[113]

1973년 손진두가 히로시마형무소에 수감된 직후 열린 제4회 수첩재판에서 원고 손진두측은 식민지지배 및 전쟁으로 피해를 입은 조선인들이 일본 국가에 대해 보상을 청구할 권리가 있으며, 침략전쟁을 시작한 결과로 원폭피해자를 양산한 일본국가는 원폭피해자에 대해 보상책임이 있음을 "준비서면"에서 분명하게 밝혔다.[114]

1974년 1차 승소이후 지원단체의 주요 멤버 가운데 한 명인 히라오카는 이 재판을, 손진두라는 존재를 통해 피폭조선인에 대한 일본의 역사

111 위의 글.
112 孫振斗さんに治療と在留を!全国市民の会編集委員会, 앞의 책, 64・71쪽.
113 위의 책, 85쪽.
114 위의 책, 104쪽.

적 책임을 명확하게 하는 것이라고 밝혔다.[115] 바로 지원단체는 손진두를 통해 전쟁책임, 식민지배의 역사적 책임을 고발하고자 했으며 그 결과, 1978년 승소로 일본 정부는 입국목적과 무관하게 적법하게 입국해 1개월 이상 체류한 경우 수첩을 교부하는 것으로 방침을 변경했다.[116]

　1974년 7월 도쿄 시민의 모임 뉴스레터를 보면, 손진두에 대한 지원활동을 그의 존재가 과거 식민지배를 둘러싼 문제만이 아닌, 일본의 아시아에 대한 경제적 침략ㅡ예를 들어 한국 경제기반의 약화 등ㅡ을 포함하는 '현재' 일상생활의 일부분이라는 점에서 중요성을 강조하고 있다.[117] 1975년 지원활동에 참가한 멤버의 '참가기'를 보면 입관체제를 재일외국인에 대한 생활권 박탈, 일본인내 잠재한 천황제 회귀로 만들어진 배외주의에 기반한 아시아 무시라고 강하게 비판하고 있다.[118] 또는 재일조선인, 중국인, 피차별부락민, 피폭자의 존재 자체가 자신의 선험적이고 낙관적인 전제를 부숴버리는 실재감으로 다가오고 있다고 지원활동에 대한 단상에서 밝히고 있다.[119]

115　平岡敬,「黙殺との戦いー被爆朝鮮人・孫振斗さんの訴え」,『世界』通号 345, 岩波書店, 1974年 8月, 235~241쪽.
116　平岡敬,「地底からの告発ー被爆朝鮮人の提起するもの」,『世界』通号 391, 岩波書店, 1978年 6月, 324쪽.
117　孫振斗さんを守る東京市民の会,『孫振斗さんを守る東京市民の会 ニュース』, 1974.7.1.
118　孫振斗さんを守る東京市民の会,『孫振斗さんを守る東京市民の会 ニュース』, 1975.1.
119　孫振斗さんを守る東京市民の会,『孫振斗さんを守る東京市民の会 ニュース』, 1975.2.14.

5. 국경을 흔드는 사건과 불온한 장소들

손진두 사건을 주도한 인물 가운데 한명인 히라오카平岡敬는 조선인 피폭자에 대한 일본 사회의 태도를 다음과 같이 기술했는데, "전후 일본은 유일한 원폭 피폭국이라는 입장에서 세계를 향해 평화를 호소 해 왔다 (…중략…) 굳이 가면이라는 것은 히로시마·나가사키에서 다수의 조선인이 피폭 한 사실을 전후 일관되게 묵살하고 있기 때문이다. 피폭자 구호를 하나의 기둥으로 하는 원수폭 금지 운동조차 그 시작에서 그들의 존재를 염두에 두고 오지 않았다. 피폭 조선인은 일본인의 생각이나 원폭 문제나 히로시마·나가사키 중에서 차지하는 장소가 없는 것이다."[120] 그는 '가면'을 마치 식민주의, 전쟁책임이 부재했다는 것처럼 행동하고 사고하는 일본정부 / 일본사회에 빗대어 표현했고, 같은 장소에서 피폭을 당했지만 피폭을 낳은 일본국가로부터 배상과 보상을 받거나 이를 요구를 할 공간이 부재한 조선인 원폭피해자를 '장소의 부재'로 표현한 것이다. 그리고 이는 입관체제에서 출발한다.

수첩재판을 "실제로 조선인을 차별하는 일본행정과의 싸움"[121]이라고 규정한 히라오카가 언급한 일본행정이란 입관체제를 지칭한다. 그렇다면 왜 손진두 사건에 일본 피폭단체들이 개입하지 않았을까? 애초 히로오카는 피폭단체에 같이 조직으로 나서자고 제안했으나, 일본 피폭단체들은 "무관심"했다.[122] 혹은 "밀항자는 범죄자이며 운동의 상징이 될

120　平岡敬, 「「"仮面"の裏側」, 『季刊三千里』 13号, 東京, 三千里社, 1977.
121　平岡敬, 「黙殺との戦い―被爆朝鮮人・孫振斗さんの訴え」, 『世界』 通号 345, 岩波書店, 1974.8, 235~241쪽.
122　平岡敬, 「国家と被爆者―孫振斗氏勝訴の意味(日本の潮)」, 『世界』 通号 391, 岩波書店,

수 없"기에 조직적으로 지원할 수 없다고 말했다. 그 외에도 '추측'에 가깝지만 매년 국가로부터 지원을 받고 진정을 해야 했던 일본 피폭자 단체로서는 반체제운동과 관련되는 것을 피하려는, 바로 자민당에 눈총을 받고 싶지 않았기 때문일지도 모른다.[123] 일본 피폭자와 조선인 피폭자의 극명한 차이는 아래 『無援の海峡』(1983)에 나오는 히라오카의 인상적인 문구로 충분히 이해될 수 있을 듯싶다.[124]

일본인 피폭자의 체험기는 대부분의 경우 그 아침(1945년 8월 6일)의 섬광에서 시작된다. 하지만 피폭된 조선인은 먼저 '왜 자신이 일본에 왔는가'라는 곳에서 이야기가 시작된다. 그 차이야말로 피폭 조선인 문제를 생각할 경우 핵심이다……

일본인에게 피폭이란 1945년 8월의 순식간의 감각에서 비롯되지만, 재일조선인 / 한국인에게 피폭이란 부모 혹은 자신이 건너갔던 20세기 초반의 식민지 시기로부터 시작된다. 그러나 전자는 '전후 민주주의-평화국가'란 가면을 쓰고 후자를 망각했고 법률에 근거하지 않은 국가 재량권의 확대인 입관체제에 무지한 채 재일조선인들이 겪는 일상에서 차별에 무감각해졌다.

전술한 바와 같이 1969년 이후 입관법 개정안이 국회에 상정되었지

1978.6, 325쪽.

123 平岡敬, シリーズの平岡敬インタビュー「平岡敬と広島の思想-第2回韓國人(朝鮮人)被爆者問題と歴史に対する責任」, 『哲野イサク地方見聞録』
(http://www.inaco.co.jp/isaac/shiryo/hiroshima_nagasaki/hiraoka/2/2.html),
2010(검색일; 2016.9.10).

124 平岡敬, 『無援の海峡-ヒロシマの声, 被爆朝鮮人の声』, 東京, 影書房, 1983.

만, 지원 단체 회원들에게도 낯선 법률이자 제도였다. 그만큼 전후 일본에게 '재일외국인이란 존재'를 법률과 제도 외부에 존재했다. 그러나 점차 출입국관리령, 외국인등록제도의 문제점, 단적인 예로 일본제국주의적 조선침략전쟁의 책임을 면하기 위한 폭거 등에 대한 비판이 지원 단체 구성원들에 의해 제기되었다.[125]

수첩재판에서 일관되게 후생성이 견지한 입장은 손진두는 '조선인'이며(일본 국적 보유자가 아니며) 밀항자(출입국관리법을 위반한 적법한 절차를 거쳐 입국한 자가 아니며)라는 입관행정에 초지일관 충실한 것이었다.[126] 이른바 적법한 입국이란 근거는 일본 국가의 마지노선인 동시에, 조선인에 대한 입관체제의 우위를 보여주는 것이었다. 비유하자면 "착한 조선인"에게는 수첩을, 밀입국한 "나쁜 조선인"에게는 수첩을 주지 않겠다는 식으로 조선인을 분단시키려는 것이었다.[127] 심지어 1976년 1월 31일, 손진두가 오무라수용소로부터 형집행정지 판정을 받았을 당시에도, 가석방 이유는 "결핵치료를 위해서"라고 적시되어 있었다.[128]

이처럼 스스로를 피해자로 여기면서도 피폭조선인을 망각한 일본의 평화는 스스로 그 기만성을 드러내는 것과 다름이 아니며, 동시에 식민지배로 인해 생긴 조선인피폭자에 대해 일본국가가 현재까지 치료나 보상조차 하지 않는 것은 일본의 입관행정의 근본사상을 의심하게 한다고 회원들은 언급하고 있다.[129]

---

125 孫振斗さんを守る東京市民の会, 『孫振斗さんを守る東京市民の会 ニュース』, 1975.9.10.
126 孫振斗さんに治療と在留を!全国市民の会編集委員会, 앞의 책, 35쪽, 125~126쪽.
127 平岡敬, 「地底からの告発―被爆朝鮮人の提起するもの」, 『世界』 通号 360, 岩波書店, 1975.11, 111쪽.
128 孫振斗さんに治療と在留を!全国市民の会編集委員会, 앞의 책, 35쪽, 157쪽.
129 孫振斗さんを守る東京市民の会, 『孫振斗さんを守る東京市民の会 ニュース』, 1974.11.

1970년부터 8년간에 걸쳐 히바쿠샤로 인정-특별재류허가를 받은 손진두의 존재와 그가 거쳐 온 장소들(밀항, 병원, 오무라수용소, 재판장 등)은 그 자체로 조선인원폭피해자에 무지했던 혹은 이를 은폐했던 전후 평화국가의 모순과 식민주의를 드러냈다. 서론에서 손진두 사건은 그 자체로 정치성을 띤 사건의 장소로 이뤄졌음을 밝혔다. 손진두와 시민 단체들이 강제퇴거 취하를 요구하면 재판이 전개됐던 장소들이었던 후쿠오카 등 재판장, 심문과정, 그리고 그가 밀항한 마츠우라 해안과 장기간 머물렀던 히로시마, 후쿠오카 등 장소와 병원 그리고 오무라 수용소 등은 일본의 영토이자 법률 기관으로 보일 수도 있다. 하지만 손진두 사건 관련해 이들 장소는 전후 일본의 전쟁 책임과 입관체제를 추궁하고 전후 민주주의라는 '대전제'에 균열을 낸 "불온한 장소들"이었다.

동시에 원폭피해자임을 인정할 것(수첩재판)과 강제퇴거령 취하소송은 입관체제가 정한 절차에 따른 국적, 여행자, 불법입국자를 묻지 않고 수첩을 교부해야한다고 주장했다는 점에서, 패전 후 일본국가에 의해 봉인된 제국일본의 과거를 풀어버리는 효과를 낳았다. 오은정의 표현을 빌자면 "일본 원폭피해자구호정책의 핵심인 히바쿠샤의 시정권施政權이라는 경계를 해체"하는 것이었다.[130]

하지만 손진두 사건은 동시에 한계역시 내포하고 있다. 손진두 외부의 지역사회의 지원모임("손진두씨를 지원하는 시민의 모임")의 활동은 그가 일본인피폭자와 '동등한 원호'를 받는 동시에 법무대신의 재량권에 근거한 "특별재유자격인정요구"를 얻기를 간절히 희망했을 것이다. 하지

---

130 오은정, 앞의 글, 171쪽.

만 손진두라는 원폭피해자에 대한 지원이 가진 의미에 대한 성찰과 평가를 보면 흥미로운 지점들을 발견할 수 있다. 일부에서 그를 영웅시하거나 정치적으로 이용했다는 지적도 발견되지만, 더 많이 남겨진 기억들은 그가 보통 사람이었고 왜 그가 밀항했는지 잘 알지 못하면서 지원활동을 시작한 경우도 있으며, 그의 고민을 공감하지 못한 것에 대한 후회도 발견할 수 있다. 그만큼 원폭피해를 1945년 8월 그날 아침의 섬광으로부터 기억해왔던 일본인 / 일본 사회와 자신이 왜 이곳에서 피폭을 당해야 했는지 식민지라는 과거를 추급해야 했던 그래서 망각됐던 손진두 간의 경계는 긴 시간이 지났지만 쉽게 매워지기 어려웠던 것으로 추측된다.

인상적인 것은 1978년 3월 도쿄 시민의 모임 뉴스레터 '최종호'에 실린 그간 운동에 대한 회원들의 평가와 반성이었다.[131] 회보에 글을 많이 실었던 니시타西田는 7년간 손진두 문제는 자신의 삶의 전 영역에 걸쳐 사고를 지배했다고 밝힌다. 니시타와 같은 의견도 있지만 손진두와 재판이 미친 중요성에 비해 지원단체 및 그 회원과 손진두 간의 커뮤니케이션이나 공감의 문제에 대해서 도쿄의 모리야마森山는, 지원단체가 "치료와 재류"라고 내건 슬로건이 과연 손진두 자신의 것인지에 대해선 의문을 제기하며, 최초 왜 그가 밀항했는지도 모른 채 운동을 시작했다고 고백한다. 즉 손진두는 스스로 주장을 언어로 표현하기 어려웠고 지원 단체의 슬로건이 그의 언어를 대신했다는 것이다. 이런 점이 7년간 계속 지원활동을 했지만 다소 공허감이 남은 사실을 숨기기

---

131 孫振斗さんを守る東京市民の会, 『孫振斗さんを守る東京市民の会 ニュース』, 1978.3.21.

어려운 이유라고 고백한다. 앞서 소개한 코야마 토모코小山智子도 손진두가 병원, 형무소, 오무라수용소 등으로 떠돌아서 의사소통이 어려웠기에 함께 이야기를 나누고 고통과 슬픔을 나누는 데 한계가 있었으며, 재판 등을 준비해 나아가면서 자신들과 무관한 무언가 의지에 의해 결정된다는 느낌을 받았다고 말한다.[132]

앞서 언급했지만 손진두가 처음 밀항을 했을 때, 히로시마의 신좌익 학생운동 가운데 중핵파가, 후쿠오카에서도 학생운동이 지원을 해준바 있다. 물론 이들의 개입에 대한 평가는 '유보적'이다. 히라오카와 나카지마 등이 변호사 선임, 자금 마련, 교섭 등을 맡았다면 젊은 층 가운데 상당수가 재판과정내지 지원 단체의 실무를 맡았을 것으로 추정된다. 이는 70년대 들어 베헤렌에 신좌익 성향 대학생층이 개입한 것을 상기해보면, 무리한 생각은 아닐 것이다. 「지원과 운동森山幸一」이란 글에는, 자신은 손진두가 7년간 일본／한국정부에 대해 비판하는 말을 기대하지도 않았으며, 식민이나 입관 등에 대한 이야기도 기대하지 않았다고 회고하며, 그가 선진적 발언을 하지 않았다고 뒤쳐진 사람을 지원한다고 결코 생각하지 않는다고 말한다. 오히려 재판과 소송과정을 통해 같이 성장하기를 기대한다고 밝혔다.[133]

신좌익은 일본국가와 이에 가담한 일본 국민도 전쟁책임, 식민주의, 전후민주주의에서 아시아의 망각에 공모했다고 비판했지만 손진두를 지원하는 시민의 모임 등 시민단체 구성원들이 이에 동조했던 것은 아니었다. 이는 손진두 지원활동을 하는 과정에 관한 히라오카의 기억에

---

132 위의 책.
133 위의 책.

서도 부분적으로 드러난다. 『쥬코쿠신문』의 기자이자 60년대 한국인 원폭피해자문제를 여러 잡지에 쓴 히라오카는 유독 히로시마에서 자신이 몸담고 있던 『쥬코쿠신문』에는 손진두와 관련된 내용을 쓰지 않았다. 그 이유로 히라오카가 기억하는 것은 손진두 지원활동이 신좌익이 주도하는 운동으로 비춰질지도 모르는 것에 대한 경계심 때문이었다. 그는 자기방위본능自記防衛本能이라고 당시를 다음과 같이 회고하는 데, "(손진두 지원활동이-인용자)신좌익과 얽히면 힘들다는 생각이 있었어. 그러면 그들과『쥬코쿠신문』이 함께 되고, 손진두 씨의 지원 투쟁 자체가 신좌익의 운동이라는 식으로 세상은 볼 수 있는 거야. 그건 자기 방어 본능일지도 모르겠어. 지금 생각하면, (활동을 하는 주체들이 서로-인용자) 잘 처리할 수 있었을지 모르겠는데……"라고 당시를 기억한다.[134]

더 나아가 '한국원폭피해자'들이 '식민주의의 피해자'로서 보상을 받은 것인지에 대해 평가하자면 다소 논쟁적이다. 당시 소송 자료들은 일본 히바쿠샤와 동일한 대우, 일본인과 같은 인간으로서 인권을 보장하라는 차별을 시정하라는 맥락이 강했다.[135] 환언하자면, 일본 국민국가 경계내 외국인에게도 일본인과 동일한 인권을 부여해야한다는 '보편주의'적 측면이 공존했다. 하지만 인권은 국가를 넘어 보편적으로 적용되는 것이 아닌, "국가적 계기를 매개로 성립"되는 동시에 "중층적 소외구조"를 내포한다는 지점에도 주목할 필요가 있다.[136] 손진두 사

---

134 平岡敬, シリーズの平岡敬インタビュー「平岡敬と広島の思想—第2回韓國人(朝鮮人)被爆者問題と歷史に対する責任」, 『哲野イサク地方見聞録』
(http://www.inaco.co.jp/isaac/shiryo/hiroshima_nagasaki/hiraoka/2/2.html), 2010(검색일: 2016.9.10)

135 오은정, 앞의 글, 172쪽.

136 東大法共闘編, 『告発・入管体制』, 東京, 亜紀書房, 1971, 1~2쪽.

건에서 확인했듯이 망명, 밀항, 외국인 등 '비시민'에 대해 형식적 민주주의의 외피를 쓴 근대민족국가는 권위주의적 방식으로 권력을 행사할 여지가 항상 존재함을 알 수 있다. 특히 전후 국적을 중심으로 국민 / 비국민을 분리해 구축한 일본에서 망명-외국인 피폭자라는 변경지대에 있어서 '초헌법적 권력'은 전후 지속적으로 작동해왔던 것이다.[137]

1978년 특별재류허가가 난 뒤 손진두는 인터뷰에서 "진짜 긴 시간이었다"로 말을 시작했다고 한다.[138] 긴 시간이었지만 그는 형무소, 오무라수용소, 병원으로 옮겨 다녀야만 했고 중간에 한국으로 돌아갈 생각을 피력하기도 했다. 또한 오랜 가난, 한국에서 어려운 생활, 안정적이지 못한 주거 등 조건으로 흔히 운위되던 '수첩재판의 주인공'으로서 자기 언어를 표현하는 데도 제한이 있었을 것이다. 역시 긴 시간동안 손진두를 지원한 단체 회원들도 망각된 존재인 '한국인원폭피해자'를 어떻게 지원하고 그가 치료와 재류할 수 있을지에 대해 손진두 만큼이나 '적절한 언어'를 찾기 어려웠을 것이다. 또한 무려 7년이 넘게 장기화된 수첩재판을 보며 스스로의 무력함을 느끼거나 다시 일상에서 가해자가 될지도 모른다는 두려움을 지니고 있었을 지도 모른다. 그럼에도 분명한 것은 이들은 원폭 문제를 일본의 가해로 강조하지 말라는 당시 지배적 분위기와 민족책임론을 내세우며 민족내부의 민족을 대상화하는 경향 사이에서 손진두를 통해 일본국가에 대해, 일본국가와 식민주의 / 조선에 대해 근본적으로 재고할 수 있게 되었을 것이다. 아마도 이런 여러 요소들이 겹쳐서 지원단체가 유지되었을 것이다.

---

137 テッサ・モーリス＝スズキ, 앞의 책, 125~127쪽.
138 孫振斗さんを守る東京市民の会, 『孫振斗さんを守る東京市民の会 ニュース』, 1978.3.21.

'비국민'의 망명이나 외국인 피폭자라는 변경지대에 대해 오랜 동안 '초헌법적 권력'이 재량권이란 이름으로 지속적으로 작동해온 일본 국가 / 사회에서 '국적의 소유여부'는 보호의 경계 내에 있을 자격을 결정해 주는 요소였다. 1970년 재일조선인의 국적서환운동을 취재하며 야마다히사시사山田恒史는 국적서환이 일본 국민의 "踏絵후미에"가 될지 모른다고 말미에 남긴 바 있다.[139] 국적서환이란 단어를 입관체제로 바꾼다면 "진짜 긴 시간"이었던 손진두의 밀항, 재판 그리고 오무라수용소 그리고 치료는 다른 의미에서 일본 전후 민주주의의 "답회踏絵"는 아니었을까?

---

139 山田恒史, 「国籍書換えに見る日本人の驕り ―"入管法"を前に朝鮮人問題を考える」, 『朝日ジャーナル』 12-40, 朝日新聞社, 1970.10.11, 15쪽.

참고문헌

자료

『동아일보』, 『경향신문』

『毎日新聞』, 『朝日新聞』, 『中国新聞』

孫振斗さんを守る東京市民の会, 『孫振斗さんを守る東京市民の会 ニュース』, 1974.6.1~1978.2.14.

＿＿＿＿＿＿＿＿＿＿＿＿, 『孫振斗さんを守る東京市民の会 会報』, 1979.3.21.

孫振斗さんに治療を! 全国支援会, 『孫振斗さんに治療を! 全国支援ニュース』, 1972.

孫さんを支援する広島市民の会, 『孫さんを支援する広島市民の会 会報 復権』, 1974.8.

〈孫振斗さんに治療を!〉福岡市民の会, 『〈孫振斗さんに治療を!〉福岡市民の会 会報』, 1974.2.

孫振斗さんを守る東京市民の会, 『朝鮮人被爆者 孫振斗さんに治療と在留を!』, 1972~1978.

〈孫さんに治療を!〉全国市民連合, 『孫さんに治療と在留を! 全国支援ニュス』, 『早く, 援護を!』
        1~60, 1972.2.25~1976.4.20.

朝鮮人被爆者孫振斗さんの原爆手帳要求訴訟に支援を!〈孫さんに治療を!〉全国市民連合, 1972~
        1979.

在日朝鮮人に対する日本帝国主義の植民地主義的弾圧を糾弾告発する闘争委員会, 『被爆者健康手
        帳交付』「日本入国, 治療」を要求する在韓一万五千被爆者に対する日帝"韓国"権力による
        「要求拒否」の弾圧粉砕へ決起せよ!!』, 1970.8.1.

べ平連 編集部, 『べ平連ニュース 縮刷版』, ベトナムに平和を!市民連合, 1965~1974.

논문

가와이 아키코, 「버림받은 한국 原爆피해자」, 『月刊朝鮮』 118, 조선일보사, 1990.

국무총리실소속 일제강점하강제동원피해진상규명위원회 조사과, 『내 몸에 새겨진 8월』, 국무총
    리실소속 일제강점하강제동원피해진상규명위원회, 2008.

권혁태, 「국경 안에서 탈/국경을 상상하는 법-일본의 베트남 반전운동과 탈영병사」, 『동방학지』
    157, 연세대 국학연구원, 2012.

＿＿＿, 「베트남 파병을 '거부'한 두 한국군 병사 김이석과 김동희」, 『황해문화』 84, 새얼문화재단,
    2014.

＿＿＿, 「히로시마/나가사키의 기억과 '유일 피폭국'의 언설」, 『일본비평』 1, 서울대 일본연구소,
    2009.

김동현, 「韓國의 原爆被害者」, 『新東亞』108, 동아일보, 1973.

김승은, 「재한(在韓)원폭피해자 문제에 대한 한일 양국의 인식과 교섭태도(1965~1980)」, 『아세아연구』55-2, 고려대 아세아문제연구소, 2012.

김용덕, 『(해방 전 재일동포 관련)신문기사 자료집』, 동북아역사재단, 2009.

김예림, 「현해탄의 정동－국가라는 "슬픔"의 체제와 밀항」, 『石堂論叢』49, 東亞大學校石堂傳統文化研究院, 2011.

김정경, 「아직도 히로시마를 떠도는 한국인 원폭피해자 원혼들」, 『길을찾는사람들』93-8, 월간 사회평론길, 1993.

노은명, 「일본의 출입국관리체제 반대운동 연구－1969~71년 일본인의 반대운동을 중심으로」, 『역사문제연구』22, 역사문제연구소, 2009.

미즈노 나오키 · 문경수, 한승동 역, 『재일조선인－역사, 그 너머의 역사』, 삼천리, 2016(水野直樹, 文京洙, 『在日朝鮮人－歷史と現在』, 東京, 岩波書店 2015).

마쓰이 다카시, 「1960년대 일본에서의 사회운동」, 『역사문제연구』28, 역사문제연구소, 2012.

박성실, 「한국원폭피해자의 사회적 고통, 그 구성과 대물림」, 성공회대 석사논문, 2015.

오은정, 『한국 원폭피해자의 일본 히바쿠샤(被爆者) 되기』, 서울대 박사논문, 2013.

오구마 에이지, 전형배 역, 『사회를 바꾸려면』, 동아시아, 2014(小熊英二, 『社會を変えるには』, 東京, 講談社, 2012).

이실근, 양동숙 역, 『나의 히로시마』, 논형, 2015(李実根, 『プライド : 共生への道 : 私とヒロシマ』, 東京, 汐文社, 2006).

이우정, 「한국원폭피해자실태」, 『한국YWCA』138, 한국YMCA연합회, 1978.

이장규 外, 「국내 원폭 피폭자에 대한 의학적 관찰 및 조사」, 『원자력연구논문집』10, 2-2, 한국원자력연구소, 1970.

이정은, 「전후 일본 인권제도의 역사적 전환과 모순」, 『사회와역사』93, 한국사회사연구회, 2012.

_____, 「'난민' 아닌 '난민수용소', 오무라[大村]수용소－수용자 · 송환자에 대한 한국정부의 대응을 중심으로」, 『사회와 역사』103, 한국사회사연구회, 2014.

_____, 「예외상태의 규범화된 공간, 오무라수용소－한일국교 수립 후, 국경을 넘나든 사람들의 수용소 경험을 중심으로」, 『사회와 역사』106, 한국사회사연구회, 2015.

이치바 준코, 이제수 역, 『한국의 히로시마』, 역사비평사, 2003(市場淳子, 『ヒロシマを持ちかえった人々－「韓国の広島」はなぜ生まれたのか』, 東京, 凱風社, 2000).

장미현, 「1960년대 일본조선연구소의 '식민사상' 제기와 '고도성장체제' 비판」, 『역사문제연구』27, 역사문제연구소, 2012.

전갑생, 「오무라[大村]수용소와 재일조선인의 강제추방 법제화」, 『역사연구』 28, 역사문제연구소, 2015.

_____, 「한국전쟁기 오무라수용소[大村收容所]의 재일조선인 강제추방에 관한 연구」, 『제노사이드연구』 5, 한국제노사이드연구회, 2009.

조경희, 「불안전한 영토, '밀항'하는 일상-해방 이후 70년대까지 제주인들의 일본 밀항」, 『사회와역사』 106, 한국사회사학회, 2015.

_____, 「한일협정 이후 재일 조선인의 국적과 분단정치」, 『역사문제연구』 34, 역사문제연구소, 2015.

차승기, 「수용소라는 안전장치-오무라[大村]수용소, 폴리스, 그리고 잉여」, 『한국학연구』 31, 인하대한국학연구소, 2014.

한국교회여성연합회, 『그날 이후-한국인 원폭피해자들에 대한 기록』, 한국교회여성연합회, 1989.

_____, 『한국 원폭피해자 실태보고서』, 한국교회여성연합회, 1984.

한국보건사회연구원, 『원폭피해자 실태조사』, 1991.

한국원폭피해자협회, 『한국원폭피해자 65년사』, 한국원폭피해자협회, 2011.

현무암, 「밀항·오무라수용소·제주도-오사카와 제주도를 잇는 '밀항'의 네트워크」, 『재일제주인과 마이너리티』, 제주대 재일제주인센터, 2014.

_____, 「한일관계 형성기 부산수용소/오무라수용소를 둘러싼 '경계의 정치'」, 『사회와역사』 106, 한국사회사학회, 2015.

Lisa Yoneyama, *Hiroshima Traces—Time, Space, and the Dialectics of Memory*, University of California Press, 1999.

絓秀実, 『1968年』, 東京, 筑摩書房, 2006.

朴正功, 『大村収容所』, 京都大学出版会, 1969.

孫振斗さんに治療と在留を!全国市民の会編集委員会 編, 『朝鮮人被爆者孫振斗の告発』, たいまつ社, 1978.

平岡敬, 『無援の海峡-ヒロシマの声, 被爆朝鮮人の声』, 東京, 影書房, 1983.

吉留路樹, 『大村朝鮮人収容所』, 二月社, 1977.

梶村秀樹, 「Ⅲ. 入管法·外登法と在日朝鮮人」, 『梶村秀樹著作集』 6, 東京, 明石書店, 1993.

全共闘白書編輯委員會 編, 『全共闘白書』, 新潮社, 1994.

藏田計成, 『新左翼運動全史』, 東京, 流動出版, 1978.

小田實 編, 『市民運動とは何か: べ平連の思想』, 德間書店, 1968.

森宣雄, 『臺灣/ 日本-連鎖するコロニアリズム』, 東京, インパクト出版會, 2001.

法務省大村入国者収容所[編], 『大村入国者収容所二十年史』, 法務省大村入国者収容所, 1970.

テッサ・モーリス＝スズキ, 「戦後日本の出入国管理と外国人政策」, 有末賢・関根政美 編, 『戦後日本の社会と市民意識』, 慶應義塾大学出版社, 2005.

東大法共闘編, 『告発・入管体制』, 東京, 亜紀書房, 1971.

出入国法案に反対する連絡会議, 『出入国法案に反対する!』, 出入国法案に反対する連絡会議, 1970.

井上学, 「6・8 '大村収容所'解体集会」, 『朝鮮研究』87, 東京, 日本朝鮮研究所, 1969.7.

高橋栄夫, 「大村収容所と民族国家止揚」, 『朝鮮研究』86, 東京, 日本朝鮮研究所, 1969.6.

野村宏志, 「在日朝鮮人の在留状況と国籍問題 ― 入管法を理解するにあたって」, 『朝鮮研究』97, 東京, 日本朝鮮研究所, 1970.8.

林鳳, 「入管当局の協定永住権取得強要の実態 ― 入管留置場体験記」, 『朝鮮研究』99, 2-10, 東京, 日本朝鮮研究所, 1970.11.

_____, 「法務省発表の入管令改正理由(資料)」, 『朝鮮研究』102, 東京, 日本朝鮮研究所, 1971.2.

荻原セキ子, 「入管法反対運動のなかで」, 『朝鮮研究』105, 東京, 日本朝鮮研究所, 1971.6.

佐藤勝巳, 「協定永住権と入管令(朝鮮を知るために-3-)」, 『朝鮮研究』106, 東京, 日本朝鮮研究所, 1971.7.

秋山幹男, 「マクリーン事件と出入国管理体制 (入管体制を考える〈特集〉)」, 『朝鮮研究』187, 東京, 日本朝鮮研究所, 1979.3.

劉彩品, 「絶縁書」, 『朝日ジャーナル』, 朝日新聞社, 1970.9.

津村喬, 「中國を選んだ台湾女性劉彩品」, 『朝日ジャーナル』, 朝日新聞社, 1970.7.19.

山田恒史, 「国籍書換えに見る日本人の驕り ―"入管法"を前に朝鮮人問題を考える」, 『朝日ジャーナル』12-40, 朝日新聞社, 1970.10.11.

「大村収容所事件年表-「大村入国者収容所二十年史」から(昭和26年2月～45年9月)-大村収容所の20年」, 『朝日ジャーナル』14-11, 朝日新聞社, 1972.3.17.

金東希, 「大村収容所からの手紙」, 『展望』通号 110, 東京, 筑摩書房, 1968.2.

平岡敬, 「黙殺との戦い-被爆朝鮮人・孫振斗さんの訴え」, 『世界』通号 345, 岩波書店, 1974.8.

_____, 「国家と被爆者-孫振斗氏勝訴の意味(日本の潮)」, 『世界』通号 391, 岩波書店, 1978.6.

_____, 「"仮面"の裏側」, 『季刊三千里』13号, 東京, 三千里社, 1977.

_____, シリーズの平岡敬インタビュー「平岡敬と広島の思想-第2回韓國人(朝鮮人)被爆者問題と歴史に対する責任」, 『哲野イサク地方見聞録〉

(http://www.inaco.co.jp/isaac/shiryo/hiroshima_nagasaki/hiraoka/2/2.html),
2010(검색일: 2016.9.10).

_____, シリーズの平岡敬インタビュー「平岡敬と広島の思想‐第1回原爆投下直後の広島の平和」,
『哲野イサク地方見聞録〉
(http://www.inaco.co.jp/isaac/shiryo/hiroshima_nagasaki/hiraoka/2/2.html),
2010(검색일: 2016.9.10).

_____, シリーズの平岡敬インタビュー「平岡敬と広島の思想‐第6回新聞記者時代－国家と民衆
の関係」,『哲野イサク地方見聞録〉
(http://www.inaco.co.jp/isaac/shiryo/hiroshima_nagasaki/hiraoka/2/2.html),
2010(검색일: 2016.9.20).

_____,「地底からの告発－被爆朝鮮人の提起するもの」,『世界』通号 360, 岩波書店, 1975.11.

사건의 토포스 '민감한 방리유'*

장세룡

1. 소요와 폭동의 장소

1) 2015년 1월 7일 샤를리 엡도charlie hébdo 테러

프랑스 파리에서 마호멧을 외설적으로 표현한 주간지 '샤를리 엡도'[1] 사무실에서 무슬림극단주의자 주아치 형제의 테러로 경찰 포함 언론인 12명이 사망했다. 언론테러에 분노한 여론이 확산되어 파리에서 프랑수아 올랑드 대통령을 비롯한 70만이 동참한 시위가 열렸고 '나도 샤를리je

---

* 이 글은 「프랑스 방리유 문제와 이민자 통합정책-차별과 배제의 공간정치」, 『대구사학』 111호(2013.3)에 실은 것을 대폭 수정하였다.
1 주간지 제목 샤를리 엡도의 '샤를리'는 정치가 샤를 드골(Charles de Gaule, 1890~ 1970)에서 따왔다. 샤를 드골이 사망했을 때 고인을 조롱하다 폐간된 적이 있어서 권위주의적이었던 샤를 드골을 풍자하는 제목이다.

〈그림 1〉   〈그림 2〉

suis charlie'라는 손구호를 연대 차원에서 전세계로 확산시켰다. 살인자들
은 자신들의 행위가 '영웅주의'라고 주장했고(종교적 영웅주의) 이에 샤를
리 엡도 기자들은 언론 탄압에 결코 굴하지 않겠다고 언론의 자유를 선언
하며 '영웅적'으로 잡지의 재발행을 결의했다(시민적 영웅주의). 본래 샤를
리 엡도는 프랑스대혁명의 정신에 입각하여 시민의 정치참여와 공화주
의를 옹호하고 세속주의를 표방하면서 극우 민족주의와 종교적 근본주
의를 '무례하고 비격식적이며 불경스럽게' 풍자하는 잡지이다. 문제가
된 만평도 레바논 출신 텍사스 대학교 여대생 미아 칼리프의 히잡 쓴 포
르노를 암시했다.[2] 처음에는 극우 세력과 가톨릭 비판으로 출발했던 주

---

2   〈그림 1〉은 새를리 엡도의 만평 〈그림 2〉는 2005년 9월 덴마크의 최대 신문 『일란스 포스텐
     (JyllandsPosten)』이 마호멧을 풍자한 만평이다. 각국에서 무슬림이 덴마크 대사관에 쳐들

간지는 가톨릭과 다른 종교, 권력자와 정치인, 소위 진보주의 정통파, 최근에는 이슬람주의 확산에도 비판적이고 지하드jihad 살인자들 뿐 아니라 자칭 진지하고 엄숙하다고 주장하는 모든 언론매체들을 평론과 만평으로 조롱해 왔다.

충격적인 사건의 배경을 둘러싼 분석은 프랑스 지성계에서도 숨 가쁘게 진행되고 있다. 알랭 바디우Alain Badiou, 1937~는 테러범들이 비록 북아프리카 마그레브Maghreb출신이기는 하지만 프랑스에서 태어나 도시교외Banlieu에서 성장한 인물들인 점에 주목한다.[3] 따라서 프랑스 다문화 정책의 실패를 상징하는 사건이며 계급적 차원에서 사회적으로 배제된 약자의 항의라고 진단했다.[4] 문제는 프랑스 정치 지형에서 극우파 장-마리 르펜Jean-Marie Le Pen이 이끈 국민전선Frontière Nationale과 중도우파 공화국연합RPR의 이민자 배제 정책에 맞서 무슬림에게 호의적인 정치집단이 사회당 지지자였고 '샤를리 엡도' 역시 마찬가지 입장이었기 때문이다. 하필 무슬림에게 호의적인 '샤를리 엡도'가 공격받은 것을 어떻게 설명할 것인가? 먼저 샤를리 엡도가 종교적 근본주의를 비판하면서 이슬람이 사회적 약자의 종교라는 사실을 망각했다는 비판이 제기되었다. 프란치스코 교황의 의견이 대표적이다. 반면에 슬로보이 지젝Slavoj Žižek, 1949~은 비록 무슬림이 사회적 약자라고 해도 성숙한 종교인으로서 사고하고 활동할 책임은 유지된다는 관점에서 무슬림

어가고 만평가를 살해하겠다고 위협했다.
3 방리유에 인구의 10%가 살고 25%가 출생한다. Aziz Senni, "Faire émerger des abnlieues dees acteurs de poids", *Revue internationale et stratégique*, Vol.73, 2009, p.71.
4 이택광, 「바디우 대담, "테러범을 키운 것은 프랑스 자신이다"」, 『한겨레』 2015.1.20; Alain Badiou, *Notre mal vient de plus loin. penseur les tueries du 13 novemvre*, Fayard, 2016, 이승재 역, 『우리의 병은 오래 전에 시작되었다』, 자음과모음, 2017.

테러리스트들을 비판했다. 지젝은 이슬람 비판이 이슬람공포증의 표출에 다름 아니라는 입장을 비판하고 '이슬람에게 불손'하다고 간주된 것을 공격하는 무슬림의 태도를 비판해야 한다는 입장이다.[5] 그러나 사실 프랑스인들에게 널리 회자된 것은 보수 언론인 에릭 제무르의 저술이다. 그는 6·8혁명이 프랑스의 가치들을 포기함으로써 프랑스가 스스로를 파괴했다고 비판하고 프랑스 가톨릭과 가부장제를 상징하는 샤를 드골로 귀환하기를 요청하여 큰 반향을 일으켰다.[6]

샤를리 엡도 테러의 기억이 생생한 2015년 11월 13일 파리 생 드니의 스타드 드 프랑스Stade de France-Saint Deny 경기장과 파리 10구 알리베르 가Rue Alibert 술집과 식당, 바타클랑Bataclan 극장 동시다발 테러로 약 132명이 사망했고 이슬람국가IS는 자신들의 소행이라고 밝혔다. 2016년 7월 14일에는 남부 프랑스 휴양도시 니스에서 튀니지 국적 무슬림 청년이 대형트럭을 몰고 행사장을 질주하는 테러로 최소 284명의 사상자가 발생했다. 중동에서 계속되는 전쟁의 여파로 유럽 각국 특히 무슬림 5~6백만이 거주하는 프랑스에서 테러의 위협은 계속되고 국민들은 심각한 고민에 빠져 있다. 이 글은 이러한 고민을 발생시킨 근원지로서 가난한 이주민 무슬림들이 살아가는 교외 곧 도시 안의 도시들[7]을 '사건의 장소topos'로서 검토한다.

---

5   Slavoj Žižek, *Islam and Modernity*, Adriano Salani, 2015. 배성인 역, 『신을 불쾌하게 만드는 생각들』, 글항아리, 2015.

6   Eric Zemmour, *Le Suicide Français*, French and European Publications Inc, 2014.

7   B. Cassaige, "Banlieus, des cites de la cite", *Projet*, Vol.299, 2007, pp.1~6.

2) 2005년 10월 27일 방리유 소요

2005년 10월 27일 파리 북동부 교외 빈민지역 클리쉬-수-브와 Clichy-sous-Bois에서 경찰의 검문을 피해서 달아나던 아프리카계 청소년 2명이 변압기 시설로 뛰어들어 감전사했다. 사건에 분개한 이민자들은 항의 거쳐 폭력 시위에 돌입했다. 주민 28,000명에 절반이 25세 미만인 이 지역에서 이민 2세나 3세로서 14~20살 청소년들이 주축이 된 시위는 프랑스 전국 22여개 도시에서 자동차, 학교, 상가 등을 방화하는 소요로 확산되었다.[8] 당시 내무장관이며 나중에 대통령이 되는 니콜라 사르코지Nicholas Sarkozy는 시위자들을 불량배 집단으로 매도했고 이 과격한 발언은 사태를 더욱 악화시켰다. 프랑스 사회는 언론을 통해서 평균 실업률 25% 특히 청소년 실업률 40%에 이르는 소외와 가난으로 고통받아온 이민자들의 분노가 폭발한 현장을 목격하고 큰 충격을 받았다. 아울러 영국, 네덜란드, 독일 같이 이민자가 많은 유럽 각국 뿐 아니라 미국, 캐나다, 오스트레일리아 같은 이민국가를 비롯하여 전지구적 차원에서 이민자 문제가 야기한 사회적 소요 현상에 공포의 전율과 정책적 경각심을 불러일으켰다.[9]

제2차 대전이후부터 70년대까지 영광의 30년Les Trente Glorieuses 동안 과거 프랑스령 식민지국가와 아프리카에서 이주노동자가 대거 유입되었다. 특히 알제리, 모로코, 튀니지 등 마그레브 출신들은 주로 3D업

---

8 Th. Bronnec, "Quand les banlieues se réveilleront...", *Revue des deux mondes,* Vol.1, 2007, pp.61~68.

9 M. T. Hernandez, "The French Banlieue riots of 2005 and their impact on U. S im-migration policy—A Atlantic study", *Atlantic Studies* Vol.7 No.1, 2010, pp.79~97.

종 미숙련저임금노동자로서 프랑스 사회발전에 일정 부분 기여했다. 그러나 70년대 중반부터 유럽이 경제침체와 실업을 겪으면서 이민자 사회가 직격탄을 맞게 되었고 실업 증가, 인종차별 심화, 슬럼화, 빈부격차 심화를 겪으면서 범죄와 마약에 젖어들었다. 이런 현실에 경고는 이미 언론과 영화 및 학술적으로 여러 경로로 제기되었다. 소위 '민감한 방리유Banlieues sensibles' 지역에서 자동차를 불태우는 청소년들의 이미지는 이미 1981년 리용Lyon의 방리유에서 발생한 청소년과 경찰의 충돌이 사회적 주목을 받은 이래로 '분노하는 방리유'는 언론의 지속 관심사였다.[10] 그 결과 1980년대부터 사회 일각에서는 외국인들이 일자리를 빼앗아서 노동자의 이익을 침해한다는 외국인 혐오증xénophobie 이 대두했고 이를 틈타 특히 국민전선의 선동이 크게 호응을 받자 더욱 예민한 장소가 되었다.

현재 프랑스에는 유럽에서 가장 많은 5~600만 명의 마그레브 출신 무슬림이 있다.[11] 이슬람계 여학생들의 히잡 또는 부르카 착용문제와 연관시켜 프랑스 일반시민 상당수가 이들의 종교와 문화에 반감을 가지는 반이슬람 분위기가 확산되었다. 2016년에는 7월 초 니스Nice 해변 테러를 겪으면서 무슬림 여성의 수영복 부르키니Burkini 착용 금지 시행

---

10 F. Chignier-Riboulon, "Exclusion sociale ou exclusion nationale? L'affaire Kelkal en banlieue est de Lyon", *Herodote*, Vol.80, 1996, pp.83~103. K. Laachir, "French Muslim youth and the banlieues of rage", *Youth and Policy* Vol.92, 2006, pp.59~68. Jean-Marc Stébé, "La crise des banlieues, Sociologie des quartier sensible", *Population*, Vol.66 No.2, 2011, pp.451~453.

11 프랑스 거주 무슬림의 정확한 숫자는 공식 통계가 없다. 제3공화국 시기에 공공기관의 인구조사에서 종교관련 질문은 금지했기 때문이다. 1978년 1월 6일 개정 법률도 인종, 정치, 종교적 견해 관련 질문은 금지되어 있다. 무슬림 숫자 산정은 표본집단 대상 여론조사로 추정한다. 2007~2009년 여론조사는 200~350만, 사르코지 정권 내무장관 클로드 게앙은 2011년 5~600만으로 추정했다.

을 요구하는 여론이 들끓는 상황도 그 방증 가운데 하나이다. 이민자 폭
동은 전 지구적 관심사가 되어 다양한 역사적 탐색과 철학적 평가가 제
기되었다.[12] 프랑스에서는 이미 방리유 지역 거주 청소년을 잠재적 범
죄자로 취급하는 낙인찍기stigmatisation가 그들을 국가 내부의 적으로 규
정하는 치안유지 논리를 강화한 것이 사태의 악화를 초래했다는 연관성
이 지적되었다. 일상에서 사회적 '천민'으로 겪는 차별에서 폭동의 원인
을 찾는 다양한 사회학적 연구가 발표되었다.[13] 국내 학계에서는 방리
유 봉기사건에서 프랑스 공화주의 통합모델이 한계에 직면했다는 정치
적 해석을 앞세운 박단의 연구가 선구적이며 독보적이다. 곧 1793년 공
화국 헌법의 자코뱅 공화주의에 입각한 이민자 통합과 동화정책이 특별
히 문화적 차별과 종교적 차별을 고착화시켜 다문화주의에 입각한 통합

---

12 프랑스의 통합고등위원회(HCI, Haut Conseil à l'Intégration)는 1991년 이민과 관련하
   여 외국인과 이민자의 정의를 다음과 같이 내린다. 외국인은 "프랑스 국적을 갖지 않고 프
   랑스에 거주하는 사람"이다. 외국인의 개념은 국적법에 근거한 법률적 상황에 기초한다.
   따라서 프랑스에서 외국인 부모로부터 태어난 어린이는 (보모가 프랑스에서 태어난 경우
   를 제외하고) 일반적으로 출생 때부터 외국인이다. 그러나 13세부터 프랑스에 살고 있다
   는 조건 하에서 국적을 취득할 수 있다. 이민자는 "외국에서 외국인으로 태어나서 프랑스
   에 거주하는 사람이다. 이 정의는 두 가지 기준을 가지는데 출생지와 출생 때의 국적이다.
   그렇지만 이민자가 프랑스 국적을 취득하면 그는 더 이상 외국인이 아니며 프랑스에서 태
   어난 어떤 외국인들 이민자가 아니다. 2008년 프랑스에는 약370만의 외국인과 약530만
   명의 이민자가 있는 것으로 조사되었다. 320만 명은 외국인 이민자이다. 그들 가운데는
   많은 미등록불법이주민(sans-papiers)이 있다. 이민자는 프랑스 전체인구의 8%이며
   2008년 기준으로 이민자 10명 중 4명이 프랑스 국적을 갖고 있다.

13 Laurent Mucchielli, *Violence et insécurité—Fantasme et réalité dans le débat français*, La
   Découverte, 2002. Stéphane Beau et Michel Pialoux, *Violences urbaines, violence sociale*,
   Fayard, 2003.Véronoque Le Goaziou et Laurent Mucchielli.*Quand les banlieues brûlent... —
   Retour sur les émeutes de novembre 2005*, La Découverte, 2006. Clémentine Autain et al,
   Banlieue, lendmains de révolte, Paris; la Dispute et Regards, 2006. Loïc Waquant, *Parias
   urbains, Ghetto, Banlieues*, La Découverte, 2006. Robert Castel, *La discrimination négative.
   Citoyens ou indigènese?* Seuil, 2007. Sylvie Tissot, *L'État et les quartiers. Genèse d'une catégorie
   de l'action publique*, Seuil, 2007.

정책 수립을 가로막는 요소라는 진단이고 사회학계에서도 대체로 동의하는 분위기이다.[14] 프랑스 내부에서도 방리유 사태의 원인을 이민자 통합정책에서 경직된 공화주의 정체성의 위기로 보는 입장, 특히 국민전선이나, 대중운동연합과 같은 우파들의 공권력 남용을 가져온 치안담론을 분석하고 비판하는 경향이 강하다면, 다른 쪽은 사회적인 것 곧 노동에서 실업과 고용문제에서 비롯된 민주주의의 위기로 보는 관점에서 서로 차이가 있다.[15]

이 장은 이민자 문제 악화에 중요한 장소로 작용했던 방리유들의 공간적 성격에 주목한다. 이 공간은 19세기부터 급속한 인구 유입으로 도시화된 교외지역이며, 50~70년대 중반까지 사회근대화를 명분으로 위생과 안락함을 보장하는 대규모 주거단지grand ensemble 건설에 박차를 가했던 공간이다. 주택건설의 배경에는 사회를 포디즘의 산업생산

---

14 박단, 『프랑스의 문화전쟁－공화국과 이슬람』, 책세상, 2005; 「2005년 프랑스 소요사태와 무슬림 이민과 통합문제」, 『프랑스사 연구』 14호, 2006, 225~259쪽; 『현대 서양사회와 이주민－갈등과 통합 사이에서』, 한성대 출판부, 2009, 347~382쪽. 「히잡금지와 부르카 금지를 통해서 본 프랑스 사회의 이슬람인식」, 24호, 『프랑스사 연구』, 2011, 85~111쪽; 엄한진, 「프랑스 이민통합모델의 위기와 이민문제의 정치화－2005년 '프랑스 도시외곽지역 소요사태'를 중심으로」, 『한국사회학』 41-3호, 2007, 253~286쪽; 김승민, 「프랑스 이민자 소요사태의 발발원인 분석」, 『한국프랑스학논문집』 74호, 2010. 265~282쪽; 한승준, 「프랑스 동화주의 다문화정책의 위기와 재편에 관한 연구」, 『한국행정학보』 42-3호, 2008, 463~486쪽. 여기에 비판적인 관점은 다음을 참조. 이학수, 「파리 똘레랑스－사르코지 신자유주의 개혁과 톨레랑스 제로 1995~2007」, 『역사와 경계』 68호, 2008, 329~370쪽.
15 전자의 경우 해석 Colin Falconer, "Why did the banlieues burn", *Radical Philosophy* Vol.136, 2006, pp.2~7. Cathy Lisa Schneider, "Police power and race riots in paris", *Politics and Society* Vol.36 No.1, 2008, pp.133~159. 후자의 해석 C. Wihtol De Wenden, "Les banlieues, un épiphénomène de la politique française d'intégration", *Revue politique et parlementaire*, Vol.109 No.1042, 2007, pp.183~188. 해석 프레임 관련 논의 David Snow, Rens Vliegenthart and Catharine Corrigal-Brown, "Framing the French-riots-A. Comparative study of frame variation", *Social Forces* Vol.86 No.2, 2007, pp.385~415.

기제에 맞춰 생산효율을 극대화 시키려는 명확한 의도가 작동했다. 작업장 인력을 안정적으로 공급하려면 수요처 근방에 주거공간을 마련하는 것이 유리했다.[16] "도시로 사회를 근대화하다Moderniser la société par l'urbain"라는 표현이 이 건설계획의 성격을 단적으로 드러내고 방리유가 계속 확장된 또 다른 이유다.[17] 정부는 산업화에 따른 노동자 인구의 유입과 2차 대전 이후 베이비붐으로 급격히 불어난 인구를 긴급히 수용할 필요에 직면했고, 이에 도시화우선지역ZUP : Zone à urbaniser en priorité을 지정하고 서민용 저가임대아파트Habitation à loyer modéré, HLM를 대량 건설했다. 1960년대까지 저가임대아파트 입주는 근대성과 안락함을 제공하는 주택 마련을 의미했다. 초기 방리유는 이러한 사회적 요구에 따른 도시개발 정책의 산물이었다.[18] 그러나 1980년대와 1990년대를 거치면서 방리유는 저소득층 이민자들이 집단 거주하는 빈민가로 전락했고 주민 대부분은 프랑스 주류사회와 고립된 폐쇄적인 삶을 유지하고 있다. 그 배경에는 파리 내부가 물리적이고 상징적으로 이웃 지역과 선명하게 분리된 '로컬화localisée' 구역으로 나뉘어져 상호무지한 것을 정당화하는 도시해체의 진행과 연관 있다.[19] 파리는 물론 리옹이나 마르

---

16 역사와 1950~70년대 방리유 건설에 관해서. Jacques Donzelot, *Quand la ville se défait. Quelle politique face à la crise des banlieues?* Seuil, 2006, pp.42~51; Anouk Alquier, "La banlieues parisienne du dehors au dedans−Annie Ernaux et Faïza Guène", *Contemporary French and Francophone Studies* Vol.15 No.4, 2011, pp.451~458.

17 파리의 경우 1866년과 1896년 사이에 인구가 32만 5,000명에서 80만 명으로 급격히 증가했다. 그 후 농촌인구의 유입과 이민자의 증가로 수도권은 급속히 도시화되었고 1920~1939년 사이에 수도권은 13,000ha 이상의 면적이 도시로 개발되었다.

18 프랑스에는 공업지역, 공업지역과 주거지가 복합적으로 있는 곳, 중산층 이상이 주로 사는 거주 중심의 방리유 그리고 공공 임대아파트가 밀집해 있는 서민거주 지역 등 아주 다양한 형태의 방리유가 있다. 우리가 문제 삼는 지역은 대규모 서민임대주택단지를 중심으로 주거시설이 건설되었고 이민자들이 집중되어있는 민감한 도시지역의 방리유이다.

19 Simon Ronai, "Paris et la banlieue−je t'aime, moi non plus", *Hérodote* Vol.113, No.10,

세유 같은 대도시 방리유가 소외지역으로 게토화한 현상은 이민자들의 폭동을 유발시킨 주요 원인 가운데 하나이다. 방리유 소요는 전 지구적 도시정책 문제 뿐 아니라[20] 이민자 포섭과 배제를 거듭하는 공간의 본성을 성찰할 계기를 제공한다.

2. 방리유-근대화의 상징에서 차별과 배제의 토포스로

1) 차별과 배제의 공간

프랑스 공화주의는 자유 · 평등 · 우애로 표상되는 프랑스 대혁명 정신의 산물인 정치적 평등의 원리를 포기할 수 없기에 미국방식의 다문화주의나 개인이나 소수자 공동체에 대한 차별적 혜택을 제공하는 제도 도입에 근원적 거부감이 있다. 따라서 이민자 문제의 해결을 위한 도시정책도 대응방식은 철저히 공간 중심적이다. 프랑스에서 긍정적 차별discrimination positive이라고 불리는 이 정책은 도시민감 지역, 도시비과세지역처럼 특정 공간zone을 지정하고 그 지역을 지원하는 방식이다. 그 이유는 공공의 영역에서는 개체적 차이 곧 개인적 기준에 따른 차이의 인정이 용인되기 힘들기 때문이다. 예로서 씨앙스 뽀Sciences Po라고 불리는 그랑제꼴 파리정치학교

2004, p.29.

20 Frédéric Ocqueteau, "Les émutes urbaines de l'automne 2005−cadres d'analyse et point aveugles de la sociologie française", *Sociologie du travail,* Vol.49, 2007, p.541. 영화를 중심으로 방리유 공간을 게토와 유토피아 사이의 혼종공간으로 설명한 연구, 이송이, 「정체성과 혼종성, 게토와 유토피아 사이의 방리유─〈증오(La haine)〉, 〈국외자(Bande à part)〉를 중심으로」, 『프랑스학 연구』48호, 2009, 365~390쪽.

Institut d'études politiques de Paris가 많은 논란을 무릅쓰고 정규 시험으로는 입학 불가능한 방리유의 학생들을 위한 특별전형제도를 도입하면서도 그 조건은 개인의 빈곤이 아니라 정책적으로 지정된 민감지역 내지 빈곤지역이라는 '공간'을 기준으로 삼았다. 우리가 하필 방리유라는 '공간'에 초점을 두고 이민자 문제를 검토하는 이유가 여기 있다.

방리유의 역사는 이민의 역사와 밀접하게 관계되어 있다. 방리유 주민들의 구성이 시대와 이민자의 양상이 변화하기 때문이다.[21] 변화는 2차 대전이 끝나고 경제발전 계획이 본격화된 1960년대부터 시작되었다. 70년대 들어 과거 식민지였던 마그레브 지역과 사하라 이남의 아프리카 국가에서 많은 노동자들이 프랑스로 건너오면서(1970년대에는 베트남과 캄보디아에서도 상당수의 이민자들이 정착했다)[22] 주거여건이 급속히 악화기 시작했다. 프랑스인과 유럽계 이민자들은 중산층이 되어 더 좋은 주거조건을 찾아서 떠났고, 임대주택에 서민과 이민자의 입주 비중

---

21 프랑스에서 이민의 역사는 매우 길며 노동력이 부족하여 국내로 유입되는 외국인에게 행정적으로 비교적 관대했다. 이 전통은 초기 이민의 대부분이 유럽 내에서 이루어졌기 때문일 것이다. 19세기 산업혁명의 결과로 부족한 노동력을 벨기에에서 수입한 것이 대표적인 예이다. 섬유산업의 메카였던 루베의 경우 한 때 벨기에 출신 거주자가 수만 명에 이르렀고 이는 당시 벨기에에서 네 번째로 큰 도시에 해당하는 규모였다. 남유럽에서는 이탈리아와 에스파냐, 포르투갈 출신 이민자들이 주로 유입되었다. 그 외에 폴란드, 스위스, 영국, 체코 등에서도 노동이민자들이 유입되었다. 이민의 역사는 프랑스 감사원 보고서에 잘 정리되어 있다. *L'Accueil des Immigrants et l'Intégration des population issues de l'immigration*, Cours des Comptes, 2004, pp.15~50.

22 특히 식민지 알제리인은 특수지위 탓에 자유입국이 가능해서 본국(métroplole)에서 구직희망자의 대량 유입을 초래했다. 아프리카계 이민자가 감소한 유럽계 이민자를 대체했고, 건설, 자동차, 조선, 철강 및 3D 업종 종사자는 경제발전에 크게 기여 했다. 1970년대 중반 경제위기로 공식적 이민정책은 중단되었지만 기존 이민자들의 정착 비율이 높았고 가족재결합(regroupement familial) 정책은 이를 부추겼다. 불법입국자나 불법체류자, 합법적 유학생까지 포함하여 이민자와 외국인은 꾸준히 증가했다. 매년 18만~20만이 신규 입국하고 10만 정도가 귀국한다고 추정된다.

이 높아졌다. 특히 정부가 노동력 확보용으로 제공한 주거보조금, 가족
보조금과 출산율 증대를 목표 삼은 다자녀 배려정책은 이민자들의 입
주 확률을 더욱 높여 임대주택은 아프리카계 이민자 집단 거주지로 바
뀌어 갔다.[23] 이들의 상대적으로 높은 실업률에 상대적으로 낮은 자녀
들의 학업 성공률로 말미암아 임대주택 거주민들은 학업과 직업에서
더욱 주변화 되었다.[24] 범죄율이 증가하고 주거 및 공공공간이 황폐화
되면서 이 지역에는 경찰도 진입을 꺼린다는 풍문이 돌고 언론매체는
앞 다투어 선정적인 보도에 나섰다.[25] 결국 방리유는 실업율과 범죄율
이 가장 높은 지역, 가난한 주변인들의 집단 거주지, 불결하고 위험한
공간으로 심상이 고착화되었다.

사회당출신 프랑수아 미테랑 대통령(1981~1995)은 두 번째 임기 중인
1990년 날로 심각해지는 대도시와 방리유 지역에서의 주택, 치안과 사회
적 배제 등의 문제 전반을 검토하고 해결책을 제시하려는 목적에서 도시
정책politique de la ville 담당 부처를 신설했다. 1983년 총리에게 제출된「함
께 도시를 다시 만들다Ensemble, refaire la ville」 제목의 뒤브두Hubert Dubedout

---

23　Melissa K. Byrnes, "Liberating the land or absorbing a community-managing: Managing North African migration and the *Bidonvilles* in Paris's *Banlieues*", *French Politics, Culture&Society* Vol.31 No.3, 2013, p.14.

24　이들의 실업이 교육성취 수준이 낮거나 1세대 이민자와 2세대 이민자 사이에 고등교육 수혜 차이에서 비롯된 것은 아니라는 분석도 있다. Jaap Dronkers, "Ethnic riots in French Banlieues, Can ethnic riots in the French Banlieues be explained by low school achievement or high school segregation of the first and second-generation migrants?", *The Toqueville Review/ La Revue Toqueville* Vol.27 No.1, 2006, p.70. 이민자들 은 학업과정에서도 차별을 경험했고 주로 직업학교 진학이 권고되었다. 1세대는 교육수료 증이나 학위증이 없는 비율이 높았고 2세대는 상대적으로 학위취득률이 높았지만 비이민 자 집단과는 차이가 있다.

25　Julie Sédel, *Les màdias et la banlieue*, Éditions Le Bord de l'Eau, 2009. Marc Angélil and Cary Siress, "The Paris *Banlieue*-peripheries of inequality", *Journal of International Affairs*, Vol.65 No.2, 2012, pp.57~67.

보고서는 정책의 본격적 시작을 알렸다.[26] 정책 시행 초기에는 낙후 지역 젊은이들을 위한 단체를 설립하고 방리유 주민들의 잠재력을 개발하여 취업을 돕는 정책과 거주지 동네에서 일자리 창출을 지원하는 등 지역 기반의 정책을 시행했으나 재정문제와 이들 지역에서 복합적이고 지속적인 정책 발굴에 실패하여 효과적이고 구체적인 결과를 얻는 수준에는 미달했다. 결국 방리유에 평화를 얻고자 '게토에 금칠하고 분칠하는' 정책에 머물렀다는[27] 비판을 덮어썼다. 당시 도시정책의 기본방향은 적절한 투자와 현상유지가 주목적이었다.

사태의 발단은 도시정책이 점차 도시재생과 재개발 위주로 변경되면서 불거지기 시작했다. 본래 사회당정권은 도시정책에서 경제, 사회적 측면과 함께 문화적 요소도 고려하는 정책을 폈다. 그와 달리 대중운동연합UMP의 자크 시락Jacques Chirac 정부(1995~2007)는 가시적인 도시변화 성과 획득에 주력했다. 그 결과 사회적 개발 우선 정책이 신자유주의 도시정책 관철로 변화하면서 공화주의 형벌국가 정책으로 전환이 시작되었다.[28] 보를로 Jean-Louis Borloo 도시정책장관으로 재임기(2002~2004년)에는 사회적 혼합 mixité sociale의 원칙을 내세우며 도심에 가까운 낡은 주거단지를 철거하고 신규 아파트 단지를 건설하여 중산층의 복귀를 유도하는 정책에 중점을 두었다.[29] 그러나 뜻밖에도 밀려난 이민자들과 가난한 주민들이 풍선효과를 일으켜 다른 장소에 더 집중되는 예상치 못한 결과를 초래했다. 2005년

---

26 Hubert Dubedout, *Ensemble, refaire la ville*, La documentation française, 1983.
27 Donzelot, *Quand la ville se défait....*, p.87.
28 Mustafa Dikeç, "Two decades of French urban policy—From social development of neighbourhood to the republican penal state", *Antipode*, Vol.38 No.1, 2006, pp.59~81.
29 Donzelot, *Quand la ville se défait....*, pp.77~85.

방리유 사태는 이런 철거 정책이 계획된 곳에서 가장 격렬하게 일어난 것을 보여준다.[30] 프랑스 감사원의 2004년 도시정책보고서는 지난 10년 도시정책 전반에서 사회적 혼합 정책이 역설적으로 이민자들을 곤궁하고 낙인찍히는 역할에 기여하여[31] 정주에 어려움을 겪게 한다고 평가했다.

2) 폭력을 상징하는 공간

본래 방리유는 인종이나 종교의 맥락과는 무관한 장소였다. 그러나 이제는 경찰의 공공안전sécurité publique이라는 용어가 가장 빈번한 공안이데올로기idéologie sécuritaire의 준거공간이 되었다.[32] 이 공간이 실제적인 폭력의 장소라는 부정적인 심상은 주변부 주거지역의 인간집단을 가리키는 상징적 의미도 포함하게 되었다. 1990년대 들어 이슬람과 이주민을 지칭하는 공간이 되면서 방리유는 빈곤과 폭력으로 점철된 부정적인 공간으로 취급받게 되었다. 2002년 보를로 장관이 방리유를 '프랑스의 새로운 전투'[33] 공간이라고 설정했듯 방리유는 '공화국의 나쁜 땅badlands of the republic'

---

30 "Quand la ville se défait. Entretien avec Jacques Donzelot", *Sociétés*, Vol.94, 2004, p.32. 이것은 1960년대 미국에서 일어난 흑인 폭동과 맥락이 유사하다. 도심의 노동자 주거구역에 밀집해 있던 흑인들을 시 외곽의 고속도로 변에 임시로 이주시켰지만 그들에게 약속했던 임대주택 건설은 계속 지연되고 결국 불발되고 말았다. 불만을 품은 원거주자들은 차별과 부당함을 항의하는 시위를 벌였고 이것이 대규모 시위로 이어지게 되었다. 도시 재개발 정책은 결국 그들을 분산시키는 일종의 인종차별적 정책이 되었다.

31 *La Politique de la ville. Une décennie de réformes*, Cours des Comptes, 2012. *L'Accueil des Immigrants et l'Intégration des population issues de l'immigration*, Cours des Comptes, 2004, pp.296~298.

32 M. Rigouste, *L'ennemi intérieur—la généalogie coloniale et militaire de l'ordre sécuritaire dans la France contemporaine*, La Découvert, 2009.

33 *Le Monde*, 28 mai 2002.

'공화국의 반장소couterplaces'[34] 심상이 고착되었다. 방리유는 프랑스 사회에서 하나의 이데올로기로서 작동하는 공간이자 프랑스 사회의 이해에 핵심 공간이 되었다. 사회정치적 실천pratiques의 장이며 이해에 유용한 실제적 가시성visibilité을 제공하는 공간이며, 개념화conceptualisation 가능한 공간이 된 때문이다. 자크 랑시에르의 말을 빌리자면 대상을 생산하는 양식, 가시성의 형식, 개념화와 문제화 형식을 가진 미학 / 감성의 체계régime[35]가 되었다. 정부가 공안police이란 이름으로 호명하고, 추론하고 경계를 정하고자 '감각을 분할'하는 것이 가능한 체제화 한 때문이다.[36] 공안활동은 공화국의 질서를 회복하는 '공공안전'의 방향지시기가 되었다. 미학의 체계는 감성의 체계인 점에서 우리는 방리유에서 현상에 대한 단순한 감각적 경험 이상을 획득한다.

감성의 체계로서 공안체계의 본성은 2005년 당시 내무장관 사르코지의 말과 정책에서 가장 선명하다.[37] 그는 당시 공안담론을 강화하고자 범죄관련 통계자료를 매년 단위가 아니라 매월 단위로 발표로 변경했다. 지역별로 경찰에게 매월 할당량을 지정하여 노상 공공의 안전을 명분으로 신분증 검사와 순찰을 강화하고 보고를 강요했다. 이것은 안전과 치안에 대한 국민들의 불안에 편승한 '통계정치'를 작동시켜 자신의 외국인과 이민자 정책의 정당성을 입증하는데 목적이 있었다. 많은 언론과 연구들

---

34 Mustafa Dikeç, *Badlands of the Republic—Space, Politics and Urban Policy*, Blackwell, 2007. pp.8~10.

35 Jacques Rancière, "What aesthtics can mean", In p.Osburne ed., *From on Aesthetic Point of View—Philosophy, Art and the Senses*, Serpent's Tall, 2000, pp.13~33, 19.

36 Jacques Rancière, *Le partage du sensible—Esthéthique et politique*, La Fabrique, 2000), 오윤성 역, 『감성의 분할—미학과 정치』, 도서출판b, 2008.

37 Anna-Louise Miline, "The singular banlieue", *L'Esprit Créateur* 50-3 (2010), pp.53~69.

이 방리유 지역에서 벌어지는 불안전에 주목했고[38] 이에 편승하여 사르코지는 방리유의 현상적 모습에 대증요법만 강구했을 뿐 그것을 이해하고 문제 해결에 정책의 주안점을 두지 않았다. 사르코지가 현상적으로 파악했지만 결코 이해할 수 없었던 방리유 공간의 본질은 무엇인가? 기본적으로 방리유가 폭력 공간인 사실이다. 그러나 사르코지가 공안담론에서 강조한 폭력은 청소년들의 일상적이고 제례화 된 현상적 폭력이며 상징적인 폭력[39] 이었기에 그가 사태의 본질을 직시한 것은 아니었다.

이 공간의 본질은 무엇인가? 이민자들이 정체성을 형성하는 다문화 사회 공간이다.[40] 동시에 강력한 영토적 낙인찍기 폭력의 대상이다. 실업율 평균 25%, 특히 뵈르Beur라고 불린 제2세대 이민자들의 자녀들은 40%가 실업에 시달린다.[41] 기업의 구조조정에서 밀려난 실업자로 맴도는 이곳은 자본의 폭력에 희생된 자들의 공간이다. 만성 실업 상태는 지리적 경계 구분과도 중첩된 결과 이들의 주거지는 거주 자체만으로도 사회적 장애요소로 작용하고 특히 구직활동에 큰 장애를 겪는다. 궁여지책으로 많은 방리유의 젊은이들은 취업활동에서 자신의 주소를 다른 곳으로 기재한다.[42] 그 뿐 아니라 현상적 폭력 곧 경찰의 무차별 폭력이 범람한다. 조사에

---

38 예컨대 이런 글들을 보라. Bernard Alidières, "Face à l'insécurité et aux violences faites aux personnes de sexe féminin banlieue—éléments pour une approche géopolitique des repréntations", *Hérodote*, Vol.136, 2010, pp.56~75.

39 여기에 대해서는, 신동규, 「프랑스 방리유(Banlieue) 이민2세대 청소년들의 사회적 저항과 국가의 대응, 1981~2005」, 『역사와 담론』 60호, 2011, 149~187쪽.

40 A. Kom, "Migrations africaines, cultures des 'banlieues' et construction identitaires en France", *Dalhousie French Studies*, Vol.188, 2009, pp.111~118.

41 'Beur'는 'Arabe'이라는 말의 음절을 거꾸로 한 것이다. 여성형은 'Beurette'이다. Yang, Mi-ae, "La politique d'assimilation des immigrés nord-africains à la société française", 『한국프랑스학논집』 63호, 2008, 300쪽.

42 E. Santelli, "Young adults Maghrebi origin from the French banlieues—social mobility in action", *Journal of International Migration and Integration*, Vol.13 No.4, 2012, pp.541~

따르면 아랍계나 흑인은 경찰의 불심 검문 빈도가 훨씬 높았다.[43] 범죄율이
높은 탓도 있지만 인상착의 검문contrôle au faciès의 희생자일 가능성도 높다.
1990년대에 발생한 48건의 대규모 폭동에서 34건은 방리유 거주 젊은이가
살해되는 사건에서 비롯되었고 그 가운데 30건은 경찰이 개입되어 있다.
2005년 폭동을 비롯하여 2000년대의 여러 청소년 폭동도 법률 위에 군림
하는 경찰의 횡포를 직간접 경험한데서 비롯되었다.[44] 방리유는 또한 분노
의 공간이다. 고착된 절망의 공간이고 일상적 저항과 전투 공간이다.[45]

여기서 분명히 지적할 것이 있다. 폭력과 분노와 절망의 공간이지만
방리유를 만들어낸 수많은 서술과 묘사는 실제 사실이기보다는 정치가
와 언론이 '사실화'한factice 공간이다. 방리유와 그 주민들의 실제 삶을
서술한 이야기는 언론과 정치인들의 코멘트와 대답과 수사를 통해서 부
정적으로 구분하며 스테레오 타입화 한 이미지와 편견이 확산된 것이
다.[46] 이런 측면에서 방리유는 분리된 도시공간에서 실제 사실로 존재하

563.

43 S. Body-Gendrot, "Police marginality, racial logics and discrimination in the banlieues of France", *Ethnic and Racial Studies*, Vol.33 No.4, 2010, pp.656~674.

44 Mustafa Dikeç, "Immigrants, banlieues, and dangerous things—ideology as an aesthetic affair", *Antipode*, Vol.45 No.1, 2013, p.32; Frédérick Douzet and Jérémy Robine, "'Les jeunes des banlieues'—neighborhood effects on the immigrant youth expierience in France", *Journal of Cultural Geography*, Vol.32 No.1, 2015, pp.40~53.

45 방리유 사태에 가담한 젊은이들의 폭력행위는 모순적으로 배제되거나 정당하지 않게 접근이 제한된 그러나 자기와 가족과 이웃의 정체성의 한 부분을 이루는 것을 대상으로 이루어졌다. 자기가 살고 있는 시떼의 학교나 공공시설들을 파괴하고 불태웠다. 발리바르는 그것은 절망과 분노에 의한 일종의 자기 배제 내지 내부적 배제라는 역설적 행위가 나온 것이라고 진단한다. 사람을 심각하게 공격한 경우는 거의 없었고 대부분 소비재와 상징적 장소들을 파괴했다. Étienne Balibar, "Uprising in the Banlieues" *Constellations*, Vol.14 No.1, 2007, pp.47~71; Abd al Malik, *La guerre des banlieues n'aura pas lieu*, Paris—le cherche midi, 2010.

46 Robert Castel, "Le discrimination négative—le déficit de citoyenneté des jeunes de banlieues", *Annales Histoire, Sciences sociales*, Vol.4, 2006, pp.777~808; *La discrimanation*

는 측면과 함께 사회정치적 포섭에서 배제되어 소외된 채로 존재하는 당위적 공간이다. 이것은 이민자와 방리유를 미디어나 영화 등으로 수십 년간 누적한 묘사에서 비롯된 추론의 연쇄가 만들어낸 '민감한 구역'에 지식이 구성한 시간과 공간의 프레임이며 다문화 사회를 공공안전에 위협 요인으로 보는 공안이데올로기 체계의 산물이다.[47] 이민자와 그들의 거주지를 범주화하여 정형화하는 프레임은 역설적으로 보수언론과 극우파 정치인들의 자기선전과 야심의 실현에 필요한 산물인 점에서 방리유 문제는 사회문제를 넘어 정치적 복합성이 작동한다.

3. 타자와 정체성 ─ 공화국의 정체성과 배제의 정치

1) 공화국의 분할공간

방리유 사태에서 사회 문제와 마그레브 이민자 차별 문제는 필연적으로 윤리적 의제를 함축한다. 우리는 타자를 어떻게 받아들이며 공존할 것인가? 최근 방리유에서 벌어지는 사건들은 문학과 미술의 주제로도 관심을 끌지만[48] 현실이 직면한 문제를 정치 및 사회철학적 함축을 중심으로 검토할 것이다. 두 측면은 분리불가능 하고 프랑스의 독특한 정

---

négative, Citoyens ou indigènes? Seuil, 2007, p.129

47 James F. Austin, "Destroing the banlieue─Reconfigurations of suburban space in French film", *Yale French Studies,* Vol.115, 2009, pp.80~92.Anna-Louise Milne, "The singular banlieue", *L'Esprit Créature,* Vol.50 No.3, 2010, pp.53~69.

48 Bruno Levasseur, "Telling stories─narrating violence in the contemporary French *banlieues*(1992~2006)", *Modern&Contemporary France,* Vol.24 No.4, 2016, pp.395~410.

치적 접근을 전제로 역사적 설명이 불가피하다. 다문화 사회 방리유 공간 문제가 내포한 철학적 함축은 타자와 배제의 문제로 귀결되며 이는 다시 정치적인 것의 역할과 주체화 문제로 연결된다. 1997년 재집권에 성공한 사회당 정권이 통합정책의 중심을 차별과 불평등 해소에 두었고 2002년 대통령에 재선된 자크 시락도 공화국 통합모델 입각하여 반차별을 강조했다. 2003년에는 이민자 통합프로그램 '유입통합계약CAI, Contrats d'Acceuil et d'Intégration을 제시하고 이민대상자와 장기체류 외국인에게 프랑스 언어와 공화국의 원칙에 관한 이해를 의무조건으로 제시했다. 점차 언어교육과 소양교육의 의무가 부과되었고 2006년에는 이민통합법안이 통과되면서 유입통합계약은 내용이 더욱 강화되었다.[49]

이것은 프랑스가 공화주의적 민족주의를 강화한 것과 연관 있다. 프랑스는 대혁명의 유산인 자코뱅주의적 공화주의 전통을 따라 개인의 문화, 민족 및 종교적 다양성 문제는 공적 영역에서 제외시키는 경향이 있다. 모든 개인은 자신의 인종적 기원, 신앙, 문화적 관습과 전통에 관계없이 공적 영역에서 동등한 권리와 의무를 갖는 시민권이 우선시 된다.[50] 프랑스의 시민권적 국민주의에서는 국가제도 특히 교육제도가 문화와 국민적 정체성 형성 역할을 감당한다.[51] 국민은 시민정신sens civique과 교양 civilité을 지닌 공화국 국민의 일원으로 훈육되고 시민성(권)citoyenneté을

---

49 문지영, 「동화주의와 다문화주의 사이에서」, 『다문화사회연구』 2호, 2009, 33~66쪽 참조.
50 제5공화국 헌법에는 이런 사실이 분명히 명시되어 있다. "프랑스는 분리될 수 없고, 세속적이며, 민주적이며 사회적인 하나의 공화국이다. 프랑스는 출신, 인종, 종교의 구분 없이 모든 시민이 법 앞에서 평등함을 보장한다. 프랑스는 모든 신앙을 존중한다." Marco Oberti, "The French republican model of integration—The theory of cohesion and the practice of exclusion", New Directions for Youth Development, Vol.119, 2008, pp.55~73.
51 1905년 12월 9일 채택된 정교분리법(Loi de séparation des Eglises et de l'Etat)은 교회의 지위를 두고 벌어진 25년간의 대립을 종식시켰다.

가진 공동체의 일원이 되는 것이다. (공)교육에서 가장 중요한 원리가 바로 세속성laicité인 것도 같은 이유다.[52] 그 결과 이민자 통합정책의 원리는 기본적으로 동화assimilation와 결속cohesion이고 그 과정에서 스포츠(축구)는 중요한 역할을 한다.[53] 그러나 공화주의 정치체계에서 사회구성원의 성격이 점점 다양해지고 특히 이주민의 증가로 동질성의 요구를 차이를 무시한 차별로 받아들이는 집단이 출현하면서 인종적, 문화적 다양성과 복합적 정체성에 대한 요구가 재발견되었다. 이제 관건은 공화주의적 국민적 일반성과 집단적 특수성의 요구가 공존 가능한 방식을 발견하는 것이 되었다.

이민자들의 경우 본인의 정체성 의식과 외부의 시선 사이에 차이가 강화되면서 차별이 부각되었다. 분명히 공화국 프랑스 국민이지만 외부인 취급을 받는 그들은 분명히 거기에 있는 존재être-là이지만 마치 거기에 있지 않은 자, 거기에 있으면 안 되는 자, 외부인, 타자로 인식된다. 이민자들의 수용과 인식에서 바로 그 얼굴, 생김새, 피부의 색깔은 차별을 유발하는 제1의 기제로 작용한다. 특히 프랑스에서 태어나 프랑스에서 교육받은 이민자의 후손도 외모만으로 외국인이라는 낙인이 찍힌다. 이들이 사회문화적으로 차이를 가진 언어를 사용하면서 낙인은 더욱 강화되었

---

52 공화주의는 정치적 영역과 사회적 영역의 엄밀한 경계를 요구하며 보편성에 근거하여 모든 특수성으로 독립된 보편성이 원리에 근거한 법의 지배를 의미하는 사상이다. 인권선언의 정신에 근거한 권리를 가진 한 인간으로서 그리고 공화국의 시민으로서의 소양을 갖추기 위해 필요한 따라서 종교와 특정한 정치적 이념으로부터 분리된 교육이 라이씨떼에 근거한 교육의 기본 이념이다. 그러나 이러한 교육은 교육받는 자들의 사회계층의 차이나 문화적 배경을 고려할 수 없으므로 학교의 위기에 대처하기가 어려워졌다. Jacques Rancière, *La haine de la démocratie*, La Fabrique, 2005, 백승대 역, 『민주주의에 대한 증오』, 인간사랑 2007, 119쪽.

53 Julien Sorez, *Le Football de Paris et ses Banlieues—Un sport devenu spectacle*, Presses Universitaires de Rennes, 2013.

다.[54] 이민자들의 3세대 나아가 4세대는 후손들은 자신들이 문화가 다른 프랑스인이라고 생각했고 시민성 곧 정상 시민의 자격이 결핍된 존재로 처우 받고 공식적인 이민자 통합정책의 대상으로 부정적인 구분대상이 되는 것을 거부했다. 그리고 새롭고 복잡한 정체성을 가진 문화적 주체로서 문화적 특수성을 인정받고자 시도 했지만 부정당했다. 이렇게 평가할 수 있다. 프랑스 공화정은 너무 백인과 기독교 중심이어서 유색인과 비기독교인들을 성찰할 여지가 부족했다.[55] 그 결과 방리유는 상징적 폭력공간이며 공공안전의 이름으로 공화정의 이념의 맞서는 반反장소contre-lieu / counter-place가 되었다. 그 결과 정치적으로도 철저한 소외가 진행되었다.[56] 인종주의적인 모욕을 가장 자주 접하는 장소도 공화주의의 훈련장인 학교였다는 사실은 이민자나 그 후손들에게는 그들과 나, 내부인과 외부인을 구별하는 거대한 벽의 존재를 알게 한다. 그러나 이런 개인적 차원의 또는 개체적 관계의 문제보다 더 심각한 것은 차별과 불평등의 기제가 사회 및 제도적 차원에서 작동한다는 사실이다.

자크 랑시에르는 사회와 정치에서 차별과 배제가 작동하는 기제를 정확하게 지적했다. 그는 '정치politique'의 어원인 희랍어 폴리테이아politeia

54 Dominique Baillet, "La 'langue des banlieues', entre appauvrissement culturel et exclusion sociale", *Homme et Migrations,* Vol.1231, 2001, pp.29~37. Nadia Duchêne, "Langue, immigration, culture—paroles de la banlieue française", *Meta,* Vol.47 No.1, 2002, pp.30~37.

55 J.-M Clerc, "Flammes de l'immigration et multiculturalisme dans les banlieues françaises—quel sujet culturel?" *Sociocriticism,* Vol.22 No.1/2, 2007, pp.353~64. Mustafa Dikeç, *Badlands of the Republic—Space, Politics and Urban Policy,* p.176.

56 Hugues Lagrange, "Émeutes, ségrégation urbaine et aliénation politique", *Revue françise de science politique,* Vol.58 No.3, 2008, pp.377~401, M. Germes and G. Glaseze, "The banlieues as the counterplaces of the Republique, A discourse analysis of current security policies in French suburbs", *Geographica helvetica,* Vol.65, No.3, 2010, pp.217~228.

가 정치politique와 치안police의 두 가지 의미를 동시에 가지는데 주목하여 두 가지 정치를 구별한다. 일반적인 정치활동은 무엇보다 기존 질서의 유지 관리에 목적을 둔 치안의 틀에서 작동한다. 따라서 자리, 기능, 자질, 자격 등의 기준으로 각자를 구분하고 몫을 배정하는 것이다. 배제된 자들에 대한 정치적 행위는 정확히 이런 치안의 기제에서 움직인다. 그런데 정치적 인민은 단순한 인구의 총합이 아니라 그것을 구성하는 부분들에 대한 계산과 분쟁이라는 형태의 상징화를 동반하므로 공동체에는 언제나 복수의 입장들과 불일치가 존재한다.[57] 랑시에르의 말로 정치란 바로 우리가 보고 듣는 것을 말할 수 있는 능력 그리고 공간의 속성과 시간의 가능성에 관한 것이다. 임마뉘엘 칸트는 『순수이성비판』의 감성론에서 대상들에 의해서 촉발되는 감각적 잡다성을 파악하기 위한 순수직관의 선험적 감성형식으로 시간과 공간을 제시한다. 모든 인식의 기초이자 출발은 시공간 형식에 의거하며 감성적 형식 안에서의 지각이다. 그것은 지성적 개념화에 앞선다. 따라서 사물의 일차적이고 근원적 구별은 '감성의 분할'에서 출발한다.[58] 정치는 시간과 공간, 가시적인 것과 비가시적인 것, 말과 소리의 분할에서부터 더 나아가 셈해지는 자와 셈해지지 않는 자, 말할 수 있는 자와 말할 수 없는 자, 자기의 몫과 권리 보유자와 비보유자의 구분까지 포함한 새로운 감각의 분배를 창조하는 것. 곧 불일치와 이견을 전제로 불화하는 활동 가운데서 새 방식으로 일치를 만들어가는 미학적 활동이다.[59] 본질적으로 긴장관계에 있는 이견과 공통감각, 불일

---

57 랑시에르, 『미학 안의 불편함』, 179쪽.
58 랑시에르, 『감성의 분할—미학과 정치』, 14쪽.
59 Jackie Clarke, "Rancière, Politics and the social question", Oliver Davis ed., *Rancière Now—Current perspectives on Jacques Rancière*, Polity, 2013, pp.13~27.

치와 합의를 표출시키고 볼 수 없던 것을 보게 하고, 말할 수 없던 것을 말할 수 있게 하고, 들리지 않던 것을 들리게 하여 새로운 방식의 일치를 만들어가는 행위가 바로 정치란 것이다.

그러나 랑시에르에 따르면 근대의 대의제 정치는 정치의 실현에 실패하고 있다. 대의제의 합의적 의사결정 견본은 다수의 인민을 하나로 환원하여 합의나 일치consensus에 도달을 공동체 보호를 위한 제일의 당위적 전제로 삼는다. 왜냐하면 합의제 견본에서는 구성원들의 합의로 인민의 일반 권리가 형성되고 그것을 거쳐서 모두가 동등한 권리를 누리게 된다고 전제하기 때문이다. 그런데 만일 어떤 개인이나 집단이 합의에 불일치dessensus하거나 이견을 제시했지만 공동체가 수용하기 어려워서 합의에 따른 '윤리적 공동체'에서 소외된 자는 어떻게 되는가? 그들은 두 가지의 가능성에 직면한다.[60] 첫째로 그는 원칙적으로 해당 사회에서 존재할 수 없는 자이다. 모든 사람의 권리가 보장되는 사회에서 빗겨나간 그의 존재는 우연적 사건이며 우연성의 산물로 생겨난 타자일 뿐이다. 남은 가능성은 그를 비공공적 사회적 장치에 의하여, 곧 예컨대 다양한 사회사업과 시민 참여활동을 거쳐 구제함으로써 사회갈등의 요소를 해소해야 하는 존재이다. 그럼에도 불구하고 명백히 소외된 자가 있다면? 그는 극단적 타자이며 공동체의 정체성을 공유하지 못하기 때문에 공동체를 위협하는 위험한 존재이다. 그런 존재는 어떻게 대응해야 하는가? 합의에 따라서 공공의 이익과 정의의 이름으로 추방과 같은 처벌로 대응해야 한다. 이는 마치 고대 헬라스에서 폴리스와 오이코스

---

60 Jacques Rancière, *L'inconscient esthétique*, Galilée, 2001, 주형일 역, 『미학 안의 불편함』, 인간사랑, 2008, 181~182쪽.

를 나누고 여자와 아이, 노예를 폴리스의 영역에 진입을 금지하는 분할과 배제의 행위가 정치의 전제 조건이었던 것과 같다. 바로 이와같이 합의적 공동체에 포함될 권리가 없거나 배제되는 개인이나 집단의 처리나 대응 문제는 현대 정치의 가장 민감한 주제이다. 회유와 추방, 폭력과 진압이 고려될 경우 물리적 강제가 작동할 수밖에 없다. 계속되는 소요와 테러 위협에 '민감한 방리유'에 군대를 주둔시켜 안전을 보장해야한다는 견해와 여전히 지금의 경찰력 보강으로 해결해야한다는 견해가 부딪치는 것이 지금의 정치 현실이다.[61]

2) 국가이데올로기 작동 공간

이제 랑시에르의 견해를 프랑스의 현실에 적용해서 평가해보자. 2007년부터 시작된 사르코지 정권은 이민자와 외국인에게 강경 정책을 구사하는 한편 '국민전선'을 지지하는 표를 얻고자 위험한 정치적 줄타기를 거듭했다. 대표적으로 전 국민에게 국가정체성identité nationale에 관한 토론을 제안하며 정부 부처에 이민과 국가정체성부Minstère de l'Immigration et de l'Identité nationale를 만들었다. 국가정체성은 70년대에 정치권에서 사용되기 시작했고 80년대에 극우정치인 장-마리 르펜이 대중화시킨 용어이다. 그러나 개념의 역사적 뿌리 자체는 장 조레스Jean Jaurès의 사회주의적 애국주의에 가까운 의미와, 모리스 바레스Maurice Barrès의 민족주의에 가까운 의미 두

---

61 Jean-François Calvez, "Forces armées dans les banlieues? 『Une fausse bonne idée』", *Revue defense nationale*, Vol.759, 2013, pp.57~63.

가지로 구분이 가능하다.[62] 전자는 사회주의적 세계시민주의에 근거하여 인류 전체의 진보에 기여하는 국가에 참여하고 있다는 자부심을 중요하게 여긴다. 한편 후자는 내외부의 적으로부터 국민정체성 보호를 가장 중요하게 평가하므로 민족주의적 성격이 강하다. 사르코지의 정치적 노선은 바레스적 전통의 연장선에 있다.

국가정체성 논의에서 극우파 정당 국민전선의 영향을 결코 무시할 수 없다. 그들은 시민권의 공화주의적 기반을 거부하는 민족주의적이고 차별적 발언으로 이민자와 외국인을 향한 공포와 증오심을 유발함으로써 정치적 입지를 늘여갔다. 실업과 사회경제적 위기로 어려움을 겪던 다수는 문제의 원인을 정치적 올바름political correctness보다는 현실에서 희생양을 찾아 해결하고 싶어 했다.[63] 1986년 개정선거법이 득표수 비례대표제를 도입했을 때 국민전선은 창당 이래 최초로 35명이 국회에 진출하여 5공화국의 큰 정치적 사건으로 부각되었다. 그 이후 유럽의회나 지방선거를 거치며 정치적 입지를 공고히 했던 국민전선은 2002년 대선에서 장-마리 르펜이 사회당 후보 리오넬 조스펭Lionel Jospin을 누르고 결선투표까지 진출했다. 좌파는 결선투표에서 우파 드골주의자 자크 시락을 지지하지 않을 수 없는 좌절을 겪었고 우파는 극우파로 쏠린 표를 어떻게 확보할지 고민하게 되었다. 2007년 사르코지가 더욱 우경화된 발언과 공화국의 수호자를 자임하며 대통령에 당선된 것은 공포와 이데올로기적 국가장치와 언론의 합작품이었다.[64] 민족주의적 맥락의 용어를 무대에

---

62 Gérard Noiriel, *A quoi sert "l'identité nationale"*, Agone, 2007, pp.142~143.

63 김휘택, "프랑스의 국가정체성 논의에 대하여", 『한국프랑스학 논집』 82호, 2013, 305~338쪽. 이것은 2016년 11월 미국 대통령 선거에서 백인하층민들이 이민자 거부를 공언하는 공화당 후보이며 대부호 도널드 트럼프를 지지한 것과 맞물린 현상이다.

재등장시킨 사르코지의 의도가 정체성 문제를 쟁점삼아 이민과 이민자의 문제를 다루고 보수진영은 물론 극우파의 표도 얻으려는 심산이 명확했다. 이런 태도는 대중들의 뿌리 깊은 제노포비아적 무의식과 공포심에 기대어 외국인들과 이주민들의 존재가 생활수준과 고용안정 및 공공의 안녕과 전통적 정체성을 위협할 것이며, 특정한 문화적 차이들이 공존에 극복불가능한 장애물이 될 것이라는 관점을 주입시키려는 시도였다.[65] 이는 '프랑스는 프랑스 사람에게'를 외친 장-마리 르펜의 주장을 슬쩍 빌려온데 불과했다.

이런 움직임에 당시에는 야당이었던 사회당은 물론 많은 지식인들까지 반발했다. 대표적으로 국립이민사센터의 연구위원인 8명의 역사가는 즉시 사임하고 이러한 표현이 이민자들에 대한 부정적 선입견을 유도한다고 항의하면서 국가정체성부의 창설에 반대하고 나섰다.[66] 그들이 이 부처의 폐지를 요구하는 청원서에 서명을 받기 시작하자 1주일도 되지 않아서 1만 명의 시민과 외국 학자와 지식인들도 합류했다. 그러나 정부는 공식적으로 지역별로 국가 정체성에 관한 토론회를 개최하는 등 토론을 이어갔으나 일부 토론회에서는 인종차별적이고 외국인 혐오 발언이 등장하는 등 위험수위를 넘나들자 전체 여론도 나빠졌다. 결과적으로 기대와 달리 사르코지는 정치적으로 얻은 것récupération politique이 별로 없었다. 우경화 경향은 당시 여당인 대중운동연합UMP

---

64 Alain Badiou, *The Meaning of Sarkozy*, Verso, 2008; 「사르코지라는 이름이 뜻하는 것」, 『뉴레프트 리뷰』, 2009, 357~358쪽.
65 Etienne Balibar, *La Crainte des masse. politique et philosophie avant et après Marx*, Galilée, 1997; 최원 역, 『대중들의 공포』, 도서출판b, 2007, 392쪽.
66 *Le Monde*, 2009.10.5.

출신 내무장관 오르트푀Brice Hortefeux와 후임자 게앙Claude Guéant의 이민과 외국인 혐오 발언으로 표출되었고 정치권과 사회전반에 격렬한 논쟁을 야기했다.[67]

2011년 오르트푀 내무장관은 학업을 마친 후 취업을 시도하는 외국인 학생들의 체류 연장을 엄격히 제안하라는 행정공문을 내려 보냈다. 많은 외국인 학생들이 이 공문 때문에 취업을 할 수 없거나 프랑스를 떠나야 하는 사태가 발생했다. 대학교수, 지식인, 학생들을 중심으로 이에 맞서는 서명운동이 일어났고 노벨 물리학 수상자 알베르 페르Albert Fert, 자크 아탈리Jacques Attali, 까트린 끌레망Catherine Clément 등이 서명에 참여했다.[68] 일부 서명자들은 어려움에 빠진 외국인 학생들과 결연을 맺고 후견을 약속했다. 꼴레쥬 드 프랑스의 역사가 로장발롱Pierre Rosanvallon은 이 지침 탓에 곤경에 처한 아프리카 유학생 후원을 결심하고[69] 조르주Antoine Georges는 르 몽드 기고문에서 자신이 프랑스인이란 사실이 부끄럽다고 고백했다. 그는 폐쇄적이고 차별적인 행정 탓에 프랑스의 심상이 훼손될 뿐 아니라 우수한 학생들이 프랑스 유학을 기피할 것을 우려하며 시대착오적 방침의 철회를 요구했다.[70] 비난이 고조되자 내무장관은 외국인 학생 관련 조항의 요구조건들을 완화하며 한 걸음 물러섰지만 행정지침 자체를 철회하지는 않았다. 2012년 총선에서 좌파연합이 승리하자 새 정부 내무장관 발스Manuel Valls는 지침을 바로 철회했다.

방리유는 소요와 폭동, 무슬림들의 테러, 거기에 언론 매체가 가담하

---

67 *Le Monde*, 2012.2.5.
68 http://www.universiteuniverselle.fr/(2013.6.30)
69 *Libération*, 2012.3.21.
70 *Le Monde*, 2012.4.3.

여 외부지원과 안전화가 필요한 공간으로 낙인찍기가 확산되면서 프랑스에서 민족주의와 인종주의를 자극하는 국가이데올로기와 배제의 논리를 생성시키는 특이한 단일 공간으로 규정되어 갔다.[71] 모든 국민의 역사는 사회적 응집을 위하여 고유한 신화와 허구를 생산하고 사회적 갈등을 해소해줄 조절모델을 개발한다. 민족주의가 기억의 장소들을 동원하여 국민적 동일성을 구성하여 상상의 공동체를 만드는 관계는 정치철학적 입장에 따라 이해가 다를 수도 있다. 하지만 발리바르의 말을 빌리면 이것들은 그 속성에서 차이가 없다.[72] 민족주의는 국민적 제도에 상응하는 유기적 이데올로기이며 국민적 제도는 항상 법과 관행들 안에서 물질화된 배제의 규칙과 경계의 형식화에 의거한다. 국민이냐 외국인이냐, 시민공동체에 귀속 여부에 따라 특정한 재화와 권리에 불평등 접근을 강제하는 점에서 국민적 제도는 차이화를 낳고 영속화 수단을 구성한다. 그러나 구체적 제도는 역사적, 정치적, 도덕적 맥락에 따라 달라진다. 외국인을 경계 밖으로 몰아내거나, 통합하여 동화하거나, 타자로 표상화 시켜 배척하는 등 다양한 방식이 작용한다. 특별히 주목할 지점이 있다. 국민주의 이데올로기가 제도적이면서 가시적인 동시에 비가시적인 구조적 폭력과 접합되는 방식과 그 배후에 있는 방리유의 동종장소화에서 보듯 동일성 논리의 형성[73] 과정이 바로 그

---

71 프랑스에서 외국인과 제노포비아 문제에 대한 전체적인 개관은 제라르 누아리엘, 「프랑스인과 외국인」, 『기억의 장소』, 나남, 2010, 245~302쪽 참조. 월드컵 축구에서도 프랑스 선수를 흑인/백인/무슬림이민자녀(beur)로 구분하고 성공과 패배에 따라서 평가가 달라진다. Jonathan Ervine, "*Les banlieues* and *Les Bleus*—Political and media discourse about sport and Society in France", *French Cultural Studies*, Vol.25 No.1, 2014, pp.70~81.

72 Etienne Balibar, *Nous, citoyens d'Europe? Les frontières, l'État, le peuple*, La Découvert, 2001. 진태원 역, 『우리, 유럽의 시민들?』, 후마니타스, 2010, 58~62쪽.

73 Kirkness, "The cité strike back—restive responses to territorial taint in the *banlieues*",

것이다.

사르코지 대통령의 우파 정부는 방리유 소요를 빌미로 집권기간 동안 끊임없이 치안의 정치학과 분할의 논리를 작동시켰다. 이민자와 외국인을 참여 부적격, 거주불가, 침묵자 및 외부인으로 몰아갔다. 방리유로 상징되는 분할공간을 공안이데올로기 프레임으로 이용한 것이다. 2005년 소요 10년이 지난 지금 대체적으로 방리유 전반에는 주민들이 받는 충격을 완화시키려는 다양한 정책이 시행되면서 공적 행동의 차원에서 차별에 맞서는 정치투쟁은 크게 사라진 것처럼 보인다. 그러나 방리유 출신들이 집단이 아닌 개별적으로 외로운 늑대로서나 그룹으로 테러를 주도할 여지는 여전히 남아 있다.[74] 지금 방리유에서는 무엇이 필요한가? 랑시에르의 말을 빌리면 정치란 감각적인 것의 분할선을 넘어 과감한 횡단으로 분할 작용을 뒤흔들어 보이지 않던 것을 보이게 하고, 없는 몫을 요구하는 것이다.[75] 에티엔 발리바르식으로 다시 표현하자면 시민사회와 국가의 대립을 흩트리고 정치적 운동이라는 제3의 항을 재도입하는 것이다.[76] 왜냐하면 정치적으로 유일한 보편이란 평등 뿐이기 때문이다. 그렇지만 평등은 인간성이나 이성의 본질에 각인되어 있는 하나의 가치가 아니라 그것이 실행되는 한에서만 존재가능하며 보편성의 효과를 실현한다. 평등은 우리가 내세우는 가치가 아니라, 개별 사례 가운데서 전제되고 입증되며 증명해야

Envionment and Planning A, Vol.46, 2014, p.1282.

74 Xavier Molénat, "Banlieues—dix ans pour rien", *Alternatives Economiques*, Vol.351, 2015 novemvre, pp.40~41.

75 Jacques Rancière, *Aux borts du politique*, Osiris, 1990, 임창렬 역, 『정치적인 것의 가장자리에서』, 길, 2008, 253쪽.

76 발리바르, 『대중들의 공포』, 403쪽. 이중의 목표는 ① 국가의 제도들 내에서 "차이에 대한 권리"의 인정을 각인하는 일 ② 국가와 마주하여 정치적 운동과 공민적 운동을 발전시키는 것이다. 404쪽.

하는 하나의 보편이다.[77] 보편성이란 특수한 상황들에 반대되는 공동체의 원리가 아니다. 보편성은 증명들의 작인作因이기 때문이다. 필요한 것은 주체화가 이루어지는 장소, 방리유의 경우에서는 '자주관리autogestion'의 과감한 실천과 같은 것이다.[78] 이를 위해서는 단순히 방리유 공간을 중심과 주변으로 구분하여 고찰하는 방식을 넘어서 방리유 자체가 하나의 위성도시로서 성장하는 도시공간이라는 사실을 직시해야한다. 그리하여 공간 내부의 폐쇄적인 것으로 알려진 조직 구성, 마비된 것으로 알려진 자율성 등[79]도 함께 고찰할 것을 요구받는다.

4. 방리유에서 바라보는 이민자 통합정책의 명암과 그 미래

똘레랑스의 나라(우리나라에서 신화화 된 측면이 있음에도 불구하고), 프랑스 혁명과 인권선언으로 대표되는 프랑스가 심각한 내부문제로 고민하고 있다. 하나는 경제위기 상황에서 계속 정부재정에 어려움을 가져다 줄 복지와 사회보장 정책, 다른 하나는 인종적 차별과 계층 간 불평등

---

77 랑시에르, 『정치적인 것의 가장자리에서』, 138~139쪽. "진리의 자리는 토대나 이상의 자리가 아니다. 그것은 언제나 하나의 토포스(topos, 논거/장소), 곧 논증 절차에서 주체화가 이루어지는 장소이다. (…중략…) 어떤 부당함에 희생된 집단들이 잘못을 다루게 될 때 그들은 일반적으로 인간성이나 그들의 권리를 참조한다. 그렇지만 보편성은 그렇게 호소한 개념들 속에 있지 않다. 보편성은 그것들의 결과들을 증명하는 논증과정, 노동자도 한 시민이며, 흑인도 한 인간이라는 등등의 사실에서 연유하는 것을 말하는 논증 과정에 있는 것이다. (…중략…) 정치적 보편성은 인간이나 시민 안에 있지 않다. 그것은 "그로부터 생겨나는 것은 무엇인가?"에 있으며, 그것을 담론으로 그리고 실천으로 실행하기에 있는 것이다"

78 Yousuf Al-Bulushi, "Learning from urban revolt—fron Watts to the *banlieues*", *City* Vol.16 No.1/2, 2012, pp.34~56.

79 Judith Revel, *Qui a peur de la banlieue? —le temp d'une question*, Fayard, 2008, p.164.

을 해결하기 위한 사회적 통합이라는 숙제이다. 유럽 재정위기에 따른 경제난국, 사회상황은 사회적 배제exclusion sociale와 양극화로 인한 사회적 분절화fracture sociale를 더욱 가속화시켰으며 시급히 해결해야할 정치적 현안이기도 하다. 이러한 모든 문제가 집약적으로 드러나는 공간이 방리유이다. 주로 이민자로 구성된 집단 거주지로서 실업률과 범죄율이 높은 민감한 도시 지역 방리유는 현대 프랑스 사회의 현실과 고뇌를 집약한 창이다. 이 장은 프랑스의 이민자 통합정책에서 공화주의와 라이씨떼를 기조로 하는 공공성과 평등의 원리와 현실에서 일어나는 불평등과 문화 간 갈등에 따라 발생하는 다양한 형태의 문제 사이에 존재하는 커다란 간극을 방리유 폭동이라는 '사건'이 아니라 '토포스'를 통해서 검토했다.

여기서 보듯 현재 프랑스는 사회적 통합이 문화와 정체성의 다양성과 조화 가능한지 아니면 사회적 통합의 전제조건으로 개인이 공유하는 문화적 유대 내지 공감이 필요한 것인지 문제로 고심하고 있다.[80] 보편주의에 근거한 통합정책의 어려움을 지적하며 좀 더 개방적인 다문화주의적 방식의 정책을 도입을 요구하는 주장도 있지만, 공화주의를 기반으로 발전해온 프랑스의 민주주의가 공동의 문화와 정체성을

---

[80] 랑시에르, 『정치적인 것의 가장자리에서』, 18쪽. 분명한 것은 프랑스의 통합정책은 그 통합의 주체가 철저히 법 앞에 평등한 개인이라는 점이다. 이 점은 프랑스의 통합고등위원회가 제시한 통합정책의 기본 방향에서도 잘 드러난다. ① 통합되는 것은 개인에게 달려있다. 문화적 특수성은 사적영역에서 가장 잘 드러난다. 그룹의 권리차이에 대한 공공의 인정은 확보될 수 없다. ② 통합과정의 정점은 프랑스 국적의 획득이다. 시민권 획득은 상대적으로 개방되어 있다. 역으로 국적과 시민권을 분리하는 개혁은 권고되지 않는다. 가령 지방자치 투표권의 확대나 외국인에게 선거권을 부여하는 것 등은 권고되지 않는다. ③ 통합은 평등의 개념과 철저하게 연결되어 있다. 모든 정책은 전체 사회구성원에게 평등한 기회와 조건을 보장하는 것을 목적으로 한다. 박단, 「프랑스 공화국과 무슬림 이민자」, 『서양사론』 93호, 2007, 287쪽.

포기하고 소수집단으로 파편화될 위험성을 지적하는 주장이 맞서고 있다.[81] 전지구화와 유럽통합은 국적과 정체성을 불일치시키고 민주주의가 국민국가의 경계를 넘어서 작동하기를 요청받고 있다. 프랑스의 공화주의는 새로운 프레임을 요구받고 있다. 민중 해방과 인권선언의 나라, 똘레랑스의 나라 프랑스가 당면한 차별과 불평등의 문제에 해법을 모색하는 과정은 이주민 150만 시대 다문화 사회로 확고하게 진입한 우리나라에도 공존의 모색을 위한 성찰로서 짚어 볼 가치가 있다.

---

81   홍태영, 「공화주의적 통합과 프랑스 민주주의」, 『사회과학연구』 18호, 2010.2, 371~373쪽.

참고문헌

김승민, 「프랑스 이민자 소요사태의 발발원인 분석」, 『한국프랑스학논문집』 74 호, 2010; 한승준, 「프랑스 동화주의 다문화정책의 위기와 재편에 관한 연구」, 『한국행정학보』 42-3호, 2008.

김휘택, "프랑스의 국가정체성 논의에 대하여", 『한국프랑스학 논집』 82호, 2013.

문지영, 「동화주의와 다문화주의 사이에서」, 『다문화사회연구』 2호, 2009.

박단, 『프랑스의 문화전쟁-공화국과 이슬람』, 책세상, 2005; 「2005년 프랑스 소요사태와 무슬림 이민과 통합문제」, 『프랑스사 연구』 14호, 2006.

____, 『현대 서양사회와 이주민-갈등과 통합 사이에서』, 한성대 출판부, 2009.

____, 「히잡금지와 부르카 금지를 통해서 본 프랑스 사회의 이슬람인식」, 『프랑스사 연구』 24호, 2011.

신동규, 「프랑스 방리유(Banlieue) 이민2세대 청소년들의 사회적 저항과 국가의 대응, 1981~2005」, 『역사와 담론』 60호, 2011.

엄한진, 「프랑스 이민통합모델의 위기와 이민문제의 정치화-2005년 '프랑스 도시외곽지역 소요 사태'를 중심으로」, 『한국사회학』 41-3호, 2007.

이학수, 「파리 톨레랑스-사르코지 신자유주의 개혁과 톨레랑스 제로 1995~2007」, 『역사와 경계』 68호, 2008.

홍태영, 「공화주의적 통합과 프랑스 민주주의」, 『사회과학연구』 18호, 2010.2.

Al-Bulushi, Yousuf, "Learning from urban revolt—fron Watts to the *banlieues*", *City* Vol.16 No.1/2, 2012.

Alidières, Bernard, "Face à l'insécurité et aux violences faites aux personnes de sexe féminin banlieue—éléments pour une approche géopolitique des repréntations", *Hérodote*, Vol.136, 2010.

Alquier, Anouk, "La banlieues parisienne du dehors au dedans—Annie Ernaux et Faïza Guène", *Contemporary French and Francophone Studies* Vol.15 No.4, 2011.

Angélil, Marc and Cary Siress, "The Paris *Banlieue*—peripheries of inequality", *Journal of International Affairs*, Vol.65 No.2, 2012.

Austin, James F., "Destroing the banlieue—Reconfigurations of suburban space in French film", *Yale French Studies,* Vol.115, 2009.

Autain, Clémentine et al, *Banlieue, lendmains de révolte,* Paris; la Dispute et Regards, 2006.

Waquant, Loïc *Parias urbains, Ghetto, Banlieues,* La Découverte, 2006.

Badiou, Alain, *The Meaning of Sarkozy* (Verso, 2008)

_____, *Notre mal vient de plus loin. penseur les tueries du 13 novemvre,* Fayard, 2016, 이승재 역, 『우리의 병은 오래 전에 시작되었다』, 자음과모음, 2017.

Baillet, Dominique, "La 'langue des banlieues', entre appauvrissement culturel et exclu-sion sociale", *Homme et Migrations,* Vol.1231, 2001.

Balibar, Etienne, *La Crainte des masse. politique et philosophie avant et après Marx,* Galilée, 1997, 최원 역, 『대중들의 공포』, 도서출판b, 2007.

_____, Etienne, *Nous, citoyens d'Europe? Les frontières, l'État, le peuple,* La Découvert, 2001, 진태원 역, 『우리, 유럽의 시민들?』, 후마니타스, 2010.

_____, Étienne, "Uprising in the Banlieues" *Constellations,* Vol.14 No.1, 2007.

Beau, Stéphane et Michel Pialoux, *Violences urbaines, violence sociale,* Fayard, 2003.

Body-Gendrot, S., "Police marginality, racial logics and discrimination in the banlieues of France", *Ethnic and Racial Studies,* Vol.33 No.4, 2010.

Bronnec, Th., "Quand les banlieues se réveilleront...", *Revue des deux mondes,* Vol.1, 2007.

Byrnes, Melissa K., "Liberating the land or absorbing a community—managing: Managing North African migration and the *Bidonvilles* in Paris's *Banlieues*", *French Politics, Culture & Society* Vol.31 No.3, 2013.

Cassaige, B., "Banlieus, des cites de la cite", *Projet,* Vol.299, 2007.

Calvez, Jean-François, "Forces armées dans les banlieues? ≪Une fausse bonne idée≫ *Revue defense nationale,* Vol.759, 2013.

Castel, Robert, *La discrimination négative. Citoyens ou indigènese?* Seuil, 2007.

_____, "Le discrimination nêgative—le déficit de citoyenneté des jeunes de banlieues", *Annales Histoire, Sciences sociales,* Vol.4, 2006.

_____, *La discrimanation négative, Citoyens ou indigènes?* Seuil, 2007.

Chignier-Riboulon, F., "Exclusion sociale ou exclusion nationale? L'affaire Kelkal en banlieue est de Lyon", *Herodote,* Vol.80, 1996.

Cours des Comptes, *La Politique de la ville. Une décennie de réformes,* Cours des Comptes, 2012.

L'Accueil des Immigrants et l'Intégration des population issues de l'immigration, 2004.

Dikeç, Mustafa, "Two decades of French urban policy—From social development of neighbourhood to the republican penal state", *Antipode*, Vol.38 No.1, 2006.

_____, *Badlands of the Republic—Space, Politics and Urban Policy,* Blackwell, 2007.

_____, "Immigrants, banlieues, and dangerous things—ideology as an aesthetic affair", *Antipode,* Vol.45 No.1, 2013.

Donzelot, Jacques, *Quand la ville se défait. Quelle politique face à la crise des banlieues?* Seuil, 2006.

Douzet, Frédérick and Jérémy Robine, "'Les jeunes des banlieues'—neighborhood effects on the immigrant youth expierience in France", *Journal of Cultural Geography,* Vol.32 No.1, 2015.

Dronkers, Jaap, "Ethnic riots in French Banlieues, Can ethnic riots in the French Banlieues be explained by low school achievement or high school segregation of the first and second-generation migrants?", *The Toqueville Review/ La Revue Toqueville* Vol.27 No.1, 2006.

Dubedout, Hubert, *Ensemble, refaire la ville,* La documentation française, 1983.

Duchêne, Nadia, "Langue, immigration, culture—paroles de la banlieue française", *Meta,* Vol.47 No.1, 2002.

Ervine, Jonathan, "*Les banlieues* and *Les Bleus*—Political and media discourse about sport and Society in France", *French Cultural Studies,* Vol.25 No.1, 2014.

Falconer, Colin, "Why did the banlieues burn", *Radical Philosophy* Vol.136, 2006.

Germes, M., and G. Glaseze, "The banlieues as the counterplaces of the Republique, A discourse analysis of current security policies in French suburbs", *Geographica helvetica,* Vol.65 No.3, 2010.

Goaziou, Véronoque Le et Laurent Mucchielli.*Quand les banlieues brûlent...—Retour sur les émeutes de novembre 2005,* La Découverte, 2006.

Hernandez, M. T., "The French Banlieue riots of 2005 and their impact on U. S immigration policy—A Atlantic study", *Atlantic Studies* Vol.7 No.1, 2010.

Kirkness, Paul, "The cité strike back—restive responses to territorial taint in the *banlieues*", *Envionment and Planning A,* Vol.46, 2014.

Kom, A., "Migrations africaines, cultures des 'banlieues' et construction identitaires en France", *Dalhousie French Studies,* Vol.188, 2009.

Laachir, K., "French Muslim youth and the banlieues of rage", *Youth and Policy* Vol.92, 2006.

Lagrange, Hugues, "Émeutes, ségrégation urbaine et aliénation politique", *Revue françise de science politique*, Vol.58 No.3, 2008.

Levasseur, Bruno, "Telling stories—narrating violence in the contemporary French banlieues (1992~2006)", *Modern & Contemporary France,* Vol.24 No.4, 2016.

Malik, Abd al, *La guerre des banlieues n'aura pas lieu,* Paris—le cherche midi, 2010.

Mi-ae, Yang, "La politique d'assimilation des immigrés nord-africains à la société fran-çaise", 『한국프랑스학논집』 63호, 2008.

Milne, Anna-Louise, "The singular banlieue", *L'Esprit Créature* Vol.50 No.3, 2010.

Molénat, Xavier, "Banlieues—dix ans pour rien", *Alternatives Economiques,* Vol.351, 2015 novemvre.

Mucchielli, Laurent, *Violence et insécurité—Fantasme et réalité dans le débat français,* La Découverte, 2002.

Noiriel, Gérard, *A quoi sert "l'identité nationale",* Agone, 2007.

Oberti, Marco, "The French republican model of integration—The theory of cohesion and the practice of exclusion", *New Directions for Youth Development,* Vol.119, 2008.

Ocqueteau, Frédéric, "Les émeutes urbaines de l'automne 2005—cadres d'analyse et point aveugles de la sociologie française", *Sociologie du travail,* Vol.49, 2007.

Rancière, Jacques, *Aux borts du politique,* Osiris, 1990. 임창렬 역, 『정치적인 것의 가장자리에서』, 길, 2008.

_____, "What aesthtics can mean", In P. Osburne ed., *From on Aesthetic Point of View—Philosophy, Art and the Senses,* Serpent's Tall, 2000.

_____, *Le partage du sensible—Esthéthique et politique* (La Fabrique, 2000), 오윤성 역, 『감성의 분할—미학과 정치』, 도서출판b, 2008.

_____, *L'inconscient esthétique,* Galilée, 2001. 주형일 역, 『미학 안의 불편함』, 인간사랑, 2008.

_____, *La haine de la démocratie* (La Fabrique, 2005), 백승대 역, 『민주주의에 대한 증오』, 인간사랑 2007.

Revel, Judith, *Qui a peur de la banlieue?—le temp d'une question,* Fayard, 2008.

Rigouste, M., *L'ennemi intérieur—la généalogie coloniale et militaire de l'ordre sécuritaire dans la France contemporaine,* La Découvert, 2009.

Ronai, Simon, "Paris et la banlieue—je t'aime, moi non plus", *Hérodote* Vol.113 No.10, 2004.

Santelli, E., "Young adults Maghrebi origin from the French banlieues—social mobility in action", *Journal of International Migration and Integration,* Vol.13 No.4, 2012.

Schneider, Cathy Lisa, "Police power and race riots in paris", *Politics and Society* Vol.36 No.1, 2008.

Sédel, Julie, *Les màdias et la banlieue,* Éditions Le Bord de l'Eau, 2009. Marc Angélil and Cary Siress, "The Paris *Banlieue*—peripheries of inequality", *Journal of International Affairs,* Vol.65 No.2, 2012.

Senni, Aziz, "Faire émerger des banlieues des acteurs de poids", *Revue internationale et stratégique,* Vol.73, 2009.

Snow, David, Rens Vliegenthart and Catharine Corrigal-Brown, "Framing the French-riots —A. Comparative study of frame variation", *Social Forces* Vol.86 No.2, 2007.

Sorez, Julien, *Le Football de Paris et ses Banlieues—Un sport devenu spectacle* (Presses Universitaires de Rennes, 2013)

Stébé, Jean-Marc, "La crise des banlieues, Sociologie des quartier sensible", *Population,* Vol.66 No.2 2011.

Tissot, Sylvie, *L'État et les quartiers. Genèse d'une catégorie de l'action publique,* Seuil, 2007.

Wenden, C. Wihtol De, "Les banlieues, un épiphénomène de la politique française d'intégration", *Revue politique et parlementaire* Vol.109 No.1042, 2007.

Žižek, Slavoj, *Islam and Modernity,* Adriano Salani, 2015; 배성인 역, 『신을 불쾌하게 만드는 생각들』, 글항아리, 2015.

3부

자본주의담론의 바깥, 상상하는 로컬리티

당위적 가치의 전유 그리고 배제와 전치의 정치*

2000년대 제주를 중심으로

조명기

1. 제주의 밀레니엄

1947년 3 · 1절 발포사건을 배경으로 1948년 4월 3일 제주에서 발생한 4 · 3사건은, 국가 형태에 대한 자유로운 상상을 폭력적으로 제압함으로써 국가가 자신의 존재를 구축해가는 출발점에 해당한다고 할 수 있다. 4 · 3사건의 주동자들은 경찰의 탄압 중지, 남한의 단독 선거 · 단독 정부 반대, 통일 정부 수립을 촉구하면서 경찰서와 우익단체를 공격했다. 그들은 1948년 5월 10일 남한 국회의원 단독 선거 거부 운동을 펼쳤고, 결국 제주에서는 투표율 부족으로 인해 3명의 국회의원 중 1명만이 당선됐다. 제주는 남한에서 단독 선거가 무산된 유일한 지역이었고, 미군정은 이를

* 이 글은 조명기 · 장세룡, 「제주 4 · 3사건과 국가의 로컬기억 포섭 과정」(『역사와 세계』 43, 2013.6)을 수정 · 보완한 것임.

자신과 새로 건설될 남한 정부에 대한 심각한 도전으로 받아들였다. 냉전 체제 하에서 통일 정부에 대한 요구는 이적 행위로 간주되었으며 이런 요구를 하는 사람들은 빨갱이로 명명되었다. 1945년 8월 15일 남한 정부 단독 수립 이전에는 미군정이 그리고 이후에는 남한정부가 대량학살계획을 진행했다. 한반도는 양극 체제의 주변부였고 고립된 섬 제주는 주변부의 주변부였다. 이 경계 지점을 관리하는 것은 양극 체제를 관리하는 것이었다. 왜냐하면 경제가 중심을 설명하고 보장하기 때문이다.[1] 4·3사건은 1957년 4월 최후의 무장대가 생포되면서 끝을 맺었다. 그 동안 25,000~30,000명의 인명피해가 발생했는데, 이는 당시 제주 인구의 1/10에 해당하는 수치였다.

국가가 폭력을 행사한 것이 아니라 폭력이 국가 형성을 완성했다. 이 직접적이고 물리적인 폭력 이후 등장한 국가는 직접적인 폭력을 구조적 폭력으로 대체했고 이 구조적 폭력은 1990년대까지 이어졌다. 구조적 폭력으로 인해 이 사건은 북한의 지령을 받은 남로당원들이 일으킨 폭동으로 설명되면서 남한 사회에서 언급이나 논의의 대상이 되지 못했다. 오랜 동안 금기의 대상이었던 4·3사건은 2000년을 전후해서야 비로소 공론화되었다. 그리고 이 시기에 국가는 제주를 '세계평화의 섬', '국제자유도시' 등으로 지정하는 절차를 진행했다. 지방자치단체 차원이 아니라 국가의 차원에서 지방자치단체를 평화도시로 지정한 것은 세계 초유의 일이었다. 4·3사건이라는 역사의 청산은 제주의 미래 설계와 동시에 그리고 세계에서 유래가 없는 방식으로 진행되었다.

---

1   김민환, 「동아시아의 평화기념공원 형성과정 비교연구」, 서울대 박사논문, 2012, 64쪽.

부르스 커밍스의 표현처럼 제주 4·3사건이 전후 한국 정치의 돋보기이며 현미경에 해당한다면,[2] 이 사건을 해결하는 방식은 현재 한국의 헤게모니적 상황을 파악할 수 있는 바로미터라 할 수 있다. 따라서 21세기 들어 새로이 제시된 제주의 구상들이 4·3사건의 해결과 어떻게 관련되어 있는지를 살펴보는 작업은, 당위적이고 숭고한 가치를 국가가 독점함으로써 동의를 획득하고 내부의 타자를 생산하여 차별하는 과정을 추적하는 작업이 될 것이다. 나아가, 한국의 제주는 과거의 세계냉전체제에서도 미래의 G2체제에서도 변방 중의 변방 즉 경계의 최전선에 위치해 있다는 점을 상기할 필요가 있다. 이곳의 과거 역사를 청산하고 미래 청사진을 새롭게 구상하는 행위 속엔 국가와 지역의 현재 욕망들을 읽어낼 수 있는 지점들이 존재하기 때문이다.[3]

2. 세계평화의 섬, 국가폭력에 대한 사과
혹은 미래 구상의 조건

1948년의 제주 4·3사건이 세계냉전체제에 기반한 국가 세우기와 관련된다면, 21세기의 4·3사건의 해결은 냉전의 종식에 따른 국가 위상의 재정립과 관련된다. 이러한 변화의 미묘성을 가장 잘 보여주는 것은 '평화'라는 단어의 활용 주체 그리고 활용 방식이다.

---

2   Bruce Cummings, *The origins of the Korean War Vol.II—The Roaring of the Catarac, 1947 ~ 1950*, Princeton, Princeton University Press, 1990, p.251.
3   정근식, 「집단적 기억의 복원과 재현」, 제주4·3연구소, 『4·3과 역사』 3호, 2003, 149쪽.

4·3사건과 관련해 사용된 '평화'와 그 계열의 단어들은, 처음엔 4·3사건 피해자, 유가족과 시민단체가 내부의 갈등을 극복하기 위해 제시한 기표였다. 제주사회는 4·3사건에 대한 해석의 수만큼 분열되어 있었다. 억압적 국가기구인 군대, 경찰 그리고 극우청년단체인 서북청년회 소속 피해자와 그 유가족들은 4·3사건을 국가에 대한 반란 즉 폭동으로 규정했다. 이 해석은 근 50년 동안 국가의 공식적인 해석, 지배적인 담론이 되었다. 항쟁론은 일종의 저항 담론으로 1980년대 시민 주도적 민주화운동에 고무되어 제기되었다. 이에 따르면 4·3사건은 남한을 거부하고 북한 지지한 좌파의 폭동이 아니라 한반도의 통일을 추구하여 남한 단독 국회의원 총선거에 반대한 운동이라는 것이다. 제주 사회는 두 담론을 중심으로 분열되었는데, 4·3기념행사들은 4·3사건의 희생자를 기리는 동시에 역사 인식의 분열상이 표출되는 장場이었다. 분열·갈등의 양상은 지배담론의 위력으로 말미암아 뚜렷하게 표면화되지는 않았지만 심각하고 거대한 불안 요인으로 제주 사회에 잠복해 있었다. 제주 사회는 분열·갈등을 극복하기 위한 지점을 모색하기 시작했고 그 결과는 양민학살론의 부상이었다. 양민학살론은 한국이라는 국가를 인정하고 지지하는 전제[4]에서 국가폭력의 불법성과 잔혹성 즉 대량학살이라는 데 초점을 맞추었다. 가해자로서의 폭력적인 국가와 피해자로서의 선량한 국민이라는 대립구도를 강조하는 양민학살론은 기존 담론들의 토대였던 정치성을 배제하고 윤리성을 새로이 강조하는 것이었다. 담론의 프레임을 정치성에서 윤리성으로 전환함으

---

4   김민환, 앞의 글, 173쪽.

로써, 제주 내부의 갈등을 봉합할 수 있었고 국가에 진상 규명과 명예 회복을 요구할 수 있었다.

그러나 이로 인해 모호한 몇 가지 양상이 동시에 전개될 수밖에 없었다. 우선, 정치성의 배제와 윤리성의 강화로 인해 담론의 외연은 확장되었지만, 그 담론이 내포할 수 있는 경우는 확장된 외연보다 작았다는 점이다.[5] 4·3사건으로 인해 사망한 희생자는, 무장대[6] 소속 희생자, 토벌대[7] 소속 희생자, 무장대에 의해 희생된 민간인, 토벌대에 의해 희생된 민간인 등 4부류로 나뉘었다. 폭동론에 기반한 국가는 1990년대까지 토벌대 소속 희생자와 무장대에 의해 희생된 민간인만을 희생자로 인정했다. 그러나 윤리성과 국가폭력의 불법성을 강조하는 양민학살론은 토벌대에 의해 희생된 민간인을 희생자의 범위에 포함시키는 데 쉽게 동의하도록 만들었다. 4·3사건으로 인한 전체 사망자 중 78.1%가 토벌대에 의한 희생자라는 점을 감안한다면,[8] 담론 주체의 수는 양민학살론으로 인해 엄청나게 증가했다고 할 수 있다. 그러나 양민학살론은 무장대 소속 희생자들에 대해서는 애매한 태도를 취했다. 한편에선 무장대 소속 희생자를 추모하였지만 또 다른 한편에선 여전히 그들을 국민의 범주에서 제외하고 있었다. 국가폭력의 잔혹성을 부각하는 데 있어 무장대 소속 희생자들은 장애물일 수 있기 때문이었다. 양민학살론이 외

---

5   이런 점에 주목한 몇 연구자들은 양민학살론을 '타협'의 결과로 설명하기도 한다. 양정심, 「배제된 기억—제주4·3항쟁의 역사」, 제주4·3연구소, 『4·3과 역사』 6호, 2006, 56~59쪽.
6   무장대는 국가에 저항해 4·3사건을 일으킨 사람 그리고 사건 도중에 이들 편에 가담한 사람을 가리킨다.
7   토벌대는 경찰, 군대, 서청청년회 등 소속으로 무장대 소탕에 가담한 사람을 가리킨다.
8   제주4·3사건 진상 규명 및 희생자 명예 회복 위원회, 『제주4·3사건 진상조사 보고서』, 2003, 371쪽.

연을 확장하고 정당성을 확보할 수 있었던 이유는 정치성을 배제하고 윤리성을 강조했기 때문이지만, 이 담론의 윤리성은 정치성에 의해 어느 정도 규제된 윤리성이었다.

이렇듯 윤리성 속에 정치성을 자발적으로 내장함으로써 양민학살론의 기표는 부유하는 기표, 누빔점[9]에 따라 재맥락화되는 기표가 될 수밖에 없었다. 양민학살론의 윤리성은 1998년 도민해원상생굿에서 '해원과 상생'으로 코드화되었다. 해원과 상생이라는 코드는 제주 내부의 대립적인 담론 생산자들을 비균열적인 단일 주체로 통합하려는 자기목적성을 지니고 있었다. 이 내부 통합적인 코드는 곧바로 국가를 향하면서 '용서와 화해'로 재코드화되었다. 의심할 여지도 없이, 용서와 화해라는 기표들은 역사와의 화해, 두 대립적 담론의 상생, 가해자로서의 국가와 피해자로서의 국민의 화해라는 기의들을 재코드화한 것이었다.

그러나, 국가를 겨냥한 이 재코드화로 인해 4·3사건 해결의 주체와 담론의 성격은 바뀌어 버렸다. 용서하고 화해하려는 주체는 해원과 상생을 주창했던 4·3사건의 피해자들이었다. 그들은 역사, 자신과는 상반된 담론의 생산자들, 그리고 가해자로서의 국가를 용서하고 그들과 화해하려는 의지를 가진 주체들이었다. 코드화, 재코드화의 과정에서 그들을 단일 주체로 형성해낸 핵심적인 요소는 윤리성이었다. 하지만 양민학살론의 윤리성은 주체를 이데올로기에 무지한 존재들로 대상화함으로써 가능한 것이었다. 희생자들 중 적어도 78%는 당시의 정치적 이데올로기에 무지하며 정치적 신념은 없이 오직 생존만을 추구했던

---

9   이에 대해서는 Slavoj Žižek, *The Sublime Object of Ideology*, London, New York, Verso, 1989, p.88을 참조하시오.

존재들로 간주되었다. 양민학살론은 4·3희생자들을 무지한 존재들로 간주함으로써 윤리를 당위적이고 순수한 것으로 강조할 수 있었다. 양민학살론의 윤리성은 정치성의 극복이 아니라 정치성으로부터의 도피와 외면에서 시작된 것이었고 이러한 도피와 외면 자체가 철저히 정치적인 선택이었다. 그럼에도 불구하고 이러한 모순과 괴리는, 양민학살론이 사용한 코드들 즉 해원과 상생, 용서와 화해라는 기표들의 긍정적 이미지 그리고 대폭 인정된 희생자 수라는 외연에 가려져 버렸다. 결국, 해원과 상생, 용서와 화해라는 양민학살론의 기표들은 특정 기의에 고정되지 못한 '부유하는 기표'가 될 수밖에 없었다.

양민학살론의 용서와 화해라는 코드는 국가의 수용·호응이 없는 한 부유하는 기표일 뿐이었다. 따라서 이 코드는 국가를 고정점 즉 라캉이 말하는 주인기표[10]를 장악할 수 있는 고정점으로 호출할 가능성을 내포한 부호라고 할 수 있다.[11] 그리고 호출의 방식은 코드화, 재코드화의 방식이었던 윤리성의 강조였다. 피해자 스스로가 피해의 범위를 제한하면서 화해를 먼저 제안할 때, 가해자는 그 제안을 받아들이는 것만으로도 동등한 윤리의 담지자로 전환될 수 있었다. 더구나 기표들이 긍정적이고 윤리적인 이미지와 연결되어 있을 뿐 실질적으로는 고정된 기의를 갖지 못하고 부유하고 있을 때, 용서와 화해의 기표에 호응함으로써 윤리의 담지자가 된 국가는 그 기표들을 재맥락화하여 고정하고 활용할 수 있는 주체가 될 수 있었다.

국가는 용서와 화해라는 기표를 탈코드화하여 '평화'라는 기표로 재

---

10 *Ibid.*, p.93.
11 김민환의 논문은, 2000년 전후 제주에서 일어난 일련의 역사를 '주인기표'라는 용어로 설명한 유일한 논문이다. 그러나 그의 논문의 대상은 4·3평화공원으로 국한되어 있다. 김민환, 앞의 글, 187쪽.

수정했다. 용서와 화해가 피해자와 가해자의 관계 혹은 대립적인 두 주체간의 관계를 암시하고 있었다면, '평화'는 폭력의 주체와 가혹성에 대한 암시를 삭제한 기표였다. '구원과 상생' → '용서와 화해' → '평화'로 이어지는 기표의 변화는 물리적 폭력성이 은폐되고 상황의 구체성이 몰각되고 가해자와 피해자라는 폭력의 방향성이 삭제되어가는 과정이었다. 이 변화는 점점 더 추상적이고 보편적인 윤리감각에 호소하는 그래서 4·3사건에 대한 구체적이고 실질적인 접근이 봉쇄되는 과정과 동궤를 이루었다.[12] 그럼에도 이런 변화는 각 코드들이 공통적으로 기반하고 있는 토대 즉 윤리적 측면에서의 긍정적인 이미지 위에서 지배적인 담론이 되어 갔다. '화해', '용서', '평화'는 모든 사람이 동의하기 때문에 사실상 기의가 무화無化된 기표였으며, 발화 주체와 맥락에 의해 구체적인 의미가 은밀히 재구성되는 기표였다.

　4·3사건에 대한 논의를 억압하는 데 치중해왔던 국가는, 4·3사건에 대한 공식사과(2003)를 분기점으로 삼아 용서와 화해를 평화로 대체하고 평화담론을 주도하는 주인기표로 기능하기 시작했다. 2005년 제주를 세계평화의 섬으로 선포했으며 2008년엔 4·3관련 자료관을 제주4·3평화기념관으로 위령공원을 제주4·3평화공원으로 개명하여 개관하였다. 그리고 매년 열리는 합동위령제는 4·3사건 희생자들을 '평화의 섬 창조신'으로 명명하기 시작했다.[13] 이로써, 4·3사건은 '평화'라는 기표와 통합관계를 형성하게 되었다.

12　정근식 역시 평화담론은 뚜렷하게 정의되지 않은 채 제주의 정치적 지향 또는 지역이미지로 전환되고 있다고 분석하였다. 정근식, 「4·3진상규명운동, 제도화와 문화자원화」, 제주민예총정책심포지움, 「4·3문화예술운동의 과제와 60주년」, 2006.
13　현혜경, 「제주4·3사건 기념의례의 형성과 구조」, 전남대 박사논문, 2008a, 129쪽.

4 · 3사건이 평화라는 기표와 통합되면서 몇 가지 측면에서 중요한 변화가 발생했다. ①4 · 3사건의 담론 주체가 피해자를 중심으로 한 제주 사회에서 국가로 바뀌었다. 국가는 4 · 3사건을 초래한 가해자에서 평화담론을 주도하는 존재로 변신했다. 제주를 평화의 섬으로 구축하자는 구상은 4 · 3사건에 대한 논의가 본격적으로 시작되기 전인 1991년 시민사회 차원에서 처음 제기되었다. 시민사회는 4 · 3사건을 대승적 차원에서 해결하고 이를 바탕으로 남북 화해와 동북아 평화의 메카가 되면서 제주의 발전과 번영을 모색해 나가자는 취지에서, 제주의 비무장화, 평화의 개념과 일치하는 균형적 · 분권적 · 자생적인 발전을 위한 장소 등을 제안했다.[14] 이때 평화담론과 실천의 주체는 분명 제주였다. 그러나 2005년 대통령이 서명한 세계평화의 섬 지정 선언문은, "제주4 · 3의 비극을 화해와 상생으로 승화"시켜 "세계평화에 기여할 수 있도록" 하기 위해 "대한민국 정부는" "세계평화의 섬 구현을 위한 사업을 차질없이 실행"하고 "국가 간 자유로운 교류와 협력이 이루어지는 국제자유도시로 육성"하며 "세계평화 증진에 앞장 설 것임을 대내외에 천명"한다. 이로써 국가는 평화를 조성하고 실천하는 주체, 도덕적 행위자로 변모했다.[15]

②평화를 재정의하고 재맥락화할 수 있는 주인기표로 등장한 국가는 평화담론의 내용을 확대하고 평화담론의 핵심을 변경함으로써 4 · 3사건에 대한 논의를 축소시켰다. 내적으로는, 4 · 3사건과 함께 제주

---

14 제주국제협의회, 『평화와 번영의 제주』, 신라출판사, 1993, 231~245쪽; 김연아, 「제주 '평화'의 섬 구상에 관한 연구」, 제주대 석사논문, 2001, 18쪽.
15 김성례, 「근대성과 폭력-제주 4 · 3의 담론정치」, 역사문제연구소 외편, 『제주4 · 3연구』, 역사비평사, 1999, 256~257쪽.

사회의 3무3無-도둑, 거지, 대문이 없음정신이라는 전통적인 지역성이 동원되어 평화담론의 당위성에 봉사하기 시작했다. 외적으로는, 다원화·분권화를 강조하는 세계화의 조류에도 불구하고 냉전이 잔존해 있는 한반도와 동북아시아에서 제주의 지정·지경학적 위치가 강조되었다. 이로 인해 국가폭력이라는 문제는 희석되었으며 자연스럽게 한국은 평화를 선도하는 주체로 재정립되었다. 이때 제주는 국가폭력의 희생자가 아니라 한반도와 동북아시아에 평화를 전파하는 국가의 제유, 첨병으로 자리매김 되었다.[16] 또한, 논의의 방향은 4·3과 같은 과거가 아니라 미래를 겨냥하게 되었다.[17] 분단된 한반도에 평화를 정착시키는데 있어 제주가 해야 할 역할, 지정·지경학적으로 동북아시아의 중심에 위치한 제주가 세계평화에 기여하기 위해 수행해야 할 역할 등에 대한 논의가 평화담론의 주류를 이루게 되었다.

③제주의 3무정신과 4·3사건은 자연스럽게 혹은 국가의 강압에 의해 잊혀져간 것으로, 그래서 용서와 화해를 먼저 제안했던 제주도민은 이제는 평화의식을 학습해야 할 수동적 존재로, "평화를 추구하는 보편적인 세계시민으로서의 덕성"[18]을 구비해야 하는 존재로 간주되었다. 제주4·3평화공원의 성격 중 하나가 "인류보편의 과제인 평화 추구, 인권 회복, 국민화합에 이바지하는 교육적 공간"[19]이라고 규정되어

---

16 고충석, 「제주 평화의 섬에 대한 정책적 논의-구상과 방향」, 제주4·3연구소, 『4·3과 역사』 3호, 2003, 260쪽.
17 현혜경, 「제주4·3의 기억과 다크투어리즘」, 제주4·3연구소, 『4·3과 역사』 8호, 2008b, 325~326쪽.
18 김진호, 「제주 국제자유도시 이념으로서 평화의 섬」, 제주대 동아시아연구소, 『동아시아연구논총』 11권, 2000.
19 제주4·3평화공원 안내책자.

있는 데서 알 수 있듯, 용서와 화해의 제안자라는 제주의 위치와 학살자라는 국가의 위치는 국가가 평화담론을 주도하면서 순식간에 역전되었다.

이러한 변화가 자연스럽고 당위적인 가치를 내포하고 있음을 증명하기 위해 평화학Paxology이라는 지식체계가 동원되었다. Johan Galtung 혹은 R. J. Rummel의 평화학을 원용한 연구서와 보고서들이 이 시기에 집중적으로 발표되었다.[20] 소극적 평화와 적극적 평화의 갈래 구분부터 제주가 중시해야 할 평화의 성격과 평화산업의 효과에 이르기까지, 체계적이고 미래 지향적인 지식체계가 평화담론을 호위했다. 50년가량 금지되어 왔던 4·3사건 피해자들의 개별체험은 이 평화담론의 참조사항이 되지 못했다.[21] 평화담론은 4·3사건에 대한 개인 경험을 귀납하여 체계화하는 대신 연역적 이론을 도입하여 미래 지향적 가치를 제시하는 데 치중했다. 제주4·3평화공원 건설 당시 부지의 무장소성을 비판하는 목소리를 잠재우기 위해 공원 인근에서 군인에 의해 이유 없이 학살된 모녀의 사례를 발굴하여[22] '비설飛雪'이란 조각상을 추가한 이외에는, 평화담론이 피해자들의 개별적이고 억눌린 목소리를 담아낸 적은 없었다. 학문 체계로서의 평화학은 국가폭력 피해자의 개별 기억들과 살아있는 고통의 흔적들을 역사의 현장에서 지우는 데 기여했다.[23]

---

20 Johan Galtung, 강종일·정대화·임성호·김승채·이재봉 역, 『평화적 수단에 의한 평화』, 들녘, 2000; 루돌프 러멜, 이남규 역, 『데모사이드』, 기파랑, 2005.
21 피해자들의 개별 체험을 채록한 첫 성과는 『제민일보』 4·3취재반의 『4·3은 말한다』, 서울, 전예원, 1997이다. 그 이전까지 피해자들의 발언은 무당의 입을 빌린 비정상적인 언어, 울음과 같은 비의적 합의(secret agreement)의 형태로 제시되었다. 김성례, 「국가폭력의 성정치학―제주4·3학살을 중심으로」, 『흔적』 2, 문화과학사, 2001, 289쪽.
22 제주4·3사건 진상 규명 및 희생자 명예회복위원회, 『화해와 상생―제주4·3위원회 백서』, 2008, 198쪽.

지배적인 위치에 서게 된 국가의 평화담론은 4·3사건에 대한 사회적 기억을 재규정해나갔다. 2006년 4·3평화축제 전야제는 국가의 평화담론이 제주도민 주도의 기념행사에 본격적으로 개입한 첫 사례였다.[24] '생명 꽃 피어 평화를 노래하다'라는 전야제의 주제는 평화를 전면에 내세움으로써 과거의 죽음에 대한 기억보다는 미래의 생명에 대한 기대를 부각시켰다. 4·3사건은 국가가 자신의 잔혹한 폭력성을 끊임없이 성찰하고 제어하기 위해 기억해야 할 역사가 아니라 미래 동아시아의 평화와 생명을 위한 희생양으로 규정되었다. 그리고 동아시아 평화운동과 생명운동의 상징적인 인물들이 전야제에 출연함으로써, 동아시아의 미래 평화는 이미 제주에서 선취되고 있는 듯 상상되기도 했다. 물론 이 상상의 과정을 통해 국가는 부단한 반성과 성찰의 의무에서 면제될 수 있었으며, 평화를 주도하고 지원하는 핵심적인 주체로 공고화될 수 있었다. 4·3사건을 평화를 위한 일종의 희생제의로 기억하면서 축제화하고자 하는 국가의 평화담론은 여전히 국가폭력을 자신의 신체에 각인하고 있는 피해자와 유족들의 기억방식과는 일치하지 않았다. 당연히 유족들은 이 행사(축제)에 적극적인 참여를 보류했다. 전통적인 해원관념과 미래지향적 평화사상의 결합 지점을 모색해야 한다는 주장[25]은 이 두 기억방식·담론 사이에서 곤혹스러움을 경험하고 있는 제주 시민사회를 보여줄 뿐이었다. 즉 제주 시민사회는, 국가가 개인기억·로컬 기억을 배제하는 상황을 묵과할 수도 없고 그렇다고 국가가

23 김성례, 앞의 글, 1999, 261쪽.
24 박찬식, 『4·3의 진실』, 제주4·3평화재단, 2010, 119쪽.
25 위의 책, 120쪽.

당위적·보편적 가치인 평화를 장악하고 있는 상황을 부정할 수도 없는 곤경에 처해 있었다. 이처럼 제주 내부를 향한 기표인 해원과 상생 그리고 용서와 화해가 '부유하는 기표'인 평화로 수렴되는 과정에서 국가에 의해 주인기표의 위치로 재맥락화되는 과정은, 국가가 현실 유지의 욕망과 가장 보편적인 기표를 결합하고 충전하는 과정이 되기도 했다.[26]

　당위적인 가치·긍정적 이미지를 전수받는 동시에 부유하는 기표의 기의를 생산하고 고정하는 과정을 통해 국가는 평화담론의 당위적이고 선험적인 주체가 되어 갔다. 4·3사건에 대한 국가의 공동체적 보상 중 하나인 제주4·3평화공원은 주인기표를 장악한 국가의 위상을 단적으로 보여주는 사례다. 4·3사건의 희생자를 추모하고 역사를 기념하기 위해 조성된 이 공원은 계획 당시에는 항쟁론을 포함하고 국립묘지모델을 배제하고자 했다. 그러나 결과적으로 이 공원은 1탑 중심의 조형물 배치, 단축의 동선, 좌우 대칭적 추모 공간 등의 국립묘지 모델을 채택했으며, 합동위령제는 절차와 형식을 중시하는 근대적 기념의례 형식을 띠어갔다.[27] 뿐만 아니라 이미 안치되어 있던 무장대의 위패를 도중에 철거함으로써 위령의 범위, 국민의 범위, 평화 대상자의 범위를 제한했다.[28] 국가는 위령, 국민, 평화 대상자를 선정하는 주체가 되었으며, 4·3사건의 희생자와 유가족은 심판받아야 하는 대상이 되었다. 그리고 제주4·3평화공원의 목적이 미래와 평화에 더욱 무게가

26　반면, 민주화 집단은 4·3사건의 완전한 문제해결을 통해서만 평화와 인권으로 나아갈 수 있다고 주장했다. 현혜경, 앞의 글, 2008a을 참조하시오.

27　위의 글, 132쪽.

28　이에 대해서는 고성만, 「4·3위원회의 기념 사업에서 선택되고 제외되는 것들」, 역사문제연구소, 『역사비평』 No.82, 역사문제연구소, 2008을 참조하시오.

실림에 따라,[29] 국가가 4·3사건 당시에도 이미 담론의 주체였던 것 같은 '역전효과'[30]를 불러오기까지 했다.

오랫동안 침묵 속에 갇혀 있어야 했던 4·3사건을 공론화하기 위한 제주 내부의 절박한 노력이 폄하되어서는 안 된다. 그러나 제주의 노력은 공론화와 진상조사 실시, 일정 수준에서의 명예 회복 등에서만 성공했다. 이 과정에서, 부당하고 잔혹한 폭력의 주체였던 국가는 제주의 발화 코드가 지니고 있었던 긍정적 이미지만을 간취하여 평화로 재코드화했다. 당위적이고 윤리적일 뿐 '부유하는 기표'에 불과한 '평화'에 기의를 제공한 것은 국가였다. 이로써 국가는 당위적이고 윤리적인 가치를 정의하고 실천하는 주체로 등장하게 되었다. 동원된 지식체계인 평화학은 4·3사건 피해자와 유족들의 비체계적인 개별 경험을 평화담론 밖으로 밀어내는 '비가시적인 무언의 폭력'[31]에 활용되었으며, 평화담론은 4·3사건에 대한 기억 방식, 재현 방식 등을 규정했다. '기의 없는 기표signifier without signified'인 평화가 국가의 담론구조를 지탱하고 강화하게 됨으로써, 4·3사건은 '물신'이 되어갔다. 그러나 국가의 평화담론은, 말해지지 않고 남겨진 어떤 것 즉 피해자와 유족의 기억 방식, 재현 방식을 잉여물로 생산했다.

---

29 송재호·김향자, 「Dark Tourism의 장소로서 민중공원의 개념화에 대한 시론적 연구」, 한국관광연구학회, 『관광연구저널』 23(1), 2009, 83쪽.
30 이에 대해서는 Slavoj Žižek, *op.cit.*, pp.102~105를 참조하시오.
31 Veena Das, "The Anthropology of Violence and the Speech of Victims", *Anthropology Today*, Vol.3, No.4, 1987, p.12.

3. 국제자유도시, 유토피아 u-topia 혹은 욕망

국가가 '평화'의 텅 빈 기표를 공간화하고 이 기표의 기의를 재구성
함으로써 현실 유지의 기능을 수행하는 주인기표로 충전해가는 과정에
서 일차적인 전이transference가 발생했다. 즉 전도의 과정이 사후적으로
구성된 누빔점의 효과로 창출되었다.[32] 평화학을 포함한 지식체계가
이 같은 전도를 위해 동원되었고, 국가 주도적인 평화담론을 체계화하
는 과정이 천편일률적으로 진행되었다.[33] 물리적 폭력·구조적 폭력·
문화적 폭력이 없는 상태[34]를 가리켰던 Galtung의 적극적 평화는 "인
간의 기본적 욕구 충족, 경제적 복지와 평등, 정의 그리고 인간과 자연
의 가치가 구현되고 보전되는 진정한 발전 상태"[35]를 가리키는 것으로
의미가 이동되었으며, 심지어 "국제 교류의 활성화를 통한 상호 이익의
극대화가 달성된 상태로 정의"[36]되기까지 했다. 평화담론의 체계화는
대개 Galtung에서 출발하면서도 그가 중요시했던 폭력과 갈등에 대한
고찰은 그냥 지나쳤다. Galtung은 평화를 공감, 비폭력 그리고 창조성
을 통해 갈등을 조절하는 능력으로 재정의할 정도로, 잘못 조정된 갈등
때문에 더 많은 폭력이 생기는 경우를 살펴보아야 한다고 경고했다.[37]

---

32 Slavoj Žižek, *The Sublime Object of Ideology*, p.96.
33 김연아, 앞의 글, 5쪽.
34 Johan Galtung(1969), "Violence, Peace and Peace Research", *Essays in Peace Research*, Vol.1, Copenhagen−Christian Ejlers, 1975, p.183.
35 김진호, 「안보와 평화의 거버넌스−제주국제자유도시의 '다층적 평화 거버넌스' 구현을 위한 구상」, 국방대 안보문제연구소, 『국방연구』 제49권 제1호, 2006, 120쪽. 1978년 33차 유엔총회는 평화를 전쟁이나 물리적 폭력이 없는 상태만이 아니라 정의가 존재하는 상태로 정의하고 있다. 그런데 인용문은 경제적 복지 등을 더욱 강조하고 있다.
36 김진호, 앞의 글, 2000.
37 Galtung, Carl G, Jacobsen and Kai Frithjof Brand-Jacobsen, *Searching for Peace, The*

그러나, 2000년대 전후의 남한 특히 제주와 관련된 평화담론은 "인간의 기본적인 욕구", "경제적 복지", "국제 교류", "상호 이익" 등에서 알 수 있듯 합리적인 인간의 이성에 대한 신뢰에서 출발하여 경제교류와 무역을 통한 상호 의존성 · 상호 이익의 증대 담론으로 귀결되었다. '국제자유도시 제주특별자치도'가 이 담론의 명확한 표상체로 등장했다. 국가는 부유하는 기표인 평화의 기의에 신자유주의자의 견해[38]를 고정시켰던 셈이다. 기표의 당위적이고 긍정적인 이미지는 새로이 고정된 기의에 대한 논의를 허용하지 않았다.[39] 기표가 불러일으키는 윤리적 · 당위적 가치가 기의로 전이되었기 때문이었다. 이것이 두 번째 전이였다.

국가는 제주를 세계평화의 섬으로 지정함으로써 국제자유도시라는 낯선 이름[40]에 정당성을 부여할 수 있었다. 1990년대 초반의 제주도개발특별법 제정은 제주도민들의 거센 반대에 직면해야 했지만, 1998년의 국제자유도시 개발 계획에 대한 반대는 미미했다.[41] 세계평화의 섬 지정은 이러한 변화의 사회문화적 요인 중 하나라 할 수 있다. 2002년 제주국제자유도시 특별법이 공포 발효되었고 2006년 2월 제주특별자치도 설치 및 국제자유도시 조성을 위한 특별법이 통과되었다. 국제자유도시는 "사람, 상품, 자본 이동이 자유롭고 기업활동의 편의가 최대

Road to TRANSCEND, London, Pluto Press, 2002, 2nd, pp.173~305.

38 Robert Gilpin, *The Political Economy of International Relations*, Princeton, New Jersey, Princeton University Press, 1987, p.31.

39 물론, 제주를 자본제적 신자유주의의 실험장으로 만들지 말라는 주장이 제기되기도 했다.(이에 대해서는 김수길, 「제주 국제자유도시를 반대한다」, 『민족21』 11호, (주)민족21, 2002를 참조하시오) 그러나 이러한 주장은 제주도민의 호응을 받지 못한 채 사장되고 말았다.

40 국제자유도시라는 용어는 제주를 개발하기 위해 국가 연구기관에서 만들어낸 용어였다.

41 국제자유도시 개발에 대한 여론조사를 보면, 개발 찬성이 90.7%였고 반대는 5.7%였다. 김영범, 「지역개발과 NGO」, 성공회대 석사논문, 2006, 65쪽.

한 보장되는 동북아 중심도시"로 정의되었고 "한국경제의 보다 광범위한 개방 및 국제화·자유화의 교두보"로 그 의의가 규정되었다. 국제자유도시를 정의하고 역할을 설명하기 위해 사용된 단어들은 일종의 통합체를 형성하여 윤리성과 경제성의 교환을 지향했다. 제주가 동북아시아·세계 평화를 발신하는 공간이라는 담론은 경제 개방·국제화·자유화의 교두보라는 이미지와 중첩되어 등가의 관계를 형성했다. 그리고, 사람·상품·자본의 자유로운 이동 즉 국제 교류는 인간의 기본적인 욕구를 충족시키며 경제적 복지를 달성하여 평화를 구축하는 데 기여하는 상호이익적인 국제 레짐regime으로 연결되는 듯했다. 평화산업이라는 경제적 측면에서의 논의가 평화담론의 주류를 이루기 시작했다.[42] 두 차례의 전이를 통해 구축된 국가의 평화담론은 자본제적 신자유주의의 논리와 무리 없이 연결되었다.

세계평화의 섬과 국제자유도시라는 매우 추상적인 두 구상은 구체적인 관계양상의 차이에도 불구하고 당위성이라는 매듭으로 묶였다. 국제자유도시를 구현하기 위한 도구로 평화를 설정하든,[43] 국제자유도시의 구현을 통한 평화의 성취를 주장하든,[44] 국제자유도시와 평화의 결합을 통해 제3의 무언가를 지향하든,[45] 국제자유도시와 세계평화의 섬이라는 두 구상은 밀접히 연결되었고 동시에 성취해야 할 당위적인 것으로 간주되었다. 무엇

---

42 제주발전연구원, 『세계평화의 섬 제주와 평화산업』, 보고사, 2008.

43 고충석, 앞의 글, 257쪽; 「특별 인터뷰 제주특별자치도 김태환 지사」, 『통일한국』 275호, 평화문제연구소, 2006, 45쪽.

44 김부찬, 「제주특별자치도의 출범과 세계평화의 섬 추진과제」, 『평화연구』 18권 1호, 제주대 평화연구소, 2007, 113면; 고경민, 「동북아 평화번영과 한국 지방외교-제주특별자치도 사례」, 『통일정책연구』 17권 1호, 통일연구원, 2008, 122쪽.

45 변종현, 「지자체 평화 실현 프로그램의 비판적 검토」, 『통일문제연구』 통권 57호, 평화문제연구소, 2012, 99~100쪽.

보다 세계평화의 섬 지정 선언문이 "세계평화의 섬 지정을 통해 제주를 국가 간 자유로운 교류와 협력이 이루어지는 국제자유도시로 육성한다"고 적시함으로써, 두 구상간의 긴밀성, 상관관계를 규정했다.[46]

그런데, 국제자유도시에 대한 구상 역시 세계평화의 섬 구상과 마찬가지로 제주 내부에서 먼저 시작되었다는 데 주목해야 한다. 이 구상은 1990년대 말 외환위기라는 충격적인 방식으로 체험하게 된 자본제적 신자유주의와 관련되어 있었다. 수입 장벽이 낮아지고 해외여행이 자유화되면서 제주경제의 두 축이었던 감귤산업과 관광산업이 극도로 위축되었고 제주 경제의 미래에 대한 불안이 증폭되기 시작했다. 자본제적 신자유주의가 세계의 보편적인 추세, 불가피한 현상으로 인식되면서 이에 대한 대응 전략 또한 생존을 위해 필연적이고 당위적인 것으로 여겨졌다. 경제 기반의 붕괴를 목도하고 있던 제주 지방정부에 있어 자본제적 신자유주의는 판단의 대상이 아니라 수용과 적응의 대상이었고, 수용 · 적응은 경제적 생존을 위한 당위적 선택으로 인식되었다.[47] 지방정부는 시장화를 받아들였고 외자 유치를 갈망했다. 국제자유도시 반대 단체들은 국제자유도시 추진은 신자유주의를 실험적으로 적용해보려는 반(反)민중적 구상이라고 반발했지만 여기에 동의하는 주민은 많지 않았다. 대다수는 이해 부족으로 인한 무관심 상태에서 찬성도 반대도 않는 '암묵적 동의'의 태도를 보였으며 지역언론은 긍정적인 평가를 내렸다.[48]

---

46 지역언론들 역시 두 구상을 정부지원 정책 · 지역경제 개발 정책으로 인식하고 보도했다. 고영철 · 최낙진, 「제주지역 신문 뉴스의 다양성에 관한 탐색적 연구－'국제자유도시'와 '평화의 섬' 관련 기사를 중심으로」, 『언론과학연구』 6권 2호, 한국지역언론학회, 2006.
47 한석지, 「한국의 지방정치와 지역개발정책에 관한 연구」, 건국대 박사논문, 2004, 153쪽.

세계화·지방화 전략이 수립되었고 지역은 중앙정부의 말단이 아니라 국제교류의 최일선에 선 전위적 존재로 간주되었다.[49] 국가는 외자 유치, 개방방식에 대한 설계를 지방정부에 위임했고 각 지방정부가 앞다투어 제출한 계획안을 선별하여 지원 여부와 규모를 결정했다. 이 과정에서 한국의 분권화와 시장화는 동시다발적으로 그리고 광범위하고 경쟁적으로 진행되었다. 이런 대내외적인 상황에서 제주는 국제자유도시라는 발전 전략을 제시하게 되었고, 국가는 제주의 구상을 받아들이면서 총 4조 4,714억 원의 규모 중에서 3조 4,425억 원의 지원을 요구받았다. 한국을 동북아 비즈니스 중심국가로 만들겠다는 목표를 수립한 한국 중앙정부는 제주뿐만 아니라 2003년 인천, 부산·진해, 광양 등을 연이어 경제자유구역으로 지정하였다. 제주 국제자유도시 지정은 국가가 자본제적 신자유주의 체제에 대응하기 위한 일련의 정책들 중 맨 앞자리에 위치했다. 즉, 국제자유도시 제주는 국가가 현재의 외환위기에서 벗어나 자본제적 신자유주의에 성공적으로 적응하기 위한 교두보였으며, 동북아시아의 새로운 질서체제에서 한국의 입지를 구축하기 위한 시험대였다. 4·3사건 당시의 제주가 세계 냉전체제를 충격적이고 강압적인 방식으로 신생 국가에 이입했던 통로였다면, 국제자유도시 제주는 자본제적 신자유주의 체제의 자장 안으로 한국을 포섭하고 이 새로운 체제로 동북아시아에 재편하기 위한 디딤돌이었다.

---

48   위의 글, 104~107; 135~138쪽.

49   James Lorimer, *The Real World of City Politics*, Toronto, James Ewis and Samuel, 1970; James N. Rosenau, "Toward an Ontology for Global Governance" in Martin Hewson and Timothy F. Sinclair(eds.), *Approaches to Global Governance Theory*, New york, State University of New York Press, 1999, pp.292~293.

세계평화의 섬 구상과 국제자유도시 구상은, 설혹 그 출발은 서로 무관한 것이었을지라도 2000년 전후 당대의 필요에 의해 긴밀히 연결될 수밖에 없었다. 국가가 지역을 시장화 경쟁으로 유도한 후 선별적으로 지원했기에 각 지역은 국가의 각종 지원을 이끌어낼 수 있는 유리한 지점들을 강조해야 했다. 본토와 분리된 섬 제주는 새로운 경제정책을 최소한의 부작용으로 실험할 수 있는 지역이라는 점과 동북아시아에서 지정학적·지경학적으로 중심의 위치에 있다는 점을 강점으로 내세웠다. 그러나 오랫동안 봉쇄되어 있다가 이제 막 터져 나오기 시작한 제주의 또 하나의 목소리 즉 대량학살이라는 국가폭력에 대한 고발이 변수였다. "세계평화의 섬 지정을 통해 제주도를 (…중략…) 국제자유도시로 육성한다"는 세계평화의 섬 지정 선언문에서도 드러나듯, 이 변수는 제주가 지역의 시장화 경쟁에서 유리한 위치에 서는 데 기여한 것으로 보인다. 제주 평화의 섬은 제주의 가능성과 미래지향성을 개발하면서 지구화의 상호작용양식이 영토적·지정학적 / 강제적·갈등적 경쟁·제국주의적에서 탈영토화 / 재영토화·지경제적·협력적 경쟁·제국의 종말로 전환해 나가는 흐름에 주체적으로 동참한다는 미래비전을 담고 있다는 해석[50]까지 가능했던 이유도 여기에 있다.

　물론, 두 구상의 연결 과정과 방식이 제주도 지방정부와 도민 특히 4·3사건 피해자나 유족의 의도적인 전략에 의한 것은 아니었다. 그러나, 두 구상의 연결은 국가에는 윤리적 정당성을 부여하고 제주에는 경제성 기회를 제공하는 일종의 교환으로 귀결 되었다. 즉 4·3사건 자

50　양길현, 「세계평화의 섬 제주—초점영역과 지정 전략」, 『법과 정책』 9호, 제주대 사회과학연구소, 2003, 251~252쪽.

체를 물화하는 이 자본주의적 교환으로 인해, 국가는 부유하는 기표 평화를 정의·활용할 수 있는 윤리적 자격을 취득했고 제주는 경제적 곤경과 불안을 타개할 수 있는 기회를 제공받았다.

여기서 제주도민의 자발성이 일정하게 작용한 궁극적이고 진정한 그리고 예기치 않은 전도를 확인할 수 있다. 이 전도는 국가가 부유하는 기표 평화를 새로운 기의와 결합하는 과정에서 일어난 것이 아니다. 오히려 국가를 향한 제주의 두 가지 제안 그 자체에서 발생했다고 할 수 있다. 현재의 물질적 욕망을 충족시키고 4·3사건에 대한 부채감·책무에서 자신을 풀어주려는 제주 자신의 욕망을 가해자인 국가에 투사하는 전이가 전개됨으로써 국가는 제주의 욕망을 대신하여 해결하고 결정하는 존재로 변모하게 된 것이다. 이 전도는 망각적인 용서[51]와 직결되었다. 국가폭력의 원인 규명과 방지책에 대한 고민이 망각되었을 뿐만 아니라 4·3사건에 있어 미군정의 책임범위에 대한 학문적 접근도 망각되었다. 또한, 이 망각적인 용서로 인해 국민의 범위에서 제외된 무장대에 대한 존재도 망각되었으며 평화의 섬과 국제자유도시 구상들로 인해 새로이 피해를 보게 될 농민·노동자 등의 존재도 망각되었다. 4·3사건이라는 국가의 물리적 폭력으로 인해 제주 전체가 겪어온 고통이 '오랫동안 배제되었듯, 망각적인 용서라는 구조적·문화적 폭력으로 인해 제주도민 중 특정 집단이 겪을 수밖에 없는 고통 역시 배제되어 버렸다.[52]

---

51 Paul Ricoeur, "Reflections on a new ethos for Europe" *Philosophy & Social Criticism*, Vol.21, No.5/6, 1995(Special Issue, Ricoeur at 80, Essays on the Hermeneutics of Action), p.11.
52 Giorgio Agamben, "The Camp as the 'Nomos' of the Modern." Homo Sacer,

4. 제주 강정해군기지, 드러난 균열

몇 차례의 은유와 환유의 과정에서 사회적인 과잉분 즉 코드화의 균열지점이 노출되었는데, 제주 강정해군기지 건설을 둘러싼 갈등이 그것이었다. 해군기지 부지는 지역주민의 자발적인 신청 → 국가의 심사와 결정이라는 과정을 거쳐 선정되었는데, 이는 제주의 두 구상이 진행되는 과정과 동일한 것이었다. 해군기지 건설은 한 차례의 번복을 거쳐 2007년부터 강정마을에서 진행되었다. 해군기지 건설에 대한 찬반 의견이 나뉘면서, 강정마을 주민들 사이에서 그리고 국가와 시민사회 사이에서 직접적인 갈등과 충돌이 지속적으로 발생했다. 이에 대해 제주지방정부는, 2002년엔 해군기지 건설을 반대했지만 결국엔 제주의 경제적 위기를 해결하기 위해서는 적극적으로 유치해야 한다는 필요성을 강조하는 행위자로 변모했다.

논쟁의 핵심 중 하나는 세계평화의 섬과 해군기지의 양립 가능성이었다. 2007년 제4회 제주평화포럼에서 대통령이 해군기지와 평화의 섬의 양립이 가능하다는 취지의 발언을 한 것에서 알 수 있듯, 국가는 자본제적 신자유주의와 평화를 통일적인 매듭으로 엮어내는 고정점로서의 지위를 유지하려 했다. 군사기지는 과거의 혐오시설이 아니라 미래의 경제적 효과를 창출하는 산업시설 그리고 안보와 평화를 보장하는 절대 필요시설로 논리화되었다.[53] 이와 동시에 국가는, 해군기지 건

Sovereigen Power and Rare Life. tr. Daniel Heller-Roazen, Stanford University Press, 1988, pp.176~180.

53 김진호, 앞의 글, 2006.

설 반대 운동에 동참하고 있던 국외의 평화운동가들을 추방하면서 입국 금지시켰다.

　반면, 기지 건설을 반대하는 주민과 시민사회는 누빔작용으로 인한 지역공동체의 붕괴와 지역 주민의 로컬 기반적 삶의 훼손을 강조했다. 가해자와 피해자를 엄격히 분할해버린 4·3사건과 그 해결의 방식 그리고 찬성파와 반대파로 분할해버린 해군기지 건설 문제로 인해 제주에서 가장 중요한 삶의 토대인 지역공동체[54]가 붕괴되었다는 것이었다. 그리고 바다, 토지와 일체가 되어 살아가던 주민들을 그 장소로부터 분리시킴으로써 자본제적 질서 하의 공간을 생산했다는 것이다.[55] 이 반대 운동은 세계평화의 섬과 제주국제자유도시 추진 과정에서 침묵을 종용받았던 소수를 기억해내는 각성의 성격을 띠며, 평화라는 주인기표를 지역의 차원으로 환수하려는 노력으로 이어졌다.

54　생활 환경이 혹독한 제주는 한국의 다른 지역에 비해 계급과 계층 구조가 단순하고 가족과 친족의 혈연적 유대 관계, 지역에 기반한 공동체 의식이 유난히 강한데, 이런 특성은 궨당이라는 제주 특유의 네트워크를 통해 증명된다. 양정심, 앞의 글, 70쪽.

55　이에 대해서는, 이보라, 「제주도 내 '군사기지 유치' 담론을 통해 본 평화정치학」, 이화여대 석사논문, 2008; 배윤기, 「제주해군기지 건설에 대한 로컬-기반의 이해와 로컬리티의 정치」, 『한국민족문화』 43, 부산대 한국민족문화연구소, 2012를 참조하시오.

참고문헌

고경민, 「동북아 평화번영과 한국 지방외교-제주특별자치도 사례」, 『통일정책연구』 17권 1호, 통일연구원, 2008.

고성만, 「4·3위원회의 기념 사업에서 선택되고 제외되는 것들」, 역사문제연구소, 『역사비평』 No.82, 역사문제연구소, 2008.

고영철·최낙진, 「제주지역 신문 뉴스의 다양성에 관한 탐색적 연구-'국제자유도시'와 '평화의 섬' 관련 기사를 중심으로」, 『언론과학연구』 6권 2호, 한국지역언론학회, 2006.

고충석, 「제주 평화의 섬에 대한 정책적 논의-구상과 방향」, 제주4·3연구소, 『4·3과 역사』 3호, 2003.

김민환, 「동아시아의 평화기념공원 형성과정 비교연구」, 서울대 박사논문, 2012.

김부찬, 「제주특별자치도의 출범과 세계평화의 섬 추진과제」, 『평화연구』 18권 1호, 제주대 평화연구소, 2007.

김성례, 「근대성과 폭력-제주4·3의 담론정치」, 역사문제연구소 외편, 『제주4·3연구』, 역사비평사, 1999.

_____, 「국가폭력의 성정치학-제주4·3학살을 중심으로」, 『흔적』 2, 문화과학사, 2001.

김수길, 「제주 국제자유도시를 반대한다」, 『민족21』 11호, (주)민족21, 2002.

김연아, 「제주 '평화'의 섬 구상에 관한 연구」, 제주대 석사논문, 2001.

김영범, 「지역개발과 NGO」, 성공회대 석사논문, 2006.

김진호, 「제주 국제자유도시 이념으로서 평화의 섬」, 제주대 동아시아연구소, 『동아시아 연구논총』 11권, 2000.

_____, 「안보와 평화의 거버넌스-제주국제자유도시의 '다층적 평화 거버넌스' 구현을 위한 구상」, 국방대 안보문제연구소, 『국방연구』 제49권 제1호, 2006.

박찬식, 『4·3의 진실』, 제주-제주4·3평화재단, 2010.

배윤기, 「제주해군기지 건설에 대한 로컬-기반의 이해와 로컬리티의 정치」, 『한국민족문화』 43, 부산대 한국민족문화연구소, 2012.

변종현, 「지자체 평화 실현 프로그램의 비판적 검토」, 『통일문제연구』 통권 57호, 평화문제연구소, 2012.

송재호·김향자, 「Dark Tourism의 장소로서 민중공원의 개념화에 대한 시론적 연구」, 한국관광연구학회, 『관광연구저널』 23(1), 2009.

양길현, 「세계평화의 섬 제주-초점영역과 지정 전략」, 『법과 정책』 9호, 제주대 사회과학연구소, 2003.

양정심, 「배제된 기억-제주4·3항쟁의 역사」, 제주4·3연구소, 『4·3과 역사』 6호, 2006.

이보라, 「제주도 내 '군사기지 유치' 담론을 통해 본 평화정치학」, 이화여대 석사논문, 2008.

정근식, 「집단적 기억의 복원과 재현」, 제주4·3연구소, 『4·3과 역사』 3호, 2003.

_____, 「4·3진상규명운동, 제도화와 문화자원화」, 제주민예총정책심포지움, 「4·3문화예술운동의 과제와 60주년」, 2006.

제주4·3사건 진상 규명 및 희생자 명예회복위원회, 『제주4·3사건 진상조사 보고서』, 2003.

_____, 『화해와 상생-제주4·3위원회 백서』, 2008.

제주국제협의회, 『평화와 번영의 제주』, 신라출판사, 1993.

「제주4·3평화공원 안내책자」.

한석지, 「한국의 지방정치와 지역개발정책에 관한 연구」, 건국대 박사논문, 2004.

현혜경, 「제주4·3사건 기념의례의 형성과 구조」, 전남대 박사논문, 2008a.

_____, 「제주4·3의 기억과 다크투어리즘」, 제주4·3연구소, 『4·3과 역사』 8호, 2008b.

「특별 인터뷰 제주특별자치도 김태환 지사」, 『통일한국』 275호, 평화문제연구소, 2006.

Agamben, Giorgio, "The Camp as the 'Nomos' of the Modern" Homo Sacer: Sovereigen Power and Rare Life. tr. Daniel Heller-Roazen, Stanford University Press, 1988.

Cummings, Bruce, *The origins of the Korean War Vol.II: The Roaring of the Catarac: 1947~1950*, Princeton: Princeton University Press, 1990.

Das, Veena, "The Anthropology of Violence and the Speech of Victims" *Anthropology Today*, Vol.3. No.4, 1987.

Galtung, Carl G., Jacobsen and Kai Frithjof Brand-Jacobsen, *Searching for Peace: The Road to TRANSCEND*, London: Pluto Press, 2002, 2nd.

Galtung, Johan(1969), "Violence, Peace and Peace Research", *Essays in Peace Research*, Vol. I, Copenhagen: Christian Ejlers, 1975.

Gilpin, Robert, *The Political Economy of International Relations*, Princeton, New Jersey: Princeton University Press, 1987.

Lorimer, James, *The Real World of City Politics*, Toronto: James Ewis and Samuel, 1970.

Ricoeur, Paul, "Reflections on a new ethos for Europe" *Philosophy & Social Criticism*, Vol.21.

No.5/6 1995(Special Issue, Ricoeur at 80: Essays on the Hermeneutics of Action).

Rosenau, James N., "Toward an Ontology for Global Governance" in Martin Hewson and Timothy F. Sinclair(eds.), *Approaches to Global Governance Theory*, New york, State University of New York Press, 1999.

Žižek, slavoj, *The Sublime Object of Ideology*, London · New York, Verso, 1989.

도시 젠트리피케이션과 '장소'로서의 문화생태

서울의 문화 로컬리티 사례들

이동연

1. 도시 젠트리피케이션과 도시재생

젠트리피케이션은 공간의 고급화를 일컫는다. 강내희는 한 일간지 칼럼에서 "젠트리피케이션이란 재개발된 도심 주거지에 중·상류층이 몰려들면서 땅값과 집값이 올라 가난한 원주민은 다른 곳으로 쫓겨나는 현상"이라고 말하면서 젠트리피케이션이 "공간을 고급화하는 효과가 있다"[1]는 말을 덧붙였다. '젠트리피케이션'이란 말은 영국의 사회학자 루스 글래스Ruth Glass가 1964년에 쓴 『런던―변화의 양상들London : aspects of change』에서 처음 사용했다. 그는 이 책에서 젠트리피케이션을 런던의 하층계급이 살던 빈민지역 주택을 중산층 계급들이 매입하여 고급화시

---

[1] 강내희, 「'공간 고급화'의 이익을 공유하라」, 『한겨레신문』, 2016.7.17 참고.

키는 상황을 빗대어서 설명했다.[2] 젠트리피케이션은 이주 중간계급에 의한 주거 공간의 고급화를 의미하는데, 이 현상을 거꾸로 말하면 지역의 세련화로 인해 기존 공간의 기억들이 지워지고, 빈민 계층이 배제되는 상황을 지시한다. 도심의 특정 장소, 특히 빈민지역이나 저소득층 지역이 더욱 쇠락하면, 부동산 개발업자들이 나서서 그곳을 세련된 장소로 개발하게 된다. 일단 개발되면 미국의 사회학자 샤론 주킨Sharon Zukin이 언급하듯이, "부자, 고학력자, 젠트리 등이 하층민 동네로 이사하고 그에 따른 높아진 부동산 가치로 인하여 '쇠락하는' 구역이 역사적인 혹은 힙스터적인 매력을 가진 비싼 동네로 변모"[3]하게 된다. 이것이 공간의 고급화, 즉 젠트리피케이션이다.

젠트리피케이션이 중간 계급들에 의한 쇠락한 도시 공간의 고급화와 관련된다는 점에서 도시 변동의 중요한 요소인 장소, 과정, 주체에 변화를 준다는 점을 주목해 볼 필요가 있다. "젠트리피케이션이 대도시의 오래된 도심에서 일어난다는 점, "변환"이나, "이행" 등의 표현에서 드러나듯 결과라기보다는 과정이라는 점, 그리고 중간 계급을 젠트리피케이션의 행위자인 젠트리파이어gentrifier로 여"기고, "이는 각각 젠트리피케이션이 일어나는 장소, 경과, 주체를 말한다"[4]라는 언급은 일리 있는 지적이다. 또한 더 눈여겨 볼 것은 이러한 젠트리피케이션의 과정이 도시재생 정책과 연계될 경우 도심 공간의 재구조화와 긴밀하게 연관된다는 점이다. 산업화 이후 도시 재개발은 주로 도심에서 교외화로 이행했지만,

---

2　Ruth Glass, *London, aspects of change*, MacGibbon & Kee, 1964 참고.
3　샤론 주킨, 민유기 역, 『무방비도시』, 국토연구원, 2015, 31~32쪽.
4　신현준·이기웅, 「서울의 젠트리피케이션, 그리고 개발주의 이후의 도시」, 『서울, 젠트리피케이션을 말하다』, 푸른숲, 2016, 29쪽.

젠트리피케이션은 거꾸로 교외화에서 도심화로 귀환하는 경향이 지배적이다. 뉴욕, 런던과 같은 세계 주요 대도시의 경우 뿐 아니라, 서울도 세운상가나 서울역 고가 등의 도시재생 사업의 사례에서 알 수 있듯이 도심화 경향이 두드러진다. "젠트리피케이션은 교외화suburbanization 경향이 역전되어 (신)중간 계급이 도심으로 귀환하는 노동계급을 비롯한 하층민은 이곳으로부터 밀려나는 과정으로 규정되었다"[5]는 지적은 젠트리피케이션과 도시재생 관계를 설명하는 데 있어 한 단초를 만들어준다.

젠트리피케이션은 대체로 도시에서 벌어지는 현상인 만큼, 도시재생과 밀접한 관련이 있다. 젠트리피케이션과 도시재생의 관계는 상호 모순적이다. 도시재생은 어떤 점에서는 젠트리피케이션 현상을 억제하는 공공 도시 정책으로 볼 수 있지만, 다른 한편으로는 사업을 추진하는 과정에서 불가피하게 젠트리피케이션 현상을 야기한다. 도시재생은 도시의 경관과 과거의 흔적을 지우는 거대 개발 정책을 극복하는 대안으로 인식되고 있지만, 재생으로 인한 부동산 가치의 상승과 지역개발 논리를 완전히 억제하는 것은 불가능하다.

도시재생은 "한 도시가 겪고 있는 쇠퇴decline의 원인적 해소와 지속가능성을 담보하기 위한 능동적 처방"[6]이다. 도시재생이란 또한 산업구조의 변화 및 신도시·신시가지 위주의 도시 확장으로 상대적으로 쇠퇴하고 있는 기존 도시를 새로운 기능을 도입 또는 창출함으로써 물리적, 환경적, 경제적, 생활·문화적으로 재활성화 또는 부흥시키는 것을 의미한

---

5 위의 글, 29쪽.
6 온영태, 「서론-새로운 도시재생의 구상」, 도시재생사업단 편, 『새로운 도시재생의 구상』, 한울, 2012, 10쪽.

다.[7] 현재 '도시재생 활성화 및 지원에 관한 특별법'은 도시재생을 다음과 같이 정의한다. "도시재생"이란 인구의 감소, 산업구조의 변화, 도시의 무분별한 확장, 주거환경의 노후화 등으로 쇠퇴하는 도시를 지역역량의 강화, 새로운 기능의 도입·창출 및 지역자원의 활용을 통하여 경제적·사회적·물리적·환경적으로 활성화시키는 것을 말한다." 이상과 같은 정의를 종합해 보면 도시재생은 도시의 인구 감소와 산업기능의 쇠퇴를 막기 위해 도시에 창의적인 자원을 투입하여 활성화시키는 것을 의미한다. 기존 도시의 물리적 공간과 역사적 유산들을 가급적 훼손하지 않고 재생해서 사용하고 대신 물리적 공간 안에 새로운 창의적 자원을 기획하여 오래된 도시의 경제 기능을 활성화시키는 것이 도시재생의 중요한 전략이다.

도시재생은 산업공단을 건설하거나 '뉴타운'과 같이 기존 슬럼 공간을 철거하고 대규모 주거 공간을 개발하는 방식에서 벗어난다는 점에서 공간의 물리적, 역사적 측면들을 매우 중시한다. 현재 서울시가 추진하는 서울역 고가나 세운상가 도시재생 사업이 그런 예에 해당한다. 특히 도심 내 재생 사업은 근대 문화유산을 훼손하지 않고 골목의 물리적, 역사적 가치를 지키면서 진행하려는 원칙을 가진다.[8] 도시재생은 또한 도시의 정체성을 바꾸는 거대한 변환을 시도하기보다는 도심의 근린 형 재생을 지향한다. 근린 형 재생은 도시 공간의 물리적 형태를

---

7   대한국토·도시계획학회 편저, 『도시재생』, 보성각, 2016, 17쪽.
8   다음의 인용을 보자. "골목은 역사적 공간, 물리적 공간, 정신적 공간입니다. 감수성이 있고, 문명의 형성으로서 역사적 공간, 골목은 사람이 있고, 어떤 환경하고 소통하는 공간, 사회가 어떻게 그 공간을 보는지 사회의 공간관을 반영, 골목은 추억과 기억이 있어서 정신적인 측면이 강합니다"(로버트 파우어, 「서울의 오래된 골목 이야기」, 승효상 외, 『서울의 재발견』, 페이퍼스토리, 2015, 160~161쪽)

유지하고, 역사적 기억을 지우지 않으며, 토지 가치 상승을 최소화할 수 있다. "근린 형 재생사업은 경제, 사회, 환경 등의 모든 영역에서 지역의 사회적 가치를 키울 수 있는 패키지 형 연계 사업의 역할을 충실히 수행할 수 있도록 설계되는 것이 타당하다. 근린재생은 예산의 통합, 주체의 협력, 사업의 연계, 가치의 복합이라는 네 가지 원칙이 적용"[9]되어야 한다는 지적은 도시재생에서 야기되는 젠트리피케이션의 폐해를 극복하려는 시각을 담고 있다.

도시재생은 주로 지방 정부의 도시계획 정책의 일환으로 추진된다. 반면 젠트리피케이션은 도시재생 사업에서 벌어질 수 있는 현상이자, 개인 혹은 사기업의 지역개발이나 부동산 투자로 인해 야기되는 공간의 고급화 과정이자 결과로 볼 수 있다. 도시재생은 젠트리피케이션의 현상을 완전히 막을 수 없지만, 그 피해를 최소화하는 공공정책과 제도적 장치를 마련할 수 있다. 젠트리피케이션은 공간의 고급화로 인한 부동산 가치를 극대화하기 위해 도시재생의 공공적 원칙에서 벗어나려는 본성을 가진다. 그것은 또한 부동산 가치를 높일 수 있는 문화적 전환을 통해 시각적, 미적인 효과를 전유하고자 한다. 도시재생으로 새롭게 생성된 문화적 공간이나 공공장소에서의 시각적 조형물들이 역설적으로 젠트리피케이션을 심화시키는 미적인 토대를 제공해주는 경우가 많다. 그런 점에서 도시재생과 젠트리피케이션이 교차되는 지점에 문화는 중요한 지위를 갖는다. 문화적 자원은 도시재생의 공간 활성화에 있어 중요한 수단으로 활용되고, 젠트리피케이션으로 인한 부동산 가치

---

9 이영범, 「지속 가능한 근린재생 형 도시재생 사업의 운영 방식」, 도시재생사업단 편, 『새로운 도시재생의 구상』, 한울, 2012, 233~234쪽.

상승의 기폭제가 된다. 문화자원이 어떻게 젠트리피케이션의 시장 논리에 흡수되는지, 아니면 거꾸로 젠트리피케이션 과정에서 문화적 전환이 어떻게 자본의 논리에 저항하는지, 이 양면성과 모순적인 관계를 이해하는 것이 이 글의 중요한 토픽이라 할 수 있다.

2. 젠트리피케이션과 문화적 전환의 양면성

젠트리피케이션과 문화의 관계는 양면적이다. 앞서 설명했듯이 문화가 젠트리피케이션을 촉진하는 촉매제로 작용하면서도, 경우에 따라서는 젠트리피케이션의 속도를 억제하는 완충 장치의 역할을 하기 때문이다. 그런데 한 가지 확실한 것은 젠트리피케이션을 총체적으로 기획하는 주체는 부동산 개발업자들이지만, 그 공간을 더 매력적으로 만드는 것은 문화와 예술이라는 점이다. 예술가들은 도심의 부동산 가치 상승으로 인한 임대료를 감당하기 어려워 최근에 홍대, 대학로를 벗어나 임대료가 상대적으로 저렴한 인근 지역으로 이주하는 현상이 두드러졌다. 2010년 이후 급격한 도시 젠트리피케이션으로 인해 예술가들은 창신동, 상수동, 합정동, 문래동, 성수동 등으로 작업실을 옮겼다. 그런데 그렇게 이주한 곳에 정착한 예술가들이 새로운 창작활동하다 보면, 사람들이 몰리고 언론에 소개되어 그 지역이 명소가 되면, 부동산 기획업자들이나 지방자치단체는 특정 장소를 문화관광 명소로 만들려는 계획을 추진한다. 그렇게 되면 토지와 건물을 가지고 있는 건물주들은 예술가들에게 임대료를 높이고, 예술가들은 임대료 상승을 이기지 못하고 다시 그곳을 떠나게 된다. 최근 상수동, 연남동, 합정동 일대 부동산 가격이 올라가 예술가들이 다시 다른 곳으로 작업실을 옮겨야 하는 처지에 이르렀다. 예술가들이 만든 미학적 가치가 자본의 가치로 전환될 때, 이익은 모두 부동산 개발업자가 가져가는 것이다. 예술가들과 문화기획자들은 공간의 고급화에 기여한 당사자이면서도 동시에 그 고급화로 인해 그곳을 떠나야 하는 희생자이기도 한다. 도시 젠트리피케이션은 결국 도시의 생존, 도시의 가치 상승을 위한 자본의 전략으로 볼 수 있다. 그것은 예술이 자신의 생존을 위해 가치의 전도 혹은 치환을 목적으로 한다는 점에서 도시 젠트리피케이션의 일반 논리에 부합한다.[10]

문화가 도시 젠트리피케이션의 양면성을 보여주는 거울이라는 점은 문화 자원을 활용한 서구의 도시재생 사업의 사례에서도 확인할 수 있다. 1980년대 이후 역사가 오래된 서구 도시들은 도시의 활력을 찾기 위해 재생사업에 몰두하였다. 대표적으로 가장 오래된 산업도시를 가지고 있는 영국의 도시들이 문화를 통한 도시재생 사업들을 본격적으로 실시했다. 일례로 영국의 게이트헤드 도시재생의 사례가 대표적이다. 이 도시의 재생사업이 높이 평가받는 이유는 "장소에 대한 영혼을 어떻게 유지하면서 도시를 새롭게 만드는가하는 대안을 문화에서 찾았기 때문"이다. "게이트헤드의 장소의 영혼은 도시 문화를 반영하고, 도시를 인식하고 도시의 본질과 독특한 자산 및 특징으로 나타나며, 사람과 도시의 물리적 공간 사이에서 관계를 만들고, 역동적이고 새로운 아이디어, 사람들과 살아가는 새로운 방법을 제시, 도시의 균형을 위해 옛것과 새로운 것을 결합 한

---

10   이동연, 「예술노동의 권리와 사회적 자본형성을 위한 예술행동」, 『문화/과학』 84호, 2015, 겨울호 참고.

다."[11] 이밖에 음악 콘텐츠와 유럽 문화수도 선정을 통해 낡은 산업도시의 이미지를 탈바꿈하려했던 리버풀이나, 낙후된 탄광도시에 불과했다가 구겐하임 미술관으로 일약 스페인의 유명 관광도시로 변모한 빌바오, 히틀러의 고향이자 이미 폐업한 철강공장으로 가득하다가 전 세계 미디어아트 페스티벌의 메카가 된 오스트리아 린츠 등은 모두 문화적 자원을 매개로 도시가 활성화된 사례들이다.

일본 역시 문화예술을 통한 도시재생 사업으로 도시의 낡은 이미지를 탈바꿈하려는 프로젝트를 진행하였다. 대표적인 사례가 뱅크아트 그룹인데 이들은 일본 요코하마 항구 일대를 문화예술로 재생한 프로젝트를 주도했다. "뱅크아트의 프로젝트는 특정 장르만 고집하지 않고 시각미술, 건축, 무용, 퍼포먼스, 토론회, 강습회 등 다양한 문화 활동을 연속해서 기획"했다. 요코하마를 문화생산의 중심지이자 미래지향적이고 진취적인 예술을 체험할 수 있는 새로운 타입의 문화 중심지로 탈바꿈시켰다. 뱅크아트의 성공에 힘입어 요코하마는 여러 지방자치단체에서 도심재생의 성공적인 사례가 되었고, 문화예술정책을 통해 도시 이미지 개선과 실질적인 관광수익발생효과를 동시에 거둘 수 있다는 확신을 주었다.[12] 이렇듯 도시와 문화를 연결하는 도시계획들은 창조적인 문화예술인들의 지표들을 높이려는 노력들을 병행했다. 이른바 예술 분야의 창조적 계급들의 증가는 도시 활력과 정비례한다는 생각을 하게 된 것이다. 이것을 흔히 보헤미안 지수라고 한다. 보헤미안

---

11 김진성, 「영국 게이츠헤드의 도시재생」, 도시재생사업단 편, 『역사와 문화를 활용한 도시재생 이야기』, 한울, 2012, 288~289쪽.
12 최선, 『창조도시 요코하마와 뱅크아트 1929』, 수르, 2014, 15~16쪽.

지수는 성공적인 도시와 보헤미안 문화의 유행 사이의 연계를 고찰하는 것이다. "지역 내의 작가, 디자이너, 음악가, 연기자, 감독, 화가, 조각가, 사진작가, 무용가의 수를 측정하기 위해서 센서스 직업 자료를 이용하는 것을 보헤미안 지수"라고 하며, 이 보헤미안 지수는 "지역 내 고용과 인구성장을 추정하는 강력한 지표. 하이테크 산업의 집중과 고용성장 및 인구증가를 추정"[13]케 한다. 이렇듯 도시의 활력을 찾는 데 있어 문화예술의 창의적 자원은 가장 중요한 에너지라 할 수 있다.

한국에서도 도심 근린 형 재생 사업에서 문화적 역할은 매우 크다. 대표적으로 문화와 예술로 활력을 되찾은 전통시장인 금천구 남문시장의 사례이다. 구로구 남문시장은 1970~80년대 산업화의 메카였던 구로공단이 번성했을 때는 함께 발전했다가, 구로공단이 쇠락하고, 주변에 대형마트가 들어서면서 침체기를 맞았다. 이에 2011년 문화체육관광부 전통시장 활성화 사업인 '문전성시' 프로젝트가 시작되면서 시장이 활성화되었는데, 그 역할을 한 주체가 바로 문화예술을 통한 사회적 기업 '자바르떼'이다. 자바르떼는 남문시장에서 2011년부터 '시장통 문화학교'라는 이름으로 동아리 활동을 추진했다. 활동 1년 만에 월요일에는 기타와 밴드, 화요일에는 합창, 수요일에는 중국어 목요일에는 풍물과 스윙댄스 수업을 진행했다.[14] 이후에 문정성시 프로젝트는 '남문탐험대', '시장통문화학교', '예생네트워크', '시장 축제' 등 구성하여 문화예술을 매개로 한 시장공동체 구성하였다. 서울시의 문화 도시재생 사업 중의 또 다른 사례

---

13   리처드 플로리다, 『도시와 창조계급─창조경제 시대의 도시발전 전략』, 푸른길, 2008, 64~65쪽.
14   오마이뉴스 특별취재팀, 『마을의 귀환』, 오마이북, 2013, 113쪽.

중의 하나가 정릉동 예술인 마을이다. 2012년 5월, '정릉생명평화마을' 은 예비 사회적 기업으로 선정되었다. 이 단체는 오랜 시간 재개발 예정지역으로 묶여 있어 방치된 마을의 빈집을 예술가들의 작업실과 주거공간으로 쓸 수 있도록 임대하거나, 마을 형 게스트하우스로 활용하는 계획을 세웠다.[15] 성북구는 예술인들이 지역에서 다양한 활동을 할 수 있도록 지원해주면서 예술인이 성북구의 문화적 재생에 기여하도록 하는 프로젝트를 만들었다. 가령 '정릉 신시장 활성화', 성북청년예술인협동조합 '성북신나', '공유성북원탁회의' 등을 만들어 지역의 문화예술가들의 사회적 활동을 지원하였다. 2016년 말에는 서울주택도시공사SH가 성북구 정릉 4동에 예술인 공공임대 주택을 조성하여, 예술인 18가구가 입주했다.

이상과 같이 문화예술의 자원은 도시재생 사업에서 중요한 역할을 하지만, 이러한 역할이 결국 도시 젠트리피케이션을 촉진시키는 결정적인 요인이 되기도 한다. 서울시립대 도시인문학연구소 주최 국제 심포지엄에서 발표한 곽노완의 「도시공유지의 사유화와 도시의 양극화」 라는 글은 도시 젠트리피케이션의 부동산 가치 상승의 논리를 공유지의 역설이라는 말로 설명하고자 한다. '공유지의 역설'은 일반 시민들이 많이 사용하는 지하철과 같은 공공장소의 부동산 가치가 올라가 사유화되는 상황을 말한다.[16] 이는 국가나 지방자치 단체의 도시재생 사업이나 부동산 시장에서 벌어지는 도시 젠트리피케이션의 폐해 중에서 가장 핵심적인 문제 중의 하나이다. 데이비드 하비David Harvey는 공유

---

15 위의 책, 211쪽.
16 곽노완, 「도시공유지의 사유화와 도시의 양극화」, 서울시립대 도시인문학연구소 주최 국제심포지엄(2016.12.13~14) 자료집 참고.

지의 역설을 "곧 공유지나 공공 공간의 창출이 공유하기의 잠재성을 제고하기보다는 감소시키고 부자에게만 이익을 가져다주는 것"[17]으로 설명한다. 대중들이 많이 사용하는 지하철역이나, 도심 광장의 사유화, 그리고 세운상가, 서울역 고가, 창동 서울아레나와 같은 서울시의 도시재생 사업이 갖는 공공 프로젝트의 사유화와 그에 따른 젠트리피케이션의 폐해들은 최근 몇 년 사이 한국에서도 도시 문제에 있어 심각한 쟁점들이다. 도시 젠트리피케이션에서 도시공간과 문화예술 자원 사이의 관계도 이러한 역설적 의미를 가지고 있다. 다만 대중들이 가장 많이 사용하는 곳이 역설적으로 자본의 사유화에 먹잇감이 되는 '역설'에 대한 비판적 설명을 넘어서 그것을 해결하는 대안 모색이 필요하다.

이렇듯 도시재생과 젠트리피케이션이 도시공간에 활력을 불어넣는 과정에서 개발 이익이 그 활력의 주체인 문화예술인들에게 돌아가지 않고, 과도한 사적 이익을 공공의 목적으로 사용하도록 환수하지도 못했다. 결국 도시 젠트리피케이션의 최대 수혜자는 부동산 개발업자들이다. 이는 도시재생 사업 이전에 도시 재개발 사업에서도 똑같이 발생되는 문제이다. 도시재정비 사업이 부동산 가치를 상승시키고 그 개발의 이익을 공간에 활력을 불어넣은 창조적 주체가 아닌 부동산 개발업자가 가져가는 모순이 당연시 된다. 개발이익은 부동산 가격과 임대료 상승에서 나오고, 그 임대료 상승의 모든 부담은 문화예술인과 같은 임차인들에게 전가된다.

도시재정비 사업이 도시 주거환경 개선이 아닌 개발이익을 추구하기

---

17   데이비드 하비, 한상연 역, 『반란의 도시』, 에이도스, 2014 참고.

위해 추진되면서 여러 문제를 초래했다. 첫째, 개발이익을 추구하고자 정비구역을 과도하게 지정하였고, 이는 다시 해당 구역의 부동산 가격을 상승시키는 문제로 이어졌다. 둘째, 개발이익이라는 수익성을 추구하다보니 개발이익이 충분히 발생하는 곳은 사업이 추진되는 반면 그렇지 못한 곳은 재정비 사업의 필요성에도 불구하고 사업이 추진되지 않는 공간의 불균형 현상이 초래, 무리한 구역지정과 사업시행 인가 및 관리처분 계획을 거치며 주택 가격이 급등하였고 주택을 철거하면서 이주 수요로 인한 주변 지역 전월세 가격이 급등하여 주택시장 불안정 초래했다. 셋째, 무리한 구역 지정과 사업 시행 인가 및 관리 처분계획을 거치며 주택가격이 급등하였고, 또한 기존처럼 주택을 철거하면서 이주 수요로 인한 주변지역 전월세 가격이 급등하여 주택시장 불안정을 초래했다.[18]

이러한 개발 이익의 문제를 해결하는 대안으로 저자는 "토지소유자와 개발업자가 결탁하여 세입자의 권리를 무시하고 개발이익을 극대화하는 방향으로 개발 사업을 추진하는 것이 아니라, 오랫동안 지역 사회를 발전시키고 지켜온 사용자들의 노력을 인정하고 토지 소유주, 세입자, 지방정부 및 제3섹터가 함께 대안적인 개발을 추진하는 것"[19]을 고려할 필요가 있다고 말한다. 그러나 이러한 대안은 실현되기가 쉽지 않다. 이러한 대안이 실현되기 위해서는 처음부터 문화적 자원이 젠트리피케이션에 일방적으로 흡수되지 않도록 저항하는 것이 중요하다.

젠트리피케이션의 부동산 가치 전략의 일반 논리에도 불구하고 그 가치 상승에 일정 부분 기여하는 문화적 자원, 혹은 예술의 창작 역량

---

18 조성찬, 『상생도시-토지가치와 도시재생』, 알트, 2015, 25~26쪽.
19 위의 책, 292쪽.

들은 젠트리피케이션의 개발 논리에 완전히 포섭되지 않는다. 문화적 자원과 예술의 미적 감수성은 오히려 도시 젠트리피케이션에 저항하거나 그 확산을 억제할 수 있는 대안으로 작용할 수 있다. 그것은 처음에는 도시 젠트리피케이션의 단초를 제공해줄 수 있지만, 문화적, 예술적 자원을 가지고 있는 주체들이 어떻게 행동하는가에 따라 새로운 형태의 대안적 공간으로 전환될 수 있다. 이것이 도시 젠트리피케이션의 문화적 전환의 역설이다. 문화와 예술이 젠트리피케이션의 공간 확장을 막을 수 있는 저항의 최전선이 될 수 있다는 가능성은 최근 테이크아웃드로잉이나 경의선 공유지 '늘장'을 통해 모색할 수 있다. 물론 테이크아웃드로잉은 최종적으로 사라질 수밖에 없었지만, 문화예술인들의 오랜 저항을 통해 반젠트리피케이션을 위한 예술행동을 값진 교훈으로 남겼고, 경의선 공유지 늘장은 현재 공덕동 젠트리피케이션에 저항하기 위해 예술적 공동체 활동을 계속 견지하고 있다. 문화와 예술은 반드시 젠트리피케이션의 촉매제 혹은 희생양으로만 끝나지 않는다. 젠트리피케이션의 문화적 전환은 '공간의 고급화'를 위한 자본의 전략일 수도 있지만, 젠트리피케이션의 자본 가치의 확장을 막을 수 있는 역설의 가능성도 내장하고 있다. 예술가들과 예술적 실천들이 젠트리피케이션의 공간의 고급화를 억제하는 전위에 선 사례들은 적지 않다.

그런 점에서 젠트리피케이션의 문화적 전환의 역설은 이중의 역설이다. 첫 번째 역설은 문화가 도시 젠트리피케이션에 이용되다가 나중에는 배제를 당하는 역설이고, 두 번째 역설은 문화가 젠트리피케이션의 동일시되다가 나중에는 역동일시 하는, 말하자면 배제의 대상이 아니라 저항의 주체가 되는 역설이다. 그동안 젠트리피케이션의 문화적 전환의 역설은 첫 번째 것만을 주로 이야기했다. 첫 번째 역설의 관점에서만 보면 젠트리피케이션과 문화의 관계는 문화가 자본에 종속되는 인과 관계로 귀결될 가능성이 높다. 문화적 전환 때문에 젠트리피케이션이 되고, 젠트리피케이션 때문에 문화적 전환이 재앙을 맞게 된다는 식의 결론 말이다. 그러나 두 번째 역설은 문화와 젠트리피케이션 사이의 우발적 관계를 중시한다. 문화적 전환이 반드시 젠트리피케이션의 먹잇감이 되지 않고, 문화적 주체들이 어떻게 저항하는가에 따라 그 관계와 양상, 공간의 성격이 달라질 수 있는 계기를 상상할 수 있다.

이 글에서 언급하고자 하는 도시 젠트리피케이션의 문화적 전환의 사례들은 테이크아웃드로잉, 세운상가, 창동 서울아레나, 그리고 경의선 공유지 늘장이다. 물론 이 네 가지 사례들은 모두 민간 자본이 주도하는 도시 젠트리피케이션은 아니다. 테이크아웃드로잉을 제외하고는 나머지 세 가지 사례들은 서울시가 주도하고 있는 도시재생 사업들이나 공공 소유의 토지와 관련된 것들이다. 도시재생과 젠트리피케이션은 물론 동일한 말은 아니다. 서울시의 도시재생 사업은 가능한 젠트리피케이션의 폐해들을 최소화하려는 노력들을 하지만, 상당 부분 젠트리피케이션을 불가피한 것으로 전제한다. 왜냐하면 서울시의 대부분 도시재생 사업은 낙후된 도심공간이나 도심 외부 공간을 쾌적하고 세련되게 만드는 계획을 갖고 있기 때문이다. 공간의 고급화 전략으로서 젠트리피케이션은 서울시의 도시재생 사업의 필요악이라 할 수 있다. 이제 구체적으로 각각의 사례를 언급하면서 젠트리피케이션의 문화적 전환의 역설의 다양한 가능성들을 탐색해보자.

3. 젠트리피케이션 재난의 현장
—테이크아웃드로잉의 죽음과 기록

테이크아웃드로잉은 원래 벽에서 그림을 거는 방식의 근대적 미술관의 한계를 극복하고, 전시공간과 관람공간의 경계를 없애고, 카페 안에서 미술관, 창작공간을 겸할 수 있도록 기획된 새로운 개념의 창작공간으로 볼 수 있다. 미국에서 전시기획자로 활동했던 최소연씨가 카페공간과 미술 창작공간을 함께 결합하고, 카페에서 번 수익을 작가들에게 환원하는 방식으로 테이크아웃드로잉을 이태원 한남동에 열었다. 그러나 2014년 8월 테이크아웃드로잉 건물을 가수 싸이가 차명으로 매입하면서 문제가 발생했다. 싸이는 자신의 건물에 유명 프랜차이즈 커피점을 내고자 임차인에게 계약 기간이 종료된 이후에 재계약하지 않고 나가라고 했고, 임차인들은 건물의 리모델링에 투자한 재원을 하루아침에 잃게 될 것과 예술인들이 그동안 테이크아웃에서 형성한 많은 유산들을 상실할 것에 대비해 강력하게 재계약을 원했지만, 결국 받아들여지지 않았다. 그러 던 중 2015년 2월, 싸이 측에서 법원에 카페 건물에 대한 부동산명도단행 가처분 이의신청을 제출하였고, 한 달 후에 법원 집행관과 용역 직원들이 테이크아웃드로잉 1차 강제집행을 시도하였다. 이 과정에서 테이크아웃드로잉의 실제 건물의 소유주가 싸이라는 것을 알게 되었고, 이 일련의 사태가 연예인을 매개로 한 부동산 업자들의 젠트리피케이션의 기획 때문이라는 것을 인지하게 되었다. 이후에 2차 강제집행이 시도되었지만, 테이크아웃드로잉을 지키기 위한 문화예술인들과 젠트리피케이션에 의해 가게에서 쫓겨난 '맘상모(마음놓고 장사사고 싶은 상인들의 모임)' 회원들의 연대로

왼쪽 : 「오늘의 눈」, 한남동 건물에 발목 잡힌 싸이(『한국일보』, 2015.9.21)
오른쪽 : 싸이의 '한남스타일'과 테이크아웃드로잉 카페(『허핑턴포스트 코리아』, 2015.4.28)

테이크아웃드로잉을 지킬 수 있었지만, 싸이측 변호인에 의한 각종 고소 고발 사건으로 힘든 법정 공방을 벌여야만 했다.

그러다가 2016년 1월 3일, PD수첩에서 〈건물주와 세입자, 우리 같이 좀 삽시다〉라는 주제로 테이크아웃드로잉 사태가 방영되고 난 후에 싸이 측은 2016년 2월 16일, 카페 주인 등과 문화예술인들과 만나 합의를 하였고, 사과 및 고소 취하, 그리고 합의금을 지불하는 조건으로 2016년 8월 31일에 테이크아웃드로잉은 종말을 고하게 되었다.

테이크아웃드로잉은 결국 자본의 강제집행의 희생양이 되었다. 임차인들에게 강제집행은 공포의 대상이다. 언제 어느 때 집행관이 들이닥쳐 이곳에 설치된 작품과 집기를 들어내고 공간의 흔적을 지워버릴지 모르기 때문이다. 강제집행은 테이크아웃드로잉이란 '삶-예술'의 공간을 지워버린다는 점에서 사실상 사행집행과도 같다. 강제집행은 그곳에 테이크아웃드로잉이 있었다는 흔적을 없애 버리기 때문이다. 분노와 냉소의 싸움 끝에 강제집행이란 절차가 완료되면, 작품들이 사라지고, 곧 함께 있었던 사람들의 온기가 사라질 것이다. 그리고 그곳에 더 많은 돈을 벌기 위한 대자본의 상업공간과 스치듯 지나가는 소비 대중들로 대체될 지도 모를 일이다.

테이크아웃드로잉이란 사행집행은 공간과 사람과 예술의 죽음을 선고한 것이다. 테이크아웃드로잉에 한 달 넘게 원치 않은 농성을 하는 최소연 대표와 예술가들은 마치 사형수의 심정으로 언제 올지 모르는 강제집행을 기다리고 있는 듯하다.[20] 감히 커피를 팔아 예술가들의 공동체를 꿈꾸고자 했던 어느 예술가 임차인의 소망은 어느 친 연예 매체에 의해 건물주 싸이로부터 더 많은 권리금을 챙기려고 발버둥치는 사악한 행동으로 둔갑한다. 그러나 테이크아웃드로잉은 유명 연예인 싸이를 악용해서 세입자의 역 횡포를 기획한 것이 아니다. 그곳은 단지 한남동 젠트리피케이션 현상에서 벗어나 그들만의 문화공간을 꿈꾸려 하다 건물주로부터 퇴거를 명령받아 저항했을 뿐이다. 그리고 그러한 저항은 한남동의 공간의 고급화 현상과는 다른 방식, 즉 신현준의 지적대로 하면 경제자본의 문화화가 아니라 문화자본의 경제화라는 다른 대안을 꿈꾸려 했을 뿐이다. 테이크아웃드로잉은 '카페 형 열린 갤러리'라는 콘셉으로 한남동 젠트리피케이션에서 생존하려 했고, 이 기획이 한남동의 뒷골목에서 형성되기 시작한 작은 창의적 가게들의 문화적 장소화의 기획과 연계되어 있다.

"테이크아웃드로잉은 동네미술관"이라든가 "지역의 문화자원에 관심이 많다"든가, "나에겐 난민의식이 있다"는 최소연 대표 인터뷰에서

---

[20]   최소연, 「테이크아웃드로잉, 희생으로서의 예술」, 『문화/과학』 85호, 2016 봄호 참고.

의 언급[21]은 이 장소의 특이성을 말해준다. "실제로 테이크아웃드로잉과 함께 이벤트를 기획한 행위자들 가운데는 건물 뒷골목 작은 터에 자리를 잡은 창의적 소생산자들이 있으며, 이들은 건물주와 대립하는 과정에서도 테이크아웃드로잉과 연대해왔다"[22]는 지적에서 건물주 싸이와의 갈등이 개인적인 이익 추구의 문제에서 비롯된 것이 아니라는 것을 짐작케 한다. "싸이 대 테이크아웃드로잉 사건은 두 당사자 간의 대립을 뛰어넘어 더 폭넓은 의미"를 지니며, 테이크아웃드로잉은 "문화자본과 경제자본 간의 치열한 "창의적 계급투쟁의 최전선"[23]이다.

결론적으로 문화자본과 경제자본의 싸움에서 테이크아웃드로잉은 희생의 장소가 되었다. 언제 올지 모르는 강제집행을 기다리며 불안한 마음으로 새벽을 지나 희미하게 올라오는 아침의 햇빛을 느끼며 사수대는 안도의 한숨을 내쉬기도 했다. 테이크아웃드로잉 예술인 참여 문화제에서 어느 배우가 "눈은 오지 않아"라고 낭독하던 중, 창밖에는 마치 연극의 한 장면처럼 눈이 내렸다고 한다. 그런데 그곳을 지키는 세입자들과 예술인들은 마술 같은 예술의 감각을 느낄 수 없는 처지였다. 오히려 눈이 오니 오늘은 강제집행이 안 들어 오겠구나하고 안도의 한숨을 내쉬는 현실감각의 촉수가 예민해 질뿐이다. 시낭송이란 예술의 재현행위는 재난의 현실을 예고한 징후적 퍼포먼스였던 것이다.

21 신현준. 「낯선 사람들이 만든 공동체」, 『서울, 젠트리피케이션을 말하다』, 성공회대 동아시아연구소 기획, 푸른숲, 2016, 299쪽.
22 위의 글, 299쪽.
23 위의 글, 302쪽. 다음의 인용문을 참고하라. "공식적으로 이태원로라고 불리는 길 한편에는 대로변뿐 아니라 그 안쪽까지 막강한 경제자본과 거대한 건물을 소유한 세력이 문화적 기획을 벌이고 있다. 반면에 이 길의 다른 한편에서는 풍부한 문화자본을 가진 세력이 길 안쪽 작은 건물을 빌려 경제적 기획을 진행하고 있다. 이 길은 이른바 창의적 계급투쟁의 최전선인 셈이다"(302쪽)

테이크아웃드로잉은 최소연 대표가 말하듯 유배지이며, 재난의 현장이다. 강제집행의 공포에 시달리지만, '삶-예술'의 현장을 지키기 위해 그 어디에도 갈 수 없는 상황. 내몰림과 쫓겨남의 폭력이 예외 없이 반복되는 곳. 그래서 테이크아웃드로잉은 유배지이자 재난의 현장이다. 테이크아웃드로잉이 곧 밀양 송전탑이 되고, 두리반이 곧 테이크아웃드로잉이 되는 것. 그것은 유배지이자 재난의 현장인 테이크아웃드로잉의 보편적 상황을 말해준다. 그래서 이태원-한남동 젠트리피케이션의 최전선에서 바리게이트를 치는 예술가들 때문에 이곳이 특별한 듯하지만, 실제로는 보편적이다. 싸이라는 케이팝 스타가 보유한 건물이기 때문에 이것이 특별한 상황인 것 같지만, 사실 그런 것도 아니다. 테이크아웃드로잉 사태는 예술가와 싸이의 우연한 조우가 실상은 돈의 순환 논리에 의해 얼마나 예견된 것인지를 알게 해준다. 테이크아웃드로잉이 있는 한남동 일대가 도시 젠트리피케이션의 뜨거운 전투고지 같은 곳이라는 것은 다음의 인용문을 통해서도 이해할 수 있다.

한남동과 이태원 지역은 오래전부터 문화인류학이나 사회인류학, 도시나 건축 쪽에서 지속적으로 연구를 해오던 곳입니다. 연구한 이유는 이 지역이 다른 지역과는 달리 더 나은 삶의 조건을 만들어 낼 수 있는 차이를 가지고 있기 때문입니다. 어떻게 이 지역이 다양한 것을 품을 수 있을까 궁금해 하고, 이런 차이가 다른 지역에도 있을 수 있을까 고민하던 지역입니다. 그런 지역이 근 몇 년 간 자본화되고 부동산 가치가 올라가며 그 차이의 가치가 삭제되거나 거세되고나 표백되기 시작했습니다. 테이크아웃드로잉은 어떻게 보면 표백의 맨 마지막 종착점에 있는 것이고요. 이 공간이 삭제되거나 표백된다면 한남동, 이태원은 오래전부터 문화인류학자나 사회학자나 도시계획자, 건축가, 예술가들이 참여해서 만들어 놓은 우리 삶에서 중요한 차이의 가치들을 잃게 될 것입니다.[24]

테이크아웃드로잉은 예술의 젠트리피케이션의 최전선에 있다. 예술과 임차인이 자본과 건물주의 먹잇감이 되는 예술의 젠트리피케이션은 피할 수 없는 운명이 되었다. 그리고 운명의 실체는 테이크아웃드로잉에서 재현되고 있는 '젠트리피케이션의 예술'을 통해 드러난다. 예술에서 돈으로, 감각에서 집행으로의 비극적인 전환은 이곳에서 벌어지는 수많은 예술적 행위를 통해 증명되고 목도된다. 역설적이게도 예술의 젠트리피케이션은 젠트리피케이션의 예술행위의 조건이 된다. 예술의 젠트리피케이션의 실체는 젠트리피케이션에 대한 예술행위를 통해서만 드러날 수 있다. 그리고 그 예술행위는 예술의 젠트리피케이션의 사태를 통해서만 실현될 수 있다. 이 묘한 역설이 테이크아웃드로잉이란 유배지, 혹은 재난의 현장이 우리에게 주는 교훈이다. 재난의 현장에서 예술은 진화하고 배운다. 강제집행의 순간을 조금이라도 막기 위해 집기들을 빨간 실로 묶어내면서, 예술은 재난의 현장에 버려진 게 아니라 재난의 감각을 생성시킨다. 예술은 비로소 재난됨을 인지하며, 현실과 재현의 경계를 해체하는 초월적 순간을 경험하게 된다. 예술의 재난은 예술의 권리의 소중함을 일깨워준다.

예술의 권리는 단지 예술가의 권리만을 의미하지는 않는다. 그것은 예술가의 권리일 뿐 아니라, 예술에 참여하고 향유하는 모든 사람들의

---

24 박성태, 『한남포럼』, 테이트아웃드로잉, 2016, 114쪽.

권리이다. 테이크아웃드로잉은 갤러리와 카페, 예술가와 카페 방문자의 경계를 허물었다는 점에서 공간에 들어온 모든 사람들의 권리를 대변한다. "우리의 공적인 권리는 공간과의 관계를 통해 나타납니다. 앉아있음을 통해서 자신들이 시민이고, 이 자리에 권리가 있다는 것을 주장하는 거죠. 환대의 권리, 카페에 들어가서 커피를 마시는 권리는 작은 권리처럼 보이지만, 사실 명목상 시민권을 가진 사람들이 꼭 가지고 있지 않은 권리이기 때문에, 굉장히 의미 있는 사람으로서의 권리인 가죠"[25]라는 언급은 창작할 수 있는 권리와 차를 마시는 시민의 권리를 모두 중시하는 테이크아웃드로잉의 공간의 권리를 이해하는 데 중요한 단서가 된다.

테이크아웃드로잉은 결국 철거되고 그 장소에 대기업이 운영하는 젠트리한 소비 공간이 들어설 예정이다. 두 번의 부당한 강제집행 당하면서, 테이크아웃드로잉에서 밤을 새는 예술가들은 기꺼이 젠트리피케이션이라는 사형집행을 맞게 된 것이다. 예술가들은 이 처참한 젠트리피케이션의 재난을 막을 수 없다면, 차라리 그 재난을 목격하고 기록하는 자들이 되기로 각오했다. 부서지면서 낱낱이 목도하고, 사라지면서 숭고하게 재현되는 강제집행의 순간은 예술의 젠트리피케이션의 역사적인 증인이 될 것이다. 그런데 그 순간은 너무나 아프고 끔찍하다. 그래도 예술가들은 테이크아웃드로잉이 사라지는 직전까지 이곳 재난의 현장을 기록하고자 했다. 그래서 그들은 마지막 날까지 전시회를 했고, 『드로잉 괴물 정령』과 『한남포럼』이라는 책을 내기도 했다. 비록 그들

---

25 김현경, 『한남포럼』, 테이트아웃드로잉, 2016, 14쪽.

은 젠트리피케이션의 재난을 최종적으로 막을 수는 없었지만, 그 사태를 목격하고 기록하는 주인이 되었다.

4. 근대적 아케이드 세운상가의 재생과 문화적 전환

세운상가는 산업 근대화의 성공을 기원하는 도심 아케이드 프로젝트의 일환으로 세워졌다. 박정희 대통령은 당시 김현옥 서울시장을 불러 서울의 도심 정비 계획을 지시했고, 김현옥 서울시장은 건축가 김수근을 시켜, 산업 근대화로 뻗어나가는 수도 서울의 위용을 상징적으로 보여줄 수 있는 세운상가를 짓도록 했다. 세운상가는 종로-청계천-을지로-퇴계로에 이르는 서울 도심의 남북축을 13층 높이의 새로운 건축물로 대략 1km를 가로지르는 초대형 프로젝트로서 1967년 11월에 완공되었다. 통상 일반인들은 종로 쪽에 위치한 '현대상가'를 세운상가로 통칭하고 있지만, 실제로 세운상가는 종묘 쪽 방향을 기준으로 현대상가, '세운상가 가동', '세운 청계상가', '대림상가', '삼풍상가', '풍전호텔'. '신성상가', '진양상가'등 총 4개의 건물군과 8개의 상가로 구성되어있다. 1960년대에 서울도심의 거리를 1km 가까이 가로질러 13층 규모의 현대식 주상복합 건물을 짓는다는 것은 당시 한국의 경제적 상황에서는 실현하기가 쉽지 않은 프로젝트라 할만하다.[26] 서울 도심을 가로지르는 세운상

26　당시 세운상가의 총 공사비는 44억원이었는데, 당시 건립 자본을 외국의 차관으로 충당했다. 또한 세운상가가 건립되는 시점에서 찍은 사진(본문 사진 참고)을 보면 세운상가 건물이 주변의 건물의 규모와 크기에 비해 지나치게 비현실적이라는 것을 짐작할 수 있다.

왼쪽 : 「그때 그곳 지금은」⑫ 철거 위기 벗어난 세운상가⋯도시재생으로 옛 명성 되찾을까(『조선비즈』, 2017.3.4)
오른쪽 : 세운상가 '전자상가' 멍에 벗고 '복합문화' 거리로 부활(『뉴스토마토』, 2015.2.25)

가는 현실적인 필요를 충분히 고려해서 지워졌다기보다는 도시 개발을 서두르기 위한 공간의 과잉 욕망이 투사되어 있다. 말하자면 산업 근대화를 하루 빨리 앞당기기 위해 가능한 모든 성장과 개발을 압축적으로 실현하려는 당시의 도시 계획들은 이성적인 행정 절차를 수립되지 않고 정치적 판단과 필요에 의해 결정된 것들이 대부분이다.

"세운상가계획"이 처음 거론된 것은 1966년 어느 날 당시 시장·부시장에게 꽤 신용을 갖고 있었던 김수근 선생에게 시장이 문제의 땅의 이용법을 물어 왔을 때, 즉석에서 보행자 몰, 보행자 데크, 입체도시 등의 개념을 그럴듯하게 말로 설명하고 시장·부시장의 공감을 얻어내서, 프로젝트화한데서 비롯된 것이다. 즉시 이 구상을 그림으로 만들어내는 일이 당시 김수근 연구소와 합병으로 한국종합기술개발공사의 도시계획 부장이라는 다소 생소한 직책을 맡고 있었던 필자에게 명해졌고, 최초의 스케치를 만들어야 하는 시간은 단 며 칠일이었던 것으로 기억한다.[27]

오래 동안 도시의 흉물로 남아 있던 세운상가가 오세훈 서울시장 시절에 철거 후 주변을 녹지공원화 및 주상복합 건물로의 재개발을 계획하였지만, 당시 부동산업계의 불황으로 추진되지 못하다가 박원순 시장이 보궐 선거에 당선되고, 다시 민선 6기 서울시장에 당선되면서 세운상가를 철거하지 않고 재생하는 것으로 최종 결정을 내렸다. 박원순 시장 체제 이후 서울의 개발 사업들은 기존의 뉴타운 사업 정책을 지양하고, 오래된 건축물과 공간을 보존 유지하면서 도시에 활력을 불어넣는 도시재생 사업 정책으로 전환했다. 이는 서울을 몇 개의 권역으로 구분해 권역 별로 중요한 재생 공간들을 선정한 후에 그곳을 도시 발전의 거점공간으로 활용하려는 전략이다. 현재 서울의 대표적인 도시재생 사업으로는 세운상가 지역, 창동-상계 신경제 중심지 및 서울아레나 건립사업, 마포석유비축기지 재생사업, 서울역고가 재생사업, 성수동-마곡지대 도시재생 사업 등이 진행되고 있다. 이중에서 세운상가 도시재생 사업은 서울의 도심에서 벌어지는 재생 사업 중에서 가장 중요한 사업으로 서울의 역사적, 문화적, 산업적 변화를 이끄는 데 있어서 매우 중요한 프로젝트이다.[28]

세운상가는 2016년 초에 보행데크 공사 중에 문화유산이 발견되어 재생 사업이 잠시 중단되었다가 3층 보행데크를 청계상가까지 연결하고 그곳에 셀 형태의 문화 거점공간을 마련하는 사업을 2017년에 마무리 할 예정이다. 한편으로 세운상가의 외형을 새롭게 바꾸는 사업 이외에 사운상가의 기억과 유산을 유지하기 위해 세운상가의 거점공간들이

---

27 윤승중, 「세운상가 아파트 이야기」, 『건축』, 1994년 7월호, 15쪽.
28 이동연, 「세운상가의 근대적 욕망」, 『문화자본의 시대』, 문화과학사, 2010 참고.

- 일제 때 : 소개공지(공터)

- 해방 후 미군정기 : 좌판상의 광석라디오 제작·판매 이후 전자제품이나 부품 판매가 성행

- 한국전쟁 전후 : 미군 피엑스(PX)에서 유입된 라디오와 전축의 상거래

- 1950~1960년대 : 독일제나 일제의 진공관식 라디오의 조립, 흑백 텔레비전이 보급

- 1968년 : 최초의 주상복합 건물의 건축으로 이후 현대식 전자상가

- 1970년대 : 가전제품, 라디오, 오디오 조립 전자제품

- 1980년대 : 전자오락기, 개인용컴퓨터, 게임, 홈비디오, 음반, 가라오케

- 1980년대 후반 : 용산전자상가로 이전 시작, 일부는 현재까지 잔존

- 2000후반 : 오세훈 서울시장이 세운상가 철거 및 주변 지역 녹지화와 주변 개발 정책발표

- 현재 : 박원순 시장 세운상가 존치 및 재생사업으로 결정하여 3층 보행데크를 연결하고 창의적 거점공간을 조성하기로 결정

- 세운상가 일대에 대한 조사 및 연구 수행 경험보유 등 세운상가에 대한 기본지식이 있고, 세운상가 일대 활성화 방안에 대한 실제 적용 가능한 정책을 제시할 수 있는 전문가들이 모여서 세운상가군의 도시재생 활성화 방안을 모색

현재 진행과정

- 1987년 용산전자상가의 건립으로 세운상가 점의 이주에 따른 슬럼화 가속

- 상가의 상권은 이미 제 기능을 상실할 정도로 미미. 상가 주인들은 저가의 임대료로 인해 간간히 버티는 수준

- 오세훈 전임시장의 세운상가 주변지역 개발 계획으로 철거 후 공원화될 예정이었으나

박원순 시장의 보존계획으로 현재 도시재생사업으로 전환

- 서울시는 2015년 2월 24일 세운가동상가와 청계상가 사이 청계천에 보행교를 건설하고, 종묘앞 세운초록띠공원부터 퇴계로 진양상가까지 보행데크를 연결하는 '세운상가 재생프로젝트'를 발표
- 3층 보행데크가 최종적으로 완료되면 종묘에서 남산까지 보행로가 조성. 세운상가 군을 보존 및 재생으로 근대적 건축물을 지키고 새로운 활성화 방안을 모색
- 서울시는 세운상가 재생을 위해 상가주민 의견 수렴 및 설명회, 세운포럼, 세운상가 군 상가 현황 조사 및 거버넌스, 경제활성화를 위한 컨설팅 등의 사업을 진행하고 있음
- 서울시는 2017년 6월까지 보행데크 공사를 완료하고 창의적 거점공간 조성과 주변 경제활성화를 위해 상가주민들과 문화예술창작 및 기획 전문가, 경제컨설팅 분야 전문가로 구성된 시민협의회를 구성할 계획

새로운 기술문화 작업의 장소가 될 수 있도록 제작문화와 관련된 시범 사업을 진행하고 있다. 가칭 '세운 리빙랩'이란 이름으로 진행하고 있는 시범 사업에는 ① 세운상가 및 주변 지역의 잠재된 기술-생산 역량을 연결하기 위해 전체 사업체를 목록화-맵핑하고, 유의미한 정보들이 지속적으로 업데이트하고, 공유되는 플랫폼을 구축하여 도심 창의 제조 산업의 정보 인프라를 만드는 아카이빙을 구축하며, ② 세운상가 일대의 50년 제작-기술의 역사와 이야기를 조사, 발굴, 정리하여, 세운상가 스토리텔링의 기초자료로 활용하고, 세운전자박물관의 전시기획을 위한 사전 자료를 확보하는 제작기술박물지를 만들고, ③ 조명기술을 공유하면서 세운전자박물관의 전시기획을 위한 사전 자료를 확보하는

조명기술 랩을 설립하고, ④ 새로운 오락기기를 개발하는 오락게임 랩 등의 시범사업을 벌이고 있다. 한편으로 세운상가의 주민들과 협치를 위해 상가주민과의 소통과 협력을 위한 다양한 거버넌스 프로그램을 운영하고 있다.

세운상가 도시재생을 위한 문화적 전환은 몇 가지 해결과제를 가지고 있다. 첫째, 과거 한국의 근대 기술문화의 성지였던 세운상가의 근대적 유산을 지워버리지 않고 그것을 현대적으로 계승하는 공간의 위상을 어떻게 유지할 것인가이다. 세운상가는 1970년대 이후 동아시아 전자상가의 대표적인 장소이다. 동아시아에서 전자상가 있는 곳은 일본의 아키하바라, 오사카, 대만, 홍콩, 중국 북경과 심천, 그리고 한국의 세운상가와 용산 전자상가가 대표적이다. 그런데 단적으로 일본에서 가장 크다는 아키하바라에서는 전자제품과 관련된 제작-유통-소비-A/S 등이 원스톱으로 해결이 안 되는 반면, 세운상가는 이 과정이 모두 원스톱으로 해결이 된다. 세운상가과 주변 지역에는 선반, 판금을 비롯한 제작 관련 산업이 존재하기 때문이다. 따라서 컴퓨터 산업은 쇠퇴했지만 여전히 온갖 전기전자 부품을 사고파는 곳들이 즐비하고 선반, 판금, 금형까지 가능한 업체들이 곳곳에 존재하면서, 중국의 심천과 같은 곳과는 경쟁이 되지는 않지만, 여전히 한국에서 새로운 제품 제조의 실험과 시제품 제작이 활발한 곳이 바로 세운상가다.

사실, 전자상가로서 세운상가는 세운상가가 들어서기 이전부터 이 일대에 자리 잡은 금속기계 제조공장들과 상호작용을 하게 되면서 그 기능을 하게 되었다고 할 수 있다. 세운상가에선 기계나 금속은 물론이고 전기와 전자 및 조명, 페인트, 건설기자재 부품 등까지 원스톱 쇼핑

이 가능하였다. 신제품 제작에 필요한 작업 도구와 공구를 파는 가게, 부품과 시제품을 제작하는 공장까지 다양한 업종들이 통합된 생산 공간으로 기능하였던 것이다. 이들 소규모 개별적인 업체들은 마치 하나의 거대한 공장처럼 분업과 협업 관계를 맺고 있었다. 그래서 "청계천을 한 바퀴 돌고 나면 미사일도 탱크도 만들 수 있다"는 말이 나돌기도 하였다. 이러한 토대를 바탕으로 세운상가는 1970년대 경제 개발의 과정 속에서 필요한 기계 부속품과 관련 공구들, 시제품 제작의 공급처로 자리하며 한국 전자산업의 발전에서 중요한 기능을 하였다. 결국 산업 연관성이 강한 업종들이 집중된 청계천 일대의 입지조건이 세운상가를 유통, 제조, 수리, 연구개발이 가능한 '종합' 전자상가로 발돋움하게 만든 조건이었던 것이다. 세운상가는 일종의 자생적 전자산업 클러스터였다고 할 수 있다.[29]

4차 산업혁명의 시대, 근대 기술문화의 동시대 버전은 메이커 문화의 부활이다. 메이커 문화는 기술적으로 다양한 수준을 가지고 있다. 간단한 수작업으로 가능한 핸드-메이드 형 기술문화에서부터 3D 프린터나 레이저 커팅과 같은 고난도 기술을 통한 제작문화에 이르기까지 다양하다. 세운상가에서 추구하려는 기술문화는 이러한 핸드메이드 형 자작문화에서 4차 산업 혁명을 주도하는 유비쿼터스 IT 기술 및 사물 인터넷 기술, 가상현실VR 기술들을 망라할 수 있지만, 무엇보다도 전자 기계-장인 중심의 기술문화에 대한 복원과 변환을 어떻게 활성화할 수

---

29 이동연, 「동아시아 전자상가와 디지털 문화형성에 대한 비교연구」, 『한국 일본 대만 홍콩 전자상가와 아시아 디지털 문화형성』, 2014, 아시아문화의 전당 아시아문화정보원 지원 연구과제 자료집 참고.

있을 것인가가 중요한 쟁점이다. 세운상가의 재생 프로젝트가 시간이 조금 지나면 다시 쇠락해지는 근대적 아케이드 프로젝트의 알레고리로 취급받지 않기 위해서는 세운상가가 역사적으로 보유한 기술문화의 유산들을 문화적 자원으로 확장하는 것이 중요하다. 기술문화의 유산의 현재화 프로젝트는 세운상가의 젠트리피케이션을 제어할 수 있는 문화적 실천으로 작동할 수 있다.

둘째, 현재 세운상가 도시재생 사업으로 만들어 질 문화거점 공간들이 세운상가 상인들의 지지를 받으면서 공간 활성화에 어떻게 기여할 수 있을까 이다. 2016년에 서울시가 제시한 『세운상가 거점 공간 운영 기본구상』 연구 용역에 따르면, 세운상가는 장기적으로 도심의 창의제조 산업의 혁신지로 발전하는 것이 바람직하다고 제시하고 있다. 세운상가군은 하드웨어 스타트업 제조 기술을 위한 다양한 아이디어들이 교환되는 장소로서 기술혁신과 테스트가 신속하게 이루어지는 일종의 신기술 테스트 베드의 장소로 활성화하는 것이 바람직하다는 지적이다. 세운상가 일대에 축적된 물적, 인적 자원과 새로운 혁신적 주체의 연결을 통해서 창의적인 시너지가 발현되어 산업적인 활성화에 기여하기 위해서 무엇보다도 서울시가 조성 중에 있는 문화 거점공간의 내실 있는 운영이 중요하다. 앞서 설명했듯이 세운상가의 거점공간은 '세운 리빙랩'이라는 이름으로 세운전자상가의 역사를 체험할 수 있는 전시공간과 다양한 제작문화 랩의 운영이 이루어질 예정이다. 세운상가 안에 문화예술 활동을 하는 단체들이 많이 입주해 있고, 상가주민들과 문화기획 전문가들과 예술인들이 함께 세운상가의 문화거점을 내실 있게 운영할 수 있는 네트워크를 만들 수 있다면 문화거점공간은 운영 활성화와 함께 세운상가가 과거의 영광을 회복할 수 있는 명소로 자리매김할 수 있다. 그만큼 세운상가의 재생 사업에서 문화적 기획이 무엇보다도 중요하다는 점을 강조할 필요가 있다.

마지막으로 세운상가의 재생사업으로 인해 야기될지 모르는 젠트리피케이션의 폐해를 어떻게 최소화할 것인가에 있다. 세운상가의 재생 사업으로 인해 이미 상가 매물이 없어지고, 임대료 상승이 일어나고, 부동산 가치가 상승하고 있다. 서울시와 세운상가 상인들은 2016년 1월말에 세운상가의 급속한 젠트리피케이션의 폐해를 막기 위해 '젠트리피케이션 상생협약'을 체결했다. 협약 안에는 임대료 인상 자제와 세운상가 유휴 공간을 활용하여 상가 활성화에 기여하는 안들이 제시되어 있다.[30] 서울시의 세운상가군의 상인들과의 협력을 위해 2015년 2월에 세운상가 활성화 종합계획을 발표하면서 상가주민들과의 대화와 방문 인터뷰, 주민대표와 문화예술인 입주 대표와의 연석회의, 세운포럼을 통한 주민들의 의견수렴을 거쳤다.

서울시가 2016년 11월에 발표한 『세운상가군 재생사업 다시 세운 프로젝트 주민 설명회』 자료에 따르면 세운상가 재생사업을 위해 9회에 걸쳐 130명의 주민들의 의견을 수렴했고, 140여회에 걸쳐 상가주민들을 대상으로 초상화를 그려주며 인터뷰를 실시했다. 상가주민 공모사업을 통해서 공공이용 개선을 위해 총 8개 사업 4억 원, 공동체 문화예술 관광활성화에 총 24개 사업 3억 원을 지원하였고, 세운상가 시민학교, 청소년 기술 대안학교를 개설하였고 상가주민들과 협력하여 세운상가

---

30   『한국경제』, 「세운상가의 부활, '다시·세운 프로젝트' 첫 삽」 2016년 1월 28일자 기사 참고.

옥상공원 조성사업들을 위한 연구용역을 실시하였다. 또한 세운 기술
장인들을 지원하는 수리협동조합 인큐베이팅, 세운도제 사업들을 실시
하였다. 이러한 서울시의 공공협력 프로젝트 사업들은 상가주민들과의
상생을 통해서 주변 지역의 부동산 가격과 임대료가 급격하게 상승하는
것을 억제하는 데 기여할 수 있을 것이다. 다만 단기적인 효과를 분명하
게 거둘 수 있지만, 이러한 사업들이 지속적으로 이루어져서 장기적인
관점에서 젠트리피케이션의 폐해를 억제할 수 있을지는 미지수이다. 과
도한 젠트리피케이션을 막으려면 서울시와 상가주인, 상가임차인, 문화
기획 전문가 사이의 거버넌스 체계가 지속되는 것이 무엇보다도 중요한
데, 거버넌스의 지속은 상호간의 신뢰와 협력을 바탕으로 한다. 이 과정
에서 세운상가의 도시재생에서 기술적 혁신을 이루어내고, 스마트 제조
업의 활성화를 위해서 기술 문화적 자원과 주체의 연계는 매우 중요한
토픽이다.

5. 서울아레나 프로젝트와 창동 사운드의 상상

도시재생이 지역 분권과 연계되면서 각 지자체들은 문화관광 자원
을 활용하여 도시의 미래 정체성을 부각시키려는 사업을 추진하고 있
다. 이 과정에서 특정한 문화콘텐츠와 도시가 부합하는 식의 도시재생
사업들이 2000년대 이후부터 본격화되기 시작했다. 가령 영화산업은
부산광역시, 만화와 애니메이션은 부천시, 출판 산업은 파주시, IT-게
임 산업은 성남시 판교 등 문화콘텐츠와 도시의 정체성을 결합시키는

사례들이다. 이러한 사례들은 도시 발전계획에 있어 분명한 정체성을 심어준다. 그런데 문화산업 분야 중에서 유독 음악 산업 만큼은 대표할 만한 도시나 지역을 발견하기 어렵다. 물론 홍대가 전통적인 인디음악의 메카이지만 그렇다고 홍대를 한국 음악 산업을 대표하는 장소로 보긴 어렵다. 그렇다고 대형 연예기획사들이 밀집한 강남구 청담동 일대를 음악도시라고 명명하기에는 뭔가 어색하다. 뮤지컬을 육성하겠다고 선언한 대구광역시나 대형 아웃도어 록페스티벌을 개최하는 인천광역시도 음악 산업 도시로 명명하기에는 분명한 정체성이 드러나지 않는다. 한때 경기도 광명시가 음악 산업 도시를 선언하고 대형 음반유통단지 건립과 연예기획사 유치 계획을 세웠지만, 구체적으로 실행에는 옮기지 못했다.

이런 상황에서 서울시는 2015년 2월 박원순 시장의 민선 6기 공약으로 창동 역 근처 체육시설 부지 일대에 2만석 규모의 케이팝 전용 공연장인 '서울아레나'를 2020년에 건립하기로 발표했다. 서울시가 서울아레나를 건립할 때까지 '플랫폼창동61'을 만들어 1차적으로 이곳에 새로운 음악 신을 형성할 수 있는 환경을 조성했고, 앞으로 창동 역 환승 주차장 일대에 창의적인 음악 문화공간과 미래형 창업 지원 센터를 추가로 건립할 계획이다. 2017년에는 창동역 하부 공간에 창의적인 공방과 음악공간이 생겨나고, 주변에는 로봇박물관과 사진박물관이 들어설 예정이다. 창동역에서 서울아레나로 이어지는 거리에는 음악과 라이프스타일이 접목하는 색다른 길거리 문화가 만들어질 계획이다.

대중음악의 불모지였던 도봉구 창동에 '플랫폼창동61'이 2016년 4월 말에 개장하면서 이곳에 다양한 음악이 시민들과 만나고 있다. '플랫폼창동61'이 자랑하는 국내 최초의 컨테이너 전문 공연장 '레드박스'에는 개장 이후 한 달 동안 많은 뮤지션들이 무대에 올랐다. 밴드 시나위를 위시해, 장기하와 얼굴들, 이하이, 로열파이러즈, MC메타, 도끼, 더 콰이엇, 소란, 옥상달빛, 킹스턴 루디스카, 이한철, 앙상블 시나위, 김오키, 한상원, 찰리 정 등 주류와 비주류, 장르와 장르의 경계를 넘어서 개성 넘치는 뮤지션들이 관객들을 만났다. 그리고 40여 팀의 협력뮤지션들을 중심으로 팝, 록, 모던록, 포크, 힙합, 일렉트로닉, 국악, 재즈, 블루스 등 대한민국에서 나올 수 있는 거의 모든 장르들이 지난 8개월 동안 100여회의 공연으로 흥겨운 사운드의 향연을 벌인 것이다. '플랫폼창동61'은 과연 대중음악의 다양성을 꽃피울 수 있는 진정한 플랫폼이 될 수 있을까?

서울아레나 프로젝트는 단지 대형 공연장을 건립하는 것만이 아니라 창동 일대를 음악 산업 도시로 조성하기 위한 장기 계획을 추진하고자 한다. 창동이 한국 음악 산업을 주도하는 집적지로서 최초의 음악도시를 조성하려는 것이 서울아레나 프로젝트의 목표이다. 이러한 목표를 '창동사운드'로 명명하고자 한다. 전 세계 유명한 대중음악 도시들은 각자 유서 깊은 음악적 유산을 간직 한 채 자신의 도시의 이름을 따서 '○○○사운드'라는 이름으로 발전하고 있다. 1960년대 초 영국 록음악, 이른바 브리티시 록의 성지가 된 곳은 다름 아닌 리버풀이었다. 영국의 대표적인 항구도시 리버풀은 뉴욕, 샌프란시스코, 함부르크, 상하이가 그렇듯 새로운 유행을 가장 먼저 받아들이고 전파하는 문화 예술의 해방구 역할을 했다. 리버풀 출신 폴 매카트니, 존 래넌, 조지 해리슨, 링고스타가 1962년에 결성한 '비틀즈'는 영국은 물론 유럽과 북

왼쪽, 오른쪽 : 플랫폼창동61

미에 '비틀매니아' 신드롬을 불러일으키며 리버풀을 일약 세계적인 대중음악 도시로 만들었다. 비틀즈와 함께 한 시대를 풍미했던 록 밴드 '롤링 스톤즈', '애니멀스'가 가세하여 언제부턴가 이들의 새로운 밴드 음악을 리버풀 사운드라고 부르기 시작했다.

그리고 1980년대 말에서 1990년대 초반 리버풀 근처에 위치한 맨체스터에는 이전의 록음악과는 다른 스타일을 추구하는 밴드들이 모여들었다. 이들은 하드록과 일렉트로닉을 결합한 '애시드 하우스'라는 장르를 탄생시켰다. 언더그라운드 클럽음악을 지향하는 '애시드 하우스'는 1970년대의 하드록과 1990년대의 브릿 팝을 연결하는 매우 중요한 음악스타일로 '스톤 로지스', '더 스미스', '뉴 오더' 같은 밴드가 중심이 되었다. 사람들은 이 음악적 스타일을 일컬어 맨체스터 사운드라고 불렀다.

도시와 음악스타일을 접목하는 사례들은 이밖에도 매우 많다. 예컨대 '앨리 스 인 체인', '사운드가든', '너바나', '펄잼' 등이 주축이 되어 얼터너티브록 신을 선언했던 시애틀 사운드, '닐 앤 이라이자', '판타스틱 플라스틱 머신'과 같은 밴드가 중심이 되어 레게, 보사노바, 라운지,

일렉트로닉이 혼합된 일본 식 클럽음악을 완성시킨 시부야 사운드, '브에나 비스타 소셜 클럽'으로 라틴 음악의 대중화에 크게 기여한 하바나 사운드, 그리고 '크라잉넛', '노브레인'을 탄생시킨 한국 인디음악의 해방구 홍대 사운드가 대표적이다.

음악은 도시를 기반으로 발전한다. 클래식, 재즈, 록, 힙합 등 모든 음악 장르들은 도시에서 태어나 도시에서 성장한다. 그래서 2106년 봄에 한국 대중음악의 새로운 기원을 만들고자 창동 사운드를 꿈꾸는 것은 완전히 허무맹랑한 상상은 아니다. 서울 동북권에 위치한 창동은 음악의 불모지이다. 이곳은 노원, 상계와 더불어 1980년대 조성된 베드타운 집적지로서 이렇다할만한 음악 관련 문화시설도, 클럽도, 레이블도 없다. 대중음악과 관련해선 거의 황무지와 같은 이곳에 창동 사운드를 운운하는 것은 이전에는 상상하기 힘든 일이었다. 그런데 박원순 서울시장이 작년 2월 초에 일본 사이타마 슈퍼아레나 현지에서 창동에 2만석 규모의 국내 최초로 대중음악 전용 공연장을 건립하겠다고 발표하면서 창동은 이제 새로운 대중음악 거점 공간으로 주목받기 시작했다.

'서울아레나'는 현 도봉구 창동 체육시설 부지에 2020년에 건립될 예정이다. 민간 투자자가 작년 말에 사업 제안서를 제출했고, 현재 공공기관으로부터 타당성 심사를 받고 있는 중이다. 서울시는 서울아레나의 붐업 사업으로 창동역 주변에 '플랫폼창동61'을 조성하여 현재 많은 음악인들이 이곳에서 다양한 장르의 공연을 펼쳤다. 또한 플랫폼창동61 입주 뮤지션으로 한국의 대표적인 기타리스트 신대철이 음악 감독의 자격으로 참여하고, '잠비나이', '숨', '엠씨 메타' 등의 스튜디오 입주 밴드와 '갤럭시 익스프레스', '킹스턴 루디스카', '클렌체크', '이디오테잎', '앙상블 시나위' 등

40여 팀이 협력 뮤지션으로, 그리고 '루비 레코드', '사운드 홀릭', '러브락 컴퍼니' 등이 협력 레이블로 참여하였다.

2017년 4월말 개관 기념공연을 시작으로, 록, 국악, 라틴, 일렉트로닉, 힙합 등 장르음악을 중심으로 한 시리즈 페스티벌, 입주 뮤지션들과 협력뮤지션, 협력 레이블이 펼치는 콘서트, 그리고 '시나위 앤 래그타임'이란 이름의 즉흥 음악 공연 등이 컨테이너로 만들어진 국내 최초의 클럽 공연장, '레드박스'에서 2016년에서 2017년 2월까지 총 120여회나 열렸다. 음악의 불모지 창동은 개성이 강한 장르음악이 만개하는 새로운 음악 신을 탄생시켰고, 곧이어 창동 사운드라는 칭호를 받을 수 있도록 음악도시에 걸 맞는 계획들을 수립 중에 있다.

홍대 사운드는 살벌한 홍대 젠트리피케이션으로 인해 인디음악의 정체성을 점점 잃어가고 있다. 밴드 음악 라이브 클럽도 갈수록 줄어들고, 관객들의 발길도 뜸하다. 여전히 수백 팀의 인디밴드들이 모여 있는 곳이지만, 음악적 판도를 바꿀만한 대안적 사운드가 생산되지 못하고 있다. 한때 홍대 사운드의 상업화에 맞서 관악 사운드라는 이름이 불린 적이 있지만, 곧 자취를 감추었다. 홍대 사운드의 대안으로 창동 사운드가 과연 성공할지는 아직 모른다. 그러나 분명한 것은 지금이 새로운 음악적 사운드를 위한 장소 실험이 필요한 시점이고, 새로운 대안적 장르음악을 추구하는 창동 사운드는 그러한 실험을 위한 대안적인 실천이 될 수 있다는 것이다. 창동사운드로 명명되는 서울아레나 프로젝트는 창동 일대가 한국을 대표하는 음악도시로 거듭나기 위해서 서울아레나를 건립하는 것을 기반으로 추가로 아래와 같은 구체적인 사업들을 수립할 예정이다.[31]

첫째, 창동 역 주변의 시유지에 한국을 대표하는 대중음악 학교를 건립하고자 한다. 케이팝K-pop을 중심으로 하는 한류 열풍이 글로벌한 인기를 끌고 있지만, 정작 내실과 정체성을 갖추고 지속가능한 성장모델을 뿌리내리기 위해선 탄탄한 이론적 기반과 산업적 확장 체계를 갖추는 것이 무엇보다 시급하다. 즉 케이팝K-pop, 뮤지컬 공연 콘텐츠 등 음악 산업과 공연시장의 성장에 따라 관련 산업의 경쟁력을 견인할 수 있는 핵심 전문 인력을 양성하기 위한 교육기관이 필요한 것이다.

특히 음악 산업 전반의 고도화 및 고부가가치화를 위해서는 기획 연출, 마케팅, 전문 엔지니어, 음악 비즈니스 등 전문 인력의 양성이 긴요하지만 현재 전국 대학의 실용음악과들은 음악 산업 분야의 다양한 전문 인력을 양성하지 못하고 있다. 가칭 버클리 형 대중음악학교는 보컬, 기악, 작곡 등에 치우친 실연자 양성 위주의 커리큘럼에서 벗어나 음악창작, 음악비즈니스, 음악테크놀로지, 음악영상 미디어플랫폼, 음악저작권, 공연기획제작 분야의 전문 인력을 양성하는 교육기관으로 자리매김하여 한국의 대중음악 산업을 선도하는 인력들을 양성할 수 있을 것이다.

둘째, 한국 대중음악의 역사와 스타 뮤지션들을 한 곳에서 볼 수 있는 '대중음악 명예의 전당'을 건립하고자 한다. 한국대중음악사 100년, 케이팝K-pop 아이돌 그룹 본격 활동 20주년을 맞아 다양한 계층이 향유할 수 있는 대중음악 아카이브 및 전시 체험 공간 필요하다. 현재 경주시에 대중음악박물관이 있지만, 규모나 운영 면에서 한국을 대표할

---

31 아래 제시하는 창동 음악도시 조성 종합 플랜은 필자가 총괄 연구 기획자로 참여한 「창동 일대 문화거점조성 연구」 프로젝트의 내용들을 참고하였음을 밝힌다.

만한 공간으로 보기는 어렵다. 대중음악 명예의 전당은 서울아레나와 함께 건립되면 공연과 전시를 함께 즐길 수 있는 시너지를 창출할 것이고, 서울아레나에서 공연을 하는 뮤지션들의 특별기획전을 사전 사후에 병행함으로써 홍보효과와 집객력을 높일 수 있다. 또한 한국 대중음악의 역사를 한 눈에 조망할 수 있고, 대중음악 관련 음반, 시각물, 영상물, 출판물 등을 전시 보관하여 학술적 연구에 기여하며, 한국 대중음악을 대표하는 뮤지션들을 명예의 전당에 올림으로써 대중음악인들의 권위를 높이고 음악마니아층을 유입하게 하는 효과를 가질 수 있다. 또한 대중음악 명예의 전당에 케이팝 아이돌 가수 등 국제적인 인지도가 높은 뮤지션들의 음악과 생애를 체험할 수 있는 전시기능을 추가하여 글로벌한 음악 관광지로 발전할 수도 있을 것이다. 한국대중음악의 역사성, 아카이브, 체험 형 콘텐츠 등 3개 영역 포괄할 수 있는 대중음악 명예의 전당은 음악인들과 음악 산업계에 큰 기여를 할 것이다.

셋째, 음악 산업과 관련된 기업들을 유치하여 창동을 명실공이 음악 산업 도시로 각인시키고자 한다. 음악 및 공연산업 생태계는 다양한 산업주체들이 참여하여 복잡한 가치사슬을 구성하고 있으며, 이 같은 생태계를 구성하는 산업주체들이 창동 일대에 다수 집적할 때 '음악도시 창동'이 원활하게 작동할 수 있다. 특히 창동은 음악 및 공연산업을 중심으로 두고, 이들과 전후방으로 연계된 다양한 하드웨어 및 소프트웨어 산업, 교육기관 및 지원기관, 리테일 및 아트마켓 등을 전략적으로 배치할 필요가 있다. 창동 일대를 음악 및 공연산업 거점화함으로써 동북4구 일대 젊은 세대의 문화 수요를 흡수하고 충족시키는 동시에 매력적인 일자리를 창출할 수 있을 것이다. 구체적으로 음악 산업과 관련된 음악연예기획사, 음악레이블사, 공연기획 및 제작사, 대중음악 공연 관련 영상미디어 제작사 등 총 300여 기업들을 유치할 수 있다. 음악 산업 관련 기업들을 유치하기 위해 입주에 각종 편익을 제공할 수 있는 방안들을 검토할 예정이다.

넷째, 창동역 일대가 음악 산업 도시로서의 정체성을 갖기 위해 주변 거리를 음악도시 답게 새로운 형태의 라이프스타일 거리로 조성하고자 한다. 창동역에서 노원역에 이르는 일대를 음악과 공연 등 문화적 아우라가 높은 명소로 개발하여, 서울아레나, 대중음악교육기관, 대중음악 명예의전당 등 개별적인 거점들이 유기적으로 연계하고 시너지를 창출할 수 있도록 거리 및 구역의 컨셉을 설계하고자 한다. 가령 라이브클럽 스트리트 계획을 통해 음악도시 창동의 정체성을 높이는 동시에 페스티벌 스트리트, 체험 형 푸드 스트리트, 패션 뷰티 스트리트, 테스팅 베드 스트리트 등으로 거리를 명소화하여 공연을 보기 전과 후에도 이곳에서 음악도시의 즐거움을 느낄 수 있도록 할 계획이다.

마지막으로 가칭 '한국대중음악진흥위원회'를 설립하여 음악 산업의 체계적인 지원체계를 갖추어야 할 것이다. 사실 한국대중음악진흥위원회는 중앙 정부기관이 설립하는 것이 바람직해서 서울시와 중앙정부 간의 협력이 전제되어야 한다. 2000년대 이후 케이팝K-pop이 전 세계에서 큰 인기를 끌고 있지만, 그에 걸 맞는 정부의 음악 산업 전문 지원 기구는 부재한 상황이다. 케이팝의 지속가능한 발전과 음악 산업의 질적 발전을 위해서는 음악 산업을 전문적으로 진흥시킬 수 있는 독립지원기구의 설립이 절실하게 요구되는 것은 분명한 사실이다. 출판, 영화, 게임 분야는 개별 문화콘텐츠를 진흥하는 기구들이 존재했지만, 유독 대중음악만은 독립적인 지원기구를 가진 적이 없다. 1998년에 설립된 영화진흥위원회는 영화산업 진흥에 큰 역할을 담당하고 있다. 영상자료원, 영화아카데미 등 영화산업을 체계적으로 지원하는 인프라에 비해 대중음악 산업을 안정적으로 지원할 수 있는 독립 기구는 상대적으로 전무하다 해도 과언이 아니다. 한국의 대중음악 산업의 선진화, 체계화, 경쟁력 강화를 위해서 케이팝의 국민적 관심과 열기가 높은 시점에서 독립적인 진흥기구 설립하는 것이 적기로 판단되고 특히 음악 산업 도시를 목표로 하는 창동 지역에 설립하여 음악 산업의 발전을 위한 대표적인 지원기구로 나서게 되면, 한국음악 산업의 발전 뿐 아니라, 음악도시 창동의 기능과 역할을 살리는 게 결정적으로 기여할 것이다.

이상과 같은 서울아레나 프로젝트의 계획들은 도시와 문화적 자원을 결합하는 도시재생 사업에 있어 하나의 대안적인 모델을 만들 수 있을 것이다. 다만 이러한 계획이 수립되는 데 있어 예상되는 지역의 부동산 가치의 상승과 임대료의 장기상승우려를 해소할 수 있는 도시계획과, 경쟁력 있는 음악도시로 만들기 위한 전문적이고 체계적인 문화기획의 지속이 전제되어야 한다.

6. 공유지의 사유화에 저항하는 경의선 공유지 '늘장'의 문화행동

거대 도시의 공유공간은 사실상 거의 전무하다 시피하다. 모든 토지가 부동산 시장의 거래대상이 되거나, 아니면 기업의 땅이거나 지자체

왼쪽: 늘장 대신 고층건물? 주민의 의견은?(함께 서울 착한 경제 블로그)
오른쪽: 사유보다 '공유' 함께 누릴 땅으로…'경의선공유지 시민행동' —서울이야기(『경향신문』 블로그, 2016.7.19)

의 땅이 거의 대부분이다. 도심에서 개인들이 사유재산이나 자치단체의 소유지가 아닌 시민이면 누구나 자율적으로 사용할 수 있는 공유지를 확보한다는 것은 거의 불가능하다. 토지는 사적인 것이 아니라 공적인 것으로 양분되지 공통의 것으로 인정되는 것은 거의 없다.

경의선 공유지 늘장은 경의선 철도가 지하화 하면서 생겨났다. 경의선 용산~가좌구간 8.5km가 지하화 된 후 지상부 공유지 절반 이상의 부지에서 대규모 개발이 진행되고 있다. 이로 인해 대기업이 공유지의 공공가치를 사유화하는 현상이 극대화되고 있다. 그리고 경의선 권역에서 광범위한 젠트리피케이션, 생활환경 악화, 지역상권 붕괴가 가시화되고 있는 것이다. 이에 「경의선 공유지 시민행동」은 다양한 시민들, 전문가들과 함께 경의선 공유지 전체의 공공적 가치를 회복하고 실천적인 대안을 제시하며, 도시공간을 둘러 싼 시민의 권리를 확대하기 위해 구성되었다. 철도시설공단은 역세권을 제외한 나머지 지역에 숲길공원으로 조성하여 30년간 사용하는 조건으로 전체 부지중 50% 이상에 달하는 대규모 역세권 개발에 대한 협약을 서울시와 체결하였다. 공덕역(효성, 이랜드), 서강대역, 홍대입구역(애경) 등은 이미 건설자본에 의해서 개발 진행이 진행되었거나 진행되고 있다. 경의서 공유지도 사실상 공공기관의 소유이지 시민들의 토지 자산은 아니다. 단지 그 장소를 몇 년 간 시민사회 단체에서 허가를 받고 사용했을 뿐이다.

그러나 과거 철도였던 이 장소가 공유공간으로 사용되다 이제 대기업의 고층빌딩을 짓는 사업을 위해 자리를 내어주게 된 상황에 이르자, 이 공간의 공유적 가치가 새삼 중요하게 다가 온 것이다. 경의선 공유지를 비롯한 공유지는 본래 시민들의 것이며, 공유지의 이용에 대한 권리와 사용방식에 대한 결정권은 시민들에게 있다. 하지만, 그 동안 공유지에 대한 개발은 시민들이 아닌 소수 자본가들과 행정 관료에 의해서 결정되어 왔다. 경의선 공유지 시민행동은 더 이상 이런 개발주의적인 방식이 아닌 시민이 공간에 대한 기획부터 운영에 대한 방식까지 참여하는 주체적이고 창조적인 시민들과 함께 대안적인 실험을 하고자한다. 공공·공유·공생의 사회적 가치를 확산하고, 시민 중심의 도시공간을 만들기 위한 활동에 앞장서는 경의선 공유지 시민행동은 도시 젠트리피케이션에 대항하는 마지막 보루이기도 하다.

늘장은 원래 마포구와 철도시설공단과 합의 하에 공유문화지로 사용되고 있었다. 그러나 사회적 기업과 협동조합의 활동을 위해서 조성되었던 늘장이 마포구와 철도시설공단 측의 일방적인 계약 만료에 따라 활동을 중단하게 되었다. 경의선 공유지 시민행동은 구 늘장 부지를 "경의선 광장"으로 명칭을 바꾸고, 시민의 공공성과 공유지에 대한 가치를 회복하기 위한 활동의 베이스캠프로 삼고 있다. 경의선이라는 공

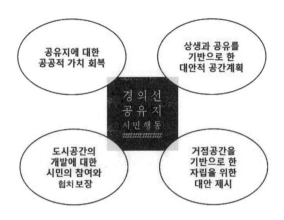

『경의선 공유지 시민행동 자료집』 참고.

유지에 대한 고민을 소수의 권력자들에 의해서 결정되는 것이 아닌 시
민들의 자발적 참여를 통해 만들어지는 활동을 하자는 의미에서 고대
그리스의 '광장'에서 따온 이름이기도 하고, 넓은 공간이라는 의미廣 또
는 사회제도의 한계를 넘어서는 의미狂를 담고 있는 이름이다.

경의선 늘장 공유지는 시민들과 함께 만들어나가는 우리 모두의 공
간이다. 경의선 공유지 시민행동의 취지에 동의하고 공공적 가치를 존
중하는 시민들이라면 경의선 광장에서 행사, 강좌, 포럼, 토론회, 워크
숍, 주민모임 등 다양한 활동들이 가능하다.[32] 현재 이곳에는 문화예술
인들 뿐 아니라, 아현동에서 오래 동안 장사를 하다 아파트 주민들에

---

32 현재 경의선 공유지 시민행동 준비모임에 참여한 단체는 다음과 같다. 경실련 도시개혁센
터, 기본소득청소년네트워크, 노동당 서울시당, 늘장 협동조합 (마을기업연합회, 사람인
타로, 쌈지 농부, 유알아트, 작당모의자, 합 협동조합, (주)자락당), 도시연대, 마포 녹색
당, 맘상모, 모자란 협동조합, 문화도시연구소, 문화로놀이짱, 문화연대, 소셜 픽션넷, 생
생협동조합, 슬로비, 오늘공작소, 일상예술창작센터, 자립음악생산조합, 정원사친구들,
제비다방, 종점수다방, 지금여기에, 청년예술가네트워크, 한국청소년음악봉사단, 해방촌
사람들, 홍대 앞에서 우주로 뻗어나가는 사회적 예술가 협동조합, Oh!Record.

늘장과 경의선 공유지 시민행동 활동 경과

2013.01 사회적경제 단체들을 중심으로 경의선 포럼 진행

2013.05 늘장 운영을 방안 마포구와 협의하여 위탁운영자 모집 공고

2013.08 방물단, 자락당, 목화송이, 산골소녀 유라, 비씨커피를 중심으로 늘장 활동 시작

2014.02 늘장 협의회 회원 중 자락당 명의로 위탁운영 협약을 1년 단위로 체결

2015.11 마포구 측에서 늘장운영과 관련한 계약을 일방적으로 중단함

2016.2.19 경의선 공유지 시민행동 발족

현재 40여 단체와 개인으로 조직된 경의선 공유지 시민행동이 활발히 활동

의해 쫓겨 난 포장마차 아주머니들도 함께 하고 있다.

경의선 공유지 시민행동은 구체적으로 다음과 같은 활동을 계획하고 있다. 첫째, 연구 및 정책 활동으로 공유지의 개념 및 정의, 경의선 공유지의 개발 방식 및 진행과정의 법적 / 제도적 분석, 관련 법규나 제도 분석, 공유지 활용에 대한 대안 제시하고자 한다. 또한 도시개발, 건축 관련 연구자, 법률가, 정책 전문가를 중심으로 한 연구모임을 진행하고, 연구모임의 결과를 중심으로 정기 토론회를 개최하고, 앞으로는 국회 국토교통위원회 의원들과 연계하여 국회토론회, 기자회견, 국정감사 진행할 예정이다.

둘째, 시민홍보를 강화하여 경의선 공유지 시민행동의 활동 목적과 가치에 대한 시민 홍보 활동을 늘려가고, 경의선 광장을 찾은 시민들을 대상으로 게시판, 전단지, 홍보물품 등을 통해 활동을 지속적으로 소개하고자 한다. 경의선 공유지 늘장에 대한 설득력 있는 정보와 내용들이

시민들에게 충분하게 전달되었다고 보기는 어렵다. 지역 주민들조차도 공유지라는 개념에 대해 생소하게 여기고, 경의선 공유지 시민행동이 어떤 일을 하는지 잘 알지 못한다. 심지어는 예술인들이 공공장소를 불법으로 점거해서 자신들의 활동을 관철시키려한다는 부정적인 의견을 가진 주민들도 많다. 따라서 경의선 광장 주변 주민들 대상 인터뷰 진행 및 지역 주민들 의견 수렴을 통해 경의선 공유지가 좀 더 지역 주민들의 공유지이자 공유자산으로 인식될 수 있도록 해야 한다.

셋째, 경의선 공유지 지지마켓 "경의선 광장"과 다양한 형태의 공간을 운영할 계획이다. 매주 토요일 경의선 광장을 찾은 시민들을 대상으로 벼룩시장, 푸드트럭 마켓, 어린이-가족단위 참여 프로그램, 영화 상영, 공연 등을 진행 중에 있다. 그리고 경의선 공유지 공간지기 반상회를 통해서 이곳에서 활동 또는 활동하기를 원하는 다양한 주체들의 자치 운영을 권장하고, 경의선 광장의 공간 운영과 공유를 위한 다양한 대안들을 모색하는 모임들을 확대할 예정이다. 경의선 광장 공간 대여하는 방식으로 경의선 공유지 시민행동 활동에 지지하는 시민 누구나 사용 가능하도록 할 것이다. 이밖에 경의선 놀이터 만들기 프로젝트 "경의선 플레이"라는 프로그램을 기획하고, 경의선 공유지 영화제 개최, 도시 공유지의 역사와 실천과 관련한 강좌 및 경의선 부지 답사를 기획하고 있다.

경의선 공유지 늘장에서 진행되었거나 앞으로 진행될 문화행동은 도시 젠트리피케이션에서 공유지가 얼마나 중요한지를 사회에 알리는 문화적 실천이라 할 수 있다. 젠트리피케이션이란 공간의 고급화를 억제할 수 있는 대안으로 문화적 공유지로 선언하는 것은 젠트리피케이션의 문화적 전환에 있어서 중요한 대안으로 상상할 수 있다. 경의선 공유지 늘장은 한남동 테이크아웃드로잉의 비극적 결과를 반복하는 장소가 아닌 대안으로서의 공유지를 지켜나가는 데 있어 더 많은 가능성을 가지고 있다. 늘장은 우선 개인이나 기업의 사유지가 아니라, 철도시설공단의 공공지이고, 철도가 지하로 지나가는 곳이기 때문에 완전히 토지를 사유화할 수 없다. 따라서 문화행동의 적극적인 실천에 따라서 현재 이랜드가 토지 사용권을 가지고 있는 행정처분을 취소하고 서울시나 마포구에서 철도시설공간을 설득하여 시민들을 위한 문화공간으로 지금의 상태로 영구적으로 사용할 수 있는 가능성은 얼마든지 있다. 토지의 사유화가 원천적으로 불가능한 늘장에서 장소 사용의 권리를 공유적 권리의 방식으로 전환시키는 절차를 통해서 늘장이 사적인 소유도 공적인 소유도 아닌 시민들의 공유지로 인정받을 수 있을 것이다. 그런 점에서 경의선 공유지 늘장은 도시 젠트리피케이션에 저항하는 문화행동으로 해 볼만 한 대안적 도시문화 실천이다.

7. 도시의 생태문화를 간파하기

지금까지 도시 젠트리피케이션이란 '공간의 고급화' 과정에서 장소는 어떤 식으로 문화와 만나고, 어떻게 문화에 의해 정체성을 가지며, 어떻게 자본에 잠식되는지를 서울의 몇몇 장소 사례들을 분석하면서 살펴보았다. 도시의 흥망성쇠의 역사에서 젠트리피케이션은 피할 수 없는 운명적인 과정으로 볼 수 있지만, 도시의 역사는 반대로 젠트리피케이션의 저항의 역사라는 점에서 장소의 문화적 대안과 잠재성을 고민하는 태도는 늘 견지되어야 한다.

　문화를 매개로 한 장소의 로컬리티는 매우 단순한 형식과 매우 까다로운 실체를 가진다. 형식이 단순하다고 말한 것은 문화로 표상하는 장소의 외형은 분명한 시각성을 가지기 때문이다. 가령 이 글에서 언급된 테이크아웃드로잉은 시각적으로 매우 세련된 카페공간이라는 점, 낡고 쇠락한 세운상가는 서울시의 도시재생 사업에 의해 조만간 멋지고 감각적인 외형을 얻게 된다는 점, 창동 역 일대는 수년 후에는 음악도시를 대변하는 문화 인프라가 많이 배치할 것이라는 것, 경의선 공유지 늘장은 공덕동 초고층 빌딩 숲 가운에서 화려한 형태는 아니자만 정겨운 시민들의 쉼터로 기능하는 공간을 그대로 노출시킬 것이라는 점을 우리는 알고 있다. 도시의 특정한 장소에 배치되거나 덧입혀지는 문화적 외형은 도시의 공간을 특별하게 만든다.

　그러나 그러한 분명한 시각적 형태의 실체를 들여다보면, 그 내부에 매우 다양한 요소들이 서로 대립하고 충돌하고 경합하고 있음을 알 수 있다. 문화가 개입하는 로컬리티 장소의 실체는 서로 다른 문화적 형태들의 경합의 산물이라는 점에서, 투기 자본의 희생물이 될 수 있다는 점에서, 역사적 정체성이 불확실하다는 점에서 생태적 문제를 내재화한다. 특정한 장소에 문화적 자원이 각인되는 과정에서 서로 다른 문화 형식들이 지배적인 위치를 점하고자 내적으로 많은 갈등과 대립이 발생한다. 예컨대 세운상가와 창동을 어떤 문화적 자원으로 위치지울 것인가 하는 문제는 누군가가 쉽게 결정해서 해결되는 문제가 아니다. 또한 문화적 자원이 젠트리피케이션을 막지 못하고 되레 그것의 희생물이 되는 최악의 결과를 피하기 위해 문화는 본래의 취지와 다르게 변형되거나 변질되기도 한다. 그리고 결정적으로는 도시의 장소 정체성을 특정한 문화가 역사적으로 보장해 줄 수 있는가하는 문제는 확정적으로 말하기 어렵다.

이렇듯 도시 로컬리티의 장소를 문화로 전환시키는 과정에서 도시의 역사와 정체성을 결정하는 내부 실체의 요소들은 하나로 설명되기 어려운 복잡한 문제를 안고 있다. 도시 안에는 경제적 이해관계, 문화적 역동, 장소의 역사성, 그리고 그 공간을 살아가는 주체의 활동이 복잡하게 연결되어 있는 생태문화계를 가지고 있다. 도시재생 프로젝트이든 젠트리피케이션에 저항하는 문화적 실천이든 도시 로컬리티의 장소를 문화로 이해하는 있어서 생태문화적 문제의식이 중요한 것은 바로 이런 이유 때문이다.

참고문헌

강내희, 「'공간 고급화'의 이익을 공유하라」, 『한겨레신문』 2016.7.17.

곽노완, 「도시공유지의 사유화와 도시의 양극화」, 서울시립대 도시인문학연구소 주최 국제심포지엄(2016.12.13.~4) 자료집.

김진성, 「영국 게이츠헤드의 도시재생」, 도시재생사업단 편, 『새로운 도시재생의 구상』, 한울, 2012.

대한국토 · 도시계획학회 편저, 『도시재생』, 보성각, 2016.

데이비드 하비, 「반란의 도시」, 한상연 역, 에이도스, 2014년.

로버트 파우어, 「서울의 오래된 골목 이야기」, 『서울의 재발견』, 승효상 외, 페이퍼스토리, 2015.

리처드 플로리다, 『도시와 창조계급-창조경제 시대의 도시발전 전략』, 푸른길, 2008.

테이크아웃드로잉, 『한남포럼』, 테이트아웃드로잉, 2016.

샤론 주킨, 민유기 역, 『무방비도시』, 국토연구원, 2015.

신현준 · 이기웅 외, 「서울의 젠트리피케이션, 그리고 개발주의 이후의 도시」, 『서울, 젠트리피케이션을 말하다』, 푸른 숲, 2016.

오마이뉴스 특별취재팀, 『마을의 귀환』, 오마이북, 2013.

온영태, 「서론-새로운 도시재생의 구상」, 도시재생사업단 편, 『새로운 도시재생의 구상』, 한울, 2012.

윤승중, 「세운상가 아파트 이야기」, 『건축』 1994.7.

이동연, 「세운상가의 근대적 욕망」, 『문화자본의 시대』, 문화과학사, 2010.

_____, 「동아시아 전자상가와 디지털 문화형성에 대한 비교연구」, 『한국 일본 대만 홍콩 전자상가와 아시아 디지털 문화형성』, 아시아문화정보원 자료집, 2014.

_____, 「예술노동의 권리와 사회적 자본형성을 위한 예술행동」, 『문화/과학』 84호, 2015.겨울호.

이영범, 「지속 가능한 근린재생 형 도시재생 사업의 운영 방식」, 도시재생사업단 편, 『새로운 도시재생의 구상』, 한울, 2012.

최선, 『창조도시 요코하마와 뱅크아트 1929』, 수르, 2014.

조성찬, 『상생도시-토지가치와 도시재생』, 알트, 2015.

최소연, 「테이크아웃드로잉, 희생으로서의 예술」, 『문화/과학』 85호, 2016 봄호.

Glass, Ruth, *London —aspects of change*, MacGibbon & Kee, 1964.

『한국경제』, 「세운상가의 부활, '다시 · 세운 프로젝트' 첫 삽」 2016.1.28.

상호부조 협동금융의 전개와 마이크로크레딧*

지역 자활공제협동조합과 청년연대은행 토닥을 중심으로

오미일

1. 한국 자본주의의 위기와 마이크로크레딧

자본주의 역사에서 기억되는, 근래의 가장 큰 경제위기는 1929년 대공황과 서브프라임 모기지에서 발단된 2007년 금융위기일 것이다. 그런데 이 경제위기는 모두 사회적 자본인 금융의 사회로부터의 일탈에서 비롯된 것이다. 대공황을[1] 극복하기 위해 1933년 루스벨트가 내놓은 뉴딜New

---

*   이 글을 작성하는 데에는 청년연대은행 토닥의 김진회 이사장, 늘품공제조합의 정덕용 연제자활센터장, 우리가남이가공제조합의 남택주 김해지역자활센터장과 김선목 주임, 이성조 前 부산진구자활센터장과 이귀원 대천마을학교 교장, 박우정 청어당 원장 등 여러분의 도움이 있어 가능했다. 이 자리를 빌려 감사드린다.

**   이 글은 오미일, 「상호부조 협동금융의 전개와 마이크로크레딧」, 『기억과 전망』 35, 2016.12에 실린 글을 수정·보완한 것이다.

1   대공황은 1920년대 중반경부터 주로 미국을 중심으로 토지, 일차 생산품, 석유, 금, 미술 골동품 등의 투기에서 시작된 금융 버블에서 비롯되었다. 주식시장에도 대규모 투기가 일어나 주가 상승이 나타났다. 1929년 10~11월 뉴욕 주식시장에서 역사상 전례 없는 대규모 주가 폭락이 일어나면서 금융공황이 시작되었다. 1933년경 미국의 주가는 1929년 9월경에 비해

Deal 정책의 핵심은 테네시 강 유역 개발공사와 은행법 제정이었다. 이 은행법은 이후 '글래스-스티걸법Glass-Stegall Act'이라고 명명되었는데, 중앙은행 권한의 대폭 강화, 은행 업무와 증권 업무의 분리, 은행지주회사에 대한 규제, 예금보험제도의 창설 등을 주요 골자로 했다. 즉 공황을 일으킨 주요 요인인 은행의 반사회적, 비윤리적 행동을 막기 위한 금융제도의 개혁이었던 것이다.[2] 그러나 1999년 금융기관의 경쟁력을 강화시킨다는 명분으로 '그램-리치-브라이리법Gramm-Leach-Bliley Act'이 실시됨으로써 은행, 투자은행, 보험업의 영역 간 장벽이 허물어지고 글래스-스티걸법의 개혁은 무색화되었다.[3]

미국 연방준비제도이사회 의장 앨런 그린스펀Alan Greenspan이 "백년에 한 번 올 신용 쓰나미"라고 표현했던 2007년 금융위기의 주범은 주택대출채권을 유동화 증권으로 만들어 판매하는 금융기술을 가진 세력, 즉 투자은행이나 헤지펀드 등이 구축한 '그림자금융 시스템shadow banking system'으로 지목되고 있다.[4] 그런데 이 그림자금융 시스템의 양성화는 결국 1929년 대공황의 역사적 교훈을 망각하고 제정한 '그램-리치-브라이리법'에서 비롯되었으니, 2007년 금융위기의 단초가 여기에서 시작되었다고 볼 수 있을 것이다.[5]

절반 이하로 폭락했으며 공업 부문 실업률은 37%를 넘었고, 거의 1만 개에 이르는 금융기관이 도산했다(우자와 히로우미, 이병천 역. 『사회적 공통자본 – 진보적 공공경제학의 모색』, 필맥, 2008(원서는 宇沢弘文, 『社會的共通資本』, 岩波書店, 2000, 156~157쪽).

2 우자와 히로우미, 이병천 역. 『사회적 공통자본 – 진보적 공공경제학의 모색』, 필맥, 2008, 159쪽.

3 그러나 글래스-스티걸법의 내용이 완전히 폐지된 것은 아니다. 국책은행의 대리 주식투자를 금지하는 조항과 투자은행의 예대업무 금지 규정은 존속됐다. 그램-리치-브라이리법은 우리나라의 자본시장통합법과 비슷한 법이라고 할 수 있다.

4 이찬근, 『불안한 번영』, 부키, 2009, 25~77쪽.

5 뉴딜정책에서 만든 은행업무와 증권업무 사이의 울타리를 다시 없애는 일에 그야말로 목숨을 걸었던 이가 바로 시장만능주의를 부르짖은 시카고학파의 밀턴 프리드먼(Milton

2007년 말 세계 금융위기 이후 미국과 영국에서는 대형 금융기관에 맡겨놓은 돈을 신용협동조합, 윤리은행Ethical bank 등 지역 기반의 작은 금융기관으로 옮기자는 운동이 활발하게 추진되었다. 민간 비영리단체들이 중심이 되어 전개한 '계좌이동Move your money' 캠페인은 많은 시민들의 호응을 받았다.[6] 계좌이동 캠페인이 돈을 옮기라고 추천한 금융기관은 '해가 날 때에 우산을 빌려주었다가 정작 비가 오면 우산을 뺏는'[7] 종래의 금융기관과 달리, 새로운 금융질서를 만들어가는 사회적 금융을 실천하는 기관들이다. 시민단체들은 금융위기의 재발을 막기 위해 금융기관의 사회적 책임을 강조하며, 탐욕적인 대형 금융기관을 구제금융으로써 회생시키기보다 사회적 금융을 육성하는 대안을 주장해왔다.[8] 사회적 금융이란 사회적 가치에 기반한 재무적 이익을 추구하며 사회적으로 가치 있

Friedman)이었고 그 결과가 '2007년 대참사'였다(우자와 히로우미, 차경숙 역, 『경제학이 사람을 행복하게 할 수 있을까?』, 파라북스, 2014, 30쪽(원서는 宇沢弘文, 2003, 『經濟學と人間の心』, 東洋經濟新報社, 2003).

6   www.moveyourmoneyproject.org 참고. 처음에는 JP 모간, 씨티뱅크, 뱅크 오브 아메리카, 웰스 파르고(Wells Fargo) 등 4개 대형은행이 대상이었으나 이후 골드만 삭스와 모건 스탠리도 추가되었다. 개인 고객뿐 아니라 지방정부, 연금 펀드, 대학 등도 이 운동에 동참하여 18개월 동안 400만 개가 넘는 계좌가 소형은행으로 이동되었다(문진수, 『금융, 따뜻한 혁명을 꿈꾸다』, 북돋움, 2013, 22쪽; 김혜정, 「글로벌 금융위기와 시민사회의 대응」, 부산대 석사논문, 2014, 30~31쪽).

7   이는 미국 작가 마크 트웨인(Mark Twain)이 은행가들의 속성에 대해 야유한 말이다.

8   2011년 9월부터 시작되어 73일간에 걸쳐 전개된 미국의 월가 점령시위는 양극화와 빈부격차를 심화시키는 본산으로 대형 금융기관(투자회사)이 지목되고 있음을 잘 보여준다. 계좌이동 캠페인은 바로 월가점령시위를 이끈 비영리단체의 후속 운동이다. 영국 시민사회에서도 2012년 3월을 계좌변경집중기간(MYM Month)으로 정하고 대대적으로 홍보하며 운동에 동참했다. 계좌 변경처로 추천된 기관은 빈곤 완화, 유기농업, 지역개발 등 지속가능한 사회발전을 위해 투자하는 트리오도스 같은 윤리은행, 내셔널와이드 등 50여 개의 사회재건기구(Building societies), 영국 전역에 걸쳐 600여 개에 달하는 신용협동조합(Credit unions) 그리고 주로 소외되고 낙후된 지역사회의 복원을 위해 자금을 지원하는 지역개발금융(Community Development Finance Institutions: CDFI) 등이었다(문진수, 「소셜 파이낸스-99%의 저항, Move your money」, 사회적경제센터 홈페이지 http://blog.makehope. org/smallbiz/636?category=0 참고).

는 일에 돈을 투·융자하여 지속가능한 발전을 도모하는 것을 통칭하는 개념이다.[9] 즉 사회적 경제의 활성화 또는 사회적 가치를 추구하는 사회 목적조직들의 자금조달 요구에 부응하기 위해 제공되는 일련의 자금 흐름을 말한다.[10] 구체적으로 사회적 기업이나 협동조합, 공제조합 등 사회적 경제 조직과 저소득층에 대한 지원금융(시스템)을 말한다.

'사회적 공통자본'[11]을 주창한 우자와 히로우미는 금융을 교육·의료·사법·행정과 같은 제도자본의 하나로 간주한다. 그는 사회적 공통자본은 국가 통치기구의 일부로 간주해 관료적으로 관리되거나 이윤 추구의 대상으로서 시장 조건에 의해 좌우되어서는 안 된다고 주장한다. 특히 고도로 전문화되고 경제적 사회적 정치적 요소들과 매우 복잡하게 얽힌 금융의 경우, 다양한 시장의 구조적 제도적 조건을 정비하고 경제적 순환의 안정성을 확보하기가 매우 어려운데, 금융제도가 더욱 광범한 국제적 관련성을 갖고 있는 상황에서는 더욱 그러하다고 본다.[12]

사회적 금융은 탈빈곤의 방법으로 금융위기 이전부터 존재했으나, 금융위기를 겪으면서 대안금융으로 재인식되고 있다. 이에 따라 금융위기 직후 2007~2010년 세계적으로 사회적 금융기관이 평균 20% 이상 성장

---

9 문진수, 앞의 글, 24쪽.
10 Nicholls, A. and C. Pharoah, 2007. "The Landscape of Social Finance" Skoll Centere for Social Entrepreneurship, 장종익·박종현, 「사회적금융의 현황과 한국에서의 발전방향」, 『사회경제평론』 40, 2013, 133쪽에서 재인용.
11 사회적 공통자본은 소스타인 베블런(Thorstein Veblen)의 제도주의 이론에 의거하여 우자와가 제안한 개념이다. 사회적 공통자본은 하나의 국가 내지 특정 지역에 사는 모든 사람들이 풍요로운 경제생활과 품격 있는 문화를 영위하고 인간적으로 매력 있는 사회를 지속적이고 안정적으로 유지하게 하는 자연환경과 사회적 장치를 의미한다. 그는 사회적 공통자본을 크게 보아 자연환경, 사회적 인프라(도로·교통기관·상하수도·전력 가스 등), 제도자본(교육·의료·금융·사법·행정 등의 제도) 등 세 가지 범주로 나누었다(우자와 히로우미, 앞의 책, 12~13쪽).
12 위의 책, 170쪽.

하고 자산도 두 배 이상 증가되었다.[13] 글로벌 금융 비즈니스와 그로 인해 초래되는 경제위기에 대항하여 최근 지역 규모의 경제를 사고하고 실천하는 대안금융운동이 나타나고 있다. 사회적 금융은 구체적인 목적과 수행 방식, 대상에 따라 사회 환경 영역에서 지속가능한 투자기반을 만들어가는 사회목적투자,[14] 낙후된 지역에 대한 투자를 통해 지역경제를 활성화하는 지역개발금융,[15] 빈곤층과 영세한 사회적 기업에 대한 소액 대출을 통해 이들의 자립 자활을 돕는 마이크로파이낸스 등 다양한 유형으로 전개되고 있다.

여기에서는 다양한 유형의 사회적 금융 가운데에서도 1997년 외환위기 이후 한국사회에서 저소득층의 실업 극복과 자활을 위한 주요 금융수단으로 전개되고 있는 마이크로크레딧에 대해 살펴보려고 한다. 마이크로크레딧은 1970년대 그라민은행에서 시작되어 성공함으로써 1980년대에 전 세계로 확산되었다. 최근에는 저소득층 개인과 영세기업에 대한 소액대출 영역에서 나아가 예금 이체, 보험업무 등 다양한 금융서비스로 확대되면서 마이크로파이낸스의 영역을 구축하고 있다. 그러나 국내에서는 아직 초기의 마이크로크레딧 단계에 머물러 있다.

국내 마이크로크레딧 사업은 주도층과 출자금 형성 방식을 기준으

---

13 김해정, 앞의 글, 33쪽.
14 재무적 가치를 기대하지 않고 사회적 가치만 추구하는 기부나 자선과 달리 사회목적투자는 사회적 가치와 재무적 가치를 동시에 추구하는 사회적 금융의 한 방식이다. 투자자는 혁신적인 사회적 기업에 투자하여 사회와 환경을 위한 용도로 사용하기를 바라면서 또한 수익을 기대한다. 대표적인 사례로 네덜란드의 트리오도스은행은 윤리 강령에 사회적·환경적·문화적으로 유익한 사업에만 투자한다는 원칙을 명기하고 있다(문진수, 앞의 글, 47~48쪽).
15 미국은 1977년 지역재투자법을 제정하여 금융기관들이 지역사회에 대출 편의를 제공하도록 의무화했는데, 금융위기 이후 시민운동에 의해 지역재투자법의 지원 확대가 더욱 강화되었다(위의 글, 48쪽).

로 보면, 먼저 비영리시민단체 혹은 종교계 복지법인 등이 정부·기업의 보조금(지원금)이나 독지가의 후원금으로 기금을 조성하여 빈곤층에게 소액대출과 함께 창업·자활 지원서비스를 제공하는 데에서 출발했다. 대표적인 사례로 1999년 그라민은행의 국내 지부로 조직된 (사)신나는조합, (사)함께만드는 세상이 설립한 사회연대은행(2003), 창원지역 (사)희망의 씨앗을 뿌리는 사람들이 설립한 사회복지은행(2003), 주로 탈북자와 저소득층의 자립을 지원하는 열매나눔재단(2007) 등을 들수 있다. 이와 같이 민간의 소액대출사업이 성과를 보이자 정부에서도 보건복지부 주도로 희망키움뱅크 사업(2005)을[16] 시작하여 사회적 금융에 나섰다. 또한 2008년 3월 '소액서민금융재단'을 설립했는데 이는 2009년 미소금융재단으로 확대 개편되었다. 서울시에서도 사회투자기금을 운용하는 (재)한국사회투자(2012)를 설립했다. 이 기관들은 주도세력이나 법인의 사회관社會觀에서 다양한 성향을 보이지만, 대개 사회적 기업과 저소득창업자에 대한 금융지원과 자활서비스를 목적으로 활동하고 있다. 한국 마이크로크레딧에 관한 기존 연구는 거의 대부분 여기에 집중되어 있다.[17]

그러나 근래 제도권 금융에서 배제된 경제적 약자층이 스스로 출자하여 공제(협동)조합을 결성하고 긴급생활자금이 필요할 때에 상호부

---

[16] 국민기초생활보장법에 근거해 자활공동체 및 저소득층 개인에게 연 2% 이자로 대출해주며 6개월 거치 54개월 분할상환하는 방식이다. 융자 한도는 최대 2,000만 원이며, 사회연대은행, 신나는조합, 경기인천자활광역센터 등 20개 기관에서 이 사업을 수행했다. 이 사업은 2010년 미소금융중앙재단으로 통합되었다(조복현, 「한국의 소액금융 실태와 소액금융제도의 발전 과제」, 『한국협동조합연구』 29-2. 한국협동조합학회, 2011, 56~57쪽).
[17] 대표적인 논문을 들면 다음과 같다. 박종현(2011), 정영석·이기영(2013), 장종익·박종현(2013), 박종현·김낙현(2015), 권재열(2016).

조로 대출하는 방법이 실천되고 있다. 대표적인 사례로 각 지역자활센터를[18] 근간으로 조직된 자활공제조합, 여기에 영향 받아 결성된 동자동 사랑방마을공제협동조합(2011), 청년연대은행 토닥(2013), 그리고 주거공동체에서 출발한 공동체은행 빈고(2010) 등을 들 수 있다. 이들 조합은 출자금이나 사업조직력 등에서 매우 취약한 상황이지만, 자율적이고 상호부조 형태의 '관계지향 금융'이란 점에서 앞으로 주목되는 부문이다. 저소득층에게 의미 있는 규모의 금융서비스를 제공할 정도로 정부나 자치단체, 기업과 재단의 보조금(지원금)이 충분하게 제공되기 어렵다는[19] 점을 고려하면 자율적인 상호부조 공제협동조합의 중요성은 아무리 강조해도 지나치지 않을 것이다.

여기에서는 경제적 취약자들이 매달 소액을 불입하여 조성한 출자금으로 대출사업을 전개함으로써 생활의 파탄을 막고 경제적 자립의 단서를 모색하는 풀뿌리 마이크로크레딧에 대해 고찰해보려고 한다. 구체적인 사례로 늘품(부산 연제구)과 우리가남이가(김해) 공제(협동)조합에 대해 살펴보려고 한다. 나아가 자활공제조합에 영향받아 3포세대

---

18 외환위기 이후 정부는 "생활이 어려운 사람에게 필요한 급여를 실시하여 이들의 최저생활을 보장하고 자활을 돕는 것을 목적으로" 1999년 국민기초생활보장법을 제정하여 2010년 10월 1일부터 시행했다. 이 법에 의해 "기초생활급여수급자 및 차상위자의 자활 촉진에 필요한" 각급 자활센터가 설치되었다. 자활센터는 대개 사회복지법인, 사회적협동조합 등 비영리법인과 단체 중에서 수행 능력을 평가하여 지정되었다. 자활센터는 자활의욕 고취를 위한 교육, 자활을 위한 정보제공, 상담, 직업교육 및 취업알선, 생업을 위한 자금융자 알선, 창업 지원 및 기술·경영 지도, 자활기업의 설립·운영 지원 등의 각종 사업을 수행해야 한다(국민기초생활보장법 제2장의2 자활지원 제15, 16조 참조). 자활센터는 전국적으로 248개, 부산에 18개가 설립되어 있다. 자활센터 가운데 일부 자활사업 참여자들이 중심이 되어 공제조합을 조직하여 상호부조의 소액금융을 실시하고 있다.
19 소액금융의 대출수요자를 신용등급이 7~10등급인 사람들이라고 본다면 2010년경 대략 700만 명에 이른다. 그런데 이들 중 약 1만 5,000명이 소액대출을 받았다고 하므로 0.2%만 혜택을 받은 셈이다(조복현, 앞의 글, 61~62쪽).

혹은 5포세대라고[20] 불리는 청년들을 조직화하여 세대별 조합이란 새로운 모델을 개척한 '청년연대은행 토닥'을 검토할 것이다.

협동조합이나 사회적 기업 등 사회적 경제 진영이 글로벌 자본주의 환경에서 지속적으로 발전하기 위해서는 자기자본 조달 문제가 중요한 관건이다. 이는 스페인 몬드라곤 공동체 형성에 핵심적 역할을 한 노동인민금고와 공제조합, 이탈리아 에밀리아 로마냐 협동단지의 협동기금과 협동신용은행, 캐나다의 데자르뎅 신협 사례를 통해 익히 알려진 사실이다.[21]

현재 한국사회의 화두는 양극화와 경제불평등 문제를 해결하기 위해 사회적 기업과 협동조합 등 사회적 경제를 활성화하는 것이다. 사회적 경제를 지속적으로 유지하고 확산시키기 위해서는 사회적기업육성법(2010), 협동조합기본법(2011) 등 법적 제도화만 아니라 사회적 금융의 공급 주체를 정부, 공익재단, 지방자치단체에서 개인투자자, 상업은행 등으로 확대하는 것이 필요하다. 그러나 더욱 장기적인 면에서 보면 사회적 경제 주체들의 상호부조와 호혜의 원칙에 기초한 협동금융 cooperation finance을 안착시키고 제도화하는 것이라고 생각한다. 사회적 경제의 지속을 위해 사회적 금융의 중요성이 강조되는 상황에서 협동금융 방식은 많은 시사점을 제공해준다. 그런 점에서 이 연구작업이, 아직 실험단계이지만 경제적 취약층이 자율적으로 조직하는 협동금융이 현재 재단이나 기관에서 정부 혹은 기업의 지원금에 의거하여 시행

---

20 3포란 연애·결혼·출산을 포기하고, 5포란 여기에 더하여 인간관계와 내 집 마련을 포기한 것이다.
21 정태인·이수연, 『정태인의 협동의 경제학』, 레디앙, 2013, 200~220쪽, 226~233쪽.

하는 마이크로크레딧을 넘어서 다수의 대중에게 미치는 효과가 훨씬 클 수도 있다는 사실을 환기시킬 수 있을 것으로 기대한다.

2. 지역 자활공제협동조합의 상호부조 금융

자활공제협동조합은 지역자활센터에 참여하고 있는 주민들과 일반 저소득층이 중심이 되어 출자금을 조성하여 긴급한 생활자금이 필요할 때 어려움에 처한 조합원에게 신용으로 대출해주는 조합이다.[22] 이 조합의 조직을 주도한 것은 한국지역자활센터협회인데,[23] 협회가 조합의 조직을 장려하기 이전에 이미 몇몇 지역자활센터 내에 상조회가 결성되어 있었으며 그중에서 성남 해밀, 서울 광진 등 몇 곳에서는 협동조합 방식으로 운영되고 있었다.[24] 이러한 가운데 2009년경 이사회에서 자활공제협동조합 추진을 의결했다. 자활공제협동조합 가입 자격은 자활사업 참여자와 조합의 취지에 동의하는 지역 주민이다. 단체로는 자활기업, 사회적 기업, 기타 사회적 경제 조직, 마을 조직, 업종별 조직이어야 가입할 수 있다.

---

22 자활공제협동조합연합회, 『팸플릿』, 1쪽.
23 지역자활센터는 1999년 9월 제정되어 2000년 10월부터 시행된 국민기초생활보장법의 제16조에 의거해 근로능력이 있는 저소득층(기초생활수급자나 차상위계층)에게 자활지원 서비스를 집중적이고 체계적으로 제공하여 자활 의욕을 고취하고 자립능력 향상을 지원하는 기관이다. 구군별, 시도별로 조직되었으며 전국적으로는 한국지역자활센터협회가 조직되어 있다. 현재 부산광역시에는 16개 구군에 18개소가 운영되고 있다(2016년 6월 23일 이성조 전 부산진구자활센터장 인터뷰; http://www.bsjahwal.or.kr 참조).
24 2016년 6월 17일 정덕용 연제지역자활센터장(늘품자활공제협동조합 교육이사, 자활공제협동조합연합회 상임이사) 서면인터뷰.

자활공제협동조합연합회(이하 '연합회'로 줄임)는[25] 지역 자활공제협동조합의 설립과 운영을 지원하고 공익 증진을 위한 사업을 전개하기 위한 목적으로 2010년 6월 조직되었다. '자활공제조합 추진과제 및 사례', '유럽 공제협동조합의 역사 및 자활공제사업의 의의', '공제협동조합 의미와 추진 방향' 등 세 차례의 포럼과 '자활공제협동조합 아카데미'를 열어 학습과 토론 등 준비 과정을 거쳐 연합회가 창립되었다.

2015년 10월경 연합회에는 46개의 공제협동조합이 가입되어 있다.[26] 43개는 지역자활센터에 기반을 둔 공제협동조합이지만, 자활센터와 상관없이 지역이나 단체에서 독자적으로 설립한 3개 조합(청년연대은행 토닥, 동자동 사랑방마을공제협동조합, 경남 창원 디딤돌금고)도 참가하고 있어 명실상부한 공제협동조합의 연대체라고 할 수 있다. 2015년 10월 현재 46개 조합의 가입자는 8,300명이며, 출자금 33억 원에 누계대출금액 27억 8,000만 원, 누계대출 인원 5,800명에 이른다. 대출서비스로 인한 파급 효과 즉 자립·자활 지원의 내용을 정밀하게 검토해야 하겠지만, 일단 소액대출의 혜택 확대란 측면에서 본다면 열악한 환경에서 짧은 시간 내에 상당한 성과를 이루었다고 할 것이다.

연합회의 지속적 활동을 위해 가입회원인 지역 공제협동조합은 연합회에 매년 일정액(공제조합의 연도별 출자금의 10%)을 출자하고 있다.[27]

---

25 자활공제협동조합연합회의 기구는 총회, 이사회, 집행위원회(조직·정책·사업·교육·재정), 사무국으로 편제되어 있다. 권역 모임은 서울, 경기, 인천, 충청, 호남, 경남(부산), 경북(대구)로 구성된다(자활공제협동조합연합회, 위의 책, 2쪽).
26 자활공제협동조합연합회, 『팸플릿』 4. 서울 9개, 경기 10, 인천 4, 충북 1, 충남 1, 전북 4, 전남 1, 경북 3, 경남 7, 부산 1, 비자활공제조합 3개이다. 2013년경 자활공제협동조합은 전국에 총 75개였는데, 연합회에 가입하지 않은 조합도 많이 있으며, 또한 가입했다가 탈퇴한 조합도 있었다(「쪽방촌 '희망은행' 29개월」, 『한겨레신문』 2013.8.18).
27 늘품자활공제협동조합의 「정관」에 의하면, 매년 정기총회에서 연합회 출자좌수를 결정

연합회는 크게 보아 공제협동조합의 설립 준비 활동을 지원하며 컨설팅을 통해 운영 관리 기술을 제공하는 운영지원사업과 회계 및 행정교육, 자활협동운동가 아카데미, 실무자 교육, 임원 교육, 협동조합 교재 발간, 선진지역 연수 등의 교육활동을 전개하고 있다. 또한 공동구매사업을 통해 획득한 이익금은 연합회 활동비뿐만 아니라 단위 공제조합의 운영비로도 지원되고 있다.

연합회의 가장 주목할 사업은 '천원의 행복' 상호부조사업인데, 이는 한 달에 1,000원씩 내면 건강보험이 적용되지 않는 비급여질병이어서 제때 치료를 받지 못하는 조합원에게 본인부담 치료비를 실비 보상하는 제도이다.[28] 매월 몇 만 원을 부담해야 하는 시중의 실손보험에 비교하면, 저렴한 가격으로 유사한 혜택을 보장하는 셈이다. 이는 공제조합의 본연의 기능을 수행하는 것이라 할 수 있다. 그러나 무엇보다 연합회의 중요한 기능은 단위 공제조합의 금융사고 시 연합회출자금으로 조합원의 예금(출자금)을 보호한다는 점일 것이다.

연합회는 자활공제협동조합이 '자활조직의 프로그램'이냐 혹은 '지역사회조직'이냐는 두 가지 노선을 둘러싸고 진로를 모색하고 있다. 자활공제조합을 지역자활센터의 신용사업 조직으로 의미를 부여할 것인지 아니면 신용사업뿐만 적극적으로 각종 상호부조·공제사업으로 역할을 확장하면서 '지역사회 조직'으로 발전할 것인지를 두고 고민하고 있다. 전자는 주체와 대상이 자활사업 참여주민으로 국한되지만, 후자

하는데 전년 출자총액의 10/100 이상, 20/100 이내 범위로 출자한다고 되어 있다.
28 자활공제협동조합연합회, 앞의 책, 6쪽. 즉 타 보험사와 상관없이 계약 기간 중 발생한 질병과 상해에 대해 국민기초생활수급자에게는 5만~30만 원, 의료급여 비수급자(차상위)에게는 10만~30만 원의 본인부담치료비를 보상해주는 것이다.

는 지역 주민으로 확장되어야 한다. 자활센터와 관계없는 서울역 동자동 사랑방마을공제협동조합과 청년연대은행 토닥이 연합회 조합원으로 가입해 있는 점은 후자의 길이 모색되고 있음을 보여주는 것이 아닐까 생각된다.

국제협동조합연맹ICA의 7가지 원칙 가운데 하나인 '연대성(협동조합 간의 협동)' 원칙을 지키기 위해 자활공제협동조합의 연대체인 연합회는 반드시 필요한 기구이다. 연합회는 개별 협동조합에게 닥쳐올 수 있는 위기를 방어해주는 보호막이며 개별 조합만으로 수행하기 어려운 사업을 기획하고 실시할 수 있기 때문이다.

1) 늘품자활공제협동조합(부산 연제구)

연제지역자활센터에[29] 기반을 둔 늘품자활공제협동조합은 2010년 3월 85명의 조합원을 모집하여 창립총회를 개최하면서 출범했다. 그러나 조합이 태동된 것은 2009년부터이다. 처음 공제협동조합 설립에 찬성하는 사람은 3, 4명에 불과했다.[30] 그러나 2009년 11월에 선진지역 견학 차 성남 해밀협동조합[31]을 방문하고, 12월에는 센터의 자활사

---

[29] 연제지역자활센터의 모법인은 연제공동체이다. 연제공동체는 1996년 민주노총 노동자 후보의 국회의원 선거운동을 했던 자원봉사자들이 '생활 속 진보운동'의 필요를 느끼고 '주민자치운동'의 일환으로 조직한 단체이다. 물만골 자활경제공동체 사업, 온천천살리기 네트워크 결성, 부산녹색통화 등의 운동을 전개했다.

[30] 2016년 5월 13일 정덕용 인터뷰.

[31] 해밀협동조합은 성남지역 자활센터 소속 자활근로사업단의 활동가들이 2007년부터 계 형태의 공제조합을 만들기로 논의해오다가, 2008년 4월 137명의 조합원을 모집하여 조직했다. 협동조합기본법 실시 이후 법인 등록을 하지 않으면 협동조합 명칭을 사용할 수 없어

업 참여자를 대상으로 금융실태 조사를 실시하면서 점차 분위기가 반전되었다.[32]

금융실태조사 결과를 보면, 응답자 129명 가운데 월 가계소득이 65만~75만 원 51명, 76만~90만 원 21명, 91만~110만 원 12명, 121만~140만 원 16명, 141만 원 이상 23명으로, 최저생계비(2009년경 4인 가구 132만 원, 3인 가구 108만 원)에 훨씬 못 미치는 90만 원 미만이 56%에 달했다. 저축 여부 설문에 답한 응답자 116명 중 51%는 저축하지 못하고 있는 형편이며, 저축하고 있는 이들도 월 5만 원 미만 27%, 10만 원 미만 53%로 유사 시 대비 저축액으로는 부족한 편이었다. 생활비 부족 시에는 주로 지인으로부터의 차용(38%)이나 신용카드 현금서비스(29%)에 의존했다. 평균적인 차용금액은 40만 원 미만 68%, 50만 원 미만 79%였으니, 이후 대출 규정에서 소액대출금액을 50만 원으로 정한 것은 이러한 조사 결과를 감안한 것으로 보인다.[33]

2010년에는 떡국 판매대금 70만 원을 종자돈으로 총회 자료집과 통장을 제작했다. 조합원 아카데미, 두 차례의 발의자 모임을 거쳐 마침내 2010년 3월 '늘품협동조합' 창립총회가 개최되었다.[34] 정관 전문에는 "경제적인 약자라는 이유로 경제적, 사회적으로 많은 분야에서 소외되어왔을 뿐만 아니라 가난을 극복할 수 있는 기회 또한 매우 희박한 것이 지금의 사회현실이다. 하지만 협동과 나눔의 정신으로 모인 우리

해밀나눔금고로 명칭을 변경했다. 현재 조합원 250명, 출자금 2억 4,000만 원의 조합으로 성장했다(우미숙, 「살림이야기─자활공제조합 해밀나눔금고」, 『프레시안』 2016.2.5).

32 늘품자활공제협동조합, 「경과보고」, 『창립총회자료집』.
33 늘품자활공제협동조합, 『연제금융실태조사』, 2009.12.
34 늘품자활공제협동조합, 「경과보고」, 『늘품협동조합창립총회』.

들은 스스로의 힘으로 출자금을 조성하여 경제적 소외를 극복하기 위해 주민자치 경제공동체 '늘품공제협동조합'을 결성하여 조합원들의 생활안정과 신용대출 그리고 복지지원을 함으로써 더 나은 삶을 추구하고, 디딤돌이 되고자 한다"라고 경제공동체 결성의 의지와 조합의 목적이 잘 표현되어 있다.[35]

정관 제2조에 명시된 조합의 목적은 "① 조합원의 저축성 함양, ② 조합원의 효율적인 자금관리를 통하여 경제적 사회적 지위 향상과 삶의 질을 고양, ③ 함께 협동하여 스스로를 돕고 나누는 공동체 정신의 실천"이다. 그리고 이러한 목적을 실천하기 위한 사업으로 ① 조합원으로부터의 출자금 수입, ② 조합을 후원하는 기관·단체나 개인으로부터의 후원금, ③ 조합원에 대한 자금 대출, ④ 조합원을 위한 교육사업, ⑤ 조합원을 위한 상호부조사업, ⑥ 조합원 간의 친목도모 활동, ⑦ 사회적 기여 사업의 수행을 규정하고 있다.[36]

늘품자활공제협동조합 기구는 조합원 총회,[37] 이사회, 이사장, 부이사·홍보이사(5명)·재무이사(1명)·교육이사(2명) 그리고 감사(2명)로 구성되어 있다. 조합의 주요 결정기구는 매월 1회 소집되는 이사회로, 중요 사안 즉 대부 신청의 심사 및 결정, 대출규정의 제정과 개정, 사업계획안 및 변경안의 작성 등을 결정한다. 조합원의 책임은 출자액을 한도로 하는데, 특히 "출자 좌수에 관계없이 평등한 의결권과 선거권을

---

35 늘품자활공제협동조합, 『제6차 정기총회자료집』, 24쪽. 6조에 "이 조합은 정치에 관여하는 일체의 행위를 할 수 없다"고 하여 '정치 관여의 금지'를 명시한 것은 늘품이 경제공동체로서 본연의 기능에 충실하겠다는 의지를 표현한 것이다.

36 늘품자활공제협동조합, 『제6차 정기총회자료집』, 24쪽.

37 총회는 정기와 임시로 구분되는데, 정기총회의 경우 사업연도마다 1회, 회계 마감 후 2개월 이내에 개최되는데 대개 2월 말에 열린다.

〈표 1〉 늘품자활공제협동조합원의 구성과 변화

시기	탈퇴	신규	총조합원 수	대출 이용자
2010.3			85	
2010.12	14	23	94	8
2011.12.31	26	50(21)	118(92)	29
2012.12.31	23	46(51)	141	33
2013.12.31	24	38(36)	155	55
2014.12.31	31	12(35)	136	64
2015.12.31	27	20	129	51

주 : ① 자료집에서 탈퇴와 신규를 계산하면 총수가 맞지 않아 총조합원 수와 탈퇴자 수는 원자료
그대로 표기하고, 신규 수를 총조합원 수에 맞추어 보정함(괄호 안은 원자료 숫자)
② 총조합원 수는 '전체 조합원'과 '현재 조합원' 두 가지로 표기되고 있는데 2014년부터는 '현
재 조합원'만 표기되어 있다. 여기에서는 2011~2013년에는 '전체 조합원(괄호 안은 현재조
합원)', 2014년 이후에는 '현재 조합원'으로 표기함.
자료 : 『제3차 정기총회자료집』(2012.02.17), 5쪽 · 9쪽; 『제4차 정기총회자료집』(2014.2.21),
10쪽; 『제5차 정기총회자료집』, 10쪽; 『제6차 정기총회자료집』, 12쪽.

가진다"라고 규정한 점은 로치델조합 운영 원칙을 준수한 것이다.

조합원 자격조건은 ① 연제지역자활센터에서 실시하는 자활사업의 참
여자, ② 조합의 목적에 동의하는 연제지역자활센터 실무자 및 지역 주민,
③ 조합의 목적에 동의하는 법인 및 단체 등 세 범주인데, 자활사업 참여자
가 대부분이고 일부 일반 주민이 참여하고 있다. 그런데 자활사업 비참여
자인 일반 주민 가운데에는 연제구 외㉮ 거주자 4~5명도 가입되어 있다
(2016.5.13 정덕용 인터뷰). 이들은 기존 조합원을 통해 공제조합의 존재를
알게 되어 가입한 것이다.

〈표 1〉을 보면, 조합원 수는 2010년 3월 창립 당시에 85명이었는데,
2015년 말에는 129명으로 증가했다. 신규가입자가 연평균 30명에 달
하지만, 탈퇴자도 연평균 20여 명이어서 완만한 증가 추세이다. 탈퇴

원인은 대개 자활근로사업단이나 사회적 기업에서 퇴사하면서 조합도 함께 그만두기 때문이다.[38] 탈퇴와 신규 가입이 잦은 것은 자활센터를 기반으로 조직된 공제조합의 일반적인 특성으로 다른 지역도 비슷한 현상이다.

조합원은 1좌 이상의 출자금을 납입해야 하는데, 1좌의 금액은 5,000원이며 일시납은 허용되지 않는다. 개인 조합원의 경우 5,000~5만 원의 액수를 매월 불입하는 방식으로 출자한다.[39] 개인 출자자는 총 출자좌수의 10 / 100을 초과할 수 없으나, 법인 및 단체 조합원은 예외로 상한선을 두지 않았다. 2016년 2월 현재 조합원의 출자액 현황을 살펴보면 총 134명 중 월 5만 원 출자자 21명, 4만 원 1명, 3만 원 17명, 2만 원 24명, 1만 원 61명, 5,000원 10명이다. 월 1만 원 출자자 46%, 월 2만 원 18%로 월 1만~2만 원 출자자가 전체 조합원의 64%에 달한다. 가장 많은 출자액을 적립한 조합원은 매월 5만 원씩 70회 출자하여 350만 원을 불입했다. 출자 횟수 면에서 보면, 조합이 출범한 2010년 4월부터 시작하여 2016년 2월까지 총71회 출자한 조합원이 14명이다.[40] 출자금에 대한 이자는 없다. 조합원은 탈퇴 시 15일 전에 서면으로 의사를 고지해야 하며, 이후 15일 이내에 대출금의 회수와 출자금 환급을 처리하게 되어 있다.[41] 3개월 이상 출자하지 않을 경우에는 이사회의 결의를 거쳐 '조합원 자격의 상실'로 간주했다.[42]

---

38 2016.5.13 정덕용 인터뷰. 예컨대 2010년도 조합의 임원 8명 가운데에서 4명이 퇴사와 동시에 조합을 탈퇴했다(늘품자활공제협동조합, 『제2차 정기총회자료집』, 6쪽)
39 늘품자활공제협동조합, 「정관」, 『제6차 정기총회자료집』, 26쪽.
40 늘품자활공제협동조합, 「조합원 및 출자현황」(2016.2.22 기준).
41 그러나 조합 운영이 어려운 경우에는 이사회의 의결을 거쳐 반환 처리기간이 지난 후 지급할 수도 있다.

〈표 2〉늘품자활공제협동조합의 출자금 현황　(단위 : 원)

연도	출자금	탈퇴 반환금	적립자산
2010.12.31	18,170,000	2,770,000	15,400,000
2011.1.31	21,975,000	5,195,000	16,780,000
2012	28,350,000	13,450,000	14,900,000
2013	30,553,596	11,330,000	19,223,596
2014	31,172,000	21,730,000	9,442,000
2015	28,678,000	21,785,000	6,893,000
합계	158,898,596	76,260,000(48%)	82,638,596(52%)

주: 두 자료에서 불일치하는 숫자는 전후 맥락으로 보아 보정함.
자료: 늘품자활공제협동조합, 『제4차 정기총회자료집』, 12쪽; 『제6차 정기총회자료집』, 14쪽.

〈표 2〉를 보면 창립한 2010년도 말에는 누적출자금이 약 1,540만 원
이었으나 2015년 말에는 8,263만 원으로 5.3배 증가되었다. 그러나 탈퇴
자에게 지급한 누적반환금액(약 7,626만 원)이 누적출자금(약 1억 5,889만
원)의 48%에 달하는 점과 연간 적립자산액이 갈수록 감소하는 경향으로
보아 조합의 운영이 아직 안정적인 궤도에 오르지 못했음을 알 수 있다.[43]
지나치게 과다한 누적반환금액은 조합의 지속성이란 점에서 분명 바람직
하지 않은 경향이다.

이 문제를 해결하기 위해서는 자활근로단 퇴사자가 지역조합원으로
전환하여 활동하도록 유인하는 적극적인 대책이 마련되어야 할 것이
다.[44] 예를 들어 공제조합의 목적과 필요성을 조합원에게 주지시키는

42　늘품자활공제협동조합, 「정관」 2장 조합원 14·15조, 『제6차 정기총회자료집』, 25쪽.
43　그동안 (조합 사무원과 조합원에 의한) 3건의 금융사고가 있었는데 이는 조합에 대한 신
　　뢰에도 타격을 주었을 것으로 보인다(2016.6.17 정덕용 서면 인터뷰). 손실출자금은 연
　　합회의 출자기금으로 보전되었다고 한다. 이를 통해 단위조합의 금융사고 시 연합회가 보
　　호막 기능을 수행했음을 알 수 있다.
44　이에 조합 측에서는 출자금 환급을 원할 경우 조합원 탈퇴보다 소액을 남겨두고 환급하는
　　방안을 권장하고 있다고 한다. 탈퇴 후에는 3개월간 조합 재가입이 불가능하기 때문이다.

교육과 함께 조합에 대한 신뢰와 공동체적 감성을 공유할 수 있는 동아리친목모임을 강화하는 것이 필요하다. '2016년도 사업 방향' 가운데 첫 번째로 전체 조합원과 신규 조합원에 대한 교육을 실시하고 조합원의 날, 동아리모임 등 친목도모활동과 '조합원 의식 향상'을 통해 조직력 강화를 거론한 것은 이러한 당면한 상황을 의식한 때문일 것이다.[45] 또한 조합원 확대를 위해 '1인 이상 조합원 가입시키기'를 장려하고 탈퇴자 관리를 통해 재가입을 유도하는 것도 같은 차원일 것이다.

늘품자활공제협동조합의 가장 중요한 사업은 대출사업이다. 대출은 일반대출, 범위 내 대출, 긴급대출, 소액대출, 법인 및 단체조합원 대출 등 5종류로 실시하고 있다. 일반대출은 6개월 이상 10좌 이상 출자한 조합원이면 가능한데, 본인 출자금에 따라 50만~100만 원 대출할 수 있으며 12개월 이내 상환해야 한다.[46] 범위 내 대출은 대출금의 최고한도를 총출자금의 80% 이내로 제한하고 12개월 이내 상환해야 한다. 양자가 출자금에 따라 대출한도가 제한되는 반면, 직계존속 및 직계비속이 불의의 사고로 긴급자금이 필요할 때 이용하는 긴급대출과 회전성 소액자금 대출의 경우 출자금과 관계없이 대출최고한도는 30만 원 이하로 실시한다.[47] 이자율은 대출의 종류에 따라 각기 다르니, 일반대출은 연 3%, 범위내대출은 연 1%, 긴급대출과 소액대출은 연 2%로 설계되어 있다.[48]

---

45 늘품자활공제협동조합, 『2016년도 제6차 정기총회자료집』, 18쪽.
46 이 대출조건은 원래 "6개월 이상 10좌 이상 출자한 조합원에게 대출"로만 되어 있었으나, 본인 출자금 대비 과도한 대출이 이루어지는 것을 막기 위해 2016년 2월 이사회에서 "본인 출자금에 따라 30만 원 이하 출자조합원은 50만 원, 30만 원 이상 조합원은 100만 원 한도 내에서 대출"로 수정되었다.
47 늘품자활공제협동조합, 「대출규정」, 『제6차 정기총회자료집』, 31쪽.

한편 법인 및 단체조합원에 대한 대출 최고한도는 총출자금의 30% 이내로 개인보다 상당히 낮게 설정했는데, 이는 사회적 기업의 대출액이 개인에 비해 액수가 크기 때문에 총자산을 감안하여 정한 것으로 보인다. 이자율 역시 한국은행 기준금리를 적용하여 개인대출과 달리 설계했다. 그렇지만 시중 금융권의 기업 대출에 접근하기 어려운 사회적 기업에게는 큰 혜택이라 할 것이다.

개인이나 법인·단체 모두 대출금 상환이 끝나기 전에 중복대출은 불가능하다. 상환 방식은 개인대출의 경우에는 매월 원리금 분할상환 방식이며, 법인 및 단체 대출의 경우 1년 거치 3년 원리금 분할상환을 원칙으로 한다.[49] 대출 승인 시 우선 순위는 '범위 내 대출'이며, 대출신청이 많아 자금 여유가 없을 때에는 '소액대출'을 우선했다. 이는 많은 조합원들이 대출 사업의 혜택을 받을 수 있도록 하기 위해서일 것이다.

〈표 3〉을 보면 창립부터 2015년 말 기간에 총 240건, 2억 1,170만 원의 대출이 실시되었다. 〈표 1〉을 보면 대출사업이 본격화된 2011년 이후 매년 대출 건수가 증가하여 2014년에는 전체 조합원의 47%, 2015년에는 39%의 조합원이 대출을 이용했다. 갈수록 대출사업이 매우 활발함을 알 수 있는데, 그만큼 조합원들이 협동금융의 혜택을 누리고 있다고 할 것이다. 자활센터의 사회적 기업에 대한 대출은 총 1건에 불과하여 대출사업이 주로 개인조합원을 대상으로 이루어졌음을 알 수

---

48 늘품자활공제협동조합, 「대출규정」, 『제6차 정기총회자료집』, 32쪽.

49 창립 초기에는 개인대출 상한액이 50만 원이었고 한 달에 5만 원씩 10개월 균등상환으로 하여 조합원의 경제사정을 최대한 고려했다. 그러나 출자금이 적립되고 또한 물가상승 등을 감안하여 현재는 대출상한액이 100만 원으로 증가되었다. 단체 조합원인 사회적 기업의 경우 대출상한액이 2,000만 원이며 2년 거치 상환조건을 적용하고 있다.

〈표 3〉 늘품자활공제협동조합의 연도별 대출사업 현황

시기	전년도 잔여 대출금(원)	대출 건수 개인/법인	대출금 개인/법인	상환금	대출이자
2010		8	2,040,000	360	1,800
2011		29	10,060,000	4,150,000	1,153,200
2012	7,590,000	33	20,580,000	18,172,000	511,110
2013	9,998,000	55	47,120,000	36,415,000	678,086
2014	20,703,000	64	61,300,000	48,738,000	745,293
2015	33,264,000	50/1	50,600,000/ 20,000,000	52,603,000	1,078,948
합계		240	211,700,000	160,439,000	4,168,437

자료 : 각 연도 총회자료집.

있다. 이는 창립 후 얼마 지나지 않아 아직 적립출자금이 적기 때문에 상대적으로 큰 액수의 대출을 요구하는 사회적 기업의 수요에 부응할 수 없는 상황에서 기인하지 않을까 생각된다.

2015년 말 35개 자활공제협동조합의 신용사업 조사에 의하면, 조합 당 평균 대출인원은 52명, 평균 대출총액은 3,934만원이었다("쪽방촌 '희 망은행' 29개월" 『한겨레신문』 2013.8.18). 늘품의 경우 대출자 수는 평균 수준 이지만, 대출액은 평균보다 훨씬 많은데 이는 전년도 사회적 기업 대출금 2,000만 원이 포함되었기 때문일 것이다. 상환율은 대략 '90% 이상'이라 고 하는데,[50] 우리나라 소액금융기관의 상환율 85~90%와 거의 비슷한 수준이다. 그러나 그라민은행 99%, 미국 ACCION의 96.9%에 비교하면 낮은 편이다.[51]

---

[50] 2016년 6월 17일 정덕용 서면 인터뷰. 정밀하게 회계장부를 검토한 계산 결과가 아니라, 대략의 수치이다.
[51] 조복현, 앞의글. 2011, 63 · 69쪽. ACCION INTERNATIONAL은 라틴아메리카에서 민간 자본을 활용하여 마이크로파이낸스 사업을 개척한 비영리단체이다. 1991년 미국에 진출

2) 우리가남이가 공제조합(경남 김해)

김해지역자활센터에[52] 기반을 둔 우리가남이가 공제조합은 2010년
2월 창립되었다. 원래 자활센터에는 경조사와 동아리 모임을 함께 하
며 친목을 도모하는 상조회가 2004년 3월 설립되어 있었는데, 이 상조
회를 기반으로 공제조합이 조직되었다.

처음 창립 당시에는 '김해디딤돌신용금고'라고 칭했으나, 2012년 2
월 '김해자활공제협동조합'으로 변경했다가 2013년 2월 '우리가남이가
공제협동조합', 2015년 4월 '우리가남이가 공제조합'으로 개칭되었
다.[53] 이러한 명칭 변화 과정에서 주목할 점은 디딤돌→김해→우리가
남이가란 조합 명칭의 변경보다 시간이 지나면서 조합의 성격과 정체성
에 대한 인식이 심화됨에 따라 신용금고→공제협동조합→공제조합으
로 변화된 사실이다. 즉 창립 초에는 조합조직에 의한 금융기관인 신용
금고라고 했지만, 점차 상호부조 공제협동조합의 성격을 분명하게 인식
하게 된 것이다. 공제협동조합에서 공제조합으로 변경한 이유는 공제협
동조합을 지향하지만, 협동조합으로 법인 등록하지 않은 경우 2014년

했는데, 저소득층의 자영업과 창업을 지원하기 위해 원리금균등분할상환방식으로 3,000
달러에서 최대 5만 달러까지 대출을 제공하며 경영 지도와 교육서비스를 실시한다.

52 김해지역자활센터는 2000년 8월 보건복지부로부터 지정되고 경상남도, 김해시의 지원을
받아 인제대학교가 운영하는 비영리기관이다. 센터는 자원재활용·청소방역·약손사업
단·바른먹거리사업단·외식사업단(이든카페)·도배장판사업단·세차사업단 등의 자활
근로사업, (유)인제하우징·(유)김해늘푸른사람들·(유)인제베이커리·(유)김해돌봄지
원센터·(유)행복한가게 등의 사회적 기업 지원사업을 운영하고 있다(김해지역자활센터,
『자활사업안내서』, 2쪽).

53 김해디딤돌신용금고, 『창립총회자료집』(2010.2.16), 21; 김해지역자활센터 상조회, 『2012
년도 정기총회자료집』, 21쪽; 김해지역자활센터 공제협동조합, 『2013년도 정기총회자료
집』, 31쪽; 김해지역자활센터 우리가남이가 공제조합, 『2015년도 정기총회자료집』, 20쪽.

12월부로 법에 저촉되므로 공제조합으로 표기하기로 한 것이다.[54]

조합의 명칭은 여러 차례 변동되었으나 정관 제1조에 명시된 조합의 목적은 창립 초부터 일관되게 유지되고 있다. 즉 "김해지역자활센터 종사자(초기에는 조합원으로 표기-필자)의 상부상조의 정신을 함양하고, 조합 자금의 민주적인 활용으로 회원에 대한 경제적 지원과 사회적 지위 향상 및 문화적 욕구를 해결함으로써 회원의 삶의 질 향상에 기여함을 목적"으로 한다. 사업 내용은 신용대출, 소모임 활동 및 문화지원사업, 교육·출판·홍보사업, 연대사업 그리고 경조금 지급 등이다. 조합 내에 어울걸음(등산동호회), 미소봉사단(봉사모임), 이웃사랑(친목모임) 등 동아리가 구성되어 있으나 그리 활성화되지는 못한 상황이다.[55] 그러나 조합의 유래가 상조회에서 출발하였기 때문인데, 경조금 지급은 공동체의 유대감을 높이는 데에 일조하고 있다.[56]

조합의 일상적인 운영은 이사장 1인, 부이사장 1인, 이사 5~10인으로 구성되어 월 1회 이상 개최되는 이사회를 중심으로 이루어진다.[57] 이사는 자활센터의 각 사업단 대표들로 구성되는데, 이는 사업단 소속 조합원의 사정을 잘 알고 사업단 재정운영이 대출사업과 연관되기 때문일 것이다. 특히 조합의 사무를 처리하기 위해 사무국을 두고 사무국장 및 간사가 상시적인 실무를 담당하도록 한 규정이 눈에 띈다. 그러나 사무

---

54 2016.5.27 남택주 김해지역자활센터장 인터뷰.
55 2015년도 세출 결산을 보면 동아리지원사업비는 총 20만 원이었다(김해지역자활센터 우리가 남이가 공제조합, 「2015년도 공제조합 세부사업보고」, 『2016년도 정기총회자료집』, 8쪽).
56 상조사업을 위해 조합원은 매월 1,000원의 회비를 낸다.
57 이사회는 규정에 대한 변경 심의, 기본재산의 유지 관리, 운영 및 업무 집행에 관한 일반 사항, 회원 가입의 승인, 총회에서 위임받은 사항, 회원의 출자 규모 및 회비 문제 등을 심의 의결한다(김해지역자활센터 우리가남이가 공제조합, 「우리가 남이가 공제조합 정관」, 제4장, 『2016년도 정기총회자료집』).

〈표 4〉 우리가남이가 공제조합원의 구성과 변화

연도	센터의 자활사업 종사자(a)	조합원(b)	b/a(%)	b 중 자활사업 비참여지역주민	탈퇴	신규
2010	477	356	75%	-	36	135
2011	675	433	64%	-	98	113
2012	552	423	76%	-	106	82
2013	441	234	53%	-	76	50
2014	313	203	64%	16	81	26
2015	246	220	89%	28	65	64

주 : ① 센터 자활사업은 자활기업, 자활근로사업, 바우처사업, 기타사업 등으로 구분됨. 기초생활
　　수급자, 차상위계층, 일반인이 모두 참여하지만, 바우처사업(가사간병도움, 노인돌보미, 장애
　　인활동지원 등)의 경우 특히 일반인이 많이 참여함.
　　② 신규와 탈퇴 수는 각 연도별 총회자료집과 일치하지 않는데, 여기에서는 '회원별 입출금
　　현황' 엑셀파일이 원천자료이므로 여기에 의거하여 작성함. 2010~2013년에는 명부가 정리
　　되어 있지 않아 퇴사일을 기준으로 계산했으며, 따라서 조합원 수에 오차가 있을 수 있음.
　　③ 모든 수치는 당해 연도 말을 기준으로 계산함.
자료 : a는 김해지역자활센터 우리가남이가 공제조합. 「자활사업 참여주민 참가현황」. 나머지
　　항목은 「회원별 입출금현황」 엑셀 파일에 의거하여 계산.

국 간사에게 직책보조비로 월 10만 원을 지급하는 것으로 보아 전업 간
사는 아니다. 기본적인 대출사업과 교육사업 등 적지 않은 업무를 담당
할 상근 간사가 필요한데, 이를 두지 못하는 것은 가입비 이외에 별도의
조합비를 징수하지 않으므로 조합의 운영 경비(인건비)를 마련하기가 쉽
지 않은 때문일 것이다.

　〈표 4〉를 보면 2010년 3월 창립과 함께 상조회원에서 자동적으로 공
제조합원으로 된 이(즉 2010년 3월 가입자)는 221명이며, 4월 이후 가입자
135명은 자활기업이나 자활사업, 바우처사업, 기타사업 등에 참여하면
서 조합에 신규 가입한 이들이다. 창립 초인 2010~2011년에는 신규가
입자 수가 탈퇴자 수보다 많지만, 2012년 이후에 역전되어 신규가입자

보다 탈퇴자가 더 많아지는 추이를 보인다. 이는 늘품자활공제협동조합과 마찬가지로 자활센터의 각종 사업에 새로 참여하면 조합원으로 가입했다가 사업을 종료하면 탈퇴하기 때문이다. 즉 조합의 탈퇴와 가입이 센터 사업의 전개 동향에 연동되어 있는 것이다. 특히 일반인이 많이 참여하는 기타사업 참가자로 공제조합에 가입한 경우 사업이 끝나면 탈퇴하는 비율이 매우 높은데,[58] 이는 자활센터의 각종 근로사업에 참여할 경우 공제조합 가입이 당연 조건으로 되어 있기 때문이다. 하지만 이는 조합의 자율적 상호부조 원칙에 괴리되며 결국 탈퇴로 결과 되므로 장기적인 면에서 공동체적 결속에 도움이 되지 않을 것으로 생각된다.

2016년 6월 현재 조합원은 219명인데 이들의 가입연한을 조사해보면, 2010년 가입자는 61명, 2011년 22명, 2012년 23명, 2013년 21명, 2014년 20명, 2015년 51명, 2016년 20명, 미상 1명 등이다. 이를 보면 약 27% 정도의 조합원이 창립 초부터 가입한 이들이다. 또한 사업을 종료하면서 탈퇴했다가 다시 지역조합원으로 재가입하거나 사업은 종료했으나 탈퇴하지 않고 지역 가입자로 전환한 이들이 28명이다.[59] 정관에 의하면 조합 회원은 "센터 사업 참여주민 및 종사자를 회원으로 한다"고 명시되어 있다.[60] 그러나 2014년부터 소수이기는 하지

---

[58] 기타사업에는 기초수급자나 차상위계층보다 일반인들도 많이 참여하기 때문에 이들의 경우 조합의 필요성에 대한 인식이 상대적으로 덜하다고 한다(2016.6.8 김선목 주임 서면인터뷰).

[59] 예를 들어 지역가입자 윤○○은 2010년 3월 창립과 함께 조합원으로 가입, 인큐베이터 사업 종료와 함께 퇴사했으나 2012년 1월 초에 지역조합원으로 재가입했다. 문○○은 2010년 3월 가입, 2013년 산모도우미를 퇴사하면서 지역조합원으로 전환하였다. 2012년 4월 가입한 공○○은 복지시설도우미로 일하다 퇴사하여 2015년 이후 지역가입자가 되었다.

[60] 김해지역자활센터 우리가남이가 공제조합, 「우리가남이가 공제조합 정관」(2015.4.8. 개정), 『2016년도 정기총회자료집』, 18쪽. 디딤돌신용금고로 창립한 초기에는 조합원을 정회

〈표 5〉 우리가남이가 공제조합의 출자금과 반환금 내역

연도	출자금	탈퇴 반환금
2010	30,730,000(308명)	2,420,000(38명)
2011	50,150,000(344명)	13,490,000(96명)
2012	52,480,000(334명)	24,870,000(96명)
2014	38,250,000(203명)	39,688,100(76명)
2015	48,480,000(221명)	31,360,000(51명)
합계	220,090,000	111,828,100(50%)

주 : ① 2013년은 정기총회가 열리지 않았음
　　 ② 탈퇴반환금 지급은 탈퇴자가 찾아가지 않아 몇 년 후에 이루어지는 경우도 있음.
　　 ③ 연간적립금을 정확하게 계산할 수 있는 데이터 자료를 확보하지 못했고 또한 총회자료
　　　　집에는 차년도이월금, 적립금으로 표기 방식이 매년 달라 적립금 항목은 표기하지 않음
　　 ④ 출자금을 낸 수와 〈표 4〉의 조합원 수가 일치하지 않는데 이는 가입원서를 썼으나 출자
　　　　금을 내지 않는 이가 있기 때문인 것으로 보임.
자료: 김해지역자활센터 우리가남이가 공제조합 각 연도 정기총회자료집.

만 자활센터 사업에 참여하지 않는 일반 지역주민도 조합원으로 가입하고 있다. 특히 처음부터 자활사업 퇴사자가 아닌 지역 주민으로 가입하는 이들도 있다. 아직 미세하기는 하지만, 늘품에서도 나타나는 이러한 움직임은 앞으로 공제조합이 잘 운영된다면 지역 조합으로 확장될 수 있는 단초라고 생각된다.

조합의 출자금과 반환금 내역을 조사한 〈표 5〉를 보면 반환금 액수가 매우 높은 편임을 알 수 있다. 2014년의 경우 출자금보다 반환금이 더 많다. 5년간 누적반환금을 보면 무려 총출자금의 50%에 달한다. 늘품자활공제협동조합 역시 누적반환금이 48%였으므로 공제조합마다

원, 준회원, 특별회원으로 구분하였는데, 정회원은 "김해지역자활센터에서 운영하는 자활사업(자활공동체, 자활근로, 사회서비스, 기타 사업 등)에 참여하는 주민과 김해지역자활센터에서 근무하는 종사자로서 조합원의 의무를 다한 사람"이었다. 준회원은 정회원으로서의 의무를 다하지 않거나 일시적 기부를 한 사람, 특별회원은 "본 조합 사업에 관심 있는 사람"으로 규정하고 있다.

비슷한 현상임을 알 수 있다.

대출 사업은 2010년 11월부터 시작되었는데, 개인을 대상으로 한 '긴급생활자금'과 단체·사회적 기업을 대상으로 한 '연대대출' 두 가지로 실시되었다. 생활자금대출은 50만 원과 100만 원 두 종류가 있는데 조합 가입 6개월 후부터 가능하며 출자금 1구좌 이상을 가지고 있어야 신청할 수 있다. 100만 원 이상 대출 시에는 출자금이 100만 원 이상 되거나 3년 이상 활동을 한 경우라야 가능하다(우리가남이가공제조합, 「우리가 남이가 공제조합 정관」, (2015.4.8 개정) 제8장 대출). 연대대출은 사회적 기업과 공동체 및 지역 협동조합만 가능하며, 대출 상한액은 2,000만 원이었다.

2010~2011년에는 생활자금 대출상한액이 50만 원이었으나, 2012년부터 출자금 총액이 2,000만 원이 되면서 대출금 상한액을 100만 원으로 올렸다.[61] 그러나 창립 당시 정관에서 명시한, "운영이 안정되면 최고 200만 원으로의 대출액 상향"은 아직 이루어지지 못하고 있다. 아마도 현재의 적립금 상황에서 200만 원으로 상향조정한다면 다수의 조합원에게 혜택이 돌아가기 어렵기 때문일 것이다.

상환기한은 생활자금대출의 경우 최장 10개월을 원칙으로 하며, 출자금이 대출신청액보다 많은 경우에는 최대 20개월까지 연장 가능하다. 연대대출은 12월 이내 상환해야 한다. 재대출은 대출 상환이 끝나는 날부터 2주 후에 가능하다. 대출이자는, 늘품이 대출종류별로 3%, 2%, 1%로 차등을 둔데 비해, 일괄적으로 3%를 적용하는데, 특별한 경우 이

---

[61] 이는 김해디딤돌신용금고 대출규정(안)(2010.2.16) 제1조 대출한도 규정 "초기에는 출자금의 5배(최고 50만 원)로 하고, 조합원 출자금 총액이 2,000만 원 이상 될 때 최고 100만 원으로 한도를 조정한다. 이후 운영이 안정되었을 때 최고 200만 원까지 대출금액을 조정한다"란 내용에 따른 것이다.

연도	생활자금대출		연대대출		합계	
	건수	금액(원)	건수	금액(원)	건수	금액(원)
2010	10	5,000,000	0	0	10	5,000,000
2011	34	16,750,000	3	65,000,000	37	81,750,000
2012	59	34,500,000	4	61,000,000	63	95,500,000
2013	63	46,000,000	3	40,000,000	66	86,000,000
2014	30	25,300,000	0	0	30	25,300,000
2015	30	24,000,000	1	10,000,000	31	34,000,000
합계	226	151,550,000	11	176,000,000	237	327,550,000

자료: 김해지역자활센터 우리가남이가 공제조합, 각 연도별 『우리가남이가협동조합대출현황표』

사회 심의에 의해 별도로 규정한다. 기한 내 상환하지 못할 경우 미납기간 동안 추가이자 3%를 부과한다.

〈표 6〉을 보면, 개인을 대상으로 하는 생활자금 대출은 2015년 12월까지 누적건수 226건에 약 1억 5,000만 원, 사회적 기업에 대한 연대대출은 11건에 약 1억 7,000만 원 정도 이루어졌다. 상환율은 대출총액 약 3억 2,000만 원 가운데 미상환액이 총 88만 5,000원에 불과하여 거의 100%에 육박한다고 한다. 이렇게 상환율이 높은 이유는 작업장에서 같이 생활하며 거의 매일 얼굴을 보기 때문이라고 한다(2016년 5월 27일 남택주 인터뷰). 공제조합은 개인대출 방식이지만, 그라민은행에서 실시했던 그룹대출과 유사하게[62] 공동체 성원들로부터 무언의 상환 압박을 받는다는 의미이다.

급전이 필요할 때 요긴하게 생활자금대출을 이용한 경험이 있는 조

---

[62] 그라민은행의 소액대출은 5명이 그룹을 지어 대출을 받는데 먼저 2명에게 대출해주고 상환이 잘되면 다시 2명에게 대출해주고 다시 상환이 이루어지면 나머지 1명에게 대출해주는 방식이다.

합원은 자활근로단에서 퇴사하더라도 조합에서 탈퇴하지 않고 지역조합원으로 전환하여 계속 남아 있는 경우가 많았다.[63] 갑자기 100만 원이 필요한 경우 대부업체나 신용카드 현금서비스 보다 훨씬 저렴한 이자로 대출할 수 있다는 점, 그리고 한 달에 5만 원씩 균등 상환할 수 있는 점에서 공제조합의 유용성을 체험했기 때문이다.

연대대출은 센터의 자활기업과 연대 단체를 대상으로 하는데, 예컨대 2011년도에는 인근 창원취업상조회(500만 원, 1건)와 창원지역자활센터(각 3,000만 원씩, 2건)에 대한 대출이 있었다. 2012년에는 사회적기업협의회에 500만 원을, 그리고 김해자활센터의 사회적 기업 인제하우징에 3건 총 4,000만 원의 대출을 실시했다. 늘품과 비교해 사회적기업과 연대단체에 대한 대출이 많은 점이 주목된다.

3. 협동금융의 확산과 청년연대은행 토닥

청년연대은행 토닥은[64] 2012년 3월 준비모임이 시작되어 창립멤버 모임, 추진위원단 결성, 회원 모집 등의 과정을 거쳐 2013년 2월 창립되었다.[65] 출자금을 모아 소액대출을 실시함으로써 청년들에게 긴급자

---

63 예를 들어 2016년 5월 현재 지역조합원인 서○○은 2012년 4월에 50만 원과 2015년 4월에 100만 원 등 두 차례, 김○○은 2012년 1월 50만 원과 2013년 11월 100만 원, 2015년 11월 100만 원 등 세 차례, 윤○○은 2013년 10월 50만 원을 대출하여 조합의 협동금융을 이용했다.

64 창립 당시 조합명은 '토닥토닥 협동조합'이었다. 그러나 2014년 12월부로 등록되지 않은 경우 협동조합 명칭을 사용하면 법에 저촉되고 또한 대구의 토닥토닥조합과 혼동하는 사람이 많아 6월 이사회의 결의에 따라 온라인 표결에 의해 변경되었다(청년연대은행 토닥. 『2015 조합원정기총회』(2015.2.7), 12쪽).

금을 지원하는 공제조합을 구상한 것은 국내 최초 세대별 노동조합인 청년유니온의 활동가들이었다.[66] 공제조합 결성의 계기는 2011년 1월 시나리오 작가 겸 영화감독인 최고은이 32세의 나이에 "생활고와 지병으로" 홀로 죽은 채 발견되어 큰 파문을 일으킨 사건이었다.[67] 이후 청년유니온 활동가들은 자구적인 공제조합 조직을 모색하게 되었다.[68]

토닥은 출자금 적립사업, 금융상호부조사업 이외에 생활상호부조사업, 조합원의 삶의 어려움을 해결하는 공동체사업 등도 시행한다. 그 외에 부설기관으로 청년지갑트레이닝센터를 설치하여 조합원과 청년들의 경제적 생활 설계를 돕는 교육과 재무상담을 실시해왔다. 그런데 이 활동이 조합 밖 공간에서 상당한 호응을 얻으면서 2015년 10월 별도 법인으로 분리되어 '청년지갑트레이닝센터 사회적협동조합'으로 창립되었다.[69]

---

65 청년연대은행 토닥, 「연혁」, 『토닥토닥협동조합 제1차 정기총회』, 3쪽.

66 청년유니온은 2010년 3월 청년(15~39세)들의 노동권 향상을 위해 자발적으로 조직한 노동조합이다. 청년들의 노동권 보장, 생활안정을 위한 기획 사업과 입법활동을 전개하며 청년 세대의 구체적인 현실을 알리기 위한 다양한 주제의 설문 조사 및 실태 조사를 수행하고 있다(http://youthunion.kr/xe/introduce 참조).

67 「최고은 작가 사망 전 쪽지로 "남은 밥과 김치 있으면…"」, 『매일경제』 2011.2.9; 「'격정소나타' 작가 최고은, 생활고 시달리다 32살에 요절」, 『서울신문』 2011.2.8; 「생활고에 시달리다 서른둘에 요절한 작가 최고은이 우리에게 남긴 것」, 『경향신문』 2011.3.1.

68 「쪽방촌에 꽃핀 '희망은행'」, 『한겨레21』 2012.9.11. 2011년 청년유니온은 함께일하는재단과 상호부조사업 연구를 진행했는데, 그 과정에서 15~34세 청년을 대상으로 '불안정노동청년과 사회안전망 실태조사'를 진행했다. 그 결과 취업자들의 월 평균 임금은 121만 원이고 48.5%는 평균 1,000만 원의 빚을 지고 있는 것으로 나타났다. 이에 소액대출, 소액저축 등 청년들의 경제자립을 돕기 위한 금융상호부조시스템을 만들고 청년협동조합을 조직하기로 결정했다. 청년연대은행 설립 추진위원단장은 청년유니온의 창립멤버이고 1기 사무국장이었던 조금득(청년연대은행 창립 이사장, 현재 대방동 무중력지대 센터장)과 한영섭(현재 사회적협동조합 청년지갑트레이닝센터 이사장)·표희철·심수림 등이었다.

69 『청년연대은행 토닥 2015 조합원정기총회』, 19쪽; 청년지갑트레이닝센터 사회적협동조합 홈페이지 http://moneyhabit.kr/about/ 참조.

〈표 7〉 청년연대은행 토닥의 조합원과 후원회원

연도	조합원			후원회원		
	탈퇴	신규	총수	중단	신규	총수
2013년 2월		100	100			
2013년 말	-	218	318			
2014년 말	51*	85	352**			65
2015년 말	72***	240	520	51	13	73

주 : * 자료집에는 52명으로 되어 있으나 총수를 맞추기 위해 보정함.
　　** 총회자료집에는 353명이라고 되어 있으나 이후 352명으로 보정한 결과에 따름.
　　가입신청서를 썼지만 출자금을 내지 않거나 조합비를 내지 않으며 연락이 닿지 않아 절차를 진행할
　　수 없는 조합원을 빼면 실제 활동 회원(재적조합원)은 303명이며, 총회의 정족수도 이에 따라 계산하
　　고 있다(『2016 토토리반상회』, 4쪽, 7쪽; 2016.6.8 이사장 김진회 인터뷰).
　　*** 월별 계산 결과는 73명이지만 조합원 숫자를 감안하여 총회자료집에 의거함.
자료 : 청년연대은행 토닥, 『토닥토닥협동조합 제1차 정기총회』(2014.2.22), 6~7쪽;『청년연대은행토닥
　　2015 조합원정기총회』(2015.2.7), 5쪽;『2016 토토리반상회(정기총회)』(2016.1.30), 12쪽.

　　토닥의 조합원 가입 자격은 만 15~39세의 청년이어야 한다. 그러나
이미 가입한 조합원은 시간이 지나 제한 나이를 초과하더라도 자격을 상실
하지 않는다(「청년연대은행 토닥 정관 2」(2016.1.30 개정)). 창립 당시의 조합원
수는 총 100명이었다.[70] 10개월이 지난 2013년 말에 이르러 319명으로
증가했으며, 2015년 말에는 520명으로 증가했다(〈표 7〉 참조). 2016년
5월 현재 517명인데, 출자금을 납부하지 않고 활동이 없는 약 70~80명
정도를 제외하면[71] 실제 의결권을 가진 재적조합원 수는 400여 명이다.
　　조합원의 직업은, 가입 시 '하는 일(무직 포함)'을 밝힌 332명 가운데
대학생(대학원생) 67명, 회사원(출판사, 재무상담사, 마케팅, 물류 사무직, 교직원

70　「토닥토닥협동조합 창립총회서기록」,『토닥토닥협동조합 제1차 정기총회』(2014.2.22),
　　7쪽. 현재의 조합원명부를 보면 2012.5.~2013.2.22(창립일) 기간의 가입자 93명이 계속
　　조합원으로 활동하고 있는데, 창립 조합원 가운데 탈퇴자는 7명 정도이다.
71　토닥 이사장 김진회 전화인터뷰(2016.5.27).

등) 72명, 시민단체 및 협동조합 활동가[72] 53명, 자영업 · 프리랜서 · 전문직업군 46명, 기타 무직(취업준비생) · 아르바이트 · 주부 등 94명이었다. 특히 NGO 활동가들과 문화산업 관련자들이 많은 점이 특징이다. 이는 창립을 주도했던 청년유니온 활동가들의 인적 네트워크와 관련된 것으로 생각된다.

단체조합원은 청년들의 주거문제 해결을 위해 사회주택 공급을 목적으로 청년들이 중심이 되어 조직한 민달팽이유니온뿐이다. 민달팽이 유니온과는 MOU를 체결하여 연대하고 있으며, 주택 설립 시 토닥에서 대출을 실시하기도 했다. 지역자활센터의 자활사업과 사회적 기업에 연관되어 조합원 수의 증감이 두드러진 지역 공제조합과 비교하면, 상대적으로 탈퇴자 수도 적고 회원 수도 빠르게 증가한 점이 주목된다.

조합원은 매월 1구좌(5,000원) 이상 납입해야 하며, 40구좌(20만 원)까지 출자 가능하다. 지역 공제조합과 달리 토닥은 단체도 조합원 가입이 가능하며 매월 1구좌(3만 원) 이상(10구좌 한도) 출자해야 한다.[73] 조합운영비를 별도로 내지 않는 공제조합과 달리, 조합원은 출자금 이외에 조합의 운영비에 해당하는 조합비를 매월 1,000원 이상 2만 원 이하 범위 내에서 납부해야 한다. 이는 조합의 대출사무와 조합원 결속을 위한 여러 가지의 사업기획을 할 수 있는 전업적인 상근 간사를 배치할 수 있다는 점에서 중요하다.

---

[72] 주요한 활동 단체는 환경운동연합, 경기청년유니온, 청년허브, 복지국가청년네트워크, 신나는조합, 민달팽이유니온, 새로운 사회를 여는 연구원, 사회적경제지원센터, 한국평화교육훈련원, 청년녹색당, 희년함께, 자활공제협동조합연합회, 자활센터, 한살림, 한국내셔널트러스트, 무중력지대, 스페이스 노아 등이다. 프리랜서 및 전문직업군은 학원 원장, 시간강사, 보충교사, 변호사, 공인노무사, 방송 PD, 영상 제작, 문화기획, 사진작가, 작곡, 시나리오 작가, 연극인, 플로리스트, 전기공사, 영화감독, 의류판매, 전도사, 조리사, 무역업, 콘텐츠 제작업자 등이었다.
[73] 「청년연대은행토닥 정관」(2016.1.30. 개정), 5쪽.

<표 8> 청년연대은행 토닥의 출자금과 환급금

시기	2013.12.31	2014.12.31	2015.12.31
누적출자금(a)	42,027,220	78,830,000	116,445,000
누적환급금(b)	-	21,042,780	29,254,380
적립출자금(a-b)	42,027,220	57,787,220	87,190,620

자료 : 청년연대은행 토닥, 『토닥토닥협동조합 제1차 정기총회』(2014.2.22), 6쪽; 『청년연대
　　　은행 토닥 2015 조합원정기총회』(2015.2.7), 5쪽; 『2016 토토리반상회(정기총
　　　회)』(2016.1.30), 12쪽.

　〈표 8〉을 보면 2015년 12월 말경 창립 이후 누적출자금은 약 1억
1,600만 원이며 누적환급금 2,900여만 원을 제한 적립출자금은 8,700
여만 원이다. 탈퇴환급금이 누적출자금의 25%로 늘품이나 우리가남
이가 조합의 48~50%에 비교하면 상대적으로 낮은 편이다. 이와 같이
토닥의 탈퇴율이 낮은 것은 목적의식적이고 자율적으로 가입하여 조합
원의 만족도가 상대적으로 높기 때문이 아닌가 생각된다.

　대출사업은 사용 목적과 대상에 따라 토닥대출, 범위 내 대출, 조합원
협동응원대출, 단체조합원대출(단체, 조합원), 결혼격려대출, 재무상담대
출 등 다양한 명목으로 실시되고 있다.[74] 가장 일반적인 대출 유형인 토닥
대출은 상한액이 100만 원이며 조합 활동 참여에 따라 부여되는 토닥

---

74 「청년연대은행 토닥 금융·협동 규정」(2016.2.19). 토닥대출은 3개월 이상 출자금을 납부
하고 토닥씨앗 15톨 이상 또는 출자금 10개월 납부 시 상한액 100만 원까지, 3개월 이상
출자금 납부하고 토닥씨앗 10톨 이상 또는 5개월 이상 출자금 납부 시 50만 원까지 대출
해준다. 협동응원대출은 3명 이상의 조합원이 자립의 목적으로 가입 후 5개월 이상 모두
출자한 조합원을 대상으로 한다. 단체조합원 대출은 5개월 이상 출자한 단체에 대해서만
아니라 단체에 소속된 개인도 대상으로 했다. 청년세대에게 중요한 결혼을 할 경우 격려
대출도 실시했다. 재무상담 대출은 출자금을 1개월 이상 납부하면 신청 가능한데 대출받
기 위한 전제조건으로 재무상담사에게 재무상담을 받는 조건이 전제되었다. 대출금은 총
출자금의 90%를 넘지 않도록 한다고 규정하고 있는데 이에 대해 비중이 높다는 이견이
조합원 사이에서 제기되기도 했다.

씨앗을 기준으로 차등을 두었다. 범위 내 대출은 토닥씨앗 5톨을 쌓은 조합원의 개인출자금 130% 한도 안에서 대출해준다. 조합원이 대출을 신청하기 위해서는 토닥학개론을 수강하는 신입조합원 교육에 현장참석해야 하는 규정이 다른 공제조합과 구별되는 점이다.

대출액의 차등을 두는 기준인 '토닥 씨앗'은 조합원 교육, 행사, 모임, 기부 등에 참여하면 부여하는데, 조합원의 적극적인 활동을 독려하는 한편 '금융협동'의 신용으로도 활용하는 점에서[75] 조합원의 공동체의식을 함양할 수 있는 좋은 장치라고 생각된다. 지역자활센터의 공제조합과 달리 지역에 기반하지 않고 온라인 가입 등 개방된 조합원제이므로 조합의 결속력을 높이는 장치가 더욱 필요했기 때문이 아닌가 생각된다. 즉 '금융협동'이 지속적으로 이루어지기 위해서는 기본적으로 생활상의 토닥협동이 중요하며 "금융협동과 토닥협동의 선순환 구조"가 형성되어야 한다고 본 것이다.[76]

〈표 9〉에서 보듯이, 창립 후 2015년 말까지의 누적대출 건수는 211건에 1억 3,155만 원에 상환기간은 협동응원, 단체, 결혼대출의 경우 24개월이지만 그 외에는 모두 12개월이다. 모든 대출은 매월 원금 분활상환을 원칙으로 한다. 주목할 점은 토닥, 범위 내, 재무상담, 결혼

---

[75] 「청년연대은행 토닥토닥협동규정」, 『청년연대은행 토닥 정관』, 31쪽. 토닥씨앗은 조합의 총회, 교육, 각종 행사 참여와 기부행위뿐만 아니라 지역 별로 혹은 관심사에 따라 자유롭게 조직되는 소모임 활동에서도 발생한다. 발생 후 1년이 경과하면 소멸된다. 토닥씨앗은 예컨대 정기총회 참석 시 3점, 신입조합원교육과 의무교육 참석 시 3점, 일반교육이나 워크샵 참석 시 2점, 대출상담 및 재무상담 시 1점, 소모임 활동 시 2~3점, 토토협 다음카페에 게시글 작성 시 1점 등으로 부여된다(「토닥씨앗표」, 『청년연대은행 토닥토닥협동규정』).

[76] "소액대출을 넘어 청년의 사회적 관계를 이어주고 서로가 서로에게 안전망이 되어 주는 계모임 같은 곳"이란 표현처럼 단순한 소액대출을 넘어 불안한 한국 청년들의 생활상의 상호부조를 실천하려는 은행토닥의 활동에서 토닥협동은 중요한 부문이다.

〈표 9〉 청년연대은행 토닥의 대출사업

	2013	2014	2015	총 누적
대출건수	28	71	112	211
대출금	7,850,000	57,420,000	6,280,000	131,550,000
일반	7건	1건	-	8건
범위 내	0건	1건	0건	1건
토닥	4	63건	109건	176건
긴급	17	3건	-	20건
결혼	-	2건	3건	5건
단체	-	1건(1,500만)	0건	1건

주 : 「일반」 대출은 초창기에 있었으나 이후 토닥대출로 일원화됨.
자료 : 『2016 토토리반상회(정기총회)』(2016.1.30), 11쪽.

명목의 대출일 경우 이자를 대출자가 자율적으로 정하며, 재능 기부나 일손 나눔 등을 이자로 선택할 수 있다는 점이다.[77] 자율이자와 非현물 이자의 선택권 부여 역시 조합원의 자율성을 중시하며 조합 활동에 대한 주체적인 참여를 독려하는 기제라고 할 것이다. 이러한 자율적인 이자 지정제에도 불구하고 2015년 말경의 총상환율은 89% 정도로[78] 그라민은행의 상환율 97~99%에 비하면 낮은 편이다.

토닥 조합의 중요한 활동 중 하나는 토닥학개론과 신입조합원 교육 강좌뿐만 아니라 많은 기획 강좌나 특강을 실시한다는 점이다. 또한 조

---

77 그러나 조합원협동응원대출이나 단체조합원 단체 대출의 이자율은 연 5%이하로 규정하고 있다. 창립 초에는 이자율이 1~2%로 정해져 있었으나 2014년에 토닥대출과 범위 내 대출은 자율이자로 바꾸었으며, 이때 새로 신설한 조합원응원대출과 단체조합원 단체 이자는 연 5%로 정했다. 개인대출의 경우 모두 자율이자로 바꾼 것이다(「토닥토닥협동조합 금융상호부조규정」(2013.2.23 제정), 「토닥토닥협동조합 금융협동 규정」(2014.2.22. 1차 개정) 참조).

78 『청년연대은행 토닥 2016 토토리반상회』, 11쪽. 2016년 6월 현재 상환율은 82%이다 (2016.6.13 김진회이사장 서면인터뷰).

합원이 가진 재능을 기부하는 형식으로 기타 연주 공연, 요가, 꽃꽂이 소모임과 여행·나들이·영화 감상 등의 조합원 소모임이 활발하게 개최되고 있다. 이렇게 다양한 생활협동이 잘 이루어지는 것은 정기적인 조합소식지 발간으로 조합원의 소통을 매개하고 번다한 업무를 처리하는 전업적 상근자가 조합에 존재하기 때문이다.[79]

토닥은 창립 시 전국공제조합연합회를 탐방하여 자문을 구했으며, 현재 이사회에 참여하여 연대활동을 전개하고 있다. 2016년 7월, 약 600만 원을 연합회에 출자했으며 '천원의 행복' 의료공제서비스에도 실제 활동 회원의 약 10%에 달하는 50명의 조합원이 참여하고 있다.[80] 한편으로는 청년유니온, 민달팽이유니온, 복지국가청년네트워크, 청년허브, 청년참여연대 등의 청년단체와 친목을 다지며 연대사업을 전개하기도 한다.

창립 후 3년여밖에 되지 않았으므로 토닥의 협동금융이 앞으로 어떻게 전개될지는 좀 더 추이를 지켜보아야 할 것이다. 하지만 2016년 3월 서울시가 청년연대은행 토닥처럼 청년들에게 필요한 관계금융조직들이 활성화되도록 지원하겠다고 발표한 데에서 알 수 있듯이, 토닥은 청년세대 협동금융의 새로운 롤 모델로 주목받고 있다.[81]

---

79 2016년 7월 조합에는 두 명의 전업 상근자가 사무를 보고 있다. 김진회 이사장은 대외업무와 조합원 관리, 생활협동, 조합 소식지 제작, 지자체 지원사업과 각종 공모사업 등을 담당하고, 이혜진 사무국장은 출자금과 대출금 회계, 대출 신청 접수와 상담 등을 처리한다(2016.7.19 김진회 이사장 서면인터뷰).

80 현재까지 조합원 2명이 의료비 지원으로 각기 30만 원씩 받았는데 그 공제 혜택을 크게 실감했다고 한다.

81 「서울시, 빚에 허덕이는 청년 위한 '청년연대은행' 설립 지원한다」, 『경향신문』 2016.3.16. 그러나 이는 청년들이 주체가 되어 출자금을 내어 조합을 설립하고 상호부조하는 방식이 아니라, 비영리민간단체, 법인, 사회적 기업이나 협동조합 등의 사업자를 선정해 이들 단체들이 청년 부채문제를 지원하고 해결하는 방식이다.

4. 협동금융의 장기적 전망

1997년 외환위기, 2007년 금융위기를 거치면서 한국사회의 경제적 불평등은 크게 확대되었다. 불평등이 심화되는 기저에는 금융이 실물경제의 선순환 수단으로 기능하기보다 투기·이윤의 목적으로 작동하는 약탈적 금융질서가 자리 잡고 있다.

빈곤층의 자립과 사회적 기업을 지원하기 위해 정부나 기업의 보조금(지원금)을 기반으로 마이크로크레딧 기관이 설립되어 활동하고 있지만, 그 수혜자는 소수에 불과하다. 이런 상황에서 기초생활수급자나 차상위계층 등의 경제적 취약층이 스스로 출자금을 모아 상호부조에 기반한 협동금융을 실천하는 양상이 전개되고 있다. 자활공제협동조합과 청년연대은행 토닥이 그 대표적 사례이다. 그러면 앞에서 살펴본 자활공제협동조합과 토닥의 현황을 국제협동조합연맹International Cooperative Alliance이 규정한 협동조합의 7대 원칙에[82] 의거하여 검토하면서 협동금융의 전망에 대해 생각해보기로 한다.

자활공제협동조합의 가장 큰 문제점은 조합원의 탈퇴율이 매우 높고 누적환급금이 누적출자금의 거의 50%에 육박하는 점인데, 이는 조합의 장기 지속성이란 면에서 고민해야 할 부분이다. 이러한 문제는 자활센터의 사업 기반과 연계된 부분에서 비롯되는데, 주로 단기적으로

---

[82] 1995년 맨체스터에서 열린 국제협동조합연맹 창립 100주년대회에서 결정되었다. ① 자발적이고 개방적인 조합원제, ② 조합원의 민주적 운영(1인1표), ③ 조합원의 경제적 참여(조합원의 공평한 출자와 조합 재산의 민주적 관리), ④ 자율과 독립(자치에 입각한 자조조직이며 조합원이 관리), ⑤ 교육, 훈련과 정보 제공, ⑥ 협동조합 간의 협동(협동조합 운동을 강화하기 위해 지역적, 전국적, 국제적인 구조를 통해 서로 협동), ⑦ 지역사회에 대한 배려 등이다.

실시되는 근로사업단의 참여자를 일률적으로 조합에 가입시키기 때문인 것으로 보인다. 이는 ICA의 '자발적이고 개방적인 조합원제'의 원칙과도 부합되지 않는 점이다. 조합의 결속과 지속성이란 측면에서 자활사업단 퇴사 시 지역조합원으로의 전환을 원하지 않는 이는 가입을 유보해야 하지 않을까 생각된다.

조합의 원활한 운영을 위해 반드시 필요한 상근간사를 두지 못하는 것 역시 해결해야 할 문제이다. 대개 조합운영비를 공동판매사업 수익금으로 충당하지만 이는 고정적인 재원이 되기 어려우므로, 근본적인 재원 마련이 필요하다고 본다. 조합비를 징수하여 상근간사에게 활동비를 지급하는 토닥의 경우, 간사가 조합의 '금융협동'을 지속케 하는 공동체구성원 간의 유대를 강화하기 위해 '생활협동' 프로젝트를 지속적으로 기획하고 추진하는 점이 자활공제조합과 비교해 주목되는 점이다.

자활공제조합과 토닥의 협동금융은 주로 생활자금 대출을 주요 사업 범주로 설정하고 있다. 하지만 조합원이 궁극적으로 자립적 생활을 성취하기 위해서는 장기적으로 볼 때, 상호부조 협동금융이 자활(생산) 프로젝트와 연계되어야 할 것이다. 적립출자금 액수가 적은 현 상황에서는 적극적으로 나설 수 없는 상황이지만, 적립출자금의 규모가 커진다면 조합원의 사회적 기업 조직과 경영, 기타 생산활동에 대한 대출 지원도 가능해질 것이다. 정관에 자활센터 소속 사회적 기업에 대한 대출규정을 명시한 것은 이를 염두에 두고 있음을 말해준다. 대개 자활공제조합과 토닥의 상환율이 그라민은행보다 낮은 것은 대출 조합원의 개인적 무책임보다 경제상황 악화로 인해 상환 불능의 처지로 전락하고 있기 때문이다. 따라서 협동금융의 지속을 위해서는 장기적으로 조합의 공동체적 생산기반으로 자활·자립사업을 지역경제 내에 안착시키는 프로젝트를 모색해야할 것이다.

ICA는 조합원에 대한 역할을 가장 효과적으로 수행하고 협동조합운동을 강화하기 위해 협동조합이 지역적·전국적·국제적으로 협동해야 한다고 연대의 원칙을 강조했다. 공제협동조합은 조합의 연대체를 조직하여 이 원칙을 지키려고 노력하고 있다. 현재 각 지역의 공제협동조합과 토닥은 '전국자활공제협동조합연합회'를 결성하고 연간 출자금의 10%로 연대기금을 조성하여 개별 조합의 금융안전망 구축과 의료공제서비스를 실시하는 등 ICA의 '협동조합 간의 협동' 원칙을 실천하고 있다. 또한 토닥은 사회적 지향을 같이하는 지역의 청년단체들과도 연대하고 있다.

하지만 공제협동조합의 연대체만으로 불황을 견뎌내기는 어렵다. 자활공제조합이나 토닥과 같은 협동금융이 안정적 기반을 확보하고 지속적 발전을 담보할 자활사업을 기획하기 위해서는 지역사회 내 NGO와의 연대가 적극적으로 사고되어야 한다. 대출사업을 위한 회계관리 프로그램의 개발, 장기적 자활(생산) 프로젝트의 기획과 추진, 그리고 '협동조합기본법' 개정 등은 연합회 차원에서도 어려운 현안이므로 지역사회 내 시민단체와 연대해야 할 사안이라고 생각한다.

한편, 자활공제조합이나 토닥은 대체로 이후 활동방향을 사회적협동조합으로 전망하고 있다. 그런데 '협동조합기본법'에 의하면 사회적협동조합의 사업 규정에서 금융 부문은 제외되어 있다.[83] 결국 현행법

---

[83] '협동조합기본법' 제4장 사회적협동조합 4절 제93조(사업) "사회적협동조합은 다음 각 호 중 하나 이상을 주 사업으로 하여야 한다. ① 사회의 재생, 지역경제 활성화, 지역주민

하에서는 주 사업을 40% 정도 하면서 협동금융을 병행하는 방법을 모색할 수밖에 없다. 협동금융의 확산을 위해 법을 개정하려면 NGO 와의 연대가 적극 모색되어야 할 것이다.

공제협동조합이 1인1표제를 근간으로 하는 민주적 운영체제를 유지하는 점, 출자금 이외에 모든 수익을 배당하지 않고 교육이나 공제사업에 투자하는 점, 연합회나 개별 조합 차원에서 조합원 교육을 실시하는 점 등은 모두 ICA 7대원칙을 의식적으로 지향하고 있는 것이다. 그러나 아직 설립 초창기이므로 조합이 지역사회에 대한 관심을 가지고 적극적으로 활동하기에는 여유가 없는 형편이다. 그러나 조합의 지도자는 적극적으로 지역사회와의 연계를 모색해야 할 것이다.

한국사회에서 기존 사회적 금융의 주류는 정부나 기업의 보조금 지원에 의거한 비영리기관의 마이크로크레딧 사업이었다. 그러나 2007년 금융위기의 여파로 인한 세계적인 경제침체 속에 기초생활수급자나 차상위계층 등의 생활상태가 악화되고 단기간에 청년실업 해소가 쉽지 않은 상황에서, 마이크로파이낸스가 그리 발달하지 않은 한국 금융생태계를 감안하면, 상호부조 형태의 자율적 협동금융을 적극적으로 활성화하고 제도적으로 지원하는 방식으로 사고의 전환이 필요하다고 본다. 협동금융의 성공은 면대면 관계지향금융일 때에 가능하며, 따라서 신뢰를 기초로 상호부조와 나눔의 공감대가 이루어지는 지역사회를 근

들의 권익 · 복리 증진 및 그 밖에 지역사회가 당면한 문제 해결에 기여하는 사업 ② 대통령령으로 정하는 취약계층에 일자리를 제공하는 사업 ③ 대통령령으로 정하는 취약계층에 일자리를 제공하는 사업 ④ 국가 · 지방자치단체로부터 위탁받은 사업 ⑤ 그밖에 공익 증진에 이바지하는 사업" 그리고 각 호의 주 사업은 협동조합 전체 사업량의 100분의 40 이상이어야 한다고 규정하고 있다.

간으로 해야 한다.

　펜실베이니아 대학 와튼스쿨 교수 제러미 리프킨Jeremy Rifkin은 적자생존과 부의 편중을 초래하는 경제패러다임의 종국과 인터넷 네트워크 / 재생가능에너지 체제가 융합된 새로운 경제패러다임의 창출을 주장하는 한편, 이 시대의 비즈니스 모델은 종전 2차 산업혁명 시기의 중앙집권적 수직적인 거대기업이 아닌 분산협력모델로 지역경제와 공동체에 토대를 둘 것이라고 주장한다. 그리고 이 시기의 경제는 대형금융기관이 아니라 온라인 비영리 소액대출 알선기관을 매개로 한 자선형태의 무담보·무이자 금융서비스나 크라우드 펀딩방식에 의해 자금을 조달받는 소규모 사업자가 주도하게 될 것이라고 전망한다. 그의 지적대로 이러한 경제모델은 이미 곳곳에서 실천되고 있고 점차 확산되는 추세이다.

　상호부조 협동금융은 지역사회를 기반으로 '수평적이고 지속가능한 경제전략'을 실행하는 다양한 행동 방식의 하나로 주목할 부문이다. 특히 지역 주민들의 사회적 기업이나 마을기업 등 자활사업 전개를 위한 자기자본 조성에 의미 있는 자율적 경제운동이라고 생각한다.

참고문헌

권재열, 「지속가능한 사회적금융의 모델 모색」, 『증권법연구』 17, 한국증권법학회, 2016.

김해정, 「글로벌 금융위기와 시민사회의 대응」, 부산대 석사논문, 2014.

문진수, 『금융, 따뜻한 혁명을 꿈꾸다』, 북돋움, 2013.

박종현, 「시장친화형 빈곤대책으로서의 마이크로파이낸스-자기사업, 신용대출, 사회적 기업을 중심으로」, 『한국경제학보』 18-1. 연세대 경제연구소, 2011.

박종현·김낙현, 「경남지역 사회적경제 육성을 위한 사회적금융 발전방안」, 『경남경제리뷰』, 한국은행 경남본부, 2015.

우자와 히로후미[宇沢弘文], 차경숙 역, 『경제학이 사람을 행복하게 할 수 있을까?』, 파라북스 2014.(宇沢弘文, 2003, 『經濟學と人間の心』, 東洋經濟新報社).

_____, 이병천 역, 『사회적 공통자본-진보적 공공경제학의 모색』, 필맥, 2008.(원서는 宇沢弘文, 2000, 『社會的共通資本』, 岩波書店).

이찬근, 『불안한 번영』, 부키, 2009.

정태인·이수연, 『정태인의 협동의 경제학』, 레디앙, 2013.

조복현, 「한국의 소액금융 실태와 소액금융제도의 발전과제」, 『한국협동조합연구』 29-2. 한국협동조합학회, 2011.

장종익·박종현, 「사회적금융의 현황과 한국에서의 발전방향」, 『사회경제평론』 40, 2013.

정영석·이기영, 「마이크로크레딧의 국제적 동향과 한국 미소금융의 과제」, 『경제발전연구』 19-1. 한국경제발전학회, 2013.

자료

「쪽방촌 '희망은행' 29개월」, 『한겨레』 2013.8.18.

우미숙, 「살림이야기-자활공제조합 해밀나눔금고」, 『프레시안』 2016.2.5.

자활공제협동조합연합회, 『팸플릿』, 2016.10.

늘품자활공제협동조합, 『연제금융실태조사』, 2009.12.

_____, 『창립총회자료집』, 2010.3.24.

_____, 『제1차 정기총회자료집』, 2011.2.18.

_____, 『제2차 정기총회자료집』, 2012.2.17.

_____, 『제3차 정기총회자료집』, 2013.2.15.

_____, 『제4차 정기총회자료집』, 2014.2.21.

_____, 『제5차 정기총회자료집』, 2015.2.27.

_____, 『제6차 정기총회자료집』, 2016.2.29.

김해디딤돌신용금고, 『창립총회자료집』, 2010.2.16.

김해지역자활센터상조회, 『2011년도 정기총회자료집』, 2011.2.7.

_____, 『2012년도 정기총회자료집』, 2012.2.6.

김해자활공제협동조합, 『2013년도 정기총회자료집』, 2013.2.8.

우리가남이가공제조합, 『2015년도 정기총회자료집』, 2015.4.8.

_____, 『2016년도 정기총회자료집』, 2016.2.17.

_____, 『우리가남이가협동조합대출현황표』(엑셀파일), 각연도.

청년연대은행 토닥, 『토닥토닥협동조합 제1차 정기총회』, 2014.2.22.

_____, 『청년연대은행토닥 2015 조합원정기총회』, 2015.2.7.

_____. 『2016 토토리반상회(정기총회)』, 2016.1.30.

청년지갑트레이닝센터 사회적협동조합 홈페이지 http://moneyhabit.kr/about/

인터뷰

2016년 5월 13일, 6월 17일 정덕용 연제지역자활센터장(전국지역자활공제협동조합연합회 상임
    이사) (서면)인터뷰.

2016년 5월 27일 남택주 김해지역자활센터장 인터뷰.

2016년 5월 27일 김선목 주임 인터뷰.

2016년 6월 23일 이성조 전 부산진구자활센터장 인터뷰.

2016년 6월 3일~7월 19일 김진회 청년연대은행토닥 이사장 서면인터뷰.